Über dieses Buch In diesem Buch untersucht der Autor die Geschichte des Scheidungsproblems vom Ende des 18. Jahrhunderts bis 1945, von den Zeiten Friedrichs des Großen bis hin zur nationalsozialistischen Ära. Er verfolgt dabei den Wandel des Rechtsinstituts »Scheidung«, arbeitet aber auch die sozialgeschichtliche Dimension der Scheidungsfrage heraus und stellt sie in den Zusammenhang der allgemeinen neueren Geschichte.

Mit dieser Langzeitanalyse zeigt Blasius, wie das Ehescheidungsrecht in den allgemeinen historischen Kontext der bürgerlichen Gesellschaft als soziales und materiell einschneidendes Steuerungsinstrument eingepaßt und eingesetzt worden ist: wie rechtliche Regelungen die konkreten Lebensumstände bestimmt, auf das alltägliche Leben eingewirkt haben, wie das Recht die Entwicklung der modernen Familie mitgetragen hat.

Dem Autor gelingt es, die Rechtsgeschichte mit der Sozialgeschichte zu verbinden – ein seltenes wie weitreichendes Experiment in der Wissenschaftsgeschichte.

Der Autor Dirk Blasius, geboren 1941, promovierte und habilitierte sich bei Prof. Wolfgang J. Mommsen; er lehrt Neuere Geschichte, Rechtsgeschichte und Sozialgeschichte an der Universität Essen.

Weitere Veröffentlichungen im Fischer Taschenbuch Verlag: Der verwaltete Wahnsinn. Eine Sozialgeschichte des Irrenhauses. (Bd. 6726); Zerbrochene Geschichte (hrsg. zus. mit D. Diner, Bd. 10524).

Dirk Blasius

Ehescheidung in Deutschland im 19. und 20. Jahrhundert

Fischer Taschenbuch Verlag

Der vorliegende Abdruck übernimmt den Text der als Band 74
der KRITISCHEN STUDIEN ZUR GESCHICHTSWISSENSCHAFT
(Herausgeber: Helmut Berding, Jürgen Kocka, Hans-Ulrich Wehler)
erschienenen Originalausgabe

Durchgesehene Ausgabe
Veröffentlicht im Fischer Taschenbuch Verlag GmbH,
Frankfurt am Main, März 1992

Lizenzausgabe mit freundlicher Genehmigung
von Vandenhoeck & Ruprecht, Göttingen
Die Originalausgabe erschien unter dem Titel
Ehescheidung in Deutschland 1794–1945.
Scheidung und Scheidungsrecht in historischer Perspektive

Umschlaggestaltung: Buchholz / Hinsch / Hensinger
unter Verwendung einer Zeichnung »Pariser Skizzen – Vor dem Standesbeamten.
Die Frau schuldet ihrem Gatten Gehorsam und Ergebenheit«
(Zivilgesetzbuch, Abschnitt, Ehe) von 1854
Entnommen aus: Honoré Daumier, 240 Lithographien
Ausgewählt und eingeleitet von Wilhelm Wachtmann, Zürich 1946, S. 181
Druck und Bindung: Clausen & Bosse, Leck
Printed in Germany
ISBN 3-596-10406-8

Für meine Familie

Inhalt

Vorwort 9

I.
Die Scheidungsfrage als Problem und Gegenstand historischer Forschung 11

II.
Die geschichtlichen Voraussetzungen der modernen Scheidungsfrage 22

1. Wandlungen des Eherechts in der Frühen Neuzeit 22
2. Ehe und Ehetrennung im System des Allgemeinen Landrechts und des Rheinischen Rechts 27
3. Scheidungsrecht und Scheidungsbewegung im frühen 19. Jahrhundert . . 35

III.
Die Scheidungsfrage in den Eherechtsreformen des 19. Jahrhunderts 39

1. Ehetrennung und Eheschließungsrecht 39
2. Die Reform des formellen Eherechts 43

IV.
Die Rolle der christlichen Kirchen im Scheidungsgeschehen des 19. Jahrhunderts 52

1. ›Religiöser‹ Wandel im Eherecht der 40er Jahre 53
2. Geistliche Einflußnahme auf Scheidungsprozesse 67

V.
Die sozialgeschichtliche Dimension der Scheidungsfrage 81

1. Ehehindernisse und Eheschließungsfreiheit 82
2. Der Kampf gegen das Konkubinat 86
3. Ledige Mütter und ihre Rechte 98
4. Frauensituationen 112

VI.
Scheidung und Scheidungsrecht auf dem Weg zum Bürgerlichen Gesetzbuch . . . 127

1. Etappen der Gesetzgebung . . . 128
2. Gesetzesstrenge und ›reale Verhältnisse‹ . . . 146

VII.
Die gescheiterte Reform: Das Scheidungsrecht in der Weimarer Republik . . . 155

1. Das Scheidungsgeschehen nach der Jahrhundertwende . . . 155
2. Scheidungsfrage und innere Politik in den 20er Jahren . . . 164

VIII.
Scheidung und ›ordre public‹ in der Zeit des Nationalsozialismus . . . 188

1. Zum geschichtlichen Ort des Scheidungsproblems in den 30er Jahren . . . 189
2. Die Entstehungsgeschichte des Ehegesetzes v. J. 1938 . . . 194
3. Zur Wirkungsgeschichte des nationalsozialistischen Scheidungsrechts . . . 210

Schlußbemerkung . . . 224

Anmerkungen . . . 226

Abkürzungsverzeichnis . . . 267

Quellen und Literatur . . . 269

Personenregister . . . 279

Sachregister . . . 280

Vorwort

Honoré Daumier (1808–1879), blickscharfer Kritiker des französischen Gesellschaftslebens im 19. Jahrhundert, hat in den ›Pariser Skizzen‹ (Croquis Parisiens) auch den Ehealltag seiner Zeitgenossen mit hintergründigem Spott bedacht. Die Zeichnung »Vor dem Standesbeamten« (1854) zeigt die unterschiedliche Mimik eines Ehepaares, als eine Kernaussage des »Code civil des Français« über Ehe und Eheführung verlesen wird: »La femme doit obéissance et soumission à son mari.« Die Frau schuldet ihrem Gatten Gehorsam und Ergebenheit – mit dieser Gesetzesnorm im Rücken konnte der Mann beruhigt der Zukunft seiner Ehe entgegensehen. Er hatte das Recht auf seiner Seite und konnte bestimmen, wo es im Alltag der Ehe entlangzugehen hatte; auch war er rechtlich privilegiert, wenn das Zusammenleben mit der ihm Angetrauten verunglücken sollte.

Dieses Buch handelt von gescheiterten Ehen in Deutschland; auch hier war das französische Recht von beträchtlichem Einfluß. Die Untersuchung geht die lange »road to divorce«[1] zurück und versucht, die Scheidungsproblematik in den Gesamtzusammenhang der neueren deutschen Geschichte einzuordnen. Die rechtliche Trennung von Ehen hat einen hohen Deutungswert für die Geschichte von Staat, Gesellschaft und Religion, nicht zuletzt aber auch für die noch immer unterbelichtete Geschichte des Geschlechterverhältnisses. Während in früheren Jahrhunderten der Tod die Ehen schied, werden diese von Beginn der Neuzeit an zunehmend vor dem Richter beendet. In der christlichen Brautliturgie, dem Versprechen ehelicher Treue bis zum Tode, lebt noch heute ein Stück vergangener Ehewirklichkeit fort. Heute fällt auf die Ehe der Schatten hoher Scheidungszahlen. Wurde früher »in Gottes Namen« geheiratet, so wird heute im Namen staatlichen Rechts geschieden.[2]

Wenn die Ehen Trauer tragen, ist das für die betroffenen Eheleute nicht nur eine traurige Angelegenheit; Scheidungen sind eine komplizierte Rechtsangelegenheit. Das Recht ist in der Geschichte der neuzeitlichen Gesellschaft immer schon der Begegnungsraum männlicher und weiblicher »Lebenswelten« gewesen; es hat zur Befestigung der »Geschlechter-Differenz« seinen Anteil beigesteuert.[3]

Die hier vorgelegte historische Langzeitanalyse arbeitet die rechts-, sozial- und frauengeschichtlichen Dimensionen der Scheidungsfrage heraus. Nicht nur die Gesellschaftsgeschichte der Moderne bedarf der Perspektive der Rechtsgeschichte[4]; auch die Frauengeschichte wird sich rechtsgeschichtlichen Interpretationshorizonten stärker öffnen müssen, will sie mehr sein als der petit point auf dem großen Stickrahmen der Gesellschaftsgeschichte. Rechts-, Lebens- und Geschlechterverhältnisse waren im Verlauf der beiden letzten Jahrhundete immer auf »signifikante« Weise verschränkt; der ›ordre public‹ des Nationalsozialismus setzte den harschen Rechtszwang des Staates an die Stelle überkommener staatlicher Rechtsgestaltung, wie unvollkommen diese auch immer gewesen war. Vor dem Hintergrund einer langen und sich in der NS-Zeit verdüsternden Geschichte hat man mit Recht für behutsame Schritte auf dem gesellschaftspolitisch so sensiblen Gebiet des Familien-, Ehe- und Scheidungsrechts plädiert:

»Nach den großen äußeren und inneren Erschütterungen unserer Zeit ist es mehr als eine sentimentale Sehnsucht vieler Menschen, einen Raum persönlicher Lebensgestaltung zu behalten, in dem sich der Staat zurückhält, soweit ihm dies die ihm von der Verfassung aufgetragenen Schutzpflichten und sein Wächteramt gestatten, in dem die eigenverantwortliche Lebensgestaltung des einzelnen und derer, die sich zur gemeinschaftlichen Gestaltung entschließen, soweit als irgend möglich respektiert werden.«[5]

Die vorliegende Untersuchung ist 1987 im Verlag Vandenhoeck & Ruprecht (Göttingen) erschienen. Sie wurde durchgesehen und bibliographisch ergänzt. Ich danke Herrn Dr. Winfried Hellmann für die freundliche Bereitschaft, eine Taschenbuchausgabe zu ermöglichen; Herrn Dr. Walter H. Pehle danke ich für die engagierte und immer anregende Zusammenarbeit.

Essen, im Juni 1991 Dirk Blasius

Anmerkungen

1 Vgl. *L. Stone*, Road to Divorce. England 1530–1987, Oxford University Press 1990.

2 Vgl. *H. Hattenhauer u. H. G. Langenbach*, Heiraten – in Gottes Namen. Über christliche Ehe und weltliches Recht, Wuppertal u. Zürich 1988.

3 Vgl. *U. Frevert* (Hg.), Bürgerinnen und Bürger. Geschlechterverhältnisse im 19. Jahrhundert, Göttingen 1988 (= Kritische Studien zur Geschichtswissenschaft, Bd. 77), bes. S. 11 ff. u. S. 210 ff.

4 Vgl. *H.-U. Wehler*, Gesellschaftsgeschichte und Rechtsgeschichte, in: Rechtshistorisches Journal, Bd. 8, 1989, S. 181–194.

5 *E. Benda*, Recht und Realität – Zur Funktion des Familienrechts, in: Sechster Deutscher Familiengerichtstag, Bielefeld 1986, S. 9–22, hier S. 20.

I. Die Scheidungsfrage als Problem und Gegenstand historischer Forschung

Das Bild, das die Geschichtswissenschaft heute bietet, ist facettenreicher als noch vor einigen Jahren. Es hat Terraingewinne auf Ebenen des geschichtlichen Lebens gegeben, die vom Methoden- und Themenraster der etablierten Politik- wie auch Sozialgeschichte kaum erfaßt wurden. ›Alltagsgeschichte‹ ist hier ein Stichwort, hinter dem sich viel produktive Energie, aber auch manche in die Irre führende Bestrebung verbirgt. Gegenüber einem im Trend liegenden sensitiven historischen Spekulieren und Konstruieren, das oft, wenn auch nicht immer, dem Schein schöner Vergangenheiten aufsitzt, wird in dieser Arbeit methodisch nichts umstürzend Neues versucht. Sie stellt die Rekonstruktion von Scheidung und Scheidungsrecht in der neueren deutschen Geschichte unter das Postulat wissenschaftlicher Genauigkeit. Das bedeutet einmal ein eng an die quellenmäßige Überlieferung angelehntes Zusammentragen und Beibringen von Informationen, die z. T. neu sind und neue Einsichten in den Bildungsprozeß der modernen, bürgerlichen Gesellschaft, ihrer Wertgrundlagen und Institutionen vermitteln; das bedeutet zum anderen aber auch ein striktes Festhalten an dem, was Jürgen Kocka die »historische Argumentation« genannt hat.[1] Sie ist vor allem deshalb das Herzstück jeder auf der Höhe der Zeit stehenden Geschichtswissenschaft und sollte dies auch bleiben, weil in ihr sowohl die erklärenden als auch die kritischen und urteilsbildenden Funktionen der Historie aufgehoben sind.

Historische Urteilsbildung ist bei dem Thema ›Scheidung und Scheidungsrecht‹, das einen starken Gegenwartsbezug hat, besonders angebracht. Die häufig wechselnden politischen Stimmungslagen unserer Zeit geben der Scheidungsdiskussion wenig Stetigkeit, und hier könnte das begründete historische Argument zu einem wichtigen Richtpunkt werden. Es könnte die Meßlatte für vordergründige Parteinahmen sein, sowohl für die vermeintlich ›reaktionären‹ als auch für die ›progressistischen‹. Kurz: Erst ein historisches Urteil, das sich der Knechtschaft von Gegenwartsströmungen zu entziehen weiß, hat die Chance, beachtet zu werden. Das gilt besonders für die hier dargestellte Problematik, hinter deren aktueller Brisanz sich eine nicht weniger brisante, studierenswerte Geschichte verbirgt.

In unserer Zeit wird das Scheidungsproblem von einer ganzen Reihe von Wissenschaften diskutiert: von der Soziologie,[2] der Familientherapie und der Psychologie,[3] der Theologie[4] und nicht zuletzt natürlich von der Rechtswissenschaft, der hier besondere Aufmerksamkeit geschenkt werden soll. Als ›Thema der Zeit‹ beschäftigt die Scheidungsproblematik nicht nur die Gesellschaften des westeuropäischen bzw. westlichen Kulturraumes, sondern in hohem Maße auch die kommunistisch geprägten Gesellschaften. Man hat im »fortschreitenden Prozeß der Privatisierung der Ehe« einen mächtigen Geschichtstrend ausmachen wollen, der sich in der Gegenwart voll durchgesetzt habe.[5] Das exponentielle Anwachsen der Scheidungsrate sei dafür ebenso ein Beleg wie das vergangene Rechtsfiguren konsequent abstoßende moderne Scheidungsrecht. In der Tat ist seit den 60er Jahren in den verschiedenen westeuropäischen Ländern, aber auch in den Vereinigten Staaten eine »Welle gleichgerichteter Reformen« zu beobachten, die alle ihren Kern in der Ablösung des Schuldprinzips durch das Zerrüttungsprinzip als Bedingung der Auflösung der Ehe haben.[6] Besonders heftig umkämpft war die Durchsetzung eines liberalen Scheidungsrechts in Italien; hier konnte erst ein Referendum (1974) die gesetzliche Scheidungsmöglichkeit absichern.[7] Auch in der Bundesrepublik Deutschland bildet das neue Scheidungsrecht von 1976/77 keineswegs den legislatorischen Schlußpunkt einer aufgewühlten juristisch-politischen Diskussion.[8] Die innerfamilialen Beziehungen von rechtlicher Normierung zu entlasten, d. h. die Entscheidungsautonomie der Eheleute hinsichtlich der Eheauflösung zu stärken, dieser Grundsatz wird im Prinzip von allen geteilt, doch zugleich wird an die Notwendigkeit des staatlichen Rechtsschutzes bei auftretenden Konflikten erinnert. »Das Recht hat, ebenso wie in anderen Sozialbeziehungen auch, die Funktion, den jeweils Schwächeren zu schützen, wenn Konflikte offen ausbrechen und von den Partnern nicht einvernehmlich gelöst werden können.«[9] Sehr viel stärker als in anderen Ländern hat man in der Bundesrepublik Deutschland das Gebot staatlichen Rechtsschutzes im Scheidungsfolgenrecht verankert, das aber wiederum Probleme der Gerechtigkeit in streitigen Ehesachen aufwirft. Festzuhalten bleibt, gerade mit dem Blick auf Frankreich, den süd- und nordeuropäischen Raum oder auch die angelsächsische Welt – Rechtslandschaften, in denen sehr unterschiedliche konfessionelle und politische Prägungen begegnen –, daß es in der normativen Ausgestaltung des Scheidungsrechts eine sehr verwandte Entwicklungsrichtung gibt, die man das ›Entschwinden‹ der Ehe aus staatlich-rechtlicher Kontrolle genannt hat.[10]

Dieser Trend freilich stellte sich in den kommunistisch regierten Ländern etwas anders dar.[11] Die russische Ehegesetzgebung schlug den Bogen von einer konsequenten Entstaatlichung der Ehe nach 1917 zur staatlichen »Förderung großer Familien« (Familiendekret v. J. 1936), verbunden mit einem immer weiteren Abbau der ›freien‹ Ehescheidung (Familiendekret v. J. 1944). Auch die ehemalige Deutsche Demokratische Republik, die in einer sozialistischen Fundamentalreform den Komplex des Familienrechts aus dem Zivilrecht ausgliederte und in einem selbständigen Gesetz die familienrechtlichen Vorschriften kodifizierte (Familiengesetzbuch v. J. 1965), wies dem Erhalt der Ehe einen hohen juristischen Wert zu.[12] Man kann in bezug auf das *geltende* Ehe- und besonders auch Ehescheidungsrecht in der Bundesrepublik Deutschland und in der früheren Deutschen Demokratischen Republik durchaus von »Gemeinsamkeiten« sprechen, die freilich auf einer sehr unterschiedlichen Rechtsentwicklung in den Jahrzehnten nach dem Zweiten Weltkrieg beruhen.[13]

Nach 1945 galt in den beiden sich erst allmählich konstituierenden deutschen Staaten das Gesetz Nr. 16 des Kontrollrats vom 20. Februar 1946.[14] Es eliminierte die Diskriminierungsbestände des nationalsozialistischen Ehegesetzes v. J. 1938. Der NS-Gesetzgeber hatte den Siebten Titel des Vierten Buchs des BGB (§§ 1564–1587) außer Kraft gesetzt und in seine Kodifikation neue, rassenpolitisch motivierte Eheverbote sowie Scheidungserleichterungen aufgenommen. Im Kern knüpfte das Kontrollratsgesetz wieder an die Bestimmungen des Bürgerlichen Gesetzbuches an und kehrte auch bei den Scheidungsregelungen zum Verschuldensgrundsatz zurück. Zugleich aber tauchte in § 48 dieses Gesetzes der Gedanke der ehelichen Zerrüttung als Trennungsgrund auf. »Ist die häusliche Gemeinschaft der Ehegatten seit drei Jahren aufgehoben und infolge einer tiefgreifenden, unheilbaren Zerrüttung des ehelichen Verhältnisses die Wiederherstellung einer dem Wesen der Ehe entsprechenden Lebensgemeinschaft nicht zu erwarten, so kann jeder Ehegatte die Scheidung begehren.«

Dieser Paragraph hat in der Scheidungsrechtsprechung der Nachkriegszeit eine große Rolle gespielt. Zunächst einmal schien er eine Antwort auf Ehekrisen zu ermöglichen, die mit zeittypischen Problemlagen zusammenhingen. Lange Gefangenschaft, Wohnungsmangel und häufiger Wohnungswechsel, Arbeitsplatzunsicherheit und, damit oft verbunden, sozialer Abstieg – das waren die Alltagsprobleme der damaligen Zeit. Sie warfen viele Menschen aus der Bahn ihres ehelichen Lebens, ohne daß sie im eigentlichen Sinne Schuld trugen. Wenn sich das Kontrollratsgesetz als ein unzureichendes juristisches Auffangnetz für beschädigte Eheverhältnisse erwiesen hat, lag dies vor allem an seiner Auslegung durch die Gerichte. Hier, auf dem Feld der Rechtsprechung, tat sich die eigentliche Schere zwischen bundesrepublikanischer und DDR-Entwicklung auf, zeigte sich die ganze »Streubreite bestimmter Interpretationsmethoden bei unverändertem Wortlaut der angewendeten Gesetzesvorschrift«.[15]

Der dritte Absatz des § 48 des Kontrollratsgesetzes enthielt eine Kinderschutzklausel, die die Durchschlagskraft der Heimtrennungsklage relativierte. Dem Scheidungsbegehren war nicht stattzugeben, wenn das wohlverstandene Interesse der Kinder die Aufrechterhaltung der Ehe erforderte. Vor allem aber formulierte der zweite Absatz dieses Paragraphen bei anstehenden Scheidungen ein Widerspruchsrecht des schuldlosen Teiles. »Hat der Ehegatte, der die Scheidung begehrt, die Zerrüttung ganz oder überwiegend verschuldet, so darf die Ehe gegen den Widerspruch des anderen Ehegatten nicht geschieden werden...« In den 50er Jahren legten in der Bundesrepublik die Zivilgerichte in »streitigen« Ehescheidungsverfahren einen, wie man gesagt hat, »orthodoxen Rigorismus« an den Tag.[16] Sehr extensiv wurde das gesetzlich verankerte Widerspruchsrecht ausgelegt. Die Rechtsanwendung in diesen Jahren bereitete die spätere Rechtsänderung vor, d. h. das Familienrechtsänderungsgesetz v. J. 1961. Der § 48 Abs. 2 wurde schärfer gefaßt; eine Scheidung der Ehe war trotz eines dreijährigen Getrenntlebens gegen den Widerspruch des nicht- oder minderschuldigen Teils in der Regel ausgeschlossen.

Durch die Scheidungsgerichtsbarkeit ist in der Bundesrepublik für einen Zeitraum von fast drei Jahrzehnten versucht worden, eine spezifische juristische Ordnungspolitik zu praktizieren. Die Ergebnisse dieser Politik fielen mager aus. Die Institution Ehe hat kaum gesellschaftlich gefestigt und der überlieferte Wertkodex von Ehe und Familie im Bewußtsein der Menschen verankert werden können. Der Grundgesetzauftrag, Ehe und Familie stehen unter dem besonderen Schutze der staatlichen Ordnung (Art. 6), wurde als Gewährleistungsgebot von Rechtsinstituten interpretiert, nicht als Aufgabe, in Schwierigkeit geratenen Menschen Hilfe in verwirrenden Rechtsräumen zu gewähren. Die schon früh an Boden gewinnende Akzeptanz außerehelicher Verbindungen in der Bevölkerung hing mit einer Scheidungsregelung zusammen, die das politisch Unerwünschte von Scheidungen klar zum Ausdruck brachte. Die »weltanschauliche Intoleranz bei der Handhabung des Ehescheidungsrechts« in der Nachkriegszeit bildete ihre eigenen, mit moralischen Grundsätzen wenig gemein habenden Rituale aus.[17] Die sog. Konventionalscheidung wurde zur Regelscheidung. Mit dem Einverständnis aller Beteiligten wurde das Recht so manipuliert, daß die von der Rechtsordnung nicht vorgesehene Scheidung kraft Einverständnisses der Ehepartner doch möglich wurde. »Unaufrichtigkeit und forensische Unredlichkeit wurden hier zur Rechtsgewohnheit« (Zeidler).

Dieser kurze Blick auf die Gegenwart der Scheidungsproblematik ist als eine Art Brückenschlag zu dem Ort historischen Fragens gedacht. Gegenstand dieses Buches ist die komplexe Geschichte des Scheidungsproblems, nicht seine gegenwärtige Komplexität. Dennoch hat auch die historische Darstellung eine Herausforderung darin zu sehen, daß in der kontroversen Scheidungsdiskussion heute die historische Rückfrage eine so große Rolle spielt. Geschichtliche Rückblicke sind in juristischen Arbeiten zumeist mehr als ein nur äußerer, selbstgefälliger Bildungsausweis der Autoren; die Vergangenheit des Scheidungsproblems, besonders natürlich seine rechtsgeschichtliche Vergangenheit, wird als Argument in der Auseinandersetzung um »Möglichkeiten und Grenzen« des bürgerlichen Ehescheidungsrechts eingesetzt.[18]

Denn trotz des schon angesprochenen Reformtrends, der in sehr unterschiedlichen Kulturräumen zu beobachten ist, herrscht keineswegs Einigkeit darüber, wie das Scheidungsrecht in einer »pluralistischen Gesellschaft« letztlich auszusehen habe.[19] Die einen heben trotz aller Diskontinuitäten in der familienrechtlichen Entwicklung die »Kontinuität« hervor und wollen sie auch in den Reformvorhaben der Gegenwart gewahrt wissen; sie verweisen darauf, daß sich »das Kriterium menschlicher Schuld auch in der Geschichte des Rechtes als Zurechnungsmoment von elementarer Kraft erwiesen« habe.[20] Es mag problematisch sein, von festen Größen, quasi geschichtslosen Rechtsfiguren in der Entwicklung des Rechts auszugehen; noch problematischer aber ist es, die Geschichte des Scheidungsrechts, in der nach übereinstimmender Juristenauffassung die Geschichte des modernen Eherechts ihre »Spitze« erreicht,[21] advokatorisch unter das Verdikt einer harschen staatlichen »Ordnungspolitik« zu stellen, die auf Kosten der Menschen die Ehe als »moralische Institution« durchgesetzt habe.[22] Die als Wesenselement jeder historischen Urteilsbildung anzusehende Behutsamkeit der Aussage wird dem plakativen historischen Argument geopfert, wenn etwa die Wandlungen des Familienrechts im 19. Jahrhundert ausschließlich unter dem Gesichtspunkt sich formierender bürgerlicher Herrschaftsinteressen gesehen werden und *dem* Bürgertum unterstellt wird, das konservativ-patriarchalische Familienmodell »als Mittel zur Domestizierung der Arbeiterklasse aufgegriffen und zum Inhalt seiner Familienpolitik gemacht« zu haben.[23]

Läßt man einmal das sehr vordergründige Ausmünzen von Geschichte beiseite, gibt es nicht nur in der aktuellen Scheidungsrechtsdiskussion, sondern auch in der Behandlung weiter gefaßter Familienrechtsfragen das ernsthafte Bemühen, über eine Aufarbeitung geschichtlicher Zusammenhänge Maßstäbe für Richtung und Umfang heutiger Rechtsgestaltung zu gewinnen.[24] Man kann geradezu von einer Hinorientierung zur historischen Betrachtung sprechen, von einem durch Geschichte geschärften Bewußtsein für offene rechtspolitische Fragen. So wird z. B. die »Einsicht in die Historizität und Gesellschaftlichkeit des Familienrechts« als eine »Grundbedingung jeder Auseinandersetzung mit seinen Regeln« ausgegeben.[25] In der Tat gehören zu der These, daß sich auch im heutigen Familienrecht die Tendenz fortsetze, »rechtliche Regeln als Instrumente zwingender moralischer Ordnung auszugeben«, profunde geschichtliche Kenntnisse. Motiviert scheint der juristische Rückgriff auf die Geschichte durch das nur zu begrüßende Bestreben, die Rechtsaktivität des Staates immer wieder auf ihre Beweggründe und Ziele hin zu überprüfen. Denn der »Einbruch materialer Wertorientierungen in die Familienordnung des bürgerlichen Rechts« ist ein tiefgestaffelter Vorgang in der deutschen Rechtsgeschichte.[26] Die »juristische Regulierung der Familie« ist nicht nur ein Gegenwartsthema, sondern ein Problem, das die Gegenwart als ein bedeutsames Rechtserbe der Vergangenheit zu bewältigen hat.

Der Historiker wird aus der juristischen Debatte über Geschichte und Geschichtliches manchen Anstoß erhalten, aber er wird auch von seinen Interessen her Wesentliches vermissen. Motivation, Entstehung und Abfolge von Kodifikationen zu beschreiben, ist eine Sache. Hier sind auch Wege vergleichender Darstellung gangbar. So hat man zuweilen das kodifizierte

Familienrecht in den einzelnen europäischen Ländern von einem Standpunkt aus bewertet, der auf der Annahme einer geradlinigen Entwicklung des modernen Rechts beruht. Es gibt dann nur noch ›Rechtsfortschritt‹, an dem die Nationen im Verlauf ihrer Geschichte unterschiedlich stark Anteil genommen haben.[27] Die zeitversetzten Strukturen der europäischen Rechtsgeschichte herauszuarbeiten, ihre ›nationalen‹ Brechungen zu betonen, aber auch das Gemeinsame zu sehen, das in der starken Prägung durch eine religiös-kirchliche Kultur lag ist eine sicherlich wichtige, nur kooperativ zu lösende Aufgabe.[28] Schon sie erfordert große Anstrengungen und bereitet immense Schwierigkeiten. Diese würden sich noch erhöhen, wenn die Forschungsfragen auf die Wirkungsanalyse von Rechtsregeln ausgedehnt würden. Hier gibt es fast keine Vorarbeiten für eine vergleichende historische Darstellung, und auch die deutsche Rechtsgeschichte sah lange Zeit über dieses wichtige Problem hinweg. In der wechselseitigen Verschränkung von Rechts- und Lebensverhältnissen, im Ausmaß der Prägekraft, die die staatliche Rechtspolitik für das Zusammenleben der Menschen gehabt hat, aber hat eine *sozialgeschichtlich orientierte Rechtsgeschichte*, oder – aus der Sicht des Allgemeinhistorikers – eine *rechtsgeschichtlich informierte Sozialgeschichte* das Zentrum ihrer Forschungsinteressen aufzusuchen. Um die Chancen zu nutzen, die in einer rechtsgeschichtlichen Ausweitung des historischen Blickwinkels liegen, wird in dieser Untersuchung Sozialgeschichte in einem erweiterten Sinn gefaßt. Zwar geht es auch um den Zusammenhang von sozialen Strukturen und Prozessen mit Verhaltensweisen, um objektivierbare Korrelationen zwischen Bevölkerungswachstum, Verstädterung, Konfession und Scheidungsverlauf; doch das zentrale Bemühen gilt dem Phänomen Gesellschaft insgesamt, seinem Wandel, seinen Verzweigungen im Geschlechterverhältnis und nicht zuletzt seinen politischen Bezügen. Das Recht, in dem soziale und politische Prozesse von oft langer Dauer gespeichert sind, verweist als Faktor der geschichtlichen Wirklichkeit auf die Ordnungsstruktur der Gesellschaft und gibt Auskunft über deren innere Bewegung und Entwicklungsrichtung.

Unter diesen Gesichtspunkten bietet sich das Scheidungsrecht als ein weites, an die ungelösten und strittigen Probleme unserer Gegenwart grenzendes historisches Arbeitsfeld dar, das bisher kaum betreten wurde. Auf ihm können sichere Schritte nur im Rahmen der nationalen Rechtsentwicklung getan werden, wenn dabei auch die komparative Perspektive im Problemhorizont der Untersuchung zu wahren ist.

Die rechtsgeschichtliche Bearbeitung des Scheidungsproblems teilt methodisch die Prämissen, auf denen Stärken und Schwächen der Rechtsgeschichte als eines Zweiges der Rechtswissenschaft beruhen. Das Selbstverständnis der »traditionellen Rechtsgeschichte« gründete in einer Art Dienstleistungsfunktion für die komplizierten juristischen Auslegungsvorgänge von Rechtsnormen.[29] Hier liegt die Wurzel der lange vorherrschenden dogmengeschichtlichen Tradition, des Übergewichts juristischer Dogmengeschichte. Die Herkunft geschichtlich bedeutsamer Rechtsfiguren wurde bis in die feinsten Verästelungen hinein verfolgt. Die Geschichte des Rechts lieferte auf diese Weise einen Beitrag zum Ausmodellieren seiner Normen.

Freilich wurde dabei auch viel über die Entstehung und Veränderung des Rechts in Erfahrung gebracht, doch der »realgeschichtliche Kontext der Norm« (Dilcher) blieb merkwürdig blaß. Das Recht wurde nicht im Zusammenhang mit sozial- und wirtschaftsgeschichtlichen Abläufen gesehen, die erst den Probierstein für seine »Wirkungsgeschichte« abgeben.

Was nun die Rechtsgeschichte der Scheidung angeht, gibt es von juristischer Seite ohne Frage Beiträge, die über eine verengte Dogmengeschichte hinausgehen. Besonders wurden am Beispielfall des Scheidungsrechts die großen geistesgeschichtlichen Strömungen der europäischen Neuzeit nachgezeichnet, die den Prozeß der Modernisierung der westlich-liberalen Gesellschaften seit der Aufklärung begleitet haben; für sie ist zutreffend der Begriff der »Säkularisation« als wichtiger gemeinsamer Nenner herausgestellt worden.[30] Auch gibt es für die jüngere Rechtsgeschichte materialreiche Aufarbeitungen des Scheidungs- und Eheproblems, die ihren Schwerpunkt mehr von ideengeschichtlichen Zusammenhängen aus setzen.[31] Hier ist ein Fundament gelegt für das Bemühen, Rechtsgeschichte und Sozialgeschichte einander näher zu bringen.

Sieht man sich den Diskussionsstand in beiden Wissenschaften an, scheint es ein gemeinsames Bedürfnis nach Kooperation zu geben. Ebenso wie der Rechtshistoriker auf die Befunde der Sozialgeschichte zu achten beginnt, interessiert sich der Sozialhistoriker zunehmend für die Rolle, die das Recht auch jenseits der großen gesellschaftlichen Wandlungsvorgänge gespielt hat: Welchen Einfluß und welche Gestaltungsbefugnis hatte es im feingegliederten Binnenraum der Gesellschaft? Die »gesellschaftlichen Dimensionen des Rechts« sind fraglos der Fluchtpunkt eines gewandelten rechtshistorischen Interesses.[32] Die gegenüber den bisherigen Arbeitsweisen erweiterten Erkenntnismöglichkeiten der Rechtsgeschichte könnten und sollten für die Sozialgeschichte ein Anstoß sein, sich stärker als bisher den gesellschaftlichen Bedingungen und Wirkungen des Rechts zuzuwenden, um so auch genauer die Wirkkraft herrschaftlich-politischer Faktoren bestimmen zu können. Gefordert ist hier vor allem die Sozialgeschichte der Familie, seit fast zwei Jahrzehnten eine der produktivsten Sparten der modernen Sozialgeschichte.

Wenn auch heute noch innerhalb der Historischen Familienforschung rechtsgeschichtliche Fragestellungen eher die Ausnahme sind, hat das auf der Methodenebene mit der Schwerkraft quantifizierender Verfahren und inhaltlich mit der starken Orientierung an der Familie als generativer Einheit zu tun. Die Familiengeschichte tut sich schwer, das Terrain, auf dem ihre unbestreitbar größten Erfolge liegen, zu verlassen.[33] ›Familie als Gegenstand Historischer Sozialwissenschaft‹ hat in der Bilanz sehr viel mehr gebracht als die am Anfang stehende Korrektur der zum Mythos geratenen Vorstellung von der »vorindustriellen Großfamilie«.[34] Von der reichen vitalstatistischen

Datenüberlieferung ausgehend, konnten die Kenntnisse der konkreten Lebensumstände der Menschen in der Vergangenheit immer weiter vertieft und präzisiert werden.[35] Die familiale Wirklichkeit war in den vergangenen Jahrhunderten vielfältiger und komplexer, als es die um die Mitte des 19. Jahrhunderts aufkommenden modernitätsmüden Vergangenheitsstilisierungen wahrhaben wollten. Diese Einsicht gehört mit in den Ergebniskatalog einer historisch orientierten Familienforschung, deren Ausrichtung auf quantifizierbare Strukturen zwar Kritik auf sich gezogen hat, die dieser Konzentration aber ihre bedeutenden Leistungen verdankt.[36] Nicht nur die deutsche, auch die internationale Familiengeschichtsforschung, ist weiterhin ein Wachstumsgebiet der modernen Geschichtswissenschaft.[37] Dabei wird nicht nur chronologisch der Raum historischen Fragens ausgedehnt;[38] dem Familien-›Paradigma‹ entwachsen auch neue Sachkomplexe, wie z. B. die Geschichte der Kindheit oder das familiale Zusammenleben im proletarischen Milieu der sich entfaltenden Industriegesellschaft.[39] Die Stärke der Historischen Familienforschung liegt immer noch in profunden Einzeluntersuchungen, weniger in der großen Synthese. Hier werden die empirischen Befunde entweder kühn übersprungen, so in den evolutionsgläubigen Arbeiten Edward Shorters, oder länderspezifische Besonderheiten zu schnell zu einer Gesamtschau der Familie in der Neuzeit verallgemeinert – dies ein Einwand gegen Jean-Louis Flandrin.[40]

Vom thematischen Schwerpunkt dieser Arbeit aus richtet sich das Interesse auf heute noch schwach vertretene Randbereiche der Familiengeschichtsschreibung, die sich in der Zukunft aber stärker in den Vordergrund schieben dürften. *Werner Conze*, Pionier, Förderer und Organisator einer Historischen Familienforschung, die konsequent der von der Sozial- und Wirtschaftsgeschichte vorgezogenen Spur zu folgen versuchte, hat *auch* dafür plädiert, neben der Soziologie noch weitere Disziplinen in eine Forschungsstrategie zur Geschichte der Familie aufzunehmen. Zu denken sei dabei besonders an die beiden Fakultäten, »die es traditionell seit dem Mittelalter in Lehre und Forschung mit der Familie zu tun haben: die Theologen und Juristen, d. h. die Rechtshistoriker sowohl im Privat- und Strafrecht wie im öffentlichen Recht«.[41] Diese wichtige Anregung hat bisher wenig Gehör gefunden. Der Blick auf Rechts- und Kirchengeschichte könnte das eingerastete Periodisierungsschema ins Wanken bringen und nicht die beiden letzten Jahrhunderte, sondern das Mittelalter als den Herkunftszeitraum der modernen Familie ausweisen. Das ist zumindest die These von Jack Goody, Georges Duby u. a., die am Eherecht der mittelalterlichen Welt die Macht der Kirche aufzeigen, Normen zu setzen, ohne die es nicht zur geschichtlichen Durchsetzung der Familie als Kulturkonfiguration gekommen wäre.[42] Auch für spätere Jahrhunderte ist es wichtig, kirchliche Aussagen über das familiale Zusammenleben auf ihre politisch-gesellschaftliche Verbindlichkeit hin zu prüfen. In diesem Zusammenhang ist das Ehescheidungsproblem eine Art Schlüsselproblem.

Rechtsfragen der Familie hat die Historische Familienforschung am gründlichsten am Erbrecht in bäuerlichen Gesellschaften verfolgt.[43] Diese Arbeiten enthalten trotz ihrer Spezialisierung auf eine zweifellos wichtige Rechtsmaterie viele Anregungen, den historischen Zusammenhang von Rechtsnormen und Familienverhältnissen in einem umfassenderen und grundsätzlicheren Sinn zu thematisieren. Denn Normen und Verhaltensweisen, die sich in der Geschichte der Familie in Ablagerungsschichten von unterschiedlicher Tiefe finden, sind in ihrem Kern die Bildpunkte von Normen und Verhaltensweisen der jeweiligen gesellschaftlichen Formation. Diese Normen zeichnen sich durch ihren »Institutionalisierungsgrad«, den Grad ihrer »Verfestigung« aus.[44] Themenspezifischer formuliert heißt das: Die Geschichte der Familie ist nicht nur eingelassen in Prozesse tiefgreifender ökonomischer und sozialer Veränderung, sie ist auch begleitet gewesen von politischen Prozessen, die die Rechtsform der Familie, die Ehe, festgelegt und abgesichert haben. Wie beim Erbrecht gilt es auch beim Eherecht, die ›gesellschaftliche Dimension‹ von Rechtsnormen herauszuarbeiten: die Akzeptanz, die sie gefunden haben, – die Ablehnung, auf die sie gestoßen sind, – das Sanktionsverhalten der Normsetzungsinstanzen.

Die hier angedeutete Perspektive hat sich die Historische Familienforschung bisher kaum zu eigen gemacht. Wie tragfähig sie ist, soll an dem auch schon in der Geschichte sehr sensiblen Problembereich von ›Scheidung und Scheidungsrecht‹ gezeigt werden.

Es gibt von historischer Seite nur wenige Vorarbeiten, auf die sich diese Untersuchung stützen kann. Im Aufspüren des Rechts als einer kulturellen Größe mit einer hohen und sehr spezifischen gesellschaftlichen Formierungsmacht ist noch immer der ›Klassiker‹ von Marianne Weber »Ehefrau und Mutter in der Rechtsentwicklung« unübertroffen.[45] Bei der Erörterung der »Formen der Familie« werden z. T. auch deren Rechtsformen angesprochen, aber die eigentliche *sozialgeschichtliche* Frage an das Recht unterbleibt.[46] Hier geht es nicht nur um ein Einsammeln vergangener Gesetzesbestimmungen, sondern um eine quellennahe Rekonstruktion der vielschichtigen Vorgänge von Gesetzesentstehung *und* -anwendung.[47] Ein historisches Urteil, das sich allein auf »familienrechtliche Bestimmungen« stützt, erfaßt nur die Außenseite des Problems; die Buchstaben des Familienrechts sagen noch nichts über seine ›buchstäbliche‹ Durchführung aus.

Der Blick auf die ›gesellschaftliche Dimension‹ des Rechts erschließt auch den Raum menschlicher Erfahrung mit dem Recht. Hier bezieht diese Untersuchung jene Anstöße mit ein, die gegenwärtig von einer Art ›Familiengeschichte in der Erweiterung‹ ausgehen.[48] Sie setzt freilich die Frage nach den eher subjektiven Seiten des Familienlebens auf ihre Weise um. So wichtig es ist, sich familialen Alltag in vergangenen Zeiten zuzuwenden und sich um jene fast verwehten Spuren von Erfahrungen, Normen und Verhaltensweisen zu bemühen, die unsere eigenen, so fest gefügten Denkannahmen über Ehe und Familie in einem durchaus produktiven Sinne aufweichen könnten, auch Alltägliches muß im Gesamtzusammenhang des geschichtlichen Lebens gesehen werden. Familiales Glück oder Unglück und staatliches Gesetz bilden in der Geschichte eine Einheit. Johan Huizinga, der in seinem gelassenen Nachdenken über Geschichte oft den »Hang zur kleinen Vergangenheit« gerechtfertigt hat, hat sich zugleich dafür ausgesprochen, »die Linie zu den größeren Zusammenhängen« nicht aus dem Auge zu verlieren: Keine Erkenntnis des Besonderen sei möglich, »ohne daß dieses innerhalb des Allgemeinen verstanden wird.«[49] Wenn in dieser Arbeit Scheidungsfälle von sehr individueller Lagerung erörtert werden, geht es dabei um deren Zeigewert, um den Beitrag einer historischen Quelle zur Verfeinerung des historischen Arguments.

Wie die Scheidungsfrage von der Geschichtswissenschaft bisher nur selten aufgegriffen wurde,[50] so sind Scheidungsakten auch eine noch kaum benutzte Quellengattung. Sie müssen auch mit äußerster Behutsamkeit interpretiert werden, weil ungewiß ist, ob ihre Sprache die Wahrheit über die Macht der Gefühle oder die Stärke materieller Interessen im Eheleben offenbart. Eine amerikanische Untersuchung über »Family and Divorce in California« hat für den Zeitraum 1850–1890 400 Scheidungsfälle ausgewertet.[51] Das Ergebnis dieser Mühe, die zunehmende Zahl der Scheidungen sei Folge einer Versachlichung der Ehebeziehungen (companionate marriage) – der Gleichberechtigungstendenz im Geschlechterverhältnis, mag eine Variante heutiger Sicht sein; die historische Stimmigkeit dieser These ist freilich mit den benutzten Prozeßakten nur unzureichend belegt.

Scheidungsakten, fragmentarisch überliefert in den Urteilssammlungen der Zivilkammern mittlerer Gerichtsbehörden (Landgerichte), sind *ein* Quellentyp dieser Untersuchung; er wird jedoch von anderen, für die verfolgte Fragestellung weit bedeutsameren Überlieferungsbeständen eingerahmt. Eine ›harte‹ historische Schichtungsanalyse des Scheidungsproblems scheint beim gegenwärtigen Stand der Forschung und besonders auch der Quellenerschließung kaum möglich; wohl aber kann im interpretierenden Zugriff auf das erschließungsoffene Material – d. i. neben der staatlichen auch die kirchliche Überlieferung – gezeigt werden, welche gesellschaftliche Reichweite die Scheidungsfrage in der Geschichte hatte.

›Scheidung und Scheidungsrecht‹ gehören in den Gesamtzusammenhang der neueren deutschen Geschichte. Sie eröffnen einen Zugang zu Entwicklungen, denen man bisher wenig Aufmerksamkeit geschenkt hat und die es doch zu beachten gilt, will man über zentrale historische Grundfragen – wie z. B. die Kontinuitätsfrage – Aufklärung gewinnen. In seinem eindrucksvollen »Plädoyer für eine Historisierung des Nationalsozialismus« hat Martin Broszat auf die Schwierigkeit, aber auch auf die Notwendigkeit hingewiesen, »den Nationalsozialismus in die deutsche Geschichte einzuordnen.«[52] Das Gesamtspektrum der nationalsozialistischen Zeit sei unter dem Gesichtspunkt der nationalsozialistischen Diktatur nur unzureichend erfaßt. Broszats Empfehlung an die Geschichtswissenschaft lautet, das »Zwangskorsett der Vorstellung von einer alles erfassenden Gewaltherrschaft« abzulegen.

Indem in dieser Untersuchung das Hineinwachsen eines bedeutsamen rechts- und sozialhistorischen Problems in die Konvulsionen der deutschen Geschichte des 20. Jahrhunderts beschrieben wird, versteht sie sich *auch* als ein Beitrag zu jener »periodenübergreifenden Betrachtung«, die erst ein ›authentisches‹ historisches Verstehen der NS-Zeit ermöglicht. In diese Zeit gehören, hat Broszat bemerkt, auch die vor- und außernationalsozialistischen Bestände deutscher Geschichte. Das bürgerliche Recht war einer dieser Bestände, wobei dem Scheidungsrecht und der Scheidungsfrage allgemein ein besonderer Stellenwert zukommt.

Es wäre vermessen, die Schwierigkeiten zu leugnen, mit denen ein Forschungsansatz zu kämpfen hat, der sein Problem aus der Tiefe des historischen Raumes zu entwickeln versucht; dem steht freilich die Überzeugung von der wissenschaftlichen Notwendigkeit eines solchen Versuchs gegenüber.

II. Die geschichtlichen Voraussetzungen der modernen Scheidungsfrage

Das Eherecht, wie es in der gegenwärtigen Rechtsordnung begegnet, ist historisch tief gestaffelt. Es erinnert eine Gesellschaft, die in weiten Teilen allen kirchlichen Bindungen und christlichen Lebensnormen entwachsen ist, an ihre geschichtlichen Ursprünge. Sie liegen in der Welt des Mittelalters und der großen Herausforderung, die die Reformation für diese Welt und ihre Grundfesten darstellte. Die Geschichte des Eherechts ist über einen langen Zeitraum hinweg Kirchengeschichte gewesen. Mit ihrem sakramental-rechtlichen Eheverständnis drückte die katholische Kirche dieser Geschichte den Stempel auf. Es galt der Grundsatz der absoluten Unauflöslichkeit der vollzogenen sakramentalen Ehe, ein Grundsatz, den die scholastische Theologie formuliert hatte und der in der Kanonistik seine juristische Fassung fand. Aus dem Sakramentscharakter der Ehe leitete sich auch der kirchliche Anspruch ab, ausschließlich für die Scheidung oder Lösbarkeit von Ehen zuständig zu sein. Das Jurisdiktionsmonopol der Kirche hat sich bis zur Reformation weitgehend durchsetzen können.[1] Die Scheidung mit der Folge, eine neue Ehe eingehen zu dürfen, kannte das kanonische Recht nicht. Es bildete sich, gleichsam als Surrogat, die Rechtsfigur der Trennung von Tisch und Bett aus, die aber die Möglichkeit erneuter Verehelichung ausschloß.

1. Wandlungen des Eherechts in der Frühen Neuzeit

Die Wende in der Geschichte des Eherechts ist eng mit dem Namen Martin Luther verknüpft. Sein Protest gegen das äußere Gebaren der Kirche weitete sich zur Infragestellung von Glaubensprinzipien aus, die zur Substanz der katholischen Lehre gehörten. Luther verwarf die Ehe als Sakrament und gab damit den alten kirchenrechtlichen Grundsatz ihrer Unauflöslichkeit preis. Die weltliche Obrigkeit, nicht mehr die Kirche selbst, sollte zukünftig der Garant der christlichen Grundlagen der Ehe sein.

Die Reformation sprengte das seit dem Hochmittelalter von der Kirche und ihren Gerichten für Eheschließung und Eheauflösung festgelegte Regelsystem. Sie öffnete damit langfristig das im ›göttlichen‹ Recht verankerte

Institut der Ehe für Zwecke, die mit den Besonderheiten ›irdischer‹ Ordnungspolitik zusammenhingen. Luther selber hat diese Entwicklung freilich noch nicht vor Augen gestanden. Trotz allen theologischen Kampfeseifers hielt er an den christlichen Grundlagen der Ehe fest. Dennoch sind besonders die Schriften Luthers zu Wegmarken eines neuen Eheverständnisses geworden. Sie bezeichnen den Punkt, von dem die ›Säkularisation‹ der Ehe als Rechts- und Sozialkomplex ihren Ausgang genommen hat.

Für Luther war die Ehe »eyn eußerlich leyplich ding wie andere weltliche hanttierung« (Vom ehelichen Leben; 1522); es könne ja »niemand leucken, das die ehe ein eußerlich weltlich ding ist wie kleider und speise, haus und hoff, weltlicher obrigkeit unterworfen wie das beweisen so viel keiserliche rechte daruber gestellet« (Von Ehesachen; 1530). Hier ging es um mehr als theologische Streitfragen; letztlich waren auch Machtfragen angeschnitten, denn die These von der Ehe als »weltlich ding« hatte große Folgen für den Bereich der kirchlichen Jurisdiktion. Auch hier zog Luther die Konsequenzen aus seiner Ablehnung der katholischen Sakramentenlehre. Die Ehe als ein »weltlich ding« bedinge auch in bezug auf Hochzeit und Ehestand ein »weltlich geschefft«, aus dem sich die Geistlichen herauszuhalten hätten. Ihre Aufgaben wollte er auf den inneren Bereich, den Bereich des Gewissens beschränkt wissen: »Hier wil ichs beschließen und auff dis mal lassen, und wie droben also auch itz meinen lieben herrn und brueder, den pfarhern und seelsorgern raten, das sie die Ehesachen, als weltliche hendel ynn weltlichen Rechten verfasset, von sich weisen und sich der entschlahen so viel sie immer muegen. Und lasset die Oberkeit oder Officialen damit umbgehen, Ausgenomen, das wo man yhres rats yhm gewissen bedarff, Als wo etliche ehesachen fur fielen, darinn die Officialen odder Rechtslerer die gewissen verstrickt und verwirret hetten odder sonst etwa widder die rechte eine Ehe volnbracht were, das sie daselbst yhr ampt uben und die gewissen troesten und nicht yhm zweivel odder irthum stecken lassen.« (Von Ehesachen; 1530).[2] Was Luther hier postuliert, die Trennung zwischen kirchlichen Aufgaben und Rechtsaufgaben, die aus der staatlichen Regelungskompetenz für eheliche Verhältnisse erwachsen, sollte erst im späten 19. Jahrhundert, in einem für das Verhältnis von Staat und Kirche besonders gelagerten Geschichtsabschnitt verwirklicht werden.

Sowohl auf dem Gebiet der Ehegesetzgebung wie der Ehegerichtsbarkeit hat die Reformation einen entscheidenden Macht- und Geltungsverlust der katholischen Kirche eingeleitet. In gewisser Weise ist das vom Tridentiner Konzil beschlossene Dekret »Tametsi« v. J. 1563 als eine Art Gegenzug der verunsicherten Kirche anzusehen. Es brachte eine Bekräftigung des kanonischen Eherechts, und hier besonders des Eheschließungsrechts.[3] Die tridentinische Ehekonzeption ist zum festen Haltepunkt der katholischen Kirche in den nachfolgenden Jahrhunderten geworden; allerdings konnte sie nur in der katholischen Staatenwelt verwirklicht werden. Die Gebiete, in denen eine protestantische Tradition wurzelschlagen konnte, waren die Einbruchstelle für den zähen Versuch des neuzeitlichen, von den Theorien der Aufklärung beeinflußten Staates, die kirchenrechtlichen Ursprünge des Eherechts zu löschen und dieses Recht voll in sein Rechtssystem zu integrieren.

Die frühneuzeitlichen Wandlungen des Eherechts, die hier nur kurz angesprochen wurden, gehören in den Vorraum einer Entwicklung, an deren Ende der moderne bürgerliche Rechtsstaat steht. Das Reformationszeitalter bildet das Schwungrad in einem langen historischen Prozeß, der letztlich den Staat die Herrschaft über das gesamte Eherecht von der Eheschließung bis zur Ehescheidung erlangen ließ. Man würde freilich an der historischen Tiefenproblematik dieses Prozesses und damit an seinen inneren Widersprüchen und Gegenläufigkeiten vorbeisehen, hätte man nur jene Grundtendenz im Auge, die im Begriff der ›Säkularisation‹ so treffend eingefangen zu sein scheint.[4]

Es waren zwei diplomatische Akte, die in der Frühen Neuzeit zu einer Gabelung der modernen Eherechtsgeschichte geführt haben. Die konfessionellen Auseinandersetzungen, die in den Jahrzehnten nach der Reformation immer wieder die Gefahr kriegerischer Verwicklungen heraufbeschworen hatten, fanden im Jahre 1555 mit dem Abschluß des Augsburger Religions- und Landfriedens eine reichsrechtliche Regelung. Die Konfessionseinheit des Reiches, Erbe des mittelalterlichen christlichen Universalismus, fiel einer Politik zum Opfer, für die die innere Befriedigung des Reiches Vorrang hatte. Das bisherige, oft gewaltsame Gegeneinander von Katholiken und Protestanten sollte in ein rechtlich eingehegtes Nebeneinander überführt werden. »Cuius regio, eius religio«, wem das Land gehört, der bestimmt auch die Religion, dieser interpretierende Rechtssatz faßt formelhaft die Kompromißlösung des Augsburger Friedenswerks, in dem die schon auf dem Speyerer Reichstag v.J. 1526 erkennbare Linie ihre Fortsetzung fand, zusammen. Bekräftigt und präzisiert wurden die Regelungen bezüglich der Religionshoheit durch den Westfälischen Frieden v.J. 1648. 1624 wurde als Stichjahr für den jeweiligen konfessionellen Besitz- und Bekenntnisstand festgelegt. Die Konfession des Territorialherrn war, wenn auch nicht ausschließlich, die Richtgröße für die Konfessionszugehörigkeit der Bevölkerung. Mit dem Jahr 1624 waren die konfessionellen Grenzen im Reich endgültig gezogen. Die Reformationsbewegung, die vom Wirken Luthers ihren Ausgang genommen hatte, war zum festen Bestandteil eines neuen Staatskirchenrechts geworden.

Diese geschichtlichen Zusammenhänge, also die Entstehung von zwei Konfessionskulturen, sind der Hintergrund, vor dem auch die ›Territorialisierung‹ des Eherechts in der Neuzeit zu sehen ist. Die in Deutschland bestehenden Staaten geschlossenen, aber unterschiedlichen Bekenntnisses bildeten große Unterschiede in der Handhabung von Ehesachen aus. Ein gutes Beispiel für die Rechtsverhältnisse in einem katholischen Territorium bildet der Codex Maximilianeus Bavaricus Civilis für Bayern v.J. 1756.[5] Das kanonische Recht, wie es durch das Tridentiner Konzil festgelegt war, findet in diesem Gesetzgebungswerk eine säkulare Stütze. Die Schließung wie die Trennung einer Ehe werden ausschließlich der geistlichen Obrigkeit anheimgegeben; ihr will der Staat in keiner Weise ›vorgreifen‹. In katholischen Territorien verbleibt das Eherecht sowohl materiell wie formell in der Kompetenz von kirchlichen Instanzen.

Eine andere Richtung nahm die Entwicklung in den dem Protestantismus zugehörigen Territorien. An der Spitze des Kirchenregiments stand hier als weltliche Obrigkeit der Landesherr. Seine Interessen, die nicht primär kirchlicher Natur waren, drängten im Laufe des 17. und 18. Jahrhunderts den kirchlichen Einfluß auf Ehe und Ehegestaltung immer mehr zurück. Die Traditionsbestände des Kirchenrechts wurden im Zeitalter des Absolutismus zu Elementen einer weltlichen Strategie, die auf die Stabilisierung und Formierung von Sozialverhältnissen aus war. So verstärkte sich im 17. Jahrhundert die Tendenz, das Eherecht mit seinen Eheschließungs- und Scheidungsbestimmungen in die Stadt- und Landrechte einzugliedern. Ursprünglich hatten auch die protestantischen Obrigkeiten die Eigenständigkeit des kirchlichen Eherechts in eigenen Kirchen- oder Konsistorialordnungen gewahrt. Die Entstehung des frühneuzeitlichen Staates aber war begleitet und letztlich wohl auch abhängig von seiner Fähigkeit, über administrative Rationalität die krisenhaften Erscheinungen des Gesellschaftslebens in den Griff zu bekommen. Und das Eheleben zählte zu dieser Zeit nicht zu den geordnetesten Bereichen des Gesellschaftslebens. Den kirchlichen Gerichtsorganen mangelte es an gesellschaftlicher Steuerungs- und Gestaltungskompetenz; sie begriffen die Ehe ja auch in erster Linie in ihrer Beziehung zur Ordnung der Kirche, weniger zur Ordnung der Gesellschaft. Hier nun setzte die staatliche Ehegesetzgebung an. Sie stand unter den Geboten der Staatsraison und der öffentlichen Nützlichkeit.

Die protestantischen Territorien waren Wegbereiter einer Entwicklung, die zur Ehe als Institution einer profanen Rechtsordnung geführt hat. In den staatlichen Eheverboten des 17. und 18. Jahrhunderts, die übrigens in den katholischen Territorien – nach anfänglicher Zurückhaltung beim Zugriff auf das ›Eheband‹ – nicht weniger scharf ausfielen, dokumentiert sich am nachdrücklichsten das Prognostische, das in Luthers bündiger Formulierung von der Ehe als einem »eußerlich leyplich ding wie andere weltliche hanttierung« auch lag. Ziemlich rigide ›hantierte‹ die weltliche Obrigkeit, wenn es um die staatsgesellschaftliche Seite der Ehe ging. Der *staatliche Genehmigungsvorbehalt* war im Absolutismus »kein Sonderfall, sondern geradezu die Krönung eines Systems, welches die Freiheit der Eheschließung auf ein Minimum reduzierte«.[6] Ehen von Beamten, Soldaten und Personen, die, wie z. B. die gutspflichtigen Bauern, in einem feudalrechtlichen Abhängigkeitsverhältnis standen, bedurften der Bewilligung durch die Obrigkeit. In dieser Zeit war die Ehe ein Privileg, keineswegs ein Rechtstitel, auf den alle Mitglieder der Gesellschaft Anspruch hatten. Die Eheschließungsfreiheit geriet im absolutistischen Staat unter die Restriktionen des ›Polizeigedankens‹.[7] Über rein weltlich motivierte Ehehindernisse unterstrich der Staat seinen Anspruch auf Rechtskompetenz in Ehesachen.

Symbol für die Positionsverschiebung im Verhältnis Kirche-Staat ist das österreichische Ehepatent v.J. 1783, das die Weichen in dieser Rechtsmaterie für eine lange Zeit stellte.[8] Joseph II. unterwarf mit diesem Gesetz das Recht des Ehebandes einer vollständigen Bestimmung durch das staatliche Recht. Dieser Vorgang hat vor allem dadurch seine Bedeutung erlangt, daß er sich in einem »katholischen« Staat abspielte. Das katholische Recht wurde gänzlich an die Seite gedrängt. »Zum Beschlusse« – so endet das Patent – »heben wir hiemit in Ehesachen alle über diesen Gegenstand bisher bestandenen Gesetze, für die künftigen Fälle gänzlich auf...“. Gegenüber dem Sakramentscharakter der Ehe beschritt das Patent einen pragmatischen Weg. Es versagte sich der Forderung nach Einführung der Ehescheidung für die Ehen unter Katholiken, gab aber für Protestanten die Ehescheidung dem Bande nach frei. Auch behielt es die kirchliche Trauung als die einzig zulässige Eheschließungsform bei. Trotz dieser Relikte kanonischen Rechts ist das Patent ein Dokument absolutistischer »Vollkommenheit landesfürstlicher Macht über die Gültigkeit oder Ungültigkeit des Ehevertrags (Kontrakts) insofern es die bürgerlichen Wirkungen desselben betrifft« (Vorspruch); es betrachtet »die Ehe an sich selbst als ein[en] bürgerlich[en] Vertrag« (§ 1).

Über utilitaristisch motivierte Verbotsnormen beim Eingehen von Ehen hatte die weltliche Obrigkeit eine Schneise in kirchliche Rechtsbestände geschlagen. Die Kirche, sowohl die protestantische wie die katholische, wurde nicht ausgebootet, sondern in den Dienst der weltlichen Angelegenheiten, die primär soziale Angelegenheiten waren, gestellt. Dieses auf ›Sozialdisziplinierung‹ ausgerichtete Gebaren des absolutistischen Staates berührte zunächst einmal nicht den Kern christlichen Eheverständnisses. Erst beim Scheidungsproblem tat sich eine Konfliktfront auf. Sie war in katholischen Territorien kaum zu überwinden, während die Gesetzgebung es in den protestantischen Gebieten leichter hatte, auch das Scheidungsrecht einer freieren Gestaltung zu öffnen. Die grundsätzliche Scheidbarkeit der Ehe war die Nagelprobe beim Aufeinanderprall von christlichem und weltlichem Eheverständnis. Die Ehescheidungsordnung von Nürnberg v.J. 1803 drückte zwar nicht als erste, aber doch am eindeutigsten den Sprung in eine neue Zeit aus: »Keine, an sich gültige, Ehe ist unauflöslich.«[9] Auch in protestantischen Territorien hatte beim Scheidungsproblem bis in das 18. Jahrhundert hinein ein juristischer Rigorismus geherrscht. Nur bei gravierenden Eheverfehlungen wie Ehebruch, widernatürlicher Unzucht, böslichem Verlassen usw. hatte die reformatorische Eherechtslehre die Aufhebung der ehelichen Gemeinschaft zugelassen. Am Schuldprinzip aber wurde auch hier lange Zeit strikt festgehalten. Es galt der vom protestantischen Rechtsdenken aufgestellte Grundsatz, daß nur dem an der Scheidung unschuldigen Teile eine erneute Verehelichung zu gestatten sei. Im späten 18. Jahrhundert freilich verlor die »strenge« Richtung innerhalb der Ehelehren des Protestantismus an Boden. Immer häufiger wurde schuldigen Ehegatten die anderweitige Eheschließung durch landesherrlichen Dispens ermöglicht.[10] Wie beherrschend der zweckrationalistische Geist war, spricht sich in einer Kabinettsordre Friedrichs des Großen v. J. 1783, die prägend für die weitere preußische Eherechtsentwicklung werden sollte, aus: »Da ich von Euch vernommen, daß es bei der Regierung noch ein Haufen Ehescheidungsprozesse, besonders unter den gemeinen Leuten, giebet, so gebe ich Euch deshalb zu erkennen, daß man mit der Trennung der Ehe nicht sogar facil seyn muß, daß davon ein Mißbrauch entsteht, so wie man auf der andern Seite auch nicht gar zu difficil seyn muß, sonsten hindert das die Population. Denn sobald zwei Eheleute durchaus widereinander soweit aufgebracht und erzürnt sind, daß gar keine Vereinigung wieder zu hoffen stehet, und die Gemüther in einer beständigen Verbitterung gegen einander verbleiben, so werden sie auch keine Kinder mit einander erzeugen, und das ist der Population zum Nachtheil. Dagegen wird ein solches Paar geschieden, und das Weib heirathet dann einen andern Kerl, so kommen doch noch eher Kinder davon; ihr müßt daher immer auf die Umstände sehen, und nur in dem Falle, wenn ganz und gar kein Vergleich und Wiederaussöhnen statt finden und erwartet werden kann, die Scheidung geschehen lassen.«[11]

Aufklärerisches Ideengut beförderte das pragmatische Bemühen der Landesherrschaft, alles der Staatswohlfahrt Hinderliche aus dem Weg zu räumen. Preußen, der gewichtigste deutsche Staat mit einer christlich-protestantischen Tradition, hat am Ende des 18. Jahrhunderts am konsequentesten die Impulse der Aufklärung in sein Scheidungsrecht eingearbeitet.

2. Ehe und Ehetrennung im System des Allgemeinen Landrechts und des Rheinischen Rechts

Der preußische Militärstaat des späten 18. Jahrhunderts war ein Staat der Widersprüche; Reaktionäres und in die Zukunft Weisendes begegnen in einer eigentümlichen Mischung. Wenn die Geschichte Preußens im 18. Jahrhundert eine progressive Seite hatte, dann sind hier vor allem die preußischen Rechtsreformen als Beleg zu nennen. Sie machten die »Dignität« eines Staatswesens aus, dessen Trägerschichten die Stärken der Rechtsordnung gegen die auch von ihnen gesehenen Probleme und Schwächen der Verfassungsordnung auszuspielen versuchten.[12] Friedrich der Große stand hinter der Neugestaltung des Verfahrensrechts, das als Corpus juris Fridericianum 1781 eingeführt wurde, und er regte auch gegen Ende des 18. Jahrhunderts (KO vom 14. April 1780) die Ausarbeitung eines allgemeinen Gesetzbuchs an. Die Entstehungsphase des Allgemeinen Landrechts für die Preußischen Staaten (ALR), das am 1. Juni 1794 Gesetzeskraft erlangte, war von der Publizierung einer Deposital- und Hypotheken-Ordnung (1783), sowie von

Reglements, die das Kassenwesen der Gerichte und die Arbeit der Kanzleien betrafen (1782), begleitet. An die Stelle des Corporis juris Fridericiani trat im Jahre 1793 die Allgemeine Gerichtsordnung für die Preußischen Staaten (AGO), deren erster Teil eine Prozeßordnung enthielt, die ein sog. Jahrhundertwerk war und auch den liberalen Rechtsreformen der Bismarckzeit noch als Orientierungsmarke diente. Während das Strafverfahren 1805 durch eine neue Kriminalordnung geregelt wurde, war das materielle Strafrecht Bestandteil des Allgemeinen Landrechts geworden und verblieb dies bis zur Verabschiedung des Strafgesetzbuchs für die Preußischen Staaten v. J. 1851.[13]

Allen preußischen Rechtsreformen an der Wende vom 18. zum 19. Jahrhundert lag das Bemühen zugrunde, der ›Staatsgesellschaft‹ über das Recht den Weg in eine nichtrevolutionäre Zukunft zu bahnen. Seismographisch hatte der preußische Gesetzgeber die revolutionären Ereignisse in Frankreich registriert. Sie waren auch für die endgültige Durchsetzung der Verweltlichungstendenz im Eherecht des Allgemeinen Landrechts von erheblicher Bedeutung. Das Allgemeine Landrecht behandelt die Ehe und Familie im Zusammenhang mit dem allgemeinen Gesellschaftsrecht. Schon am Aufbau des »Von der Ehe« handelnden Gesetzesabschnitts wird deutlich, daß die Ehe als Institution der weltlichen Rechtsordnung begriffen wird. Die ersten beiden Paragraphen lauten lapidar: »Der Hauptzweck der Ehe ist die Erzeugung und Erziehung der Kinder. Auch zur wechselseitigen Unterstützung allein kann eine gültige Ehe geschlossen werden.« (ALR II, 1. T., 1, §§ 1 u. 2) Der christliche Ursprung der Ehe scheint dem staatlichen Interesse an der Ehe zum Opfer gefallen zu sein. Auf den ersten Blick jedenfalls begegnet, auch in den Scheidungsregelungen, die deutliche Handschrift des staatlichen Gesetzgebers. Die Ehe ist ein weltliches Institut von relevantem Einfluß auf die Staatswohlfahrt; sie ist die Quelle der Population und Eckpfeiler des gesellschaftlichen Ordnungsgefüges. Von diesem Ausgangspunkt wird auch die Scheidung zu einer ›polizeilichen‹ Aufgabe des Staates, zu einem interventionistisch zu regelnden *sozialen* Ordnungsproblem.

Dennoch wirft auch das Allgemeine Landrecht christlich-protestantische Traditionen nicht gänzlich über Bord. In dem Abschnitt, der »Von Trennung der Ehe durch richterlichen Ausspruch« handelt und in dem die grundsätzliche Trennungsmöglichkeit einer Ehe rechtlich gewährleistet wird, findet sich die Einschränkung, daß »Ehescheidungen nicht anders als aus sehr erheblichen Ursachen statt finden« sollen (ALR II, 1. T., 8, § 669). Zu ihnen gehörten Ehebruch, bösliche Verlassung, Nachstellungen nach dem Leben usw., also jenes Ensemble absoluter Scheidungsgründe, das schon das protestantische Kirchenrecht enthalten hatte. Auch am Schuldprinzip, das Kern der Scheidungsfolgenregelung ist, hält das Allgemeine Landrecht streng fest. Ehebruch, dessen sich ein Ehegatte schuldig gemacht hatte, berechtigte nur den *unschuldigen Teil*, auf Scheidung zu klagen (ALR II, 1. T., 8, § 670). Das Allgemeine Landrecht sprach, ganz in der Tradition der protestantischen Jurisprudenz stehend, ein unnachsichtiges »Verbot der Ehe zwischen Personen, welche Ehebruch mit einander getrieben haben«, aus. »Personen, welche wegen Ehebruchs geschieden wurden, dürfen diejenigen, mit welchen sie den Ehebruch getrieben haben, nicht heiraten.« (ALR II, 1. T., 1, § 25) In welcher Weise die Dispenspraxis dieses Prinzip verwässert hat, wird noch zu zeigen sein. Das Allgemeine Landrecht jedoch stellte die Verschuldensscheidung stark heraus. Sie erfuhr auch durch die »Wirkungen der Ehescheidung« eine Bekräftigung. ›Scheidungsstrafen‹ formulierte das Allgemeine Landrecht im Zusammenhang mit den Scheidungsfolgen. In jedem Scheidungsurteil war die Frage, »ob und welcher von den Ehegatten für den schuldigen Theil zu achten sey«, festzuhalten (ALR II, 1. T., 8, § 745). Diese Frage spielte in der »Auseinandersetzung wegen des Vermögens« eine wichtige Rolle. Der unschuldige Teil war bei »groben Vergehungen« mit dem »Vierten Theile von dem Vermögen des Schuldigen« abzufinden; bei »minderschweren Vergehungen« wurde die »Abfindung auf den Sechsten Theil bestimmt« (ALR II, 1. T., 8, §§ 785 u. 786). Konnte aber der schuldige Ehegatte dem unschuldigen weder Abfindung noch Verpflegungsgelder gewähren, so sollte er für die Vergehungen, wodurch er zur Scheidung Anlaß gegeben hatte, »mit Gefängnis oder Strafarbeit auf Vierzehn Tage bis Drey Monathe belegt werden« (ALR II, 1. T., 8, § 823).

Der im Allgemeinen Landrecht fixierte Sanktionscharakter der Scheidung ist nicht das einzige konservative Element dieses Scheidungsrechts. Sowohl bei der Eheschließung wie bei der Eheauflösung verfolgte der preußische Gesetzgeber strikt ein Ebenbürtigkeitsprinzip, das ganz auf der Linie der überkommenen Adelsschutzmaßnahmen lag.[14] »Mannspersonen von Adel« durften »mit Weibspersonen aus dem Bauer- oder geringerem Bürgerstande keine Ehe zur rechten Hand schließen.« (ALR II, 1. T., 1, § 30) Hier führte der Gesetzgeber das Institut der »Ehe zur linken Hand« ein. »Ehen zur linken Hand« unterschieden sich von anderen Ehen darin, »daß die Frau durch dieselbige nicht alle Standes- und Familienrechte erlangt, welche die Gesetze einer würklichen Ehefrau beilegen.« (ALR II, 1. T., 9, § 835) In Ehen, die auf einer »Ungleichheit des Standes« beruhten, war die Frau weitgehend rechtlos gestellt. Sie trat nicht »in die Familie des Mannes« ein und hatte an dessen Nachlaß kein gesetzliches Erbrecht (ALR II, 1. T., 9, § 913). Bei Ehestreitigkeiten traf es sie besonders hart. »Auch muß der Richter, wenn die Frau wegen bloß mündlicher Beleidigungen, oder geringerer Thätlichkeiten die Scheidung verlangt, auf die Verschiedenheit des Standes zwischen solchen Eheleuten billige Rücksicht nehmen.« (ALR II, 1. T., 9, § 933)

Das Eheverbot wegen »Ungleichheit des Standes« wurde erst 1869 aufgehoben (Gesetz v. J. 1869). So reaktionär dieses Eheverbot auch war, in seinen Öffnungsklauseln bewegte sich der preußische Gesetzgeber auf die neu entstehende bürgerliche Welt zu. Er unterschied zwischen »geringerem« und dem »höhern Bürgerstande«, und zum letzteren durfte der Adel durchaus eheliche Bande knüpfen. »Zum höhern Bürgerstande werden hier gerechnet, alle öffentliche Beamte (die geringern Subalternen... ausgnommen;), Gelehrte, Künstler, Kaufleute, Unternehmer erheblicher Fabriken, und diejenigen, welche gleiche Achtung mit diesen in der bürgerlichen Gesellschaft genießen.« (ALR II, 1. T., 1, § 31)

So viel Altständisches und der protestantischen Ehelehre Verpflichtetes das Allgemeine Landrecht auch enthielt, auf dem wichtigen Feld der Scheidung verstand es sich als eine Rechtsordnung der Zukunft, d. h. der ›bürgerlichen Gesellschaft‹ im Sinne eines mündigen Staatsbürgertums. Es baute an letzter, nämlich an elfter Stelle der von ihm aufgeführten Trennungstatbestände einen Sprengsatz in die herkömmliche Kasuistik des Scheidungsrechts ein: Scheidung auf Grund gegenseitiger Einwilligung bei unüberwindlicher Abneigung. Mit dieser entscheidenden Erweiterung der Scheidungsmöglichkeit über die bisherigen Scheidungsgründe *hinaus* ist das Scheidungsrecht des Allgemeinen Landrechts zum Symbol einer ›freieren‹ Scheidungsregelung geworden; zugleich aber zog es, besonders im Verlauf des 19. Jahrhunderts, viel leidenschaftliche Kritik, ja Fundamentalopposition auf sich. »Auf Grund gegenseitiger Einwilligung« konnten »ganz kinderlose Ehen« getrennt werden (ALR II, 1. T., 8, § 716f.); auch sollte es dem Richter erlaubt sein, »in besondern Fällen, wo nach dem Inhalte der Akten der Widerwille so heftig und tief eingewurzelt ist, daß zu einer Aussöhnung und zur Erreichung der Zwecke des Ehestandes gar keine Hoffnung mehr übrig bleibt, eine solche unglückliche Ehe zu trennen«.

Preußen als Urvater des Zerrüttungsprinzips? Man darf, was die historische Würdigung der eherechtlichen Modernisierungsbemühungen in Preußen angeht, nicht die schon angeführten vergangenheitsorientierten Sicherungen vergessen. Sie finden sich auch in diesen, auf den ersten Blick so ›modern‹ anmutenden Paragraphen. Auch bei einer Scheidung wegen ›unüberwindlicher Abneigung‹ hatte »derjenige Ehegatte, welcher solchergestalt ohne eigentlichen gesetzmäßigen Grund, wider den Willen des Andern, auf der Scheidung beharret, für den schuldigen Theil erkläret, und in die Scheidungs-Strafen verurtheilt [zu] werden.« (ALR II, 1. T., 8, § 718b) Der preußische Gesetzgeber stellte die Ehe keineswegs in das Belieben der Eheleute, er achtete und beachtete aber deren Bedürfnisse. Das war sehr viel angesichts der Macht der Vergangenheit und ihrer vielen klerikalen und weltlichen Bannerträger. Preußen setzte auf das Augenmaß seiner Richter. Sie sollten auch brüchige Ehen halten, gerade weil sie die Trennungsinstanz für unglückliche Ehen waren. »Überhaupt muß in allen Fällen, wo die Scheidung gesucht wird, der Richter von Amtswegen bemüht seyn, das gute Vernehmen unter den in Zwietracht gerathenen Eheleuten wieder herzustellen, und die Ursachen der entstandenen Mißhelligkeiten aus dem Wege zu räumen.« (ALR II, 1. T., 8 § 714)

Die Bestimmungen des Allgemeinen Landrechts wurden über einen langen Zeitraum hinweg im Geist jenes Aufklärungsanspruchs ausgelegt, der schon die Entstehung dieses großen Gesetzgebungswerks begleitet hatte. So ist es für die liberale Grundrichtung der preußischen Ziviljustiz durchaus bezeichnend, daß bis gegen Ende der 30er Jahre des vorigen Jahrhunderts immer wieder an die Absichten des Gesetzgebers des späten 18. Jahrhunderts erinnert werden konnte. Der »Revisor«, der 1830 mit der Überarbeitung des familienrechtlichen Teils des Allgemeinen Landrechts beauftragt war, ein hoher preußischer Richter, stützte sich bei seinem Eintreten für ein Beibehalten der landrechtlichen Scheidungsgründe auf Argumente, die seinerzeit vom Spiritus rector des Allgemeinen Landrechts, Carl Gottlieb Svarez, vorgetragen worden waren.[15] Svarez hat bekanntlich bei der Endredaktion des Allgemeinen Landrechts eine wichtige Rolle gespielt. Er zeichnete auch dafür verantwortlich, daß sich die Scheidungsparagraphen des Allgemeinen Landrechts mehr an der pragmatischen Kabinettsordre vom Mai 1783 als an dem restriktiveren ›Edikt gegen Ehescheidungen‹ vom November 1782 orientierten. Das später suspendierte Gesetzbuch v. J. 1791 hatte sich noch strikt dagegen ausgesprochen, daß Ehen »wegen blos einseitig behaupteter, unüberwindlicher Abneigung« getrennt werden könnten. Svarez brachte auf der letzten Wegstrecke zum Allgemeinen Landrecht v. J. 1794 die schon fast vergessene Kabinettsordre Friedrich des Großen erneut ins Spiel. Er »bemerkte« bei der Schlußrevision folgendes: »Aus dieser K. Ordre, welche als neueres Gesetz dem Ehescheidungsedikt derogire, und aus der Voraussetzung, daß der Gesetzgeber die Trennung einer Ehe, deren Zwecke offenbar nicht mehr erreicht werden könnten, unmöglich habe verbieten wollen, habe sich eine von dem Ehescheidungsedikt und dem Gesetzbuch abweichende Praxis gebildet, indem man danach auch Ehen auf gegenseitige Einwilligung getrennt habe, die nicht kinderlos wären, und diese Praxis habe auch vieles für sich; theils aus dem in der K. Ordre angegebenen, von der Population hergenommenen Grunde, theils weil es auf die Moralität der Kinder unmöglich einen vortheilhaften Eindruck machen könne, wenn sie unter den Händen zweier so sehr gegen einander aufgebrachten Eltern erzogen würden.«[16] Svarezs Intervention hatte eine Abkehr von den Bestimmungen des Ehescheidungsedikts zur Folge; die einschlägigen Paragraphen des Allgemeinen Landrechts über gegenseitige Einwilligung, Widerwille und unüberwindliche Abneigung (§§ 716; 717; 718a) orientieren sich exakt an der »oftgedachten« Kabinettsordre v. J. 1783.

Die Genauigkeit, mit der in den 30er Jahren des vorigen Jahrhunderts der Entstehungsgeschichte des Allgemeinen Landrechts nachgespürt wurde, war eine kalkulierte Genauigkeit. So suchte der »Revisor« des Familienrechts mit historischen Argumenten Bestrebungen entgegenzutreten, die nur eine Antwort auf oft sehr komplex gelagerte Eheprobleme kannten: »direkten juristischen Zwang.« Er sprach sich gegen die »Aufhebung« der liberalen landrechtlichen Scheidungsbestimmungen aus und hielt in seinen »Motiven« fest: »Aber da eine erzwungene Moralität keine Moralität ist, so leuchtet auch an sich ein, daß aller direkter Zwang von einem moralischen

Institut entfernt bleiben muß, wenn es in seiner Reinheit erhalten werden soll. Folglich beweist gerade umgekehrt die Einführung dieses Zwanges ein Verkennen der moralischen und religiösen Natur der Ehe.«[17] Das waren Grundsätze, die den »Revisor« bei seiner Entwurfsfassung gerade das tun ließen, was manche seiner Kollegen, so z. B. die Richter an den Oberlandesgerichten Köslin, Magdeburg, Münster und Breslau, mit äußerstem Argwohn betrachteten: er strich die gesetzlichen Gründe zur Ehescheidung, die das Allgemeine Landrecht enthielt, nicht zusammen, sondern er weitete sie aus. Freilich konnte er sich dabei auch auf Voten anderer, gewichtiger »Kollegi« stützen, die das Ganze mehr mit seinen Augen sahen. Die Bedingung der Kinderlosigkeit sollte künftig bei einer Ehetrennung »auf Grund gegenseitiger Einwilligung« wegfallen; und auch das wurde in diesem Gesetzesvorschlag in Aussicht gestellt: »Auch wegen bloß einseitiger unüberwindlicher Abneigung, welche durch Thatsachen gerechtfertigt ist, kann die Trennung der Ehe nachgesucht werden.«[18]

Die Revisionsarbeiten am Allgemeinen Landrecht standen in *dieser* Phase der preußischen Geschichte im Zeichen eines durchaus selbstbewußt auftretenden Aufklärungsoptimismus. Er prägte nicht nur die Arbeit auf der Gesetzgebungsebene; auch der Gesetzesvollzug durch die Justizbehörden hatte ein eindeutiges Profil. Hier ist auf eine Grundsatzentscheidung des Geheimen Ober-Tribunals aus dem Jahre 1839 zu verweisen, die sich in den Entscheidungsgründen ebenfalls auf den Geist berief, der Eingang in die spezifischen Scheidungsregelungen des Allgemeinen Landrechts gefunden hatte.[19] Der Fall, mit dem sich das Plenum des zum Ressort des Justizministeriums gehörenden obersten preußischen Gerichts zu beschäftigen hatte, betraf die Klage einer Frau, die ihren Scheidungsantrag nicht auf einen gesetzlichen Ehescheidungsgrund hatte stützen können und die Scheidung »lediglich auf den Grund einer tief eingewurzelten Abneigung gegen ihren Ehemann« verlangte. Diese Klage war von unteren und mittleren Instanzen mit dem Argument zurückgewiesen worden, daß ›behaupteter Widerwille‹ allein keinen »gesetzlichen Scheidungsgrund« abgebe; Widerwille resp. Abneigung kämen nur *zusammen* mit einem »gesetzlichen Grund zur Ehescheidung«, wie z. B. Ehebruch, bösliche Verlassung usw., rechtlich in Betracht. In der Tat waren die Bestimmungen des Allgemeinen Landrechts nicht ganz eindeutig und ließen dem Richter einen Interpretationsspielraum. Diesen nun schränkte das Ober-Tribunal mit seiner Entscheidung ein, und es zitierte dabei breit die Ausführungen von Svarez bei der Schlußrevision des Allgemeinen Landrechts. Auch die »mehrerwähnte« Kabinettsordre v. J. 1783 wurde wörtlich angeführt, um den »Zweck« der Scheidungsbestimmungen des Allgemeinen Landrechts historisch zu ergründen und deutlich werden zu lassen. Eindeutig, und auch die Gerichtspraxis sicherlich stark bindend, war der Beschluß des Ober-Tribunals: »Ein durch Thatsachen zu belegender, tief eingewurzelter Widerwille, aus welchem zu entnehmen, daß zu einer Aussöhnung und zur Erreichung der Zwecke des Ehestandes keine Hoffnung mehr übrig bleibt, ist für einen selbständigen Ehescheidungsgrund zu achten.«[20]

Im preußischen Ehe- und Ehescheidungsrecht, dem fraglos viele Elemente aufgeklärt-absolutistischen Staats- und Gesellschaftsverständnisses eigen sind, ist freilich auch der Wellenschlag der Französischen Revolution zu spüren. Der Reformimpuls, der in dieser Rechtsmaterie bis in die Jahrzehnte des Vormärz weiterlebt, hängt auch mit der großen Herausforderung durch die revolutionäre Scheidungsgesetzgebung in Frankreich zusammen. Hier war während der Revolutionszeit auf dem Gesetzgebungsweg der reine Typ eines verweltlichten Eherechts entstanden. Die Forderung nach maximaler Freiheit der Ehe realisierte besonders das neue Scheidungsrecht von 1792 (Gesetz v.J. 1792). Es vollzog entschieden und bewußt die Abkehr vom Sakramentalcharakter der Ehe, gab nicht nur die Scheidung dem Bande nach frei, sondern schuf zugleich eine ganze Skala von Scheidungsmöglichkeiten, die selbst über die ›milde‹ Richtung der protestantischen Eherechtslehre hinausgingen. Kern des revolutionären Scheidungsrechts v.J. 1792 war die Ehetrennung bei Willensübereinstimmung der Ehegatten und bei der »Unvereinbarkeit der Gemüter und Charaktere« (incompatibilité d'humeur ou de caractère).[21]

Wie Napoleon in vielem zugleich Erbe und Revisor der Französischen Revolution gewesen ist, so stutzte er auch beim Familienrecht Auswüchse, die vermeintlich an den Bestand der Ehe als einem gesellschaftlich notwendigen Lebenskreis rührten. Das Zivilgesetzbuch Frankreichs, der »Code civil des Français« v.J. 1804, das 1807 den Namen »Code Napoléon« erhielt, stand in Eherechtsfragen zwar auch in der Säkularisierungstendenz, versuchte diese aber zu kanalisieren. Scheidung sollte weiterhin bei Einwilligung der Ehegatten möglich sein, dem willkürlichen Trennungsbegehren nur eines Ehegatten aber sollte ein Riegel vorgeschoben werden. Es entfiel nach dem Code civil die Möglichkeit, die Ehescheidung gegen den Willen des Ehepartners unter dem Vorwande mangelnder Übereinstimmung der Gemüter zu erzwingen.

Das französische Zivilrecht insgesamt, besonders aber auch die Scheidungsregelungen, die es enthielt, sind für die deutsche Rechtsentwicklung von großer Bedeutung gewesen.[22] Im deutschen Rechtsraum überlebte ein Stück ›Revolutionsrecht‹, das in Frankreich für nur wenige Jahrzehnte Geltung besaß. Ein Gesetz v.J. 1816 leitete hier eine Totalrevision des revolutionären Scheidungsrechts ein. Die Scheidung dem Bande nach wurde gänzlich abgeschafft und nur die Trennung von Tisch und Bett beibehalten. Dieser Rechtszustand dauerte bis zum französischen Ehescheidungsgesetz v.J. 1884. Erst jetzt wurden im Bereich des Eherechts die ursprünglichen Vorschriften des Code civil über die Ehescheidung mit Ausnahme des Instituts der Konventionalscheidung wieder hergestellt.[23]

Ganz im Unterschied zu Frankreich gab es in einzelnen deutschen Regionen eine Kontinuität französischen Eherechts. Hier blieb sein revolutionärer

Ansatz weitgehend erhalten. Der geschichtliche Zusammenhang stellt sich über das napoleonische Herrschaftssystem her. Als Symbol seiner Macht hatte Napoleon den Code überall dort oktroyiert, wo diese hinreichte. Die französische Rechtsexpansion ist von längerer Dauer gewesen als die expansive Politik Frankreichs. Auf deutschem Boden waren Baden und das gesamte linke Rheinufer, also die preußische Rheinprovinz mit Ausnahme des rechtsrheinischen Teils des Regierungsbezirks Koblenz und der Kreise Essen, Rees, Duisburg und Mülheim a. d. Ruhr die größten Geltungsgebiete des Code civil. In Baden war dieser 1810 als Landrecht für das Großherzogtum Baden in Kraft gesetzt worden.[24] Die Einverständnisscheidung bildete im rhein-preußischen Eherecht den Berührungspunkt zwischen dem Code civil und dem Allgemeinen Landrecht. Sprach dieses von Scheidung auf Grund »gegenseitiger Einwilligung«, so überschrieb das in der Rheinprovinz geltende Gesetzbuch Napoleons das dritte Kapitel des sechsten Titels, der »Von der Ehescheidung« handelt, mit »Von der Ehescheidung durch beiderseitige Einwilligung«.[25]

Das Rheinische Recht, dessen Wurzeln im Revolutionsrecht Frankreichs lagen, klammerte freilich im Regelungsbereich der Geschlechterbeziehungen alles Revolutionäre aus; hier begegnet ein harter Patriarchalismus. Zwar konnte der Mann auf Ehescheidung klagen, »wenn seine Frau sich des Ehebruchs schuldig gemacht« hatte (Art. 229), die Frau aber konnte »aus dem Grunde, daß ihr Mann Ehebruch begangen, nur dann auf Ehescheidung klagen, wenn er seine Beischläferin ins gemeinschaftliche Haus gebracht hat.« (Art. 230) Vergehungen, Mißhandlungen und schwere Beschimpfungen waren neben dem Ehebruch die Hauptscheidungsgründe des Code civil. Als Appendix dieser traditionellen Verschuldensscheidung ist die Ehetrennung bei *beiderseitiger Einwilligung* der Eheleute aufgeführt (Art. 233). In der Tat war diese Bestimmung nicht viel mehr als ein bescheidener Restbestand der Scheidungsgesetzgebung aus der Zeit der Revolution. Ein Geflecht von restriktiven Regelungen hat dieses ›liberale‹ Element des Scheidungsrechts nie eine wirkliche Praxisseite erlangen lassen. Eheleute, die sich trennen wollten, mußten »zur Genüge beweisen, daß ihnen ein gemeinschaftliches Leben unerträglich... ist«. Diesen Beweis zu erbringen, wurde freilich durch die gesetzlichen Vorschriften auf eine geradezu unzumutbare Weise erschwert. Viele »Proben« hatten die scheidungswilligen Eheleute vor dem Richter abzulegen, ehe ihr Antrag auf Ehescheidung angenommen werden konnte. Der Antrag mußte im Jahr der Antragstellung dreimal vor Gericht »erneuert« werden; nach Ablauf eines Jahres hatten die Eheleute erneut persönlich vor dem Richter zu erscheinen, der ihnen nun zum wiederholten (fünften) Male »alle Folgen vor Augen [legte], die ihr Schritt nach sich zieht.«

Scheidungsentschlossene brauchten in den Gebieten des französischen Rechts schon einen langen Atem, wollten sie die rechtliche Trennung ihrer Ehe erwirken. »Beiderseitige Einwilligung« allein genügte auch nicht: Die

Eheleute mußten ein bestimmtes Alter haben, der Mann mußte fünfundzwanzig, die Frau einundzwanzig Jahre alt sein; sie mußten mindestens zwei Jahre verheiratet gewesen sein, die Ehe aber durfte nicht länger als zwanzig Jahre bestanden haben, außerdem durfte die Frau nicht älter als fünfundvierzig Jahre sein. Vor allem aber hatten Eltern und Verwandte des Ehepaares eine Art Vetorecht bei der Auflösung einer Ehe. »In keinem Falle ist die beiderseitige Einwilligung der Eheleute allein hinreichend, sondern sie muß von ihren beiden Eltern, oder andern noch lebenden aufsteigenden Verwandten gut geheißen sein..." (Art. 278).

3. Scheidungsrecht und Scheidungsbewegung im frühen 19. Jahrhundert

Hält man das Allgemeine Landrecht und den Code civil in der Frage der Ehescheidung gegeneinander, so übertrifft das Recht des aufgeklärten Absolutismus das dem Erbe der Revolution verpflichtete Recht fraglos an Liberalität. Denn für die Scheidungswirklichkeit sind die Anwendungsregeln einer Rechtsnorm meist von ausschlaggebenderer Bedeutung als deren Inhalt. Die ›Einwilligungs‹-Scheidung spielte im französischen Rechtsraum eine weit geringere Rolle als im preußischen.

Die frühen Scheidungsstatistiken des 19. Jahrhunderts lassen leider keinen Rückschluß auf die Scheidungsursachen zu. Dennoch ist die Höhe der Scheidungszahlen Indiz für die vom Recht maßgeblich beeinflußte Scheidungswirklichkeit. Das Rheinland war eine der bevölkerungsstärksten preußischen Provinzen. Rund 2,3 Mio. Menschen lebten hier in den 40er Jahren des 19. Jahrhunderts. Das waren über fünfzehn Prozent der preußischen Gesamtbevölkerung (1841: Preußen ohne Rheinprovinz – 12,2 Mio.). Zwar wird auch der hohe katholische Bevölkerungsanteil ein wichtiger Grund für die niedrige Scheidungshäufigkeit im Rheinland gewesen sein, unzweifelhaft hängt diese aber auch mit den Restriktionen des Code civil zusammen, der hier bis 1900, d. h. bis zum Inkrafttreten des Bürgerlichen Gesetzbuchs, Geltung hatte. Zwischen 1839 und 1841 waren in der preußischen Rheinprovinz nur 142 Scheidungsverfahren anhängig, davon wurde in 67 Fällen auf Trennung der Ehe erkannt, in 43 Fällen endete das Verfahren mit einem Vergleich oder der Zurückweisung der Klage.[26] Für den Zeitraum 1851–1853 lauten die Zahlen – anhängige Verfahren: 228; Trennungsurteile: 109; Niederschlagungen: 55. Die konfessionelle Schichtung der Bevölkerung im Rheinland, aber auch die spezifische Rechtsverfassung dieser preußischen Provinz bedingten zusammen eine Marginalisierung der Scheidungsfrage. 1860 wurden z. B. nur 30 Ehen bei 63 anhängigen Verfahren geschieden.

Ganz anders sah es dagegen im Rechtsgebiet des Allgemeinen Landrechts aus. Die Überlieferung ist fragmentarisch, aber dennoch eindeutig, wie das folgende Schaubild zeigt.[27] In den Jahren 1836–1841 wurden durchschnittlich 3321 Ehen geschieden; die Gesamtzahl der Urteile in Scheidungssachen belief sich auf 23329; 3401 Klagen, das sind 15 Prozent, wurden zurückgewiesen, in 19928 Fällen auf Trennung erkannt.

Auch in den altpreußischen Provinzen bestand ein kompliziertes *Scheidungsprozeßrecht*, das die Zurückweisung von Klagen bedingte. Überhaupt ist das Verfahrensrecht der Hauptschlüssel zur Scheidungswirklichkeit im 19. Jahrhundert, wie noch ausführlich darzulegen sein wird. Im Vergleich mit den Gebieten französischer Rechtsverfassung war in den anderen preußischen Provinzen die Rechtsschwelle für Scheidungsbegehren niedriger. Obwohl der Rechtszustand sich bis zum Inkrafttreten des Bürgerlichen Gesetzbuchs kaum änderte, gab es im 19. Jahrhundert in Preußen keinen einheitlichen Scheidungsverlauf. In den 50er Jahren stieg, gemessen an der Zeit des Vormärz, die preußische Bevölkerung stark an; die Rheinprovinz ausgeklammert, von 1849 = 13,3 Mio. auf 1860 = 15,2 Mio. In dieser Zeitspanne aber sank die durchschnittliche Zahl der jährlich geschiedenen Ehen auf 2957 ab. Der im Schaubild deutlich ins Auge springende Scheidungsboom der 50er Jahre hing mit einer wichtigen Verfahrensänderung zusammen. Auch sie wird noch genauer zu behandeln sein. 1844 hatte eine »Verordnung über das Verfahren in Ehesachen« (v. 28. Juni 1844) die Gerichtsbarkeit in allen Scheidungsprozessen den Obergerichten übertragen. Dadurch war für Betroffene, und das nicht allein wegen der weiten Entfernungen, die Abwicklung eines Scheidungsfalles außerordentlich erschwert. Die Scheidungszahlen verweisen auf einen Rückstau von Scheidungsbegehren in den 40er Jahren. 1849 kam es zu einer Wiederherstellung des ursprünglichen Verfahrensweges. »Die nach der Verordnung vom 24. Juni 1844 zu behandelnden Prozesse, welche die Scheidung, Ungültigkeit und Nichtigkeit einer Ehe zum Gegenstand haben, gehen wieder auf die ordentlichen persönlichen Gerichte über.« (VO v. 2. Januar 1849) Damit waren für Scheidungssachen in erster Instanz wieder die preußischen Untergerichte zuständig.

Charakteristisch für die Situation im preußischen Reaktionsjahrzehnt ist die Lücke zwischen anhängigen und beendeten Verfahren. Scheidung wurde auf dem ausgetüftelten Wegenetz des Scheidungsverfahrens zu einem Abenteuer von langer Dauer, dessen Ausgang ungewiß und dessen finanzielle Seite kaum noch kalkulierbar war. Von den zwischen 1849 und 1860 durch gerichtliches Erkenntnis beendeten 44517 Verfahren wurde in 35490 Fällen die Ehe geschieden – das sind 79 Prozent, in 9027 Fällen wurde die Klage während des Verfahrens zurückgenommen.

Auch in Preußen bestand ein kompliziertes Rechtsgefüge, das einer konservativen Rechtspolitik jeder Zeit den geeigneten Rückhalt bieten konnte. So ›liberal‹ Preußen ins 19. Jahrhundert eingetreten war, im Verlauf dieses Jahrhunderts driftete es immer mehr ins Reaktionäre ab. Die Rechtsordnung war eines der großen politischen Themen des vergangenen Jahrhunderts,

Scheidungsurteile in Preußen

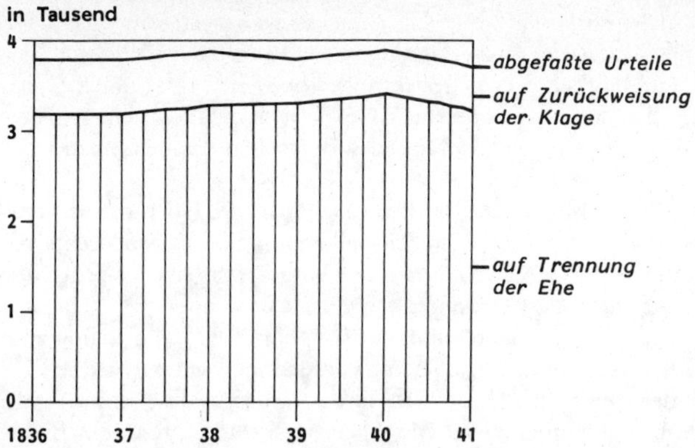

Scheidungsverfahren in Preußen

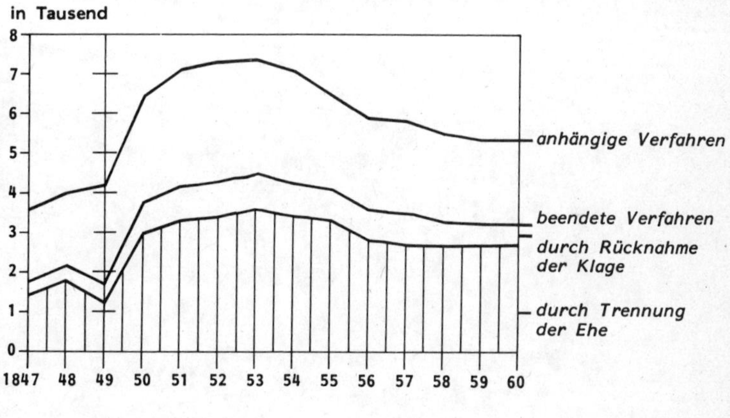

und sie vor allem ist von Preußen gestaltet worden. Dieses Land war nicht nur auf Grund seiner Größe, Bevölkerungszahl und wirtschaftlichen Verfassung mit einem spezifischen politischen Gewicht ausgestattet, es brachte auch das Gewicht seiner Rechtsverfassung in den Prozeß der Neugestaltung Deutschlands ein.[28] Das Deutsche Kaiserreich von 1870/71 ist ohne Preußen nicht denkbar, aber auch das Bürgerliche Gesetzbuch nicht, das einen Scheitelpunkt in der inneren Entwicklung des deutschen Einheitsstaates bezeichnet.

Für die Rechtswelt im Bereich der Familie war im 19. Jahrhundert Preußen der stärkste Faktor. Es gab neben den Gebieten französischen Rechts, die z. T. ja auch preußische Gebiete waren, nur Weniges, was aus der deutschen Rechtslandschaft herausragte. Am ehesten gehört dazu noch das sächsische Bürgerliche Gesetzbuch v. J. 1863 (in Kraft seit März 1865), das analog zum österreichischen Eherecht das Prinzip der konfessionell unterschiedlich geregelten Scheidung enthielt.[29] Den Katholiken wurde nur die Trennung von Tisch und Bett zugestanden, während Ehen der Protestanten dem Bande nach gelöst werden konnten.

III. Die Scheidungsfrage in den Eherechtsreformen des 19. Jahrhunderts

Preußen hat dem Scheidungsrecht wie der Scheidungswirklichkeit im 19. Jahrhundert seinen Stempel aufgedrückt. Am preußischen Beispielfall lassen sich die Verschränkungen von Rechts- und Lebensverhältnissen in diesem Jahrhundert am tiefsten ausloten. So gibt es, auch für eine Sozialgeschichte des Rechts, gute Gründe, den Blick vornehmlich auf Preußen zu richten. Die in den Geschäftsübersichten der preußischen Justizbehörden überlieferten Scheidungszahlen deuten auf ein großes Scheidungsvolumen hin. Bevor die Lebenswirklichkeit, die sich hinter diesen Zahlen verbirgt, aufgespürt und beschrieben werden soll – soweit das dem Historiker überhaupt möglich ist, gilt es, die Einflußdimension von Politik auf Ehe, eheliche Verhältnisse und eheliche Konflikte abzuschätzen und die in diesem Bereich begegnenden Wandlungen nachzuzeichnen. Das angeführte Beispiel von der vorübergehenden Änderung der Gerichtszuständigkeit in Scheidungssachen zeigt, in welchem Maße Rechtspolitik Rückwirkungen auf das Verhalten, besonders das Entschlußverhalten der Menschen haben konnte.

1. Ehetrennung und Eheschließungsrecht

Während das Scheidungsrecht im 19. Jahrhundert trotz einer bewegten Scheidungswirklichkeit – sie wird noch genauer zu analysieren sein – und trotz vieler Abänderungsversuche in seiner schon zu Beginn des Jahrhunderts erreichten Gestalt erhalten blieb, vollzogen sich im Eheschließungsrecht säkulare Neuerungen. Nicht die Eheauflösungs-, sondern die Eheschließungsform war das große familienrechtliche Thema in der Entstehungsphase der bürgerlichen Gesellschaft in Deutschland. Mit Recht hat man die Zivilehe das große »Ordnungsproblem des 19. Jahrhunderts« genannt.[1] Auf diesem Feld prallten kirchenrechtliche Tradition und der Rechtsanspruch des säkularen bürgerlichen Staates hart aufeinander. Viel entschiedener als beim Problem der Ehescheidung drang der Liberalismus hier auf eine Zurückdrängung des kirchlichen Einflusses. Die Säkularisierung der Eheschließungsform war eine Basisforderung der bürgerlich-liberalen Bewegung, die mit dem Aufstieg dieser Bewegung hat politisch durchgesetzt werden können.

Es war aber nicht allein die liberale Programmatik, die zum Motor einer Liberalisierung des Eheschließungsrechts geworden ist. Die unter kirchlichem Einfluß stehenden Regelungen des überkommenen Eherechts waren mit vielen Unzulänglichkeiten behaftet. Sie produzierten oft ausweglose Konfliktlagen. So zurückgestuft jeder christliche Anspruch im Allgemeinen Landrecht auch war – »Der Hauptzweck der Ehe ist die Erzeugung und Erziehung der Kinder«, so sein Einleitungsparagraph –, am traditionellen Zeremoniell der Eheschließung hielt es fest. Nur der Pfarrer war die Trauungsinstanz, und das auch bei einer Zweitehe. »Wer zur zweyten und fernern Ehe schreiten will, muß die Trennung der letztvorhergehenden Ehe sowohl dem Pfarrer, welcher das Aufgebot, als demjenigen, welcher die Trauung verrichten soll, nachweisen.« (ALR II, 1. T., 1, § 17) Die richterliche Trennung einer Ehe begründete den Anspruch auf Wiederheirat, wenn die Gesetze nichts anderes bestimmten. Das war z. B. der Fall, wenn Eheleute wegen Ehebruchs schuldig geschieden waren.

Der preußische Gesetzgeber dachte, und das hatte im konfessionellen Profil der preußischen Bevölkerung seine Ursache, primär vom protestantischen Eherecht aus. Für »catholische Ehegatten« beließ er die Rechtslage in einem Schwebezustand. »Wird unter catholischen Ehegatten auf eine beständige Seperation von Tisch und Bette erkannt: so hat dieses alle bürgerlichen Wirkungen einer gänzlichen Ehescheidung.« (ALR II, 1. T., 8, § 734) Mithin war auch geschiedenen Katholiken eine erneute Heirat rechtlich freigestellt. Wer aber sollte den Trauungsakt vollziehen, da die Trennung einer Ehe dem Bande nach vom Dogma der katholischen Kirche her ausgeschlossen war? Der einschlägige Paragraph des Allgemeinen Landrechts war eine Hilfskonstruktion, der die Problematik auf das Gewissen der Betroffenen abschob. »In wie fern aber ein geschiedener Ehegatte, nach den Grundsätzen seiner Religion, von dieser erfolgten Trennung der vorigen Ehe zur Vollziehung einer andern Gebrauch machen könne und dürfe, bleibt seinem Gewissen überlassen.« (ALR II, 1. T., 8, § 735)

Die Problematik, die das Allgemeine Landrecht als eine rechtliche Detailfrage beiseite schob, hatte freilich eine gewichtige Praxisseite, die die Justizbehörden immer wieder beschäftigte, und die auch auf der Ebene der Ministerien viel Verwirrung stiftete.

Schon 1802, also wenige Jahre nach der Einführung des Allgemeinen Landrechts, hatten sich die Probleme so gestaut, daß man mit einem königlichen Erlaß Unruhe und Unzufriedenheit in den Griff zu bekommen versuchte.[2] »Katholische Glaubensgenossen« umgingen bei Ehescheidungen immer häufiger die geistliche Gerichtsbarkeit und wandten sich an die weltlichen Gerichte. Wurden sie von diesen nach den Regeln der bestehenden Rechtsordnung geschieden und wollten eine zweite Ehe eingehen, versagten ihnen die »Geistlichen ihrer Religionsparthei« die Trauung. Oft mußte ein protestantischer Geistlicher als Ersatz einspringen. Dann aber war die Erteilung der Sakramente auf immer verwirkt und viele »Gewissensqualen« blieben.

Man kannte diese Problematik genau auf den verschiedenen Behördenebenen. Dennoch war man an der Staatsspitze nicht bereit, »in der bestehenden Verfassung etwas zu ändern«. Die »bürgerlichen Wirkungen einer gänzlichen Ehescheidung« sollten nicht geschmälert werden, das weltliche Recht seine Präponderanz gegenüber dem kirchlichen bewahren. Man bekräftigte die Grundsatzentscheidung des Allgemeinen Landrechts. In allen Fällen, in denen Ehescheidungsklagen katholischer Ehegatten bei königlichen Gerichten anhängig waren, sollte eine »ausdrückliche Belehrung« stattfinden: »Daß zwar ihre Klagen blos nach den Vorschriften der allgemeinen Landesgesetze geprüft werden würden, und wenn sie hiernach gegründet befunden werden sollten, alsdann die Trennung der Ehe mit allen bürgerlichen Wirkungen erfolgen werde, auch es lediglich ihrem Gewissen überlassen bleibe, in wie fern sie davon zur Vollziehung einer zweiten Ehe Gebrauch machen wollten, daß aber, wenn bei erfolgter Wiederverheirathung die katholischen Geistlichen aus den Grundsätzen ihrer Religion Veranlassung nehmen sollten, ihnen die Sakramente zu versagen, solche zu deren Verabreichung nicht angehalten werden könnten, so wie denselben auch nicht zugemuthet werden könne, eine von ihnen einzugehende zweite Ehe durch die Trauung zu vollziehen.«

Man wollte von Seiten des preußischen Staats zu dieser Zeit keinen Konflikt mit der katholischen Kirche und nahm stattdessen die inneren Konflikte katholischer Glaubensangehöriger in Kauf. Sie aber ließen sich auf dem Weg des Gewissensappells kaum in befriedigender Weise lösen. So schwelte das ungelöste ›katholische‹ Ehescheidungsproblem weiter und beschäftigte Gerichts- und Verwaltungsbehörden.

Das Preußische Ministerium des Innern strebte die pragmatische Lösung an: Geschiedenen Katholiken sollte durch eine »Abänderung der gesetzlichen Vorschriften« eine neue Ehe insofern ermöglicht werden, als ein »protestantischer Geistlicher« zu deren Vollziehung befugt sein sollte.[3] Dieser Vorschlag aber stieß beim Frh. v. Altenstein, dem Minister für geistliche-, Unterrichts- und Medizinalangelegenheiten, auf Widerspruch. Er suchte in den 20er Jahren des 19. Jahrhunderts nicht den Konflikt, sondern den Ausgleich mit der katholischen Kirche, deren tiefe volksmäßige Verankerung in den katholischen Gegenden Altpreußens er schärfer sah als der Innenminister.

Einen besonders hohen Anteil katholischer Bevölkerung hatten ja auch die 1815 neuerworbenen westlichen Teile Preußens. Doch im Rheinland stellte sich das Wiedertrauungsproblem nicht, da die französische Rechtsverfassung Zivilstandsregister beinhaltete und eine der Ziviltrauung, die von einem Standesbeamten vorgenommen wurde, *vorausgehende* kirchliche Trauung ohnehin verboten war. Im späteren ›Kölner Kirchenkonflikt‹

(1837) ging es bekanntlich auch nicht um hoheitliche Aufgaben der katholischen Geistlichkeit.[4] Der preußische Staat versuchte vielmehr, die Einsegnung gemischter Ehen, die innerkirchlichen Grundsätzen widersprach, mit staatlichen Zwangsmaßnahmen durchzusetzen. Nach vielen Händeln voll Bitterkeit wurde schließlich eine Regelung gefunden: Kein Geistlicher sollte mehr gezwungen werden, entgegen seinen Überzeugungen eine – staatlich an sich zulässige – Ehe einsegnen zu müssen. Der Staat akzeptierte das Entscheidungsrecht der Bischöfe in der Mischehenfrage.

Dieser Ausgleich steht in der Tradition der behutsamen Kirchenpolitik Altensteins. 1819 schrieb er dem preußischen Justizminister v. Kircheisen, der von den Justizbehörden um Verhaltensrichtlinien gebeten worden war: »Da der katholische Glaube die Ehe unter Christen für unauflösbar hält…, so scheint daraus ein unübersteigliches Hindernis der Wiedervereinigung rechtskräftig geschiedener katholischer Ehegatten hervorzugehen; denn die katholische Kirche kann anscheinend die Trauung nicht wiederholen, da sie die Ehe der Geschiedenen als fortbestehend, als eine solche betrachtet, die niemals aufgehört hat.«[5] Eine die katholische Kirche provozierende »Art von Civiltrauung« lehnte Altenstein ab. Sowohl der »protestantische Prediger«, dem die Zeremonie dann aufgetragen werden müsse, wie die Betroffenen würden nur »mit innerem Widerstreben« in eine solche Lösung einwilligen. Der Trauungsakt sinke damit zur »leeren Förmlichkeit« herab. Der vom preußischen Kirchenminister ins Auge gefaßte Ausweg aus dem Dilemma mutet etwas blauäugig an. »In derselben liturgischen Form, mit welcher die Ehe das erste Mal eingesegnet worden, kann der katholische Geistliche die Trauung allerdings nicht wiederholen, aber er kann in Zeugen Gegenwart die Erklärung der getrennt gewesenen Gatten annehmen: ›daß sie ihr eheliches Leben zu erneuern entschlossen sind.‹ Er kann diese Willens-Äußerung als Diener der Religion gutheißen und bestätigen, und in diesem Sinne ihren Bund von neuem einsegnen, auf ähnliche Weise wie die Wiederholung der Trauungs-Ceremonie bei fürstlichen Personen und auch bei sogenannten Jubelpaaren nicht ungewöhnlich ist.« Altenstein dachte bei Wiedertrauungen und bei der Neutrauung Geschiedener immer wieder über die »Form von Trauung und Aufgebot« nach und regte schließlich beim König eine »stille Haustrauung ohne Aufgebot« an.[6] Für die Praxis haben diese Erwägungen freilich wenig gebracht. Das Scheidungsproblem lag in der Kernzone der katholischen Lehre, und der weltliche Staat zählte die Scheidungsmöglichkeit zu den Kernbeständen seiner Rechtsordnung. Solange die Zivilehe nicht als Rechtsinstitut durchgesetzt war, gab es für die betroffene katholische Bevölkerung nur unbefriedigende Zwischenlösungen. Das Oberlandesgericht Halberstadt in der preußischen Provinz Sachsen verteidigte 1819 vehement die »bürgerlichen Wirkungen einer durch richterlichen Ausspruch getrennten Ehe«; Lösungen hatte es freilich auch nicht parat: Durch »richterliches Erkenntnis getrennte catholische Ehegatten« müßten eben, »wenn ihnen bei einer einzugehenden zweiten Ehe von ihrem

Geistlichen die Trauung versagt wird und sie solche nicht etwa durch einen protestantischen Geistlichen verrichten lassen und sich der Gefahr aussetzen wollen, daß ihnen nach ihren Religionsgrundsätzen die Sakramente verweigert werden, auf immer geschieden bleiben«.[7]

Mit dieser dilatorischen Rechtspolitik trug der preußische Staat auch, neben anderen Rechts- und Verwaltungsmaßnahmen, zur Schaffung eines Problems bei, das in der Vormärzzeit die ihm innewohnende soziale Brisanz zu entfalten begann: das der sog. Konkubinate oder »wilden Ehen«. Die erst nach langen Kämpfen durchgefochtene Ziviltrauung hat hier wenig Entlastung bringen können.

2. Die Reform des formellen Eherechts

In der Forschung ist der wechselvolle Gesetzgebungsweg, der zum preußischen »Gesetz über die Beurkundung des Personenstandes und die Form der Eheschließung« vom 9. März 1874 und zum Reichsgesetz über die »Beurkundung des Personenstandes und die Eheschließung« vom 6. Februar 1875 geführt hat, gut aufgearbeitet.[8] Beide Gesetze dokumentieren die schöpferische Kraft des Jahrhunderts auf der Ebene des Rechts. Sie sind wichtige Wegmarken bei der endgültigen Durchsetzung und institutionellen Verankerung des Rechtsstaats in Deutschland. Die Modernisierung des Rechts, die auf dem Wege der Gesetzgebung vorangetrieben wurde, war freilich heftig umstritten. Gerade die Geschichte des Eherechts zeigt viele Gegenläufigkeiten und Widerlager zu der Tendenz, die familialen Binnenverhältnisse gleichsam konfessionell zu entschlacken und die Ordnung der Familie zum integralen Bestandteil der staatsbürgerlichen Ordnung zu machen. Sieht man Eheschließungs- und Eheauflösungsproblematik zusammen, also den Kampf um die Zivilehe und das Bemühen, das Scheidungsrecht neu zu fassen, so begegnen keinesfalls gleichgerichtete geschichtliche Bewegungsrichtungen. Für die Bewegungskraft des 19. Jahrhunderts, den bürgerlichen Liberalismus, war die »Zivilehe ein Organisationsprinzip von nahezu axiomatischer Bedeutung«.[9] Sie markierte in den Augen der Liberalen einen entscheidenden Positionsgewinn im mühsamen Prozeß der Säkularisierung von Staat und Gesellschaft. So hoch die liberalen Verdienste im Bereich des formellen Eherechts (Eheschließungsform) anzusetzen sind, beim materiellen Ehe- und Familienrecht, also besonders beim Scheidungsrecht, vermochten es die Liberalen nicht, sich vom Boden der Tradition zu lösen. Hier bestimmte eine familienkonservative Grundhaltung ihre Politik, die nicht weit vom kirchlichen Ehemodell des Konservativismus entfernt war. Der Kampf um die Zivilehe, so hat man gesagt, hatte im 19. Jahrhundert »einen primär politischen, und zwar machtpolitischen, weniger aber einen sozialreformerischen Aspekt.«[10] Die reichsrechtliche Neuordnung der Ehescheidung im Bürgerlichen Gesetzbuch weist die »sogenannte Säkularisierung« des Eherechts vielmehr als liberale Außenschicht eines festen sozialkonservativen Sockels aus.

Die Zivilehe hat als politische Streitfrage mit sozialem Gewicht die Höhen und Tiefen der deutschen Verfassungsgeschichte im 19. Jahrhundert begleitet. Als der Sieg der bürgerlichen Bewegung 1848/1849 zum Greifen nahe schien, sollte auch das Eherechtsverständnis des säkularen bürgerlichen Staates für kurze Zeit Verfassungsrang erlangen. Die Frankfurter Reichsverfassung vom 28. März 1849 machte in dem Abschnitt über die »Grundrechte des deutschen Volkes« die Zivilehe obligatorisch.[11] »Die bürgerliche Gültigkeit der Ehe ist nur von der Vollziehung des Civilactes abhängig; die kirchliche Trauung kann nur nach der Vollziehung des Civilactes Statt finden. Die Religionsverschiedenheit ist kein bürgerliches Ehehinderniß. Die Standesbücher werden von den bürgerlichen Behörden geführt.« (§§ 150 u. 151) Auch Preußen, dieser Staat mit den stärksten vorbürgerlichen Gesellschaftsstrukturen, geriet in den Sog des bürgerlichen Aufbruchs. Als die in der ›revolutionären‹ preußischen Nationalversammlung sitzenden Fortschrittskräfte schon keinen Einfluß mehr auf das politische Geschehen hatten, hielt die durch den preußischen König ›oktroyierte‹ Verfassung vom 5. Dezember 1848 an einem wichtigen Symbol bürgerlichen Fortschritts fest: der obligatorischen Zivilehe. Die Dezemberverfassung hielt durchaus die Erinnerung an die Frankfurter Grundrechte wach. Zu den »Rechten der Preußen« sollte gehören: »Die bürgerliche Gültigkeit der Ehe wird durch deren Abschließung vor den dazu bestimmten Civilstands-Beamten bedingt. Die kirchliche Trauung kann nur nach der Vollziehung des Civil-Aktes statt finden.« (Art. 16).[12] Die Zeitläufe führten in Preußen die Ära der Reaktion herauf. In ihr war jede Form des Liberalismus, selbst ein schwach ausgeprägter gouvernementaler Liberalismus, politisch verdächtig. So mußte auch die ›von oben‹ erlassene Verfassung v. J. 1848 revidiert werden. Der nur für eine kurze Zeitspanne abgehalfterte Konservativismus setzte sich in den 50er Jahren auf breiter Front durch. Die Einführung des Dreiklassenwahlrechts vom 30. Mai 1849 garantierte in der preußischen Zweiten Kammer, dem späteren Abgeordnetenhaus, sichere konservative, gesellschaftspolitisch im höchsten Maße antiliberale Mehrheiten, wie die Wahlen vom 17. Juli 1849 zeigten. Die Neuzusammensetzung der Zweiten Kammer bedeutete auch einen Neuzugang zum Problem der Eheschließung. Das unterstreichen die Debatten um die Verfassungsrevision, die zur Aufhebung des Art. 16 der Verfassung vom Dezember 1848 führten. Hier wurden Positionen vertreten, die ganz ins Spektrum hochkonservativer Anliegen paßten, die in der Ersten Kammer u. a. von Ernst Ludwig v. Gerlach und Friedrich Julius Stahl vertreten wurden. Ja man kann geradezu sagen, daß in der Frage des Eherechts das Abgeordnetenhaus das Herrenhaus oft an Rückwärtsrevision übertroffen hat.

Seit Oktober 1849 wurde die Eheschließungsform behandelt. Die Argumente für die Verwerfung der Zivilehe beherrschten die Debatte. Sie wurden mit großem, jeden Einwand von vornherein erstickenden Pathos vorgebracht. Der Abgeordnete von Groß-Strelitz, Graf Renard, führte u. a. aus: »Wenn ich aber das eheliche Bündniß der kirchlichen Feier der sakramentalen Weihe entkleide, so unterscheidet sich solcher Vertrag in Zukunft in gar nichts mehr von einem gewöhnlichen Kauf-, Handels- und Gesellschafts-Vertrage. Die nothwendige Konsequenz führt dahin, daß eben so, wie ich solche Gesellschafts-Verträge auf Zeit abschließen, wie ich ihre Auflösung an einzelne, mitunter sehr unwesentliche Bedingungen knüpfen kann, eben so kann auch dieser Bund dann auf Zeit geschlossen werden. Treiben wir diese Konsequenz auf die Spitze und nichts ist wahr, was diesen Prüfstein nicht aushält, so kommen wir zu dem Resultate, daß solche Bündnisse auf Jahre, auf Monate, auf Wochen geschlossen werden können; dann führen öffentliche Beamte die Register der Sünde, und die Schande geht einher stolz und aufrechten Hauptes, gekleidet in magistratualische Toga.«[13]

In diesen Ausführungen wird die weltliche Form der Eheschließung geradezu perhorresziert; sie erscheint gleichsam als trojanisches Pferd der Eheauflösung. Die Vertreter des Liberalismus bestanden in dieser Debatte und auch in den vielen Auseinandersetzungen, die noch folgen sollten, auf einer sauberen Separierung zwischen staatlichen und kirchlichen Rechtsmaterien. So hat zwar eifernde Polemik im Stil des Grafen Renard das rechtspolitische Diskussionsfeld nicht neu abstecken können, unterschwellig aber sind sicherlich bürgerlich-liberale Vorbehalte gegen ein zu liberales Scheidungsrecht stabilisiert worden.

Als letzter Redner meldete sich auch Bismarck am 15. November 1849 in der Zweiten Kammer zu Wort.[14] Der damalige Abgeordnete v. Bismarck-Schönhausen stand politisch auf dem rechten Flügel der preußischen Konservativen. Er war zu dieser Zeit ein erbitterter Gegner des zivilen Trauungsakts, dessen politische Qualität er als Debattenredner herausarbeitete: »Ich habe in dieser Zeit manchen Lichtfreund zu der schnöden Erkenntniß kommen sehen, daß ein gewisser Grad von positivem Christenthum dem gemeinen Mann nöthig sei, wenn er nicht der menschlichen Gesellschaft gefährlich werden soll.« Die Macht der Kirche war für Bismarck der Unterbau staatlicher Macht, und er hoffte es zu erleben, »daß das Narrenschiff der Zeit an dem Felsen der christlichen Kirche scheitert«.

Die Gegner der Zivilehe hatten in der preußischen Zweiten Kammer die Mehrheit. Sie nahm ein Amendement an, das die Einführung der Zivilehe und die Regelung der bürgerlichen Standesregister einem zukünftigen Gesetz vorbehielt. So lautete dann auch der Art. 19 der preußischen revidierten Verfassung vom 31. Januar 1850: »Die Einführung der Civil-Ehe erfolgt nach Maaßgabe eines besonderen Gesetzes, was auch die Führung der Civilstandsregister regelt.«[15]

Schon 1848 war die Zivilehe Bestandteil der bürgerlichen Verfassungsbewegung gewesen; in den beiden Jahrzehnten nach der von den Konservativen durchgesetzten Sistierung gab es mehrere, wenn auch unter anderen politischen Vorzeichen stehende, gesetzgeberische Anläufe, den abgerissenen Reformfaden wieder zu knüpfen. Der preußische Gesetzgeber verband in ihnen die Scheidungs- mit der Eheschließungsfrage. Ein Zurückstutzen des ›freizügigen‹ landrechtlichen Scheidungsrechts, dem alle relevanten politischen Lager aus unterschiedlichen Gründen nicht mehr viel abgewinnen konnten, sollte die Gegner der Zivilehe konsensbereiter machen. In den Jahren 1855 bis 1861 gab es mehrere Gesetzentwürfe »das Eherecht betreffend«. Keiner von ihnen fand eine Mehrheit, so daß man mit Recht das Ergebnislose dieser Jahre herausgestellt hat.[16] Die politische Konstellation der Kulturkampfzeit mit ihren scharfen Frontstellungen brachte die immer wieder vertagte Frage der Eheschließungsform endlich zum Abschluß.[17]

Nachdem die Reichseinheit von Bismarck mit den Mitteln der klassischen Machtpolitik hergestellt worden war, glaubte sich die bürgerlich-liberale Bewegung am Zuge. Sie strebte im Bewußtsein der eigenen Stärke an, »das zu verwirklichen, was sich an politischen, wirtschaftlichen, sozialen und geistig-kulturellen Erwartungen an den nationalen Staat geknüpft hatte«.[18] Eine große Schubkraft entfaltete der Liberalismus für die Modernisierung des Rechts. Auch im Kulturkampf war er der stärkste Widerpart des sog. Ultramontanismus. Über die Zivilehe sollte zwar auch die politische Macht der katholischen Kirche gebrochen werden, doch der Rechtsakt der zivilen Trauung war im Kern mehr als bloße Munition im politischen Tageskampf. Es ging um eine Neuordnung des Verhältnisses von Staat und Kirche im Rahmen der konstitutionellen Verfassungsordnung und um den Abbau kirchlich-konfessioneller Prärogative. Sie waren im »Syllabus errorum« v. J. 1864 von Papst Pius IX. noch einmal apodiktisch formuliert worden.[19] Die Grenzziehung gegenüber jeder Form von ›Säkularisation‹ war scharf, besonders scharf aber fiel sie beim Thema der »christlichen Ehe« aus. Es gehöre zu den, so hieß es in dem die Ehe behandelnden Abschnitt dieses kurialen Kampfprogramms, »hauptsächlichsten Irrtümern unserer Zeit« anzunehmen, daß zwischen Christen eine »wahre Ehe« kraft eines »bloß bürgerlichen Vertrages« bestehen könne; der Ehevertrag zwischen Christen sei immer ein »Sacrament«, und wenn das Sakrament ausgeschlossen werde, dann sei er kein Vertrag mehr. Solche Ansichten paßten nicht zur säkularisierten Weltsicht der Liberalen, für die Rechtskultur erst der eigentliche Ausweis von bürgerlicher Kultur war. So lagen hinter den macht- und parteipolitischen Auseinandersetzungen der Kulturkampfzeit tiefere, grundsätzlichere Konflikte. Sie wurden noch einmal mit der ganzen Emphase tief verwurzelter unterschiedlicher Werthaltungen angesprochen, als es 1875, ein Jahr nach der Einführung der obligatorischen Zivilehe als ausschließliche bürgerlich-profane Eheschließungsform in Preußen, um ein neues Personenstandsgesetz auch für das Reich ging.

Es waren zwei prominente Mitglieder der nationalliberalen Reichstagsfraktion, die die Gesetzesinitiative zur Reform des Eherechts auf Reichsebene ergriffen. Joseph Völk, Katholik und Rechtsanwalt aus Augsburg, hatte insbesondere die in seinen Augen unbefriedigenden bayerischen Zustände im Blick, als er zusammen mit dem im preußischen Kulturkampf erprobten Kirchenrechtler Paul Hinschius mit der *lex-Voelk-Hinschia* die so lange umstrittene Rechtsmaterie des Eheschließungsrechts einer abschließenden gesetzlichen Regelung zuführen wollte. In der »Begründung« zu dem Entwurf eines Gesetzes über die Beurkundung des Personenstandes und die Eheschließung, der nach Abänderungen durch den Bundesrat an die Stelle des von Völk und Hinschius initiierten »Reichstagsgesetzentwurfs« trat, wird der Trennungsstrich zwischen Staat und Kirche klar gezogen und an der staatlichen Rechts- und Ordnungskompetenz kein Zweifel gelassen. »Die Übertragung der Beurkundung des Personenstandes auf vom Staate bestellte Beamte und die Einführung einer bürgerlichen Form der Eheschließung erfolgt aus Gründen, welche sich gegenüber den bestehenden Verhältnissen aus der Pflicht des Staates, die rechtlichen Beziehungen seiner Angehörigen zu ordnen und möglichst sicherzustellen, mit zwingender Notwendigkeit ergeben.«[20] Souverän betont der Gesetzgeber *sein* Recht und verweist die Kirche, wobei die katholische Kirche von ihm als die eigentliche Konfliktpartei angesehen wird, in die ihr eigentümlichen Aufgabenstellungen. »Das Band, welches die Einzelnen mit ihrer Kirche verbindet, zu lockern und insbesondere die Verpflichtung zur Taufe und kirchlichen Trauung zu alterieren, kann nicht in der Absicht liegen, da der Staat unverkennbar ein eigenes hohes Interesse hat, dieses Band ungeschwächt zu erhalten und die den kirchlichen Verpflichtungen entsprechenden Sitten und Gewöhnungen zu konservieren.«[21]

Diese wohlgesetzten Worte freilich waren für die katholische Kirche nur ein schwacher Trost. Sie sah sich durch das Gesetzesvorhaben, das das formelle Eherecht betraf, in einem wesentlichen Punkt ihres Eheverständnisses ›materiell‹ bedroht. Der Gesetzgeber wollte die katholische Scheidungsform, die beständige Trennung von Tisch und Bett, aufheben und generell nur noch die Scheidung dem Bande nach zulassen. Er motivierte diesen tiefen Einschnitt in das katholische Eherecht ebenso kühl wie entschieden. »Das katholisch-kirchliche Eherecht erkennt im Falle des Ehebruchs dem unschuldigen Ehegatten das Recht zu, die gänzliche Aufhebung der ehelichen Gemeinschaft zu verlangen. Es bezeichnet jedoch diese Aufhebung der Ehe mit dem Namen einer beständigen Trennung von Tisch und Bett, um sich nicht durch Zulassung einer Scheidung der Ehe mit seinem dogmatischen Lehrsatze von der Unauflöslichkeit der Ehe in Widerspruch zu setzen.« Nach Einführung der bürgerlichen Eheschließungsform sollten nun »kirchliche Satzungen auf diesem Gebiete des bürgerlichen Rechtes eine Anerkennung von Seiten des Staates nicht ferner beanspruchen können. Hieraus folgt zunächst, daß das lediglich in dem dogmatischen Lehrsatze einer Konfession beruhende Hinderniß der Scheidung der Ehe vom Bande für die weltliche Gesetzgebung keinen Grund abgeben darf, die Möglichkeit einer Ehescheidung auszuschließen. Aus gleichem Grunde müssen aber weiter die vor dem Inkrafttreten des Gesetzes ergangenen Erkenntnisse auf beständige Trennung von Tisch und Bett die Kraft von Scheidungserkenntnissen erlangen.«

Das war eine klare Position, und nicht ohne Grund sah sich die katholische Kirche aufs äußerste herausgefordert. Der Stimmungslage des Katholizismus, der das neue Reich, in dem er politisch an den Rand gerückt war, als Bedrohung empfand, verlieh im Reichstag der bayerische Zentrumsabgeordnete Jörg im Sprachstil eines Dissidenten Ausdruck. Das neue Gesetz legitimiere »die Rebellion gegen das katholische Dogma« und lege »mit seinen Eingriffen in das materielle Eherecht einen protestantischen Maßstab an katholische Ehesachen«. Aus der speziellen Sicht Bayerns führte Jörg aus: »Dieser Gesetzentwurf entspricht nicht dem Rechtsbewußtsein des bayerischen Volkes, er entspricht nicht dem religiösen Volksgewissen, sondern er widerspricht beiden; er wird eben darum dem bayerischen Volke nicht als ein Recht, sondern als ein bitter empfundenes Unrecht erscheinen, und er verstößt somit gegen die wohlverstandene Idee des Rechtsstaates.«[22]

In der damaligen politischen Situation hatten freilich die Liberalen das Definitionsmonopol von ›Rechtsstaat‹.[23] Nicht nur mit ihrer zahlenmäßigen Stärke hing die Durchsetzungsfähigkeit liberaler Rechtspolitik zusammen; der Liberalismus hatte ohne Frage auch die stärkeren Argumente. Die Freiheit des Individuums suchte er zur Norm der gesellschaftlichen Ordnung zu machen, und diesem Grundsatz ließ sich nur wenig Überzeugendes entgegensetzen. »Die Zivilehe ist ein Postulat der Gewissensfreiheit«, hielt Völk seinem Kollegen aus Bayern lapidar entgegen, und er beschäftigte sich ausführlich mit den unbestreitbar vorhandenen und durch den Gang der Entwicklung erst recht bestätigten sozialen Schwachstellen des katholischen Eherechts. »Je mehr Paare vorhanden sind, welche eine Ehe nicht eingehen – sie können wohl darin Unrecht haben – welche aber nach ihrer Auffassung eine Ehe vor dem Geistlichen nicht eingehen und sie deshalb unterlassen – je mehr daraus wilde Ehen entstehen, welche reparirt werden, wenn der Staat seine Gesetze gibt, desto mehr ist die soziale Nothwendigkeit, ist die soziale Pflicht des Staates gegeben, einem Jeden es möglich zu machen, auf die wohlfeilste und nächste Weise eine Familie zu gründen. Denn, meine Herren, Sie werden mir nimmermehr sagen können, daß, wenn vielleicht jetzt in Berlin, wollen wir annehmen, so und so viel Dutzend wilde Ehen in staatlich anerkannte Ehen umgewandelt worden sind, dadurch der sittliche Zustand verschlechtert ist. Ich möchte annehmen, meine Herren, daß, wenn diese Familien regelmäßige, vom Staate anerkannte Familien sind, der sittliche Zustand gebessert und nicht verschlechtert worden ist, und daß diejenigen, welche so oft die Religion und das Wort Gottes im Munde haben, am allerehesten froh sein sollten, daß wenigstens auf diese Weise dem Konkubinat und dem wilden Zusammenleben ein Ende gemacht worden ist.«[24]

Die Zivilehe war im letzten Viertel des 19. Jahrhunderts politisch und gesellschaftlich ohne Alternative. Mit breiter öffentlicher Resonanz wurde sie als »ein zulässiges und nothwendiges natürliches Institut des modernen, aus der Reformation herausgewachsenen Staates« diskutiert, so ein weiterer Debattenbeitrag im Reichstag.[25] Die säkulare Rechtsordnung hatte um des Prinzips des modernen Individualismus willen die vielen klerikalen Nischen zu beseitigen. Bezugspunkt für Staat und Kirche, das war das Anliegen der selbstbewußten Liberalen in der Reformphase nach der Reichsgründung, sollte die Mündigkeit des Einzelnen sein. Dem Staat war aufgetragen, sie rechtlich zu gewährleisten, und das beinhaltete ein konsequentes Abschirmen der Privatsphäre gegenüber den Rechtsansprüchen der Kirche. Der Abgeordnete Löwe deutete traditionelle Rechte der katholischen Kirche als zur Tradition gewordene rechtliche Vermessenheiten, von denen es Abschied zu nehmen gelte. »Der Staat sichert der in Uebereinstimmung mit seinen Gesetzen geschlossenen Ehe die öffentliche Anerkennung und den Schutz der Gesetze. Die Kirche dagegen schenkt ihren Gläubigen den Segen, den sie auf Grund ihres Glaubens in Anspruch nehmen. Die Einwendung, die nun bei jeder Gelegenheit, wenn von der Zivilehe die Rede ist, seitens der sich so nennenden Vertreter der Kirchen gemacht wird, daß die Zivilehe überhaupt keine Ehe ist, daß nur die Ehe, die von der Kirche geschlossen ist, eine Ehe ist, – diese Behauptung ist nicht blos natürlich menschlich falsch, sondern sie ist auch im Sinne der Kirche, so lange die Kirche sich ihrer Aufgabe wirklich bewußt gewesen ist und nicht blos nach der Herrschaft gestrebt hat, immer ihrer eigenen Lehre nach falsch gewesen. Niemand behauptet, daß der Zivilstandsbeamte eine Ehe macht; ebensowenig macht sie aber auch der Geistliche. Der Zivilstandsbeamte erklärt die mit feierlichem Gelöbniß der Verlobten beschlossene Ehe der Gesellschaft gegenüber für giltig und stellt sie unter den Schutz der Staatsgesetze, und der Geistliche erfleht für die Vereinigung, die im Herzen der Verlobten beschlossen und geschlossen ist, den Segen des Himmels, damit sie eine glückliche und gedeihliche sei, eine wahre Ehe werde und bleibe. Aber nicht der Beamte noch der Geistliche macht die Ehe. Dieser Anspruch seitens der Geistlichen ist eine menschliche Vermessenheit, hervorgegangen aus der Herrschsucht, die wir zurückweisen müssen im Interesse der Freiheit der Bürger und des Rechtes des Staates.«[26]

Am 25. Januar 1875 verabschiedete der Reichstag den Gesetzentwurf über die Beurkundung des Personenstandes und die Eheschließung mit 207 Ja-Stimmen und 72 Nein-Stimmen. Das neue Reichsgesetz wurde am 6. Februar 1875 publiziert und trat am 1. Januar 1876 in Kraft. Die ›Vossische Zeitung‹ feierte uneingeschränkt das ›Segensreiche‹ dieses Gesetzgebungsakts. »Es handelt sich hier nicht blos um das Eherecht, sondern um einen großen Fortschritt in moderner Reformierung, um eine nationale Arbeit zum Besten des Reiches, die vor kurzer Zeit noch nicht einmal in die Verfassung aufgenommen war, und um eine Befreiung der Reichsbürger von Gewissenszwang, eine Auseinandersetzung von Kirche und Staat mit Verweisung jeder dieser Potenzen auf ihr eigenstes Gebiet.«

Fortan ersetzten im Gebiet des Deutschen Reiches bei einer Eheschließung Standesbeamte die Geistlichen; ihnen durfte laut Gesetz das Amt eines Standesbeamten nicht übertragen werden. *Rechtsgültig* konnte eine Ehe nur vor einem Standesbeamten geschlossen werden. Auch die kirchliche Gerichtsbarkeit wurde aus dem staatlichen Rechtsbereich, in dem sie sich im Verlauf einer langen geschichtlichen Entwicklung festgesetzt hatte, herausgedrängt. »In streitigen Ehe- und Verlöbnissachen sind die bürgerlichen Gerichte ausschließlich zuständig. Eine geistliche oder eine durch die Zugehörigkeit zu einem Glaubensbekenntniß bedingte Gerichtsbarkeit findet nicht statt« (§ 76). Ebenso erlangte der von katholischer Seite so heftig bekämpfte Eingriff in das kirchliche Ehetrennungsrecht gesetzliche Verbindlichkeit. »Wenn nach dem bisherigen Rechte auf beständige Trennung der Ehegatten von Tisch und Bett zu erkennen sein würde, ist fortan die Auflösung des Bandes der Ehe auszusprechen. Ist vor dem Tage, an welchem dieses Gesetz in Kraft tritt, auf beständige Trennung von Tisch und Bett erkannt worden, so kann, wenn eine Wiedervereinigung der getrennten Ehegatten nicht stattgefunden hat, jeder derselben auf Grund des ergangenen Urtheils die Auflösung des Bandes der Ehe im ordentlichen Prozeßverfahren beantragen.« (§ 77)

An einem besonderen Punkt berührte das Personenstandsgesetz auch das Eheverständnis der evangelischen Kirche. Das Eheverbot wegen Ehebruchs war seit der Reformation fester Bestandteil der protestantischen Eherechtslehre und vom Allgemeinen Landrecht nachdrücklich unterstrichen worden. Der Gesetzgeber konnte sich nicht dazu durchringen, diesen kirchenrechtlichen Traditionsbestand gänzlich aufzugeben, obwohl auch in seinen Augen viel dafür sprach, ein gesellschaftliches Problem mit Rechtsrestriktionen nicht noch zusätzlich zu belasten. Die sich überkreuzenden Erwägungen kommen in der »Begründung« des Regierungsentwurfs deutlich zum Ausdruck. Es heißt hier: »Obwohl gewichtige Autoritäten sich für gänzliche Aufhebung des Eheverbots wegen Ehebruchs ausgesprochen haben, trägt der Entwurf doch Bedenken, im Widerspruch mit dem innerhalb aller verschiedenen Rechtsgebiete bestehenden Rechte und dem allgemeinen Rechtsgefühle die Ehe zwischen Ehebrechern ohne Weiteres frei zu geben. Andererseits hat er sich dafür entschieden, die Dispensation ohne Beschränkung zuzulassen, so daß es dann der Praxis in den einzelnen Bundesstaaten überlassen bleibt, im Anschlusse an das bisher beobachtete Verfahren die Dispensationsbefugniß mehr oder weniger streng auszuüben. Eine gänzliche Ausschließung der Dispensation empfiehlt sich selbst für die obenerwähnten schwersten Fälle des Ehebruchs nicht, da das ehelose Zusammenleben solcher Ehebrecher durch polizeiliche Mittel erfahrungsmäßig nicht wirksam zu verhindern steht und mit Rücksicht hierauf es unter Umständen immerhin wünschenswerth ist, die Umwandlung des unsittlichen und Anstoß erregenden Zusammenlebens in eine gesetzmäßige Ehe nicht unmöglich zu machen.« »Die Ehe ist verboten... zwischen einem wegen Ehebruchs Geschiedenen und seinem Mitschuldigen. [In diesem] Falle... ist Dispensation zulässig« (§ 33) – das war die Bestimmung des endgültigen Gesetzestextes. Sie leitete eine Abkehr vom protestantischen Eherecht ein, das, wie noch zu schildern sein wird, in der Vergangenheit seinen Anteil an der Entstehung familialer Konflikt- und gesellschaftlicher Problemlagen hatte.

1875 schien die Macht, die die katholische Kirche auf Grund ihrer Rechtskompetenzen traditionell besaß, gebrochen, aber auch der Einfluß der evangelischen Kirche geringer geworden zu sein. Doch man muß hier an die besonderen Konfliktlinien der Kulturkampfzeit erinnern. Es war besonders die katholische Kirche, mit der der protestantisch ausgerichtete Bismarckstaat rang. Der Liberalismus erlag einem Trugschluß, wenn er glaubte, mit den Siegen im Kulturkampf auch einen Sieg über die von den Konservativen hochgehaltene Idee des ›christlichen Staates‹ errungen zu haben. In den Augen der Konservativen garantierte erst die christliche Ehe jene gesellschaftliche Ruhelage, von der der Erhalt der überkommenen staatlichen Ordnung abhing. Das wird genauer an den politischen Diskussionen zu zeigen sein, die die Entstehung des Bürgerlichen Gesetzbuchs begleitet haben. Hier gilt es, auf Kontinuitäten konservativer Rechts- und Gesellschaftspolitik im 19. Jahrhundert aufmerksam zu machen, die trotz der Zäsuren, die die Gesetzgebungsakte der frühen Bismarckzeit darstellen (Reichsjustizgesetze), nicht abgerissen sind.[27]

Die reichsrechtliche Neuordnung der Eheschließung ist fraglos eine wichtige rechtspolitische Frage gewesen. Doch von ungleich größerem Gewicht war die Scheidungsfrage. Hier hatte sich zu erweisen, wie stark die säkularen Tendenzen wirklich waren. Wenn im Bürgerlichen Gesetzbuch ein nach christlichen Wertvorstellungen geformtes Ehebild legislative Gestalt annehmen und sich, im Unterschied zu den Reformen der 70er Jahre auf dem Gebiet der Eheschließungsform, der Typ eines kirchlich-konservativen Eherechts durchsetzen konnte, so hatte das nicht nur politische Gründe. Im 19. Jahrhundert waren die beiden »Potenzen« Staat und Kirche eng miteinander verzahnt. Ihr institutionelles Zusammenspiel bei der *Anwendung* der geltenden Eherechtsnormen schuf Traditionen, die die Grenzziehungen der Kulturkampfzeit überdauerten und den Rechtsweg, der zum Bürgerlichen Gesetzbuch geführt hat, plausibel werden lassen. Daß Christliches am Ende des 19. Jahrhunderts wieder so stark zum Inhalt von Politik werden konnte, hing *auch* mit der über einen langen Zeitraum institutionell verbürgten Präsenz der Kirchen, sowohl der katholischen wie der evangelischen Kirche, in der Lebenswelt der Menschen zusammen.

IV. Die Rolle der christlichen Kirchen im Scheidungsgeschehen des 19. Jahrhunderts

In der Geschichte des Familienrechts haben die Eherechtsreformen der frühen Bismarckzeit einen fraglos hohen Stellenwert. Der erzwungene Abschied der Kirchen aus dem Rechtsraum der Ehe darf aber nicht darüber hinwegtäuschen, daß christliche Normen nach wie vor einen großen Einfluß auf die Rechtspolitik und das Rechthandeln des Staates ausübten. Die Entwicklung, die zum Bürgerlichen Gesetzbuch geführt hat, unterstreicht das, und diese Entwicklung steht in einer tiefen historischen Spur. Mit dem Blick auf die Zivilehe geraten zumeist die sehr viel weiterreichenden Verschichtungen und strukturellen Verklammerungen von Staat und Kirche im 19. Jahrhundert in Vergessenheit. Das protestantische Preußen hatte auch hier eine starke Prägekraft für die Rechtswirklichkeit in Deutschland. Preußen hat mit der von ihm durchgesetzten Reichseinheit nicht nur die Vielfalt der deutschen Staatenwelt überwölbt, es bestimmte auch den innerstaatlichen Kurs des neuen Reiches. Während viele nichtpreußische Traditionen abgeschnitten wurden, brachte Preußen die eigenen Traditionen, und das hieß auch, soweit es an ihnen festhielt, die eigenen Rechtstraditionen verstärkt in das Kaiserreich ein. Für die Scheidungsfrage des 19. Jahrhunderts ist die ›preußische‹ Verknüpfung von Staat und Kirche von elementarer Bedeutung gewesen. Sie erklärt das Weiterwirken christlicher Wertmaßstäbe für Ehe und eheliches Zusammenleben selbst in Zeitabschnitten, die durch eine rechtliche Entflechtung von Staat und Kirche charakterisiert sind. So gilt es, für das Verständnis des Verlaufs der deutschen Privatrechtsgeschichte im späten 19. Jahrhundert an die Besonderheiten der Rechtsverfassung und Rechtsgestaltung in der ersten Jahrhunderthälfte zu erinnern. Besonders in der Zeit des Vormärz begegnet eine justizielle Handhabung der Scheidungsfrage, die mit den Grund dafür gelegt hat, daß später, in einer Zeit beschleunigter Säkularisation, die Beharrungskraft christlich-konservativer Traditionen so groß war.

1. ›Religiöser‹ Wandel im Eherecht der 40er Jahre

Das Allgemeine Landrecht enthielt das materielle Ehe- und Scheidungsrecht. Ausschlaggebender für die Scheidungswirklichkeit aber ist das Prozeßrecht gewesen. Es legte fest, in welchen Formen die durchaus ›liberale‹ Züge tragenden Rechtsnormen zur Anwendung kommen sollten. Sieht man sich das preußische Scheidungsprozeßrecht näher an, so drängt sich der Eindruck auf, daß die hier festgelegten Verfahren die Ehe als politisch gewünschte gesellschaftliche Normalinstitution sehr viel stärker privilegiert haben als das materielle Scheidungsrecht. Schon das Allgemeine Landrecht hatte die Prozeßposition des Richters in Scheidungsangelegenheiten mit einem deutlichen eheerhaltenden Akzent versehen. Die Allgemeine Gerichtsordnung für die Preußischen Staaten (AGO), 1793 erlassen und 1815, nach den Gebietserweiterungen mit einem ergänzenden »Anhang« versehen, legte im vierzigsten Titel der »Prozeßordnung« ein äußerst restriktives Verfahren in Ehesachen fest.[1] Das formelle Scheidungsrecht stand in Preußen zu dem materiellen in einem bezeichnenden kontrapunktiven Verhältnis. Der Grundsatz des Allgemeinen Landrechts, »Eine an sich gültige Ehe kann durch richterlichen Ausspruch wieder getrennt werden«, war nicht unbedingt ein Praxisgrundsatz. Nach der Allgemeinen Gerichtsordnung war der »ordentliche persönliche Richter des Ehemannes... zugleich das kompetente Ehegericht« (AGO, T. 40, § 22). An ihn hatten sich die Scheidungssuchenden zu wenden. Doch die Zulassung einer Klage war nicht leicht zu erreichen. »Dieser Richter muß den Kläger über die Gründe der gesuchten Scheidung vorläufig befragen; und wenn er sie gleich bei dem ersten Anblicke unerheblich findet, denselben zur vernünftigen und friedlichen Fortsetzung der Ehe ernstlich anmahnen.« (AGO, T. 40, § 23) Auch wenn das Scheidungsverfahren bereits eröffnet war, hatte der Richter weiterhin ein Niederschlagungsrecht. »Ergiebt sich, daß es dem Kläger an einem gesetzmäßigen Grunde zur Scheidung offenbar ermangele, so muß ein solcher Kläger, gleich jedem andern, der sich ohne allen rechtlichen Grund zur Klage angiebt, durch ein Dekret ab-, und zur vernünftigen Fortsetzung der Ehe nachdrücklich angewiesen werden.« (AGO, T. 40, § 34) Noch eine weitere Möglichkeit, in einem bereits angelaufenen Ehetrennungsverfahren zugunsten des Eheerhalts zu intervenieren, hatte der Richter. Wenn die Scheidung »aus minder wichtigen Ursachen gesucht« wurde, z. B. wegen des bloßen Verdachts auf Ehebruch oder wegen »Unverträglichkeit und Zanksucht«, und der Richter »noch nicht alle Hoffnung zur Aussöhnung verloren« gab, dann sollte das Scheidungsurteil für ein Jahr »ausgesetzt« werden. (AGO, T. 40, § 45) Erst nach Ablauf dieser Frist, die als Versöhnungszeitspanne gedacht war, sollte das Urteil »ohne weitern Anstand« publiziert werden.

Das ›liberale‹ preußische Scheidungsrecht muß mit den Rückversicherungen des Scheidungsverfahrensrechts korreliert werden. Nur dann gewinnt man ein zutreffendes Bild über die Scheidungswirklichkeit. Es hing mit dem hier dargelegten komplizierten Rechtsgefüge zusammen, daß, wie schon in anderem Zusammenhang erwähnt, in dem Zeitraum von 1836 bis 1841 von 23329 Scheidungsurteilen in 3401 Fällen der Urteilsspruch auf ›Zurückweisung der Klage‹ lautete. Von 1849 bis 1860 waren 74877 Scheidungsverfahren anhängig; von den 44517 abgeschlossenen Verfahren endeten 9027 durch Rücknahme der Klage und Vergleich und 35490 durch Trennung der Ehe.[2] Preußen hatte sich zwar im Allgemeinen Landrecht dem Zerrüttungsprinzip geöffnet, doch das Rechtszeremoniell des Scheidungsverfahrens wies das Progressive der Scheidungsnorm in enge Grenzen. Das Unkalkulierbare des Richterverhaltens stand jedem als Mahnung vor Augen, der sich auf den mühseligen Scheidungsweg machen wollte.

Nicht nur über eine spezifisch ausgestaltete Gerichtsförmigkeit des Verfahrens suchte der preußische Staat in der ersten Hälfte des 19. Jahrhunderts der anwachsenden Scheidungsbewegung, deren Ursachen noch zu erörtern sein werden, entgegenzusteuern; auch im Vorfeld des justiziellen Verfahrensablaufs waren Sicherungen eingebaut, die ein Abschöpfen des Scheidungspotentials bewirken sollten und auch bewirkt haben. Im Institut des *geistlichen Sühneversuchs* vereinigten sich staatliche und kirchliche Interessen an der Aufrechterhaltung brüchig gewordener Ehen.

Die Allgemeine Gerichtsordnung machte es dem Richter zur Pflicht, bei einem anstehenden Scheidungsbegehren »mit Zuziehung des gewöhnlichen Seelsorgers, oder eines anderen Predigers, auch, nach Befinden, der Eltern, oder nächsten Freunde, die Sühne unter den Eheleuten alles Ernstes [zu] versuchen, und das gute Vernehmen unter ihnen wieder herzustellen...“ (AGO, T. 40, § 24). Durch diese Bestimmung der Allgemeinen Gerichtsordnung erlangten die Kirchen ein institutionell verbrieftes Recht der Einflußnahme auf Ehe und Ehetrennung. Die katholische und die evangelische Kirche haben es unterschiedlich ausgeschöpft, doch für eine lange Zeit sollte der bürgerliche Rechtsakt der Scheidung im tiefen klerikalen Schatten liegen.

Die Allgemeine Gerichtsordnung enthielt zwar die Vorschrift des geistlichen Sühneversuchs, doch dieser war Teil des richterlichen Prüfungsverfahrens. Der Richter war Herr des Scheidungsverfahrens und nicht der Pfarrer. Sehr bald jedoch erkannten die Kirchen die Bruchstellen dieses im Kern säkularen Verfahrensweges. Die Eingabe eines katholischen Geistlichen aus Schlesien an den preußischen Justizminister sollte Folgen haben. Dieser Geistliche konnte im Jahre 1812 schon auf eine längere Tätigkeit als Beisitzer am Ehegericht zurückblicken.[3] Er sah den geistlichen Sühneversuch in der Gefahr stehen, zu einer »armseligen Formalität« herabzusinken. »Man kann einem großen Theile unserer Zeitgenossen von vielen Seiten gar nicht mehr beikommen; und das ist ein Hauptgrund, warum so manche äußere Anstalten, die auf den innern Menschen wirken sollen, mehr oder weniger als bloße Form dastehen, die man von Seiten des Staats als einen ehrwürdigen

Überrest besserer Zeiten duldet, während das jetzt lebende Geschlecht das Leere dieser Formen im Stillen belächelt...". Die Wirksamkeit der Geistlichen in Ehescheidungsprozessen scheint in den ersten Jahren nach Erlaß der Allgemeinen Gerichtsordnung nicht sehr groß gewesen zu sein. Sie gehörten zur Scheidung wie sie zum Begräbnis gehörten; sie sprachen schöne Worte, die vielleicht trösten, aber nichts ändern konnten. Tief frustriert muß der sich an die staatlichen Behörden wendende Geistliche von seiner zwanzigmaligen Tätigkeit in Ehescheidungssachen gewesen sein. »Wer die Menschen jetzt bei so manchen Gelegenheiten von *dieser* Seite fassen will, den sehen sie mit einer Mine an, als wollten sie sagen: ›Wenn Sie nichts anderes und besseres zu sagen wissen, so schweigen sie nur lieber still!‹«

Diese Klage, so pathetisch sie vorgetragen ist, vermittelt doch einen Eindruck von der inneren Verhärtung, mit der Menschen, die einmal zusammengelebt hatten, vor den Richter traten. »Menschen, die nicht etwa seit einigen Tagen, sondern seit Wochen, Monaten und Jahren in der größten Disharmonie leben, und wo jeder Teil glaubt, das *Recht* auf *seiner* Seite zu haben. Soll unter solchen Menschen eine Aussöhnung auf die Dauer bewirkt werden, so muß wenigstens der eine Teil überzeugt werden, daß er die meiste Schuld trage, und daher zur Nachgiebigkeit und Besserung verpflichtet sei.« Realistisch schätzte der Geistliche die kirchlichen Bemühungen vor Gericht ein: Überzeugung der Gemüter wirke hier wie ein »Champagner-Rausch, der schnell verfliegt«. Aus dieser negativen Bilanz wurden nun zwei Folgerungen gezogen: Der geistliche Sühneversuch, wie ihn die Allgemeine Gerichtsordnung konzipiert habe, laufe zur »unrechten Zeit« und am »unrechten Ort« ab. Nur dann hätten die Vermittlerdienste der Kirchen Aussicht auf Erfolg, »wenn der Sühne-Versuch in einer anderen Zeitordnung, und zwar von dem Prediger allein vorgenommen wird. Ehe sich nämlich entzweite Gatten mit einer Ehescheidungsklage vor der Obrigkeit melden dürften, müßten sie sich vorher nach einem ausdrücklichen Landesgesetz bei dem Prediger des Orts, und wo mehrere sind, bei ihrem Beichtvater zur Aussöhnung gemeldet haben. Dieser bittet sie nun in seine Wohnung, oder er begibt sich nach Beschaffenheit der Umstände in die Behausung der entzweiten Gatten.... Und nur erst, wenn auf diesem Wege nach aller angewandten Mühe des erwählten Seelsorgers... die Aussöhnung nicht zu Stande käme, nun erst dürften beide Teile, versehen mit einem Attest vom Prediger, daß der Sühne-Versuch wirklich stattgefunden habe, mit ihrer Ehescheidungsklage vor Gericht erscheinen. In diesem Attest könnte noch, falls der Richter dieser Notiz bedarf, bemerkt werden, welcher Gatte der Aussöhnung am hartnäckigsten widerstanden habe.«

Die hier in Aussicht genommene klerikale Durchlöcherung der Ehetrennung als bürgerliches Rechtsinstitut war weit mehr als ein im Beliebigen verbleibendes Gedankenspiel eines Einzelgängers. Auf breiter Front bemühten sich die Kirchen, verlorengegangenes Terrain zurückzugewinnen. Für den Protestantismus stand die Ehe als Institution auf dem Spiel, wenn der

Freiheit der Individuen der bisherigen Dispositionsspielraum belassen werde; die katholische Kirche lehnte eh die Scheidung vor weltlichen Gerichten, d. h. eine Trennung der Ehe mit bürgerlicher Rechtswirkung ab. Das Scheidungsverfahrensrecht war für beide Kirchen die Einbruchstelle in das verweltlichte Ehescheidungsrecht. Hier glaubte man dem staatlichen Gesetzgeber eine Art Rechtsparität abtrotzen zu können. Das kirchliche »Attest« war als Eintrittsbillett für's Ehegericht gedacht. Die protestantische Kirche wollte in ihm Akzente gesetzt sehen, die das Prozeßgeschehen und somit auch den Prozeßausgang präformieren mußten; die katholische Kirche sah in »Attesten« ein geeignetes Mittel, Scheidungsverfahren überhaupt zu blokkieren, nämlich durch ›Attest‹-Verweigerung. Hier deutete sich eine ähnliche Problematik an, wie sie schon bei der Wiederverheiratung Geschiedener katholischen Glaubens bestand.

Der preußische Staat reagierte auf die vorgebrachten kirchlichen Anliegen zunächst unsicher. Er verwies auf die Gestaltungsmöglichkeiten der bestehenden Prozeßordnung; so sei schon »in mehreren Fällen« der »Kläger« von den Gerichten angehalten worden, ein »Attest des Predigers über den fruchtlos angestellten Sühneversuch« beizubringen.[4] Man sträubte sich aus gutem Grund, eine Rechtsvorschrift über kirchliches Attestieren *vor* der Einleitung eines Verfahrens zu erlassen. Pragmatischer ging man die Ortsfrage des Sühneversuchs an. Der Wunsch der Geistlichen, den Sühneversuch »nur in ihrer Wohnung anzustellen«, widersprach in den Augen der Behörden nicht den geltenden Rechtsvorschriften. In einer Stellungnahme v. J. 1817 hielt das Berliner Kammergericht kurz und bündig fest: »Das Geschäft des Geistlichen und des Richters bei diesem Versuch der Güte ist... füglich trennbar, weil jener den streitenden Teilen eigentlich nur Gründe der Religion und Moral vorhalten kann, der Richter aber auch die aus dem Privat-Interesse der Parteien und aus dem Verhältnis zu ihren Kindern hergenommenen Beweggründe zur Aussöhnung aufzustellen hat.«[5]

Die Justizbehörden nahmen die Anregung »kirchlicher Kreise« zum Anlaß, auf den problematischen äußeren Ablauf der Scheidungsprozesse hinzuweisen. Mißstände entsprangen vielfach aus der »Lokalität« der Gerichte. Hier war alles sehr beengt. Es fehlte z. B. beim Kammergericht an »abgesonderten Räumen«, in denen Ehescheidungssachen mit jenem »Ernst« und mit jener »Würde« verhandelt werden konnten, die »zur Schonung der Partheyen« geboten war. Die »Lokalität« der damaligen Ehegerichte hatte für die Betroffenen etwas Demütigendes; sie gab Privatestes den Augen einer lauernden Öffentlichkeit preis. Selbst wenn für den Sühneversuch ein gesondertes Hinterzimmer zur Verfügung stünde, so das Kammergericht, müßten »die Partheyen, der Geistliche, der Deputirte, der Protocollführer, die Mandatarien oder Verwandte, welche bei diesem Geschäfte concurrieren sollen, schon durch das Instructions-Zimmer geführt werden, wo oft viele Menschen aller Art zusammengedrängt stehen, zumal, wenn Termine in Credit-Sachen gehalten werden; und jener ganze zur Sache gehörige Aufzug wird so den Augen des gemischtesten Publikums ausgesetzt, welches aus der Umgebung schon die Ursache des persönlichen Erscheinens der Partheyen ersieht und sie zum Gegenstand seiner Unterhaltung und Bemerkungen macht.«[6]

Scheidung war zu Beginn des 19. Jahrhunderts ein öffentlicher Akt, obwohl das Scheidungsverfahren selber ein nichtöffentliches war. Das hing mit der besonderen Örtlichkeit der Ehegerichte zusammen, aber auch mit dem Erscheinen des Pfarrers vor diesen Gerichten. Am Pfarrer erkannte das »Publikum«, was im Instruktionszimmer anstand. Die Gerichtsbehörden griffen die Anregung der Kirchen, den Sühneversuch nicht in den Räumlichkeiten des Gerichts abzuhalten, *im Interesse der »Partheyen«* auf. Die Betroffenen sollten von dieser Maßnahme profitieren; an kirchliche Positionsgewinne im Scheidungsbereich war nicht gedacht. »Für empfindliche reizbare Gemüther und für gebildete Leute überhaupt muß das Bewußtsein solcher öffentlichen Ausstellung schon beschämend und kränkend seyn, ohne Begleitung des Geistlichen und ohne seine Zuziehung im Termine, ist schon das persönliche Erscheinen der Partheyen vor dem Deputirten weniger auffallend und anstößig.«

Der preußische Justizminister billigte, daß der von einem Geistlichen vorzunehmende Sühneversuch »jederzeit« in der Wohnung des Geistlichen veranstaltet werden könne; er billigte freilich nicht, daß sich die Kirchen durch diese Hintertür eine Rechtsposition im Scheidungsverfahren zu erschleichen suchten.[7] Geistliche müssen sich in Scheidungsprozessen oft als Zeugen angeboten haben. Ihnen kam manches zu Ohren, was vor Gericht unausgesprochen blieb. So verunsicherten Pfarrer und Prediger die Scheidungsrichter, die nicht wußten, welche rechtliche Qualität deren Ausführungen beizumessen sei. Hier zog der Justizminister in einer Verfügung v. J. 1841 eine scharfe Grenzlinie.[8] Es sei unzulässig, Geistliche als Zeugen zu vernehmen »über die ihnen beim Sühne-Versuche in Ehescheidungs-Prozessen von den Parteien gemachten Mittheilungen«, insbesondere dann, wenn dies »wider den Willen« desjenigen geschehe, der sich dem Geistlichen anvertraut habe. Diese Verfügung steht gleichsam am Ende einer Ära preußischer Justizpolitik, die mit dem Allgemeinen Landrecht begonnen und durchaus auch im Zeichen einer ›liberalen‹ Gesetzesanwendung gestanden hatte. Das Blatt wendete sich in den 40er Jahren des 19. Jahrhunderts. Dem Restaurationszeitalter mit seiner gegenrevolutionären politischen Stoßrichtung war das freizügige Scheidungsrecht des »aufklärerischen Landrechts« schon lange als Fremdkörper erschienen.

Die politische Stimmungslage tendierte in den Jahrzehnten des Vormärz, besonders aber nach dem preußischen Thronwechsel im Jahre 1840, als mit Friedrich Wilhelm IV. ein wabernder Gefühlskonservativismus politikbestimmend wurde, wieder zu einem Eherecht hin, das von christlichen Wertvorstellungen bestimmt war. Durch eine Einschränkung der Scheidungsgründe des Allgemeinen Landrechts sollte der sittliche und religiöse Wesensgehalt der Ehe eine rechtliche Bekräftigung erfahren. Diese Intention hatte schon zwei Kabinettsordres Friedrich Wilhelms III. zugrunde gelegen, mit denen dieser in seiner Spätzeit kirchlich-orthodox gesinnte Monarch den Vorrang der Reform des Eherechts gegenüber der allgemeinen preußischen Gesetzesrevision unterstrich. In der Ordre v. 15. Januar 1825 hatte es geheißen, daß eine schleunige Revision desjenigen Teils der Gesetzgebung, welcher das eheliche Verhältnis (den unehelichen Beischlaf und die fleischlichen Verbrechen) betrifft, vorzüglich in Rücksicht des religiösen und sittlichen Prinzips nötig und in Angriff zu nehmen sei, und am 26. Februar 1834 war nochmals die Notwendigkeit einer bevorzugten Bearbeitung des Ehescheidungsrechts festgehalten worden.

Dieses war, wie auch andere Rechtsmaterien, seit Mitte der 20er Jahre Gegenstand der langwierigen Revisionsarbeiten im Allgemeinen Landrecht gewesen. 1830 hatte der Gesetzrevisor Reformvorschläge vorgelegt, die aber im wesentlichen die Grundlagen der scheidungsrechtlichen Regelungen des Allgemeinen Landrechts beibehielten. So waren ›gegenseitige Einwilligung‹ und ›einseitige unüberwindliche Abneigung‹ als Scheidungsgründe nicht gestrichen, sondern sogar behutsam weiterentwickelt worden. Hinzu kam, daß das wichtige Kriterium der Kinderlosigkeit im Anwendungsbereich der Konventionalscheidung wegfallen sollte (s. o.). Vorbild für den Gesetzrevisor war in gewisser Weise die *Verfahrens*stringenz des Code civil gewesen. Auch orientierte er sich am säkularen Einschlag des französischen Eherechts. In seinen »Motiven« machte er die »Richtschnur« seiner Revisionsarbeiten unmißverständlich deutlich. Er trat für eine klare Trennung »zwischen Religion und Gesetzgebung« ein. Letztere ziehe »die Lehren der Religion als eine Sache der Herzen und Gewissen überhaupt nicht weiter in ihren Kreis, als sie sich zugleich auf rechtliche oder politische Grundsätze zurückführen lassen. Außerhalb der selben findet sich keine Handlung oder Unterlassung, wie dringend auch die Religion dazu auffordere, geboten oder verpönt. Aber darin liegt noch kein Zwiespalt zwischen Religion und Gesetzgebung, und es ist noch niemand eingefallen, daraus Aergerniß oder Irreligiösität herzuleiten.«[9]

Vor dem Hintergrund der königlichen Ordres und der Einflußströmungen in der damaligen Zeit konnte diese Richtung der ›Gesetz-Revision‹ nicht befriedigen. Darin liegt der Grund für die Ende 1833 vollzogene Abtrennung der Reform des Ehescheidungsrechts von der allgemeinen Gesetzrevision. Der Stein des Anstoßes für die konservativ-protestantische Orthodoxie mit ihren Wortführern, den Gebrüdern Gerlach, und hier besonders Ernst Ludwig v. Gerlach, war und blieb die landrechtliche ›Freizügigkeit‹ in der Ausgestaltung der Scheidungsmaterie. Hier focht man für eine drastische Reduzierung der Scheidungstatbestände. Nur eng begrenzte Verschuldenstatbestände sollten die Trennung einer Ehe rechtlich freigeben.

Die Rückwärtsrevision des preußischen Eherechts trat in ein konkretes Stadium, als Friedrich Wilhelm IV. am 28. Februar 1842 Friedrich Carl

v. Savigny zum preußischen Minister für Gesetzgebung ernannte und dem neuen Chef des ›Ministeriums für Revision der Gesetze‹ mit einer Ordre vom gleichen Tage die Entfernung aller »den Lehren des Christentums widersprechenden Grundsätze« aus dem Eherecht des Allgemeinen Landrechts zur Aufgabe machte. Savigny, dieser bedeutende Rechtsgelehrte mit scharfem politischem Profil, hatte die Gesamtrevision des Allgemeinen Landrechts, vom Strafrecht bis zum Zivilrecht, in seiner Stellung als zweiter Justizminister zu steuern. Im Bereich des Eherechts wurde er, nicht zuletzt durch Deckung und Auftrag des Königs, besonders aktiv. In Zusammenarbeit mit einem so kompromißlosen Gesinnungskonservativen wie Ernst Ludwig v. Gerlach erstellte Savigny bis Juli 1842 den Entwurf einer Ehescheidungsverordnung, der Eingriffe in das bisher geltende materielle Recht wie auch in das Verfahrensrecht vorsah.[10] Leitender Gesichtspunkt der gesamten Revision war, so die Präambel des Gesetzentwurfs vom Oktober 1842, in den der Verordnungsentwurf vom Juli eingemündet war, »daß die bisherige Behandlung der Ehesachen und der die Ehe verletzenden Vergehen die Anerkennung der Heiligkeit der Ehe geschwächt und die Ehescheidungen zu sehr erleichtert und vervielfältigt hat«.[11] Diesen Übelständen sollte abgeholfen werden. Materiellrechtlich wurde die Zahl der Scheidungsgründe des Allgemeinen Landrechts gekürzt, die Scheidung auf Grund gegenseitiger Einwilligung sowie unüberwindlicher Abneigung war ausgeschlossen, aber auch das Scheidungsverfahren sollte einschneidend geändert werden. Künftig sollten für Ehetrennungen nur noch die preußischen Obergerichte zuständig sein, und man dachte an eine Art staatlichen »Ehevertheidiger« im Prozeßgang, der von Amts wegen alle Chancen der Aufrechterhaltung einer Ehe aufzuspüren und dem Gericht gegenüber deutlich zu machen hatte. Auch war, und hier griff man die vielfältigen Initiativen der Kirchen auf, an eine Aufwertung des geistlichen Sühneversuchs gedacht.

Savignys ›Darstellung‹ bettete die eigene Gesetzgebungstätigkeit in ein Netz rechtsphilosophischer Grundsatzpositionen ein. Die Ehe war für Savigny eine der personalen Willensphäre übergeordnete Institution, die es per Gesetzgebung zu festigen galt. Er erwartete, daß von einem »ernsteren« Eherecht ein »heilsamer moralischer Eindruck« hervorgebracht werden, – daß es von Vorteil sei »in Beziehung auf krankhafte Ehen«. Maßstab für das Eherecht war für Savigny »der Ernst und die Würde der Ehe« als Institution; das Recht sollte zur Selbstbesinnung erziehen und überschießenden Freiheitsvorstellungen entgegentreten. »Betrachten wir nämlich die Art, wie der Unfriede in schlechten Ehen entsteht, und endlich unerträglich wird, so werden dabei nur höchst selten mächtige Leidenschaften zum Grunde liegen. Vielmehr werden zuerst leichte Anwandlungen von übler Laune, Selbstsucht, Rohheit, böser Lust vorhanden seyn, denen durch einen mäßigen Aufwand von Selbstbeherrschung begegnet werden könnte. Nur weil der Versuch dazu nicht gemacht wird, gewinnen solche Neigungen durch Nachgiebigkeit und Gewöhnung einen solchen Grad von Herrschaft über den Menschen, daß sie ihm selbst und Anderen verderblich werden. Wenn nun dem Ehegatten, der auf solche Abwege kommt, der Gedanke an ein ernstes, die bloße Willkür beschränkendes Gesetz vor Augen steht, so wird er vielleicht jene Selbstbeherrschung anwenden, und der Friede wird wiederhergestellt werden. Weiß er dagegen, daß das Gesetz die Willkür nicht zügelt, sondern frei läßt, so wird er sich selbst jene mäßige Gewalt nicht anthun, und das Übel wird bald unheilbar werden.«[12]

Mit seinem Hinweis auf den »heilsamen« Druck staatlicher Ehegesetzgebung hat Savigny zweifellos eine übergreifende Konstante der Eherechtsgeschichte im 19. Jahrhundert getroffen, »ein Motiv von langanhaltender Geltungskraft definiert.«[13] Wie stark die »Motive« zum Ersten Entwurf des Bürgerlichen Gesetzbuchs (1887) dem Geist Savignys verpflichtet waren, wird noch zu zeigen sein. Die Annahme ist sicherlich nicht übertrieben, »daß keine Darstellung auf die Beratungen der Ersten Kommission größeren Einfluß gewinnen konnte als die des früheren preußischen Ministers für Gesetzgebung, F. C. v. Savigny.«[14]

Die Langzeitwirkung Savignys scheint jedoch in einem gewissen Gegensatz zu dem zu stehen, was er in der Zeit, in der er politische Verantwortung trug, tatsächlich hat bewirken können. Trotz vieler Anläufe kam es in den 40er Jahren *nicht* zu dem von konservativer Seite so dringend anempfohlenen und hartnäckig erstrebten Umbau im Gefüge der *materiell*rechtlichen Scheidungsbestimmungen. So zielbewußt der Stoß gegen die vermeintliche ›Freizügigkeit‹ des Allgemeinen Landrechts sich auch ausnahm und so ideologisch konsequent dessen Aufklärungsimplantate getilgt werden sollten, Savigny und seine Mitstreiter unterschätzten, daß die Rechtsfiguren des Allgemeinen Landrechts ein Stück sozialer Lebensrealität geworden waren. So war es keine Überraschung, daß die geplante Abkehr von der landrechtlichen Scheidungsregelung ein äußerst negatives Echo in der Öffentlichkeit fand. Wie stark, aber auch im Grunde wie treffend die Kritik war, bekam Savigny nach der Veröffentlichung seiner Broschüre »Darstellung der in den preußischen Gesetzen über die Ehescheidung unternommenen Reform« (1844) zu spüren. Das ›Deutsche Bürgerbuch für 1845‹ brachte einen sarkastischen Kommentar. In ihm blieb nichts von Savignys »ganzem Gebäude« übrig. »Der Savigny'sche Mensch ist eine wohldressirte Puppe«, hieß es hier, und es bleibe ihm statt der Freiheit nur übrig, sich Gesetzen zu unterwerfen. Eine düstere Prognose wurde gestellt: In nächster Zukunft würden wohl sämtliche Pflichten der Moral in Gesetzesparagraphen verwandelt und die Polizei würde dann mit deren Handhabung beauftragt sein. Der Haupteinwand, der gegen Savigny vorgebracht wurde, zielte freilich auf die Selektivität seines Menschenbildes, – und hier lagen die zeitgenössischen Kritiker – sozialhistorisch betrachtet – nicht ganz falsch: »So lange freilich eine ungeheure Anzahl Menschen physisch wie das Vieh zu leben verurtheilt ist, wird man auch an ihre Moralität keine großen Ansprüche machen dürfen. Von einer Heiligkeit des Familienlebens zu reden bei Leuten, die ihre

Kinder für die Fabriken zu erzeugen gezwungen sind, ist lächerlich, und ihnen die Sittlichkeit aufzuzwingen, eine eben so vergebliche Mühe, als dem Blinden zu befehlen, daß er sehe.«[15]

Savignys Reformvorhaben traf nicht nur in der Öffentlichkeit auf eine breite, wenn auch nicht einheitliche Ablehnungsfront. Auch behördenintern gab es Widerstände. Staatsministerium, Staatsrat und die mit der Gesamtrevision des Allgemeinen Landrechts beschäftigte ›Gesetzcommission‹ zogen durchaus nicht an einem Strang. Eine gewichtige Stimme, innerhalb des liberalen Lagers hatte die »Rheinische Zeitung«. Sie öffnete ihre Spalten schon früh Autoren, die gegen den Savigny-Entwurf dezidiert Stellung bezogen.

Die »Rheinische Zeitung« war auch dadurch ins Rampenlicht der Öffentlichkeit geraten, daß sie den von der preußischen Regierung geheimgehaltenen Verordnungsentwurf über Ehescheidung vom Juli 1842 veröffentlicht hatte.[16] Diese Veröffentlichung beflügelte die Kritik an den Arbeiten des Gesetzgebungsministeriums, die sich bisher allenfalls auf Vermutungen hatte stützen können. Auch die »Rheinische Zeitung« selber beteiligte sich an der umfangreichen Diskussion der Eherechtspläne, wie sie in Tageszeitungen und Zeitschriften geführt wurde. Sie publizierte im November 1842 zwei Artikel, die einmal vom Standpunkt des rheinischen Rechts aus die protestantisch-religiöse Betrachtung des bekanntgewordenen ›Ehescheidungsgesetzentwurfs‹ aufspießten und zum anderen die ›liberalen‹ Positionen des Allgemeinen Landrechts vehement verteidigten. Zur Redaktion der »Rheinischen Zeitung« gehörte zur damaligen Zeit Karl Marx. Sicherlich hat Marx in seiner Redaktionspolitik auf den schnellen Zugriff der preußischen Zensur Rücksicht nehmen müssen, doch seine Stellungnahmen zum Problem der Ehescheidung waren mehr als bloß taktische Manöver. Zu den schon genannten kritischen, aber im Argumentationsansatz sich voneinander unterscheidenden Artikeln in der »Rheinischen Zeitung« verfaßte Marx im November 1842 eine Fußnote der Redaktion, und am 19. Dezember 1842 trat er mit einem eigenen Leitartikel, betitelt »Der Ehescheidungsgesetzentwurf«, hervor.[17] Beide Arbeiten stehen unter dem Motto »Kritik der Kritik«; sie rückten die beabsichtigte preußische Rechtsreform in eine überraschende, durchaus eigenständige Perspektive. Deutlich grenzte sich Marx von der aufklärerischen Selbstgewißheit des rheinischen Juristenstandes, aber auch von jeder problemblinden Apologie des Allgemeinen Landrechts, dieses, wie er es nennt, preußischen »Fundamentalgesetzes« ab.[18] Er verlangte »von der Kritik vor Allem, daß sie sich kritisch zu sich selbst verhalte und die Schwierigkeit ihres Gegenstandes nicht übersehe.«[19] Genau das, die dem Scheidungsproblem innewohnende Komplexität zu verkennen, hält Marx denjenigen vor, die aus Gründen der Tradition »unbedingt« an den Scheidungsbestimmungen des Allgemeinen Landrechts festhalten wollen. Sie sprächen »uns beständig von dem Unglücke der wider ihren Willen gebundenen Ehegatten. Sie stellen sich auf einen eudämonistischen Standpunkt, sie denken nur an die zwei Individuen, sie vergessen die *Familie*, sie vergessen, daß beinahe jede Ehescheidung eine Familienscheidung ..." ist.[20] Marx plädiert, hier Savigny ganz ähnlich, für die Pflicht des Gesetzgebers, die Ehe zu erhalten und die Willkür der Ehegatten zu begrenzen. Doch diese Rechtspflicht ist aus dem »weltlichen Wesen der Ehe« abgeleitet, nicht aus ihrem Charakter als eine über den Individuen stehende ›Institution‹. Die richterliche Auflösung einer Ehe könne nur »eine Protokollirung der innern Auflösung sein. Der Gesichtspunkt des Gesetzgebers ist der Gesichtspunkt der Nothwendigkeit. Der Gesetzgeber *ehrt* also die Ehe, er kennt ihr tiefes sittliches Wesen an, wenn er sie für mächtig genug hält, viele Collisionen bestehen zu können, ohne sich selber einzubüßen. Die Weichheit gegen die Wünsche der Individuen würde in eine Härte gegen das Wesen der Individuen, gegen ihre sittliche Vernunft, die sich in sittlichen Verhältnissen verkörpert, umschlagen.«[21]

Marx präsentierte sich in der »Rheinischen Zeitung« ohne Frage als ein Anhänger der »strengen Ehescheidung«. Doch diese Position wurde, ganz im Unterschied zu Savigny, mit dem Blick auf die Ehe als *soziale* Lebensrealität bezogen. Marx' Argumente, in der Gleichsetzung von Ehescheidung mit Familienscheidung auf den Punkt gebracht, verdeutlichen, daß es jenseits christlicher Grundprinzipien noch andere, zwingendere Gründe geben kann, für die ›Würde der Ehe‹ einzutreten. Geschichtlich hat sich freilich ein religiös motivierter Eheerhaltungsrigorismus durchgesetzt, dem Maßstäbe zu Grunde lagen, die kaum auf die »inneren Gesetze« des ehelichen Verhältnisses bezogen waren.

›Kritik der Kritik‹ heißt also bei Marx ein Zweifaches: Zweifel an der gesellschaftlichen Angemessenheit der »bisherigen preußischen Ehegesetzgebung«, aber auch die Befürchtung, »daß die Ehe nicht als *sittliche*, sondern als *religiöse* und *kirchliche* Institution von der Gesetzgebung behandelt, also das *weltliche* Wesen der Ehe verkannt« werde.[22] Hier teilte Marx den Standpunkt der »rheinischen Jurisprudenz«. Auch er verwarf die »Einmischung der Religion in das Recht«. Dennoch sah Marx die von ihm im Grundsatz geteilte Position durch einen entscheidenden »Grundmangel« gekennzeichnet. Die von den rheinischen Juristen vorgebrachte Kritik verkenne den gegenwärtigen Charakter des preußischen Gesetzgebers als eines »religiösen Gesetzgebers«; sie unterschätze damit die Wirkungswucht der im Preußen des Vormärz vorherrschenden geschichtlichen Tendenz. Für Marx reicht es nicht aus, bloß den »Widerspruch mit dem weltlichen Wesen der Ehe« nachzuweisen; er drängt auf ein begründeteres Herausarbeiten *dieses* Wesens und damit zugleich auf ein entschiedeneres Festhalten an der Ehe als einer *weltlichen* Institution. In den von Ironie nicht freien Fragen, die Marx an die »rheinische Jurisprudenz« richtet, ist der Kern der eigenen Eheauffassung mitformuliert: »Wenn der Gesetzgeber nicht die menschliche Sittlichkeit, sondern die geistliche Heiligkeit als das Wesen der Ehe betrachtet, also an die Stelle der Selbstbestimmung die Bestimmung von oben, an die Stelle der innern natürlichen Weihe eine übernatürliche Sanction, an die Stelle einer loyalen Unterwerfung in die Natur des Verhältnisses vielmehr einen passiven Gehorsam gegen Gebote setzt, die über der Natur dieses Verhältnisses stehen, kann man diesen religiösen Gesetzgeber nun tadeln, wenn er auch der Kirche, welche dazu berufen ist, die Forderungen und Ansprüche der Religion zu realisieren, die Ehe unterwirft und die weltliche Ehe unter die Oberaufsicht der geistlichen Behörde stellt? Ist das nicht einfache und nothwendige Consequenz? Man täuscht sich, wenn man den religiösen Gesetzgeber dadurch zu widerlegen glaubt, daß man dieser oder jener seiner Bestimmungen ihren Widerspruch mit dem weltlichen Wesen der Ehe nachweist. Der religiöse Gesetzgeber polemisirt nicht gegen die Auflösung der weltlichen Ehe, er polemisirt vielmehr gegen das weltliche Wesen der Ehe und sucht sie von dieser Weltlichkeit theils zu reinigen, theils, wo dieses unmöglich ist, dieser Weltlichkeit, als einer blos geduldeten Seite, jeden Augenblick ihre Schranken zu Gemüthe zu führen und den sündigen Trotz ihrer Consequenzen zu brechen.«[23]

Marx' Leitartikel zum ›Ehescheidungsgesetzentwurf‹ v.J. 1842 enthält einen Hinweis auf Hegel, der die ideengeschichtlichen Traditionen sichtbar werden läßt, in denen der frühe Marx stand.[24] In gewisser Weise knüpfte Marx an Hegel an, wenn auch bei ihm mehr die gesellschaftliche Wirklichkeit und nicht der Staat als »Wirklichkeit der sittlichen Idee« der Ausgangspunkt ist. »Die Ehe ist wesentlich ein sittliches Verhältniß«, schreibt Hegel in der ›Rechtsphilosophie‹, und es sei eine rohe Vorstellung, »die Ehe bloß als einen bürgerlichen Kontrakt zu begreifen«.[25] Daraus ergab sich für Hegel die Unauflöslichkeit der Ehe *an sich*. Doch der ›Wirklichkeitsphilosoph‹ konnte auch die Ehewirklichkeit nicht ganz aus seinem Denken ausblenden. Er formulierte mit bezeichnender Akzentsetzung: »Weil die Ehe das Moment der Empfindung enthält, ist sie nicht absolut, sondern schwankend, und hat die Möglichkeit der Auflösung in sich. Aber die Gesetzgebungen müssen die Möglichkeit aufs Höchste erschweren, und das Recht der Sittlichkeit gegen das Belieben aufrecht erhalten.«[26] Den Hegelschen Begriff der Sittlichkeit nahm Marx auf, entkleidete ihn aber seines transzendentalen Gehalts und sprach sehr konkret von »menschlicher Sittlichkeit«. Das war weit entfernt von der ›religiös‹ eingefärbten Ehephilosophie Savignys, aber durchaus noch im Einflußbereich der Hegelschen Staatsphilosophie. Ging es Hegel um die normative Abgrenzung von Staat und bürgerlicher Gesellschaft, so setzte Marx auf die Handlungspotentiale des Staates gegenüber sozialen Problemlagen. Scheidungen gehörten für ihn zu den Problemen, die in Tiefenschichten des gesellschaftlichen wie des individuellen Lebens angesiedelt waren. Marx war kein Freund einer Gesetzgebung, die die »Unsittlichkeit als zu Recht gültig« anerkannte; aber er lehnte auch eine Gesetzgebung ab, die die »Sittlichkeit verordnen« wollte.[27] Marx verteidigte zwar die Ehe, aber er verteidigte sie als *weltliches* Institut und wollte aus dem »weltlichen Wesen der Ehe« Kriterien für ihre Auflösbarkeit abgeleitet wissen. Hinter dieser Position könnte das Registrieren jenes Stellenwerts gestanden haben, den die Ehe als Rechtsinstitut zur damaligen Zeit in den Überlebensstrategien sozialer Untergeschichten gehabt hat. Die Bodenschichten der Frühindustrialisierungsphase, so fern sie der christlichen Moral auch standen, hingen der Ehe aus gesellschaftlichen Notwendigkeiten an. Mit dem Rechtsstatus der Ehe war zumeist, was noch zu schildern sein wird, das Niederlassungsrecht verknüpft. Die sozialen Konnexinstitute dieses Rechts aber, wie z. B. die Armenunterstützung, waren für viele oft die einzige Hoffnung in einem Leben, dessen Zukunft düster aussah.

Im Spiegel der Marx'schen Kommentare zur preußischen Eherechtsreform im Vormärz tritt die Linienführung dieses großangelegten Reformunternehmens deutlich hervor. Sozial war die angestrebte ›strenge Ehescheidung‹ nur schwach motiviert. Denkbar wäre eine Diskussion gewesen, die ein restriktiveres Scheidungsrecht aus Gründen des Rechtsschutzes für den sozial schwächeren Ehepartner, also zumeist die Frau, ins Auge gefaßt hätte. Diese Diskussion hätte freilich auf das Scheidungsgeschehen selber und die sich in ihm unterschiedlich darbietenden sozialen Betroffenheiten Bezug nehmen müssen. Die noch zu behandelnde ›sozialgeschichtliche Dimension‹ der Scheidungsfrage läßt für das frühe 19. Jahrhundert die gesellschaftliche Angemessenheit eines ›strengen‹ Ehescheidungsrechts fragwürdig erscheinen. Es ging im Preußen der 40er Jahre auch um anderes, wie die weitere Entwicklung klar zeigt. Wertentscheidungen hatten die Priorität vor dem Auf- und Durcharbeiten sozialer Tatsachen.

Als preußischer Minister für ›Revision der Gesetze‹ ist Savigny zwar mit seiner Neufassung des materiellen Scheidungsrechts gescheitert, doch 1844 konnte er eine Änderung des Scheidungsverfahrensrechts durchsetzen, die die Scheidungswirklichkeit weit stärker beeinflußt hat als jede noch so tiefgreifende Umgestaltung der Scheidungsgründe. Die in der Forschung wenig beachtete »Verordnung über das Verfahren in Ehesachen« v. 28. Juni 1844 stellt die eigentliche Zäsur in der Geschichte des preußischen Scheidungsrechts im 19. Jahrhundert dar.[28] Die bisher bestehenden Vorschriften der Prozeßordnung über das »Verfahren in Ehesachen« wurden unter dem Gesichtspunkt »einer würdigen und zweckmäßigen Behandlung« als »unzureichend« angesehen und fielen einer Neuregelung zum Opfer, die den Scheidungsweg erheblich erschwerte. Dieser wurde zunächst einmal – im wörtlichen Sinne – um einiges länger. In allen Prozessen, welche die Scheidung, Ungültigkeit oder Nichtigkeit einer Ehe zum Gegenstand hatten, sollte die Gerichtsbarkeit künftig nur den Obergerichten zustehen (VO v. J. 1844, § 1). Scheidungswillige hatten also lange, mit hohen Kosten verbundene Reisen anzutreten. Es gab in Preußen, die Rheinprovinz ausgenommen, nur zwanzig Obergerichte (Oberlandesgerichte), die sich auf die einzelnen Provinzen verteilten. Das Kalkül dieser Maßnahme, die Scheidungsbereitschaft zu reduzieren, scheint voll aufgegangen zu sein. Wurden 1840 in Scheidungsangelegenheiten noch 3993 Urteile gesprochen, so waren es 1847 nur 1843.[29] Diese Zahlen über zwei Stichjahre sind durchaus repräsentativ für den gesamten Zeitraum, in dem die Gerichtszuständigkeit bei den Obergerichten lag. Erst eine Verordnung über die Neuorganisation der Gerichte vom 2. Januar 1849 verwies Scheidungsprozesse wieder an die »ordentlichen persönlichen Gerichte«, also an die in jeder Provinz sehr zahlreichen Untergerichte.[30]

1844 ist aber noch in einer weiteren Hinsicht ein wichtiges rechtsgeschichtliches Datum. Die Eheverordnung führte, hier an die genannten Erwägungen Savignys anknüpfend, den »Staatsanwalt« in den Scheidungsprozeß ein. Er hatte »durch alle Instanzen das öffentliche Interesse wahrzunehmen«. (VO v. J. 1844, § 4) »Er ist in solchen Prozessen [gemeint sind Ehescheidungsprozesse; D. B.] zu allen Erklärungen und Anträgen, welche sich auf die Aufrechthaltung der Ehe beziehen, jedoch nicht zur Einlegung von Rechtsmitteln, ermächtigt.« (VO v. J. 1844, § 7) Das Institut der Staatsanwaltschaft, also des öffentlichen Anklägers, war im Vormärz ein Symbol liberalen Rechtsdenkens. Es gehörte zu den Reformbestrebungen des Liberalismus, aber zu Bestrebungen, die sich auf den Strafprozeß, nicht den Zivilprozeß bezogen. Öffentliche Anklage, Schwurgerichte, Mündlichkeit und Öffentlichkeit der Verhandlungen, das waren Forderungen, die den geheimen Inquisitionsprozeß, in dem der Richter nach Aktenlage entschied, zu Fall bringen sollten. Indem der preußische Staat die Staatsanwaltschaft im Zivilprozeß als eine Art Überwachungsorgan verankerte, münzte er ein liberales Emanzipationssymbol zum konservativen Stabilisierungsinstrument um. Für die Geschichte der Staatsanwaltschaft, die im Kern Bestandteil der Strafrechtsgeschichte ist, hat ohne Frage der zivilrechtliche Vorlauf seine Bedeutung: Hier wurde »öffentliches Interesse«, der Bezugspunkt staatsanwaltschaftlichen Handelns, auf eindeutig konservative Wertpositionen festgelegt. Wie der Staatsanwalt sich in den 40er Jahren im ›privaten‹ Bereich um die »Aufrechthaltung« der Ehe zu kümmern hatte, so hat er auch später bei ›öffentlichen‹ Konflikten die »Aufrechthaltung« der bestehenden Ordnung immer fest im Blick gehabt. Erst 1849 übernahmen die altpreußischen Provinzen das in der Rheinprovinz schon bestehende Institut des öffentlichen Anklägers. Es war sein »amtlicher Beruf..., *bei Verbrechen* [Unterstreichung von mir; D. B.] die Ermittelung der Thäter herbeizuführen, und dieselben vor Gericht zu verfolgen.«[31]

1844 ging es nicht um Verbrechen und Vergehen gegen die öffentliche Ordnung, sondern um die gerichtliche Würdigung von Eheverfehlungen. Die neue Verordnung hatte mit der Staatsanwaltschaft eine neue Behörde geschaffen, doch sie hatte offengelassen, wer die Behördenvertreter sein und vor allem woher sie kommen sollten. Der preußische Justizminister dachte an die Mitglieder »der am Sitze der Ober-Gerichte befindlichen Untergerichte«, die gleichsam im »Nebenamt« die Rolle des Staatsanwalts übernehmen könnten.[32] Doch auch er wußte um die große Zahl von Ehescheidungsprozessen bei einzelnen Oberlandesgerichten, so daß er hier für die »Anstellung besonderer Staats-Anwälte« plädierte. In der Tat, das zeigen wiederum Zahlen für ein Stichjahr, war der durch Scheidungen bedingte Arbeitsanfall bei den Gerichten beträchtlich. 1840 wurden beim Kammergericht in Berlin 705 Scheidungsurteile gesprochen, im Bezirk der Oberlandesgerichte: Breslau 403; Königsberg 354; Naumburg 319; Frankfurt a. d. O. 335; Stettin 308; Marienwerder 231; Insterburg 245.[33] Die Staatsanwälte fanden in den größeren Gerichtsbezirken ohne Zweifel ein reiches Betätigungsfeld vor. Sie waren ein wichtiger Baustein in einer Strategie, die den Willen zur Ehescheidung administrativ zu zähmen suchte.

Der Scheidungswillige stand zu dieser Zeit nicht nur dem Scheidungsrichter gegenüber, er hatte sich auch vor dem Staatsanwalt zu bewähren und vor allem die Hürde des geistlichen Sühneversuchs zu überwinden. In diesem letzten Punkt schwenkte der preußische Gesetzgeber ganz auf die schon früh vorgetragenen Wünsche der Kirchen ein. Eine Ehescheidungsklage konnte nach der Verordnung v. J. 1844 erst dann angenommen werden, »wenn durch ein Attest des kompetenten Geistlichen nachgewiesen wird, daß er auf die Anzeige des Ehegatten, welcher die Scheidung beabsichtigt, die Sühne versucht hat, dieser Versuch aber fruchtlos geblieben ist.« (VO v. J. 1844, § 10) Das »Attest« *vor* dem Gerichtsverfahren war somit gesetzlich verankert. Es verschaffte den Kirchen große Einflußmöglichkeiten in streitigen Eheangelegenheiten. Bewußt spannte der Staat die Geistlichen in das von ihm zu verantwortende Rechtsverfahren ein; er schob ihnen gleichsam ein Vetorecht bei der Eröffnung von Prozessen zu. Über der »Verordnung über das Verfahren in Ehesachen« schwebte nicht nur der Geist Savignys, er fand in ihr eine perfekte rechtstechnische Ausgestaltung.

Der geistliche Sühneversuch war nach der Allgemeinen Gerichtsordnung Appendix des Gerichtsverfahrens gewesen. Er rückte nun ins Zentrum der ehelichen Auseinandersetzungen vor Gericht. Einher ging mit dieser Verfahrensänderung eine Rollenaufwertung des Geistlichen. Sie paßte ganz in das geistig-politische Klima des nachnapoleonischen Restaurationszeitalters, in dem christliche Wertvorstellungen zur Leitlinie einer Politik wurden, die sich sowohl vom Erbe der Aufklärung wie von dem der Revolution zu verabschieden suchte. »Niemand«, so wurde im nichtamtlichen Teil des preußischen Justizministerialblatts eine Verfügung des Justizministeriums v. 23. November 1846 ausgelegt, »ist so, wie der Geistliche, befähigt, den Ursachen der Zerwürfnisse zwischen Ehegatten näher zu treten und ihre Beseitigung zu vermitteln; auf Niemandes Rath und Ermahnung kann williger gehört werden, als auf den Zuspruch des Seelsorgers, wenn er sich durch Lehre und eigenen Wandel Vertrauen und Achtung in seinem Wirkungskreise zu erwerben gewußt hat; keine andere Maaßregel [d. i. das »Attest«; D. B] ist endlich so geeignet, eine innigere Verbindung zwischen Geistlichen und Parochianen zu begründen, wo eine solche durch die Verhältnisse getrübt sein sollte. Ist diese Voraussetzung richtig, so leuchtet andererseits ein, daß dem Geiste des Gesetzes nur genügt werden kann, wenn jede Mitwirkung von Rathgebern und obrigkeitlichen Personen ausgeschlossen bleibt. Das geistliche Forum soll seine Bestimmung des Friedenstiftens selbständig und von anderen Einflüssen unabhängig erfüllen, bevor die weltlichen Behörden auftreten.«[34]

Es ist von der Überlieferung her möglich, der Praxis des geistlichen Sühneversuchs nachzugehen. Dabei wird deutlich, wie inquisitorisch auf diesem ›Friedensforum‹ agiert wurde. Nicht die konkreten Nöte und Sorgen der in einer schwierigen Ehe lebenden Menschen standen im Vordergrund; beherrschend war das kirchliche Interesse an Scheidungsvermeidung. Nur hier zählten ›Erfolge‹. Der eheliche Unfriede ist durch die Befriedigungsversuche der Geistlichen oft konserviert worden, und das hatte, richtet man den Blick auf das Geschlechterverhältnis, seinen Preis.

2. Geistliche Einflußnahme auf Scheidungsprozesse

In der Kabinettsordre, mit der er die Publikation der Verordnung v. J. 1844 ankündigte, hatte Friedrich Wilhelm IV. bestimmt, daß für die weitere Arbeit am Eherecht »die Erfahrungen der Gerichte über die Erfolge des verbesserten Verfahrens in Ehesachen« zu sammeln und ihm »von Zeit zu Zeit« durch den Justizminister einzureichen seien.[35] Diesen Auftrag nahm Savigny zum Anlaß, nicht nur die »Erfahrungen der Gerichtshöfe«, sondern auch die der »Geistlichen« abzurufen, um sich ein Bild vom Greifen der neuen Verfahrensordnung machen zu können. Er regte beim preußischen Minister für die ›geistlichen Angelegenheiten‹, Eichhorn, an, Jahresberichte der ›Provinzial-Konsistorien‹ über die Tätigkeit von Geistlichen in Ehescheidungsprozessen erstellen zu lassen.[36] Eichhorn griff diesen Vorschlag auf und wies sämtliche königlichen Konsistorien an, in ihren Berichten besonders auf die »Wirkungen« zu achen, »welche aus der in der neuen Verordnung veränderten Stellung der geistlichen Sühneversuche hervorgehen.« »Man erwartet«, schrieb er, Savignys Intention weiterreichend, »daß es unter den Voraussetzungen der neuen Verordnung dem Geistlichen leichter gelingen werde, den Frieden unter den Ehegatten wieder herzustellen, als dies nach dem bisherigen Verfahren möglich war, wo der zur That gewordene Entschluß, dem Richter anzutreten, meist schon den Bruch unheilbar gemacht und daher die Bemühungen des Seelsorgers vereitelt hat.«[37]

Diese Verfügung des preußischen Ministers für die ›geistlichen Angelegenheiten‹ leiteten die Konsistorien an die Superintendenten weiter. Sie waren die Vorsteher der Kreissynoden, aus denen sich die einzelnen evangelischen Kirchenprovinzen zusammensetzten.[38] Das Koblenzer Konsistorium betonte gegenüber den in seiner Kreissynode tätigen Pfarrern die »große und allgemeine Wichtigkeit«, welche die »ins Leben getretene Reform der Ehegesetzgebung« habe und erwartete, daß »die betreffenden

Pfarrer gewiß treu und eifrig... sich amtlich über ihre Erfahrungen in diesem die Kirche so nahe berührenden Gebiete« aussprechen würden.[39] Über einen Zeitraum von vier Jahren gingen beim Ministerium für ›geistliche Angelegenheiten‹ die Erfahrungsberichte der Geistlichen mit dem in der Verordnung v.J. 1844 festgelegten Verfahrensweg in Scheidungsangelegenheiten ein. Sie sind ein wichtiges Dokument für die Wirkung, aber auch für die gesellschaftlichen Fehlwirkungen der von Savigny betriebenen Rechtspolitik. Anfang 1849 entband der preußische Minister für die ›geistlichen Angelegenheiten‹ die Konsistorien von ihrer Berichtspflicht; man glaubte, mit den »gesammelten Erfahrungen ein genügendes Material« zu haben, »um über die Resultate des Gesetzes vom 28. Juni 1844... ein Urtheil zu gewinnen«.[40] Diese Resultate paßten freilich ganz zu den Maximen, die in den 50er Jahren, im Jahrzehnt der preußischen Reaktion, beherrschend werden sollten.

Die ›geistliche Einflußnahme auf Scheidungsprozesse‹ soll hier von zwei Überlieferungsbeständen her beschrieben werden. Das ist einmal die in Kirchenakten aufgefundene Erfolgsbilanz, die das Ministerium für die ›geistlichen Angelegenheiten‹ im Jahre 1846 aus den Berichten aller Konsistorien zusammenstellte. Sie wurde den Kirchenbehörden mit der Maßgabe zur Kenntnis gegeben, daß es »erwünscht« sein könne, auch die »in anderen Gegenden gemachten Beobachtungen« in die eigene Praxis des ›geistlichen Sühneversuchs‹ miteinzubeziehen.[41] Als zweite Quelle wurden die Berichte des Superintendenten der Kreissynode Wesel benutzt.[42] Sie gehörte zum Konsistorium Koblenz, lag aber auf einem der wenigen Gebiete, in denen in der preußischen Rheinprovinz nicht der Code civil sondern das Allgemeine Landrecht galt. Die *evangelische* Seite des ›geistlichen Sühneversuchs‹ wird hier primär beleuchtet; für katholische Geistliche warf dieses 1844 im Stellenwert veränderte Rechtsinstitut besondere Probleme auf, die später noch zu behandeln sind.

Deutlich spricht sich in den Erfahrungsberichten sämtlicher Superintendenten die Befriedigung über die Stärkung der kirchlichen Rechte aus.[43] In ihren Augen war mit der Verordnung v.J. 1844 ein Stück »älterer Verfassung« in eine Gegenwart zurückgekehrt, in der die Ehe in der Gefahr stand, ihre »Heiligkeit« zu verlieren. Wörtlich heißt es bei einem der vielen Superintendenten, die sich gegenüber den Staatsbehörden äußerten: »Nach der älteren Verfassung konnten Ehen nicht vom Civilgerichte, sondern nur vom Consistorio geschieden werden. Die ersten einleitenden Verhandlungen hatten die Superintendenten, welche, wenn sie die streitenden Eheleute nicht wieder vereinigen konnten, sodann die Sache an das Consistorium abgaben... Die Partheien mußten an den Ort des Consistoriums reisen und persönlich vor demselben erscheinen. Dies Alles hatte eine doppelte Wirkung. Einmal stand in den Augen des Volks die Ehe als etwas Heiliges da, mit dessen Behandlung die Civilgerichte nichts zu thun haben durften; weil die oberste geistliche Behörde allein eine Ehe trennen konnte, achtete man die Ehe zu den religiösen Dingen. Sodann aber trugen die Formalitäten und Weitläufigkeiten, welche bei einem Scheidungsprocesse vorkamen, das ihrige dazu bei, die erhitzten Gemüther wieder abzukühlen und ehe man die Sache durch mehrere Instanzen trieb, söhnte man sich lieber wieder aus. Eine ganz andere Ansicht machte sich unter dem Volke geltend, seitdem ... die Ehescheidungsprocesse den Civilgerichten zufielen. Der Nimbus, welcher die Ehe umgeben hatte, verschwand, die Ehe ward ihrer Heiligkeit entkleidet und Aeußerungen unbedachtsamer Civilrichter ... trugen das ihrige dazu bei, im Volke die Meinung hervorzurufen, daß Ehescheidungen mit anderen gerichtlichen Händeln auf gleicher Stufe stehen. Die traurige Folge dieser Meinung stellte sich bald heraus in der Unbedachtsamkeit, womit Ehen geschlossen wurden. Nichts mehr von der Ueberlegung und Vorsicht, die gefordert werden, wo es eine Verbindung fürs Leben gilt. Nach der kürzesten Bekanntschaft bestellte man schon das Aufgebot, ja, man verzeihe mir den Ausdruck, aber er ist bezeichnend, oft liefen die Brautpaare zusammen wie die Thiere auf dem Felde. Geht's nicht, dachte man, so laßt ihr euch scheiden, das ist jetzt sehr leicht ... So häuften sich die Ehescheidungsprocesse immer mehr. Das neue Verfahren wird zwar langsam, aber gründlich heilend diesem Uebel abhelfen. Es hat einen sehr wohlthätigen Eindruck auf das Volk gemacht, daß solchen, die mit dem Antrage der sofortigen Einleitung des Scheidungsprocesses vor Gericht erschienen, erwidert wurde: das geht jetzt nicht mehr so wie sonst; ihr müßt euch erst an euren Beichtvater wenden.«

In der Tat ging nach der Verordnung v.J. 1844 in Scheidungsangelegenheiten ›nichts mehr so wie sonst‹. Doch der Sprung in vergangene Zeiten mit Hilfe des Rechts geschah unter Außerachtlassung jener gesellschaftlichen Ursachen, auf denen die geänderten Erscheinungsformen von Eheschließung und Ehetrennung beruhten. Hier gaben sich die Superintendenten der Illusion hin, durch ›geistliche‹ Einwirkung Verhaltensweisen steuern zu können, die im Kern nicht Ergebnis einer Einstellungsänderung gegenüber der Ehe waren, sondern die gesellschaftsgeschichtliche Ortsveränderung des ›Rechtsinstitus‹ Ehe signalisierten. Daß sich die Verordnung v.J. 1844 auf die einzelnen Gesellschaftsschichten sehr unterschiedlich auswirkte, wurde von den Kirchenvertretern zwar registriert, aber nicht zum Anlaß genommen, die These vom Heiligkeitsverlust der Ehe über das Beklagen des Rechtswandels hinaus auch auf Wandlungsvorgänge im Bereich der Gesellschaft zu beziehen. Einzelne sahen durchaus eine ›Unbilligkeit‹ darin, daß die Scheidungsprozesse nun bei den Obergerichten angesiedelt waren; hierdurch stünden die »Aermeren gegen die Reichen im Nachtheile«, da ihnen auf Grund der weiten Entfernung die Führung eines Prozesses »nicht selten unmöglich« gemacht werde.

Es waren, so der Quelleneindruck, gerade die ›Ärmeren‹, die beim Sühneversuch den Hauptkundenstamm der Geistlichen bildeten. Ihnen wurde der Scheidungsweg keineswegs erleichtert, obwohl, von ihrer konkreten Ehesituation aus betrachtet, geradezu alles für eine Trennung sprach. Besonders die Frauen aus sozialen Grenzschichten, die Überlieferung ermöglicht nur diesen Perspektivbegriff, wurden von den Geistlichen mit nie erlahmender Energie bearbeitet, von einer beabsichtigten Scheidungsklage abzulassen. Die Techniken, die dabei angewandt wurden, waren ausgefeilt, zuweilen auch infam. Das Ministerium für die ›geistlichen Angelegenheiten‹ hielt aus den zahlreichen Erfahrungsberichten von Geistlichen die Methoden eines Propstes für besonders mitteilenswert. Dieser unterschied bei seinen Beeinflussungsversuchen drei ›Momente‹: das »der Besänftigung, der Erkenntniß des in der Scheidung liegenden Verderbens und des neuen, versöhnenden Liebeslebens.« Mit geradezu psychoanalytischer Perfektion versuchte der Propst – und er steht durchaus, worauf noch zurückzukommen sein wird, für viele Geistliche –, die von ihrem Eheleben zermürbten Paare ›umzudrehen‹. Er begann mit der »Ermüdung des erzürnten Herzens«. Dann bildete, so schreibt er, die »Hauptarbeit, die eigene Verschuldung gründlich erkennen zu lassen und die des anderen Theils vergessen zu machen, dessen gute Seiten aber recht fühlbar hervor zu heben. Gleichzeitig wurde auf Dritte: Ehestörer, Zuträger, Schwiegerältern, die unverständig den Streit genährt, eingewirkt und neuer Streitzufluß von Außen möglichst abgeschnitten.« Half dies alles nichts, veranlaßte dieser Geistliche »eine einstweilige Trennung beider Ehegatten und wußte durch fleißige Einwirkung das Gefühl des Mangels und des Verlassenseins zu nähren und in die rechte Bahn zur Sehnsucht nach Wiedervereinigung zu lenken.«

Im zusammenfassenden Erfahrungsbericht des Ministeriums für die ›geistlichen Angelegenheiten‹ über den ›geistlichen Sühneversuch‹ gibt es Kuriosa, die freilich mit vollem Ernst zitiert und zur Nachahmung empfohlen wurden. So führte ein Geistlicher die »sehr erbitterten Eheleute« »im Ornate... vor den Altar« und erinnerte sie an dieser Stelle an ihr einst »gethanes Gelübde«; ein anderer, dessen vielfältige »Versuche« fruchtlos geblieben waren, griff als letztes zum »Gebet«: »Gott warf den Ehemann auf's Krankenlager; die Frau mußte ihn pflegen, da es in der Armuth der Leute nicht anders ging; der Mann wurde sehr krank, die Frau pflegte ihn treu und in dieser Liebesarbeit ward die verloschene Liebe mächtig in ihr angefacht; der Mann wurde wieder gesund und sie leben ein glückliches Ehepaar.«

Wechselt man, soweit sich in der Überlieferung Anhaltspunkte finden, die Interpretationsebene und geht von der ›Erfolgszusammenstellung‹ des Ministeriums, die viel über den Druck aussagt, dem die in einer gescheiterten Ehe lebenden Menschen ausgesetzt sein konnten, auf die Einzelberichte der Superintendenten an die jeweiligen Konsistorien über, so bleibt von der Idylle eines durch geistlichen Zuspruch gekitteten Ehelebens wenig übrig. Deutlich wird vielmehr die Hartnäckigkeit der Geistlichen in Ehesachen. So berichtete im August 1845 der Superintendent von Wesel dem Koblenzer Konsistorium von einem ›schwierigen‹ Fall. Die Frau eines »hiesigen Lithographen« hatte ihren Mann »wegen Mißhandlung« verlassen und wollte sich scheiden lassen. Es heißt in diesem sehr konkreten Erfahrungsbericht über einen Ehealltag, wie er häufig sich abgespielt haben dürfte, hier abgespielt hat in einer mittleren Stadt, die trotz kleingewerblicher Strukturen ihren ländlichen Charakter noch nicht eingebüßt hatte: »Ich habe die beiden Eheleute in mein Haus kommen lassen und mir alle Mühe gegeben, sie wieder zu vereinigen, welches der Mann sehr wünschte. Der erste Versuch blieb ohne Erfolg. Ich ließ aber nicht ab und suchte die Frau in ihrer nunmehrigen Wohnung auf; auch jetzt noch ohne Erfolg; zu bemerken ist, daß die Frau schon einmal dem Man weggegangen und das Wiederzusammenleben mit ungünstigem Ergebnis versucht hatte.«[44] Der Weseler Superintendent ließ nicht locker. Er vermochte die Frau zur Rückkehr zu bewegen, obwohl auch ihm klar war, daß sich die ehelichen Verhältnisse, und das hieß die ehelichen Belastungen für die Frau, nicht ändern würden. Der geistliche Sühneversuch, soweit er gelang, ging zu Lasten der Frau. Ihr Ehelos wurde prolongiert unter Ausnutzung der offenen Flanken, die die weibliche Sozialposition in der Ehe, oft auch die als weniger widerständig eingeschätzte weibliche Mentalität boten. Das ehewidrige Verhalten des Mannes konnte von den Geistlichen kaum korrigiert werden; wohl aber konnten sie »mit Freude« davon berichten, Frauen von ihrem Scheidungsentschluß abgebracht zu haben. Die Einbeziehung von Kindern, »redend oder stumm«, wie es schon in den Empfehlungen des Ministeriums zum Sühneversuch geheißen hatte, war dabei besonders hilfreich.

Es mag sein, daß das Bild, das die kirchlichen Sühneakten über die Ehe- und Scheidungswirklichkeit im frühen 19. Jahrhundert vermitteln, nicht das ganze Bild ist. Aber sie halten einen wichtigen Ausschnitt dieses Bildes fest. Wie dieser Ausschnitt zu beurteilen ist, darauf wird an anderer Stelle mit anderen Belegen noch einmal eingegangen. Hier gilt es festzuhalten, daß sich von den kirchlichen Sühneveranstaltungen evangelischer Geistlicher her nicht unbedingt das Bild von der verlassenen Ehefrau aufdrängt, sondern eher das einer Frau, die eine ihr unerträglich gewordene Ehe verlassen will und in der Scheidung die Chance für einen neuen Lebensanfang sieht. Daß Frauen oft der Mut genommen wurde, diese Chance zu ergreifen, daran hatte die Intransigenz der Kirchenvertreter großen Anteil. In dem zitierten Fall setzte der Weseler Superintendent seine Bemühungen fort und ließ es auch nicht an »Vorhaltungs-Weisungen« gegenüber dem Mann fehlen. Der Geistliche wurde so gleichsam zum Medium eines Aussöhnungsvorgangs, dessen Problematik im Schlußsatz seines Berichts versteckt ist: »Endlich ist die Wiedervereinigung zu Stande gekommen. Ich habe die Eheleute besucht und sie leben in Frieden und Eintracht. Ich darf nicht unterlassen zu bemerken, daß die Frau – was sie anfangs nicht wußte – einer neuen Schwangerschaft sich bewußt geworden war, was nicht wenig zu dem Entschlusse der Rückkehr beigetragen haben mag.«

Der Weseler Superintendent war ein eifriger Berichterstatter mit einem

Gespür für den Illustrationswert von Fallgeschichten. Was damals die Schwierigkeit eines kirchlichen Amts verdeutlichen sollte, hat für den Historiker besonderen Quellenwert. Daß der geistliche Sühneversuch oft in die Hände religiöser Eiferer geriet, darf nicht vergessen lassen, daß sich auch des öfteren viel guter Wille mit ihm verbinden konnte. Das historische Urteil über den Sühneversuch hat freilich ein Übermaß fehlgeleiteten guten Willens zu konstatieren. Die Geistlichen verloren die Grenze aus den Augen, an der ihre Versuche zur Aussöhnung sich ins Gegenteil verkehren mußten und die das bisherige eheliche Leben so schwer belastende Unversöhnlichkeit nur für die Zukunft festgeschrieben wurde. Geahnt hat diese Grenze der Weseler Superintendent; doch als Amtsträger glaubte er, sie nicht beachten zu dürfen.

In seinem zweiten Bericht vom Dezember 1846 ging der Geistliche aus Wesel wiederum auf Fälle ein, deren ›soziale‹ Seite ein wirkliches Gelingen des Sühneversuchs von vornherein als fraglich erscheinen ließ.[45] In einer konfessionell ›gemischten‹ Ehe wollte sich die Frau »wegen Trinksucht des katholischen Mannes« scheiden lassen. Nicht der Bekenntnisunterschied war hier Ursache des Ehestreits, sondern der Lebenswandel des Mannes. Es wird wenig geholfen haben, daß der Superintendent, nachdem er die Frau »zum Abstande von der Scheidungsklage« hatte bringen können, den Mann »der Seelsorge seines (katholischen) Pfarrers« anempfahl. Die Verhältnisse waren zu desolat, als daß sie noch hätten geändert werden können. Der Superintendent wußte, daß dem Mann eine Gefängnisstrafe bevorstand, »weil er in seiner Trunkenheit sich gegen die Polizei vergangen« hatte. Dennoch intervenierte er zugunsten einer Ehe, für deren Weiterbestehen die Frau den Preis zu entrichten hatte.

Nicht viel anders sah es bei der Ehe eines »Steueraufsehers« aus. »Diese Angelegenheit, die ich seit Anfang May betreibe«, schreibt der Superintendent im Dezember des Jahres 1846, »ist noch nicht völlig zu Ende. Die Frau hat gerechte Ursache zur Scheidung: nicht allein dem Trunke ist der Mann ergeben, auch die eheliche Treue hat er auf's gröbste z. B. im Bordelle verletzt und sich die schlimmste Krankheit zugezogen. Oft habe ich diese Eheleute besucht, besonders – wie sich von selbst versteht – um auf den Mann einzuwirken und ihn zur Buße zu leiten; ich habe die feierlichsten Versprechungen von ihm erhalten, und die Frau, nach dem Verlaufe von vier Monaten, vermocht, einstweilen noch sechs Monate von der Klage abzustehen, wovon ich heilsamen Einfluß auf ihn hoffe, wie wohl er ganz von der Sünde geknechtet ist.« In einem Nachtrag zu seinem Bericht teilte der Superintendent dem Koblenzer Konsistorium im August 1847 den Ausgang dieser Ehegeschichte mit. Er hatte selber kein gutes Gefühl, und das stand im Zusammenhang mit den Zumutungen, die der Frau abverlangt wurden. Hier hat dieser Fall einen durchaus beispielhaften Charakter für die Wirkungsweise des geistlichen Sühneversuchs insgesamt. Eher verhalten schrieb der Superintendent: Während des Stundungszeitraums der Klage habe er die Eheleute »öfter besucht und auf sie eingewirkt. Der Tag [d. i. der Zeitpunkt, an dem die Frau ihre endgültige Entscheidung treffen wollte; D. B.] ist gekommen, die Frau hat von der Ehescheidungsklage Abstand genommen. Ob nun das eheliche Verhältnis für die Dauer bestehen wird, ist eine andere Frage, da der Ehemann dem Laster des Trunkes, der Quelle der Friedensstörung, leider noch nicht entsagt hat, ungeachtet der nachdrücklichsten Vorstellungen von meiner Seite.«

Wenn Frauen trotz der Penetranz ›geistlicher Einwirkung‹ an ihrem Entschluß festhielten, aus einer sie belastenden und oft quälenden Ehe auszusteigen, konnte ihren Beweggründen sehr schnell Unwahrhaftigkeit unterstellt werden. Selbst ein so korrekter und sensibler Geistlicher wie der Weseler Superintendent konnte ›erfolglose‹ Sühneversuche nur schwer verkraften. Er berichtete von »vielen Unterredungen«, die er mit einem Ehepaar geführt hatte, ohne daß die Frau sich habe umstimmen lassen: »Immer war es brutale Rohheit ihres Mannes, worüber sie klagte, und daß ihr dieselbe nicht zu überwinden sey...«. »Wie sehr«, faßte der Superintendent seine »Erfahrungen« in diesem Fall zusammen, »das Alles nicht unbegründet sein mochte, so schien doch die große Differenz der Jahre bei dem jüngeren Weibe eine Hauptursache der Abneigung zu sein..., was sie mir alles beständig ableugnete. Übrigens steht sie in dem Rufe eines großen Leichtsinnes.«

Die hier mitgeteilten Zeugnisse über die Praxis des geistlichen Sühneversuchs zeigen an, wie mühsam der Weg der ›Säkularisation‹ im 19. Jahrhundert gewesen ist. Die Einführung der Zivilehe entsprach zwar einer geschichtlichen Tendenz, die aber nur bedingt die traditionsgeformten Strukturen des gesellschaftlichen Lebens erfaßte. Der Zugriff der Kirchen auf den Alltag der Menschen und ihre alltäglichen Konflikte lockerte sich nur sehr allmählich. Die Kirchen blieben im 19. Jahrhundert eine Macht mit hoher Definitionskompetenz für die Gestaltung gesellschaftlicher Binnenbeziehungen. In dieser Rolle erfuhren sie in den 40er Jahren eine bedeutsame und langfristig wirksame politische Absicherung. Ein Mosaikstein in diesem Bild ist ein kleiner Verwaltungsvorgang, an dem ebenfalls Savigny als preußischer Justizminister maßgeblich beteiligt war.[46]

Trotz seiner Verordnung v. J. 1844 war Savigny darüber beunruhigt, daß die Scheidung und die mit ihr verbundene »civilrechtlich gestattete« Wiederverheiratung wie »kaum irgendeine andere Rechtsbestimmung ins Volksbewußtsein übergegangen sein dürfte«.[47] Dieser Tendenz sollten die Gerichtsbehörden nicht noch Vorschub leisten. Es war bisher in Scheidungsurteilen üblich gewesen, neben dem »Erkenntnis«, durch welches die Ehe getrennt wurde, »zugleich auszusprechen, daß den Geschiedenen nach dem bürgerlichen Gesetz die Wiederverheirathung gestattet ist.« Diesen rechtsstaatlich motivierten Zusatz wollte Savigny in Übereinstimmung mit Erwägungen aus der katholischen Kirche gestrichen wissen. Er sah ihn als »ganz überflüssig« und mit vielen »Nachtheilen« verbunden an. Savigny hatte ein feines Gespür für die symbolische Seite von Rechtshandlungen. Die Wiederverheiratungsklausel stelle, »wenn der geschiedene Ehegatte Katholik ist, den Widerspruch zwischen der bürgerlichen Gesetzgebung und den Grundsätzen seiner Kirche grell heraus, noch dazu ohne alles und jedes Bedürfniß. Es enthält diese richterliche Dispensation von den Grundsätzen der Kirche gleichsam eine Anmahnung daran, daß der, dem sie speziell ertheilt wird, ohne bürgerliche Nachtheile den Lehren seiner Kirche untreu werden könne.«[48] Doch nicht allein um die Glaubensprobleme katholischer Eheleute ging es Savigny bei seiner Intervention. Den »Conflikt zwischen dem bürgerlichen Gesetz und den Lehren der Kirche«, für ihn ein »unvermeidliches Uebel«, wollte er auf die Linie einer rechtsstaatlichen Abstinenz des Gesetzgebers zurücknehmen.[49]

Die politische Privilegierung kirchlicher Positionen brachte den preußischen Staat freilich in Schwierigkeiten. Katholische Geistliche weigerten sich in immer größerer Zahl, Sühneversuche überhaupt vorzunehmen und darüber Atteste auszustellen. Nach der Verordnung v. J. 1844 bot sich für die Gerichte »das Einfachste« an, nämlich eine »an sich begründete Ehescheidungsklage, welcher das verlangte Attest nicht beigelegt worden, ohne Weiteres zurückzuweisen. Damit wäre dem Wortlaute des Gesetzes genügt, und jeder peinliche Konflikt mit dem Klerus vermieden.«[50] Soweit nun wollte insbesondere die Justizbürokratie nicht gehen. Sie bezog in gewisser Weise gegen die auf Savigny zurückgehende Richtung klerikal eingefärbter Rechtsprechung Stellung und versuchte, auch in einer veränderten politischen Großwetterlage, an liberalen Prinzipien festzuhalten. »Dennoch halten wir«, schrieb in den 40er Jahren ein an einem preußischen Obergericht tätiger Assessor im nichtamtlichen Teil des preußischen Justizministerialblatts, »dieses Verfahren [d. i. die Klagezurückweisung; D. B.] nicht für gerechtfertigt, da in diesem Falle eine Rechtsverweigerung stattfinden würde, welche offenbar vom Gesetzgeber nicht beabsichtigt ist, nachdem er auch den katholischen Ehegatten den Weg der Ehescheidungsklage vor den weltlichen Gerichten freigegeben hat. Wir glauben aber, auch in den geltenden gesetzlichen Bestimmungen einen Anhalt zur Einleitung derartiger Ehescheidungsklagen zu finden.«[51]

Man machte sich auf den unteren und mittleren Behördenrängen der Justiz viel Mühe, dem im Allgemeinen Landrecht fixierten und trotz vieler Winkelzüge noch nicht kassierten Rechtsgrundsatz von der Trennung einer »an sich gültigen« Ehe durch richterlichen Ausspruch auch den Weg der Anwendung zu bahnen. Hier mischten sich juristischer Einfallsreichtum mit juristischem Selbstbewußtsein. Katholiken, die sich zur Ehescheidung entschlossen hatten, sollten für »faktisch aus dem Kirchenverbande Geschiedene« angesehen werden; sie konnten auf diese Weise wie Leute behandelt werden, die überhaupt keiner Kirche angehörten. Man regte die »analoge Anwendung« einer Verordnung v. J. 1847 an: »Bei Ehescheidungssachen solcher Personen, welche aus ihrer Kirche ausgetreten sind, finden die in der Verordnung über das Verfahren in Ehesachen vom 28. Juni 1844 hinsichtlich der Mitwirkung eines Geistlichen... gegebenen Vorschriften keine Anwendung. Der Einleitung solcher Ehescheidungsklagen muß statt des Sühneversuchs durch den Geistlichen ein Sühneversuch durch das Gericht voran gehen. Bei diesem Sühneversuche sind der Staatsanwalt und nach dessen Anträgen diejenigen Personen zuzuziehen, von welchen eine dem Zweck entsprechende Mitwirkung zu erwarten ist.«[52]

Trotz der in Anregung gebrachten juristischen Kunstgriffe beschwor der geistliche Sühneversuch immer wieder rechtliche Probleme herauf. Das hing auch damit zusammen, daß er zunehmend in das Kalkül der Prozeßparteien miteinbezogen wurde. Ein Fall, mit dem sich Anfang der 60er Jahre das Oberlandesgericht Frankfurt a. d. O. als Revisionsinstanz zu beschäftigen hatte, mag das verdeutlichen.[53] Dieser Fall hatte von den Befunden her dem in erster Instanz zuständigen Ehegericht keine Schwierigkeiten bereitet. Nach 24-jähriger Ehe, aus der fünf Kinder hervorgegangen waren, hatte die Ehefrau eines »Häuslers und Tagearbeiters« auf Scheidung geklagt. Das eheliche Zusammenleben war ihr unmöglich geworden, weil der Mann trank und sie und ihre Kinder »übel« behandelte; das ganze Familienleben war von »bitterem Hasse« überzogen. Auch die »Verletzung der ehelichen Treue« ließ sich nachweisen. Die Frau als Klägerin nun war katholischen, der Mann als Verklagter evangelischen Glaubens. Der evangelische Pastor stellte dem Mann über einen unternommenen Sühneversuch das gesetzlich geforderte »Attest« aus. Es hielt dessen Bereitschaft fest, die Ehe fortzusetzen. Der katholische Pfarrer dagegen weigerte sich, an der Ehescheidungsangelegenheit der katholischen Frau sich auch nur »irgendwie« zu beteiligen. Da nach Ansicht des erstinstanzlich zuständigen Ehegerichts der Fall klar lag, erkannte es »ohne vorgängige Sühne« auf Ehetrennung mit der Maßgabe, daß der Mann der schuldige Teil sei und seiner von ihm geschiedenen Ehefrau »für ihre Lebenszeit monatlich 2 Taler Alimente in vierteljährlichen Raten« zu zahlen habe. Der schuldig geschiedene Ehemann beantragte vor dem Revisionsgericht die Aufhebung des Scheidungsurteils und führte als »hauptsächlichen« Grund den »Mangel des geistlichen Sühneversuchs« an. Der Zivilsenat des Frankfurter Appellationsgerichts hielt »die Förmlichkeiten der Appellation zwar für beobachtet, »in der Sache selbst« aber bestätigte er »das Erkenntnis« des Ehegerichts.

Diesen Fall nahmen die Richter zum Anlaß, grundsätzliche Erwägungen über den geistlichen Sühneversuch anzustellen. »Wenn..., wie im vorliegenden Falle, die katholische Geistlichkeit in offener Umgehung der gesetzlichen Bestimmungen sowohl jede Aeußerung über einen etwa stattgehabten Sühneversuch als auch die Ausstellung des... angeordneten subsidiarischen Attestes verweigert, so handelt sie ihrerseits rechts- und verfassungswidrig und versetzt andererseits die betreffende Parthei in die Unmöglichkeit, den Erfordernissen der bestehenden Gesetze zu genügen. Unmögliches aber kann von Niemandem gefordert werden. Es ist dies ein allgemeiner Rechtsgrundsatz, der über allen positiven Gesetzen steht und in Anwendung dieses Rechtsgrundsatzes hat das Collegium es für gerechtfertigt erachtet, im vorliegenden Falle von den Erfordernissen... der Verordnung vom 28. Juni 1844 abzusehen und die Ehescheidungsklage in formeller Hinsicht für begründet anzunehmen.«

Es spricht einiges für die Annahme, daß Preußens konservative Rechtspolitik vielfach durch eine freiere, pragmatisch ausgerichtete Rechtspraxis hat unterlaufen werden können. Man hat freilich die konfessionelle Spitze in der zitierten Gerichtsargumentation zu beachten. Es war die katholische Kirche, an der sich die überwiegend im protestantischen Lager stehende preußische Justiz rieb; hier konnte man aus Überzeugung und ohne Furcht vor allzu großer politischer Unbill übergesetzliche Rechtsgrundsätze vertreten. Ob mit derselben rechtsstaatlichen Konsequenz dem von evangelischer Seite vorgenommenen Sühneversuch, der so viele offene und versteckte Zwangsmomente enthielt, begegnet wurde, erscheint zweifelhaft. Zwar konnten evangelische Geistliche die Sühne nicht verweigern, sie hatten aber die Möglichkeit, über das »Attest« materiell auf anhängige Ehescheidungsverfahren Einfluß zu nehmen. Hier ist an die Bestimmung der Allgemeinen Gerichtsordnung zu erinnern, daß eine Klage im gerichtsförmigen Verfahren »abgewiesen« werden konnte, wenn es »dem Kläger an einem gesetzmäßigen Grunde zur Scheidung *offenbar* [Hervorhebung von mir; D. B.] ermangel[t]e«. (AGO, T. 40, § 34) Bei der justiziellen Abschätzung der Tragfähigkeit des »rechtlichen Grundes« haben ohne Frage die zu den Gerichtsakten genommenen Ausführungen der Geistlichen eine Rolle gespielt. Mit der Abgabe ihres »Attestes« waren sie ja auch keineswegs vom weiteren Verfahren ausgeschlossen. Nach der Verordnung v. J. 1844 hatte das Gericht die Möglichkeit, in eigener Verantwortung »*gerichtliche* [Unterstreichung von mir; D. B.] Sühneversuche« zu veranstalten, »so oft es solche angemessen findet«. Diese Sühneversuche aber konnte es »mit oder ohne Zuziehung von Geistlichen vornehmen«. (VO v. J. 1844, § 38) So lag es in der Logik des Verfahrensweges, daß eine Klage noch »bis zur Rechtskraft des Ehescheidungsurteils zurückgenommen werden« konnte. (VO v. J. 1844, § 53)

Wenn in Preußen viele Scheidungsprozesse mit ›Zurückweisung der Klage‹ oder ›Zurücknahme der Klage‹ endeten, so stand hinter diesem Ausgang nicht zuletzt die prozeßrelevante Wirksamkeit insbesondere der evangelischen Geistlichen. Drei Stichjahre seien hier in Erinnerung gebracht. 1840 wurde in 3993 Urteilen in 3401 Fällen auf Trennung der Ehe erkannt, in 592 Fällen die Klage zurückgewiesen; 1850 wurden von den anhängigen Scheidungsverfahren 3094 durch ein Trennungsurteil, aber 742 durch ›Entsagung und Vergleich‹ beendet; 1860: 2748 Ehetrennungen, in 592 Fällen Rücknahme der Klage im Verfahren.[54]

Das Gewicht, das der evangelischen Kirche im Scheidungsbereich zukam, war freilich im Vorfeld des Prozeßgeschehens am größten. Hier gelang es ihr, über das Institut des geistlichen Sühneversuchs in großem Umfang Scheidungswillige von dem Gang zum Gericht abzuhalten. Die Kirche schöpfte gleichsam das bestehende Scheidungspotential ab. Ob auf diese Weise familialer Friede auf Dauer hat gesichert werden können, steht nach den obigen Ausführungen begründet in Zweifel. Denkbar wäre ja auch ein geistlicher Rat zur Auflösung zerrütteter Ehen gewesen, der sich auf die menschliche und soziale Seite der Scheidungsfolgen konzentriert hätte. Die evangelische Geistlichkeit freilich unterteilte ihre Bemühungen nur in »gelungene Sühneversuche« und »nicht gelungene Sühneversuche«. Sie versuchte gegenüber den Behörden Erfolgsbilanzen vorzulegen, obwohl die gesetzliche Pflicht dazu seit 1849 nicht mehr bestand. Es waren auch keine ›Erfahrungsberichte‹ mehr, die dem Justizministerium eingereicht wurden; der Evangelische Oberkirchenrat, d. h. die oberste preußische Kirchenbehörde – diese Überlieferung konnte aufgespürt werden – übermittelte in den 60er Jahren Zahlen über die »sämtlichen, von den Geistlichen der evangelischen Landeskirche Preußens gehaltenen Sühneversuche«. Er hoffte dabei auf das »Interesse« des Justizressorts. Diese »Nachweisungen in Gemäßheit der Verordnung vom 28. Juni 1844 über das Verfahren in Ehesachen« sind äußerst aufschlußreich.[55]

Innerhalb eines Zeitraums von fünf Jahren, zwischen 1864 und 1868, wurden von den Amtsträgern der evangelischen Kirche 33885 Sühneversuche unternommen; davon waren 15886, das sind 46 Prozent, erfolgreich, d. h. die streitenden Eheparteien nahmen von der Einleitung einer Scheidungsklage Abstand. Der Einfluß der Kirche auf das Familienleben war regional jedoch höchst unterschiedlich. Die Industrialisierung färbte stark auf die Religionspraxis der Menschen ab und bedingte besonders in den Industrialisierungszentren einen Rückgang der protestantischen Kirchlichkeit. In der agrarischen Provinz Preußen waren im genannten Zeitraum die Sühneversuche zu 60 Prozent erfolgreich, von 10176 hatten 6074 Erfolg, in der Provinz Brandenburg unter Einschluß Berlins lag die Erfolgsquote bei 32 Prozent (von 9097 2938), in Berlin selbst bei 21 Prozent (von 5003 1058). In Großstädten erregte die Scheidung keineswegs mehr jenes »Aufsehen« und auch jenen Anstoß, die in ländlichen Gebieten den Bemühungen des Pastors entgegenkamen. Nüchtern beschrieb das Stadtgericht in Berlin 1869 die von ihm gemachten Erfahrungen.[56] Im Sinne christlicher Wertvorstellungen verdiente ein großer Teil der Ehen, deren Scheidung nachgesucht werde, diese Bezeichnung von Anfang an nicht. Sie seien ohne »irgend welches innere geistige Band« »zusammengeführt«; »äußere Motive, oft der verwerflichsten Art«, hätten die Menschen bei ihrer Eheschließung geleitet. Ob die Motive beim Eingehen oder bei der Auflösung einer Ehe wirklich so verwerflich waren, wie hier unterstellt wird, wird im folgenden u. a. an Fallgeschichten nochmals näher zu betrachten sein. Auch hinter ›äußeren‹ Motiven konnte sich ein eigener sittlicher Anspruch verbergen. Er freilich mußte nicht unbedingt mit dem übereinstimmen, was die Kirche als »Wesen der Ehe« definierte. Daß Ehe und eheliches Zusammenleben vor dem Hintergrund des tiefgreifenden sozialen Wandels im 19. Jahrhundert einen immer stärker weltlichen Charakter annahmen, konnte nur bei denjenigen Unmut hervorrufen, die ihr christlichen Traditionen verpflichtetes Familienleitbild im Strom der Geschichte versinken sahen. Der Berliner Stadtrichter scheint bei seiner Klage über den Verlust der »Heiligkeit und Würde der Ehe« einer solchen Position nahegestanden zu haben. Dennoch war er ein scharfer Beobachter. »Der häufige Wohnungswechsel der niedrigen Klasse der Einwohner Berlins und der damit verbundene häufige Wechsel der Parochie lassen an sich schon schwer eine nähere Berührung zwischen Seelsorger und Pfarrkindern aufkommen, welche den Letzteren dasjenige Vertrauen zu dem Ersteren einflößt, das für den günstigen Erfolg der Seelsorge unerläßlich ist, und gerade das Ehescheidung suchende Publikum Berlins gehört in der weit überwiegenden Mehrheit dem niederen Stande und demjenigen Theile der Gesellschaft an, welcher geistlichem Zuspruch besonders abgeneigt ist.«

Die Kirchen spürten in der zweiten Hälfte des 19. Jahrhunderts die abnehmende gesellschaftliche Bindungswirkung der von ihnen für den Erhalt und die Gestaltung des ehelichen Zusammenlebens gemachten Vorgaben besonders deutlich. Zudem schien in der Reichsgründungszeit die politische Entwicklung über sie hinwegzugehen. Aus einer Defensivposition regte Ende der 60er Jahre das oberste Verwaltungsorgan der evangelischen Kirche, der Evangelische Oberkirchenrat, beim Berliner Kammergericht an, daß den Geistlichen die Akten der Scheidungsprozesse zugeleitet werden sollten. Besonders interessiere man sich für die Fälle, in denen das Gericht die Klage zurückgewiesen oder das Urteil für einen bestimmten Zeitraum ausgesetzt habe.[57] Solche Anliegen empfand die Justiz als unzeitgemäß. Sie bestritt, so der Berliner Oberstaatsanwalt in seinem Gutachten, »daß die Geistlichen bei den gerichtlichen Ehescheidungsprozessen als formell betheiligt betrachtet werden können.« »Die amtliche Wirksamkeit der Geistlichen in Ehescheidungsangelegenheiten ist deshalb im Wesentlichen keine andere, wie die des Schiedsmannes vor Anstellung der Injurienklagen.« Ein so apodiktisch formulierter Standpunkt griff der zukünftigen rechtlichen Entwicklung voraus; er unterschätzte auch die nicht leicht zu verwischenden Spuren, die der bestehende Rechtszustand im Laufe von fast drei Jahrzehnten im politischen und gesellschaftlichen Bewußtsein hinterlassen hatte. In den 70er Jahren wurden die Kirchen aus politischen Erwägungen aus dem Eherecht gedrängt, doch die Politik war es auch, die nach einem nur kurzen liberalen Zwischenspiel die Ehe wieder in den Werthorizont der kirchlich-konservativen Tradition stellte. Man kann geradezu sagen, daß der Staat den Part der Kirche übernahm, wenn es darum ging – und darum ging es bei der Ausarbeitung des familienrechtlichen Teils des Bürgerlichen Gesetzbuchs –, eheliche Konflikte dem Interesse am Erhalt der Ehe als Institution unterzuordnen. Diese Priorität setzte nicht nur die regierungsamtliche Rechtspolitik, auch die rechtspolitischen Initiativen, die vom Parlament ausgingen, waren überwiegend an ihr orientiert.

Anfang der 70er Jahre war jedoch das politische Meinungsklima noch anders gelagert. Hier fand eine praxisnahe Kritik am überkommenen geistlichen Sühneversuch das Ohr des preußischen Justizministers. Im September 1869 brachte das Berliner Kammergericht, zusammen mit seinem Gutachter, dem Berliner Oberstaatsanwalt, in Erwägung: »Unzweifelhaft dürfte vielmehr auch in den Schritten Dritter [gemeint sind die die ›Sühne‹ versuchenden Geistlichen; D. B.], die gestörten ehelichen Verhältnisse wieder zu ordnen, Maß und Zeit zu halten sein, wenn nicht gerade das Gegentheil von dem, was beabsichtigt wird, herbeigeführt werden soll. Denn eine Sühne führt unwillkürlich zu einer Besprechung der obwaltenden Differenzpunkte und deren immer wiederkehrende Erörterung kann leicht zu neuer Erregung Anlaß geben.«[58]

Der geistliche Sühneversuch blieb in Preußen Bestandteil des Scheidungsverfahrens bis zur reichseinheitlichen *Zivilprozeßordnung* vom 30. Januar 1877, die am 1. Oktober 1879 in Kraft trat.[59] Die Reichsjustizgesetze zeigen die politische Gestaltungskraft, die der Liberalismus zur damaligen Zeit besaß. Sie waren auf subtile Art miteinander verknüpft und aufeinander bezogen. Ebenfalls am 1. Oktober 1879 trat das *Gerichtsverfassungsgesetz* vom 27. Januar 1877 in Kraft. Im Rückgriff auf das Reichspersonenstandsgesetz vom 6. Februar 1875 bekräftigte es den Grundsatz, daß Gerichte »Staatsgerichte« seien. »Die Ausübung einer geistlichen Gerichtsbarkeit in weltlichen Angelegenheiten ist ohne bürgerliche Wirkung. Das gilt insbesondere bei Ehe- und Verlöbnißsachen.« (§ 15) Die Zivilprozeßordnung legte im »Sechsten Buch« den Verfahrensweg für »Ehesachen und Entmündigungssachen« fest. Zuständig für Scheidungen war das »Landgericht, bei welchem der Ehemann seinen allgemeinen Gerichtsstand hat« (§ 568). Der bisher in Preußen bestehende geistliche Sühneversuch wurde reichseinheitlich durch einen gerichtlichen Sühneversuch ersetzt. Ihn hatte die auf Scheidung klagende Partei beim zuständigen Amtsgericht, also der untersten Gerichtsinstanz, zu beantragen, die auch den Sühnetermin festsetzte und den Sühneversuch unternahm. Erst danach wurde die Ehescheidungsklage zur mündlichen Verhandlung vor dem Landgericht zugelassen. In dieser Regelung waren Elemente des alten Verfahrens erhalten geblieben, doch sein eigentlicher Kern, der zwingend vorgeschriebene Sühneversuch durch den Geistlichen vor der Annahme einer Scheidungsklage, war herausgebrochen worden. Dadurch und durch eine Reihe weiterer gesetzlicher Bestimmungen minderte sich der Stellenwert des Sühneversuchs. Beim Nichterscheinen des Beklagten war er »als mißlungen anzusehen«, und er war nicht erforderlich, »wenn die Erfolglosigkeit des Sühneversuchs mit Bestimmtheit vorauszusehen ist.« (§§ 572 u. 573)

Man hat auf Grund der vom Reichsjustizministerium bearbeiteten »Deutschen Justizstatistik« die Zahlen der bei den Amtsgerichten anhängig gewordenen Sühneverfahren in Ehesachen zusammengestellt.[60] Ihr Aussagewert für das in der Bevölkerung vorhandene »Scheidungsverlangen« ist fraglich.

Sie entziehen sich auch deshalb einer auf festem Grund stehenden historischen Interpretation, weil der Sühneversuch in den Festlegungen der Zivilprozeßordnung immer mehr zu dem wurde, was seine Gegner besonders scharf sahen: zu einer leeren, den Prozeß nur verzögernden Formalität.[61] Gerade dies aber war er in Preußen seit den 40er Jahren nicht gewesen.

Die Eingangsschwelle zum Scheidungsverfahren war durch die Neuregelungen der Zivilprozeßordnung zwar wesentlich niedriger geworden, doch als Gegengewicht hatte der Gesetzgeber dem Ehegericht das Recht verschafft, ein Verfahren auszusetzen, »wenn es die Aussöhnung der Parteien für nicht unwahrscheinlich erachtet.« (§ 580) Hier nun griff die Mitwirkungsbefugnis der Staatsanwaltschaft in Ehesachen. Sie wurde durch die Zivilprozeßordnung ganz im Sinne der preußischen Tradition gesetzlich festgeschrieben (§ 569). Der Staatsanwalt, so hieß es, »kann sich über die zu erlassende Entscheidung gutachtlich äußern und, sofern es sich um die Aufrechterhaltung einer Ehe handelt, neue Thatsachen und Beweismittel vorbringen.«

Nicht alle Traditionsbestände der überkommenen Rechtsordnung fielen also dem Reformimpuls zum Opfer, der hinter den Reichsjustizgesetzen stand. Diese Traditionen konnten schnell neues Leben gewinnen und eine neue Wirksamkeit entfalten, wenn es politisch opportun war. Auch die liberalen Rechtsreformen der frühen Bismarckzeit waren keine Absage an die Idee eines christlich-konservativen Familienverbandes. Diese Idee mit ihrer langen Geschichte ließ sich nicht einfach löschen. Sie hat der Ehe nicht nur durch ihren sittlichen Anspruch geschichtliche Festigkeit verliehen, sondern auch durch manchen aggressiven Feldzug gegen nichteheliche Verbindungen.

V. Die sozialgeschichtliche Dimension der Scheidungsfrage

Eine Sozialgeschichte der Ehe im 19. Jahrhundert wird sicherlich vieles zu berücksichtigen haben: die tiefen ökonomischen Einbrüche in diesem Jahrhundert, die schwere gesellschaftliche Notlagen in ihrem Gefolge hatten; die Ausprägung von Klassengrenzen, die das innere Gefüge der staatsbürgerlichen Gesellschaft bestimmten und die Rechtsgrenzen, die in der ständischen Epoche zwischen Adel, bürgerlicher und bäuerlicher Bevölkerung bestanden hatten, ablösten. Die ehelichen Verhältnisse im 19. Jahrhundert als Schichtproblem zu beschreiben, ist quellenmäßig außerordentlich schwierig. Selbst bei der Konzentration auf eine Region fehlen verläßliche Sozialdaten. Ein in vielem unzureichender, aber in manchem äußerst ertragreicher Ausweg aus dieser unbefriedigenden Überlieferungssituation scheint es zu sein, rechtliche Normierungsregeln in ihrer Wirkungsweise zu verfolgen. Denn das Recht gestaltet nicht nur Sozialverhältnisse, es bildet auch deren besondere Lagerung ab. Die großen rechtlichen Emanzipationsschübe im 19. Jahrhundert, die, beschränkt man sich auf den Oberflächenanblick des Gesetzgebungsgeschehens, die Ehe vom Ballast kirchlicher wie auch staatlicher Reglementierungstraditionen befreit haben, täuschen über das Weiterleben dieser Traditionen in der Rechtspraxis hinweg. So steht auch das Familienrecht des Bürgerlichen Gesetzbuchs weniger in einer durch das formelle Recht verkörperten Emanzipationstradition als in der Tradition einer Rechtspraxis, für die die Blockierung von rechtlichem Fortschritt kennzeichnend ist.

Lorenz von Stein, ein Gesellschaftswissenschaftler des 19. Jahrhunderts mit juristisch geschultem und geschärftem Blick, befand in seiner ›Lehre von der Innern Verwaltung‹, »daß jede Gesellschaftsordnung nicht bloß ihre eigenthümliche rechtliche, sondern auch ihre eigenthümliche *ethische* Auffassung der Ehe hat, die... stets den Ausdruck des Geistes der Gesellschaftsordnung in einem hochwichtigen Punkte bildet«.[1] Die Eheauffassung der bürgerlichen Gesellschaft des 19. Jahrhunderts ist in ihrer Substanz wie in ihren Wandlungen nirgends so klar dokumentiert wie im Umgang dieser Gesellschaft mit nichtehelichen Lebensverhältnissen. Hier erreicht die historische Analyse auch eine befriedigende soziale Trennschärfe, die über das hinausgeht, was Fallgeschichten an Einblick in das soziale Umfeld privater Existenzen vermitteln.

Um die ›bürgerliche Ehe‹ als Rechtsform wurde im 19. Jahrhundert auf dem Gesetzgebungsweg gerungen; in der gesellschaftlichen Wirklichkeit aber war für unterbürgerliche Schichten die ›wilde Ehe‹ eine Art Normalform ihres Zusammenlebens. Die historische Schwerkraft, die der Ehe als Lebensform zugewachsen ist, hängt auch mit dem im 19. Jahrhundert sich verschärfenden Kampf gegen eheähnliche Verbindungen, – in der pejorativen Sprache der Zeit, gegen ›Konkubinate‹ zusammen. So stehen ›bürgerliche Ehe‹ und ›wilde Ehe‹ in einem engen Bedingungszusammenhang: Staatliche und kirchliche Zugriffe auf ›wilde Ehen‹ bekräftigten die vorgegebenen Rechts- und Sittennormen.

1. *Ehehindernisse und Eheschließungsfreiheit*

Die ›wilden Ehen‹ des 19. Jahrhunderts haben nichts mit alternativen Lebensformen zu tun. Sie sind vielmehr Ausdruck eines Lebens ohne Alternative, d. h. der für Unterschichten faktischen Unmöglichkeit, ihr Zusammenleben in der sozial privilegierten Rechtsform der Ehe zu organisieren. Bis in die zweite Hälfte des 19. Jahrhunderts hinein war die eingeschränkte Eheschließungsfreiheit ein drängendes soziales Zeitproblem. Zwar waren alte Ehehindernisse im Bereich des öffentlichen Rechts gefallen, wie z. B. das landrechtliche Eheverbot wegen Ungleichheit des Standes in Preußen;[2] dennoch stellten für viele Ehewillige die ›Geheimnisse des örtlichen Gemeinderechts‹ eine fast nicht zu überwindende Hürde dar. Lorenz von Stein sah hier das ziemlich gemeine Interesse der Furcht vor der Armenunterstützung in den Kommunen walten.[3] Und in der Tat wog ja auch die Last, die im Zeitalter des Pauperismus auf den Gemeinden lag, schwer. Sie versuchten, den Gemeindeverband vor jedem Neuankömmling abzuschirmen, sicherlich auch aus dem durchsichtigen Motiv, den Konkurrenzdruck der eingesessenen Gewerbetreibenden untereinander nicht noch zusätzlich zu erhöhen, aber auch aus der Angst um die meist leere Armenkasse. Denn bei jedem Zuziehenden war die Wahrscheinlichkeit des Absinkens in bittere Armut besonders groß. So bestand auch im Deutschland des 19. Jahrhunderts noch lange eine Verbindung zwischen Armen-, Niederlassungs- und Heiratsrecht. Die gemeinderechtlichen Traditionen des 18. Jahrhunderts gewannen vor dem Hintergrund der Sozialkrise des frühen 19. Jahrhunderts, in der sich die Endkrise der agrar-ständischen und die Anfangskrise der industriell-bürgerlichen Gesellschaft überlappten, einen neuen historischen Stellenwert. Trotz der rechtlichen Hinentwicklung zu einer staatsbürgerlichen Gesellschaft verblieb die Eheschließungsfreiheit im engen rechtlichen Gehäuse des Gemeindebürgerrechts. Vor allem in den vier wichtigsten süddeutschen Staaten, in Baden, Bayern, Hessen-Darmstadt und Württemberg war eine Heirat vom Besitz eines Gemeindebürgerrechts oder von einer förmlichen Ansässigmachung in der Gemeinde abhängig.[4] »Heiraten konnte also nur, wer zuvor das Bürgerrecht einer Gemeinde erworben hatte.« Hier waren jedoch die ökonomischen Hürden für einen Neuzuziehenden fast unüberwindlich. Das Bürgerrecht als Eintrittsbillett in den Stand der Ehe, dieses Vetorecht gegenüber der Freiheit der Eheschließung, haben besonders die Gemeinden in Süddeutschland lange verteidigt. Ihr Hauptargument war die enge Verbindung von Bürgerrecht und Armenunterstützung, die gemeindliche Verpflichtung, den ortsansässigen Armen finanziell zu helfen. So ergab sich ein Konnex zwischen Heiratserlaubnis, Niederlassungsrecht sowie Erwerbs- und Vermögensnachweisen. Der Pauperismus der Vormärzzeit ist als die entscheidende gesellschaftsgeschichtliche Bürde auf dem Weg in die Eheschließungsfreiheit anzusehen. Die süddeutschen Staaten erhöhten durch gesetzgeberische Schritte die Schranken für diejenigen, die eine Ehe eingehen wollten. So ist in der ersten Hälfte des 19. Jahrhunderts das sozialhistorische Problem des Heiratsverhaltens, auch in seinen schichtspezifischen Aspekten, im Kern ein Rechtsproblem.

Der aus den Gemeinden kommende sozialrestaurative Druck war in den süddeutschen Staaten besonders groß. Preußen, das im Vormärz – von seinen Verfassungsverhältnissen aus betrachtet – hinter den süddeutschen Staaten herhinkte, hatte es in gewisser Weise leichter, die Widerstände der Gemeinden gegen einen staatlichen Freizügigkeitskurs zu überwinden. In zwei Gesetzen zur gemeindlichen Aufnahmepflicht »neu anziehender Personen« und zur Verpflichtung der Gemeinden »zur Armenpflege« vom 31. Dezember 1842 durchkreuzte es die bisherige Strategie kommunaler Armutsabwehr.[5] Der Anspruch auf Armenunterstützung wurde von der bloßen Wohnsitznahme abhängig gemacht, und die konnten die Gemeinden, anders als in Süddeutschland, nur noch schwer verweigern. Während in den süddeutschen Staaten die alte Tradition der Bürgergemeinde, in der das Gemeindebürgerrecht entweder ererbt werden konnte oder durch Geldzahlungen erworben werden mußte, bis in die Reichsgründungszeit ungebrochen weiterlebte, durfte seit den 40er Jahren »keinem selbständigen Preußischen Untertan... an dem Orte, wo er eine eigene Wohnung oder ein Unterkommen sich selbst zu verschaffen im Stande ist, der Aufenthalt verweigert oder durch lästige Bedingungen erschwert werden.« (§ 1 des Aufnahme-Gesetzes) Zwar konnte denjenigen, »welche weder hinreichendes Vermögen noch Kräfte besitzen, sich und ihren nicht arbeitsfähigen Angehörigen den notdürftigen Lebensunterhalt zu verschaffen«, der Zuzug verweigert werden, doch »die Besorgnis künftiger Verarmung eines Neuanziehenden genügt nicht zu dessen Abweisung« (§ 5, ebd.).

Fraglos hat diese Liberalisierung des Bürgerrechts auch auf das Heiratsproblem abgefärbt. Der erleichterte Zugang zum Erwerb eines Wohnsitzes erleichterte in vielem die Schließung einer Ehe. Freilich gab es einen nicht unwesentlichen Gesetzeshaken. Nur *preußischen* Untertanen wurde Freizügigkeit zugestanden, nicht denjenigen, die in anderen Staaten des Deutschen

Bundes beheimatet waren, aber in Preußen lebten und arbeiteten. »Einem Jeden, der nicht nachweiset, daß er Preußischer Untertan ist, kann die Aufnahme von der Gemeinde versagt werden« (§ 6, ebd.). So blieb es also auch in Preußen bei Halbheiten. Die zeittypische Form der ›wilden Ehe‹, die im folgenden beschrieben werden soll, hat *auch* in der Rechtsverfassung der Gemeinden sowie in den Unzulänglichkeiten bei der Reform dieser Rechtsverfassung ihren Grund. Das Konkubinat war oft nicht eine bewußt gewählte Lebensform, sondern eine aus rechtlicher Not veranlaßte Verbindung zweier Menschen.

Die eingeschränkte Eheschließungsfreiheit hat auch bis zur Zäsur durch die Gesetzgebung des Norddeutschen Bundes die Unehelichenquoten in die Höhe getrieben.[6] Nach der Beseitigung der vielen Rechtsbeschränkungen, die dem Eingehen einer Ehe entgegengestanden hatten, verringerte sich, so hat man quantitativ belegt, die Diskrepanz zwischen Gesetz und sozialer Wirklichkeit, Verhaltensvorschriften und tatsächlichem Verhalten. »Die Aufhebung der polizeilichen Beschränkungen der Eheschließung und die Gewährung der persönlichen und wirtschaftlichen Freizügigkeit zwischen 1867 und 1869 bot zunächst in den Ländern des Norddeutschen Bundes und nach 1871 auch in den süddeutschen Staaten den bis dahin aus ökonomischen Gründen Minderberechtigten die legale Chance zur Eheschließung an dem von ihnen selbst bestimmten Zeitpunkt. Eine Folge davon war die ... Verlagerung von der vorehelichen zur innerehelichen Fruchtbarkeit.«[7]

Zweifellos gibt es einen Zusammenhang zwischen dem Anstieg der Eheschließungsziffer, dem Rückgang der Unehelichenquoten und dem wichtigen Gesetzesbündel am Ende der 60er Jahre des vorigen Jahrunderts. Am 1. November 1867 erlaubte das »Gesetz über die Freizügigkeit« die Zugfreiheit innerhalb des Gebietes des Norddeutschen Bundes; Gemeindebürgerrecht und Heimatberechtigung, die die Grundlagen kommunaler Armenunterstützungsvorschriften waren, wurden wenig später dem Freizügigkeitsprinzip angeglichen (»Gesetz über den Unterstützungswohnsitz«, vom 6. Juni 1870). Die Gewerbeordnung des Norddeutschen Bundes vom 21. Juni 1869 gewährte die wirtschaftliche Freizügigkeit.[8] Das Ganze war ein wichtiger Gesetzgebungskontext zum »Gesetz über die Aufhebung der polizeilichen Beschränkungen der Eheschließung« vom 4. Mai 1868, das die Heiratserlaubnis direkt betraf und ihre traditionelle Bindung an das Bürgerrecht, gekoppelt mit Erwerbs- und Vermögensnachweisen, beseitigte. Die von Preußen initiierten Reformen an der Basis der Staatsgesellschaft, den Gemeinden, hatten eine starke Sogwirkung auch auf den süddeutschen Bereich, in dem die Beharrungskraft der alten Bürgermeinde am stärksten war. So schloß sich z. B. Württemberg noch vor der eigentlichen Reichsgründung durch ein Landesgesetz vom 30. Dezember 1870 den in den Staaten des Norddeutschen Bundes geltenden Regelungen an.[9]

Der in seinen Gesetzgebungsschritten kurz charakterisierte Reformschub war sicherlich mehr als nur der Ausdruck eines temporären Reformeifers innerhalb der Spitzenbürokratie. Hinter ihm stand auch die politische Gestaltungskraft des in der unmittelbaren Reichsgründungszeit politisch wiedererstarkten Liberalismus, dessen innergesellschaftlicher wie innerstaatlicher Reform- und Fortschrittsoptimismus. Hinzu kam die Entlastungsfunktion, die der nun auch in Deutschland voll zum Durchbruch gelangte Industrialisierungsvorgang für das Armutsproblem hatte.[10] Es ergaben sich aus einem erweiterten Arbeitsplatzangebot neue Möglichkeiten individueller Lebensplanung und Lebensgestaltung. So nahm auch der Druck, der auf den Gemeinden und hier besonders auf deren Kassen gelegen hatte, ab.

Nimmt man die erwähnten sozial- und rechtshistorischen Befunde zusammen, so scheinen sie ein klares Bild vom Gang der Ehegeschichte im 19. Jahrhundert zu vermitteln. Nach der rechtlichen Freigabe der Eheschließungsfreiheit scheint die Ehe auf breiter Front gesellschaftlich angenommen worden zu sein. Ein Einstieg in den administrativen Umgang mit nichtehelichen oder eheähnlichen Lebensverhältnissen besonders in der ersten Hälfte des 19. Jahrhunderts nötigt jedoch zu einer Differenzierung dieses Bildes. Der Drang zur Ehe, der sich in den Eheschließungsziffern seit den 60er Jahren abbildet, hängt mit den Bedrängnissen zusammen, denen die nichteheliche Lebensgemeinschaft lange Zeit auf massive Weise ausgesetzt war. Hier gab es eine sich Zug um Zug verschärfende rechtliche und soziale Diskriminierung, die die Verbindlichkeit der Ehe durch den harten Zugriff auf Verhaltensgewohnheiten und auch Verhaltensnotwendigkeiten, die besonders bei sozialen Unterschichten anzutreffen sind, negativ bekräftigte.[11] Die staatliche und kirchliche Diskreditierung der Nichtehe war der ziemlich rigorose Versuch, Normkonformität bei der Organisation des familialen Lebensbereichs zu erzwingen. So verbergen sich hinter der Höhe der Eheschließungsziffern auch historische Erfahrungsstrukturen, die man vor allem auch deshalb zu rekonstruieren hat, weil sie mit der zunehmenden Zerbrechlichkeit von Ehen im Verlauf des 19. Jahrhunderts zu tun haben. Vermehrt wurden Ehen seit den späten 60er Jahren des vorigen Jahrhunderts geschlossen. Aber was wurde aus ihnen? Das Scheidungsproblem hängt auch, wenn auch nicht ausschließlich, mit den durch Staat und Kirche verbauten Alternativen zur Lebensform Ehe zusammen. Man kann dies am Weg der preußischen Bürokratie- und Rechtspraxis zeigen, denen historisch das größte Gewicht für die Bildung von Traditionen zukommt, die den Verlauf der deutschen Rechts- und Sozialgeschichte seit dem letzten Viertel des 19. Jahrhunderts bestimmt haben.

2. *Der Kampf gegen das Konkubinat*

Für die erste Hälfte des 19. Jahrhunderts kann nicht davon gesprochen werden, daß die Rechtsnormen, die für das familiale Zusammenleben galten, einen hohen Grad gesellschaftlicher Verankerung aufgewiesen hätten. Besonders im weiten Spektrum der am Rande der Armut lebenden, besitzlosen Bevölkerung auf dem Land und in den Städten klaffte eine Lücke zwischen sozialen Normen und Rechtsnormen. Die Umstände, in denen die Leute lebten, aber auch ihr Bewußtsein standen einer strengen Normgebundenheit sozialen Verhaltens entgegen. Die gerade an den Rändern der ›bürgerlichen Gesellschaft‹ geringe Beachtung von Vorschriften, die ein christlichen Grundsätzen verpflichtetes Zusammenleben in der Rechtsform der Ehe zum Inhalt hatten, ließ schon früh den Ruf nach Sanktionen laut werden. Die Vertreter der christlichen Kirchen machten verstärkt auf die Verfallserscheinungen der christlichen Ehe aufmerksam. Sie hatten von ihrem Betätigungsfeld her einen genauen Einblick in das soziale Gefüge der frühen bürgerlichen Gesellschaft und beobachteten mit Sorge einen Bewußtseinswandel, der mit dem Wandel der gesellschaftlichen Bauform und mit dem Bewegungscharakter der Zeit insgesamt zusammenhing. Prediger schrieben an ihre Oberen, und von dort gelangten Beschwerden über das Sozialverhalten der Menschen in die Amtsstuben der staatlichen Bürokratie. So spießte im Jahre 1825 ein evangelischer Prediger aus dem Rheinland einen Fall auf, der zeittypisch gewesen sein dürfte.[12] Eine Witwe lebte seit Jahren mit einem Mann zusammen, ohne daß dieses Paar Anstalten gemacht hätte, die Ehe förmlich einzugehen. Über dieses »Concubinat« schrieb der Prediger der Kirchen- und Schulkommission in Düsseldorf: »Wilhelm W. und Agnes M., Witwe von Heinrich K., beide Glieder der hiesigen evangelischen Gemeinde, [d. i. Haan; D B.], leben seit dem Jahre 1820 in gesetzwidrigem Concubinat, wobei meiner Meinung nach Kirche und Staat nicht gleichgültig zusehen können. Die Agnes M. brachte im Jahre 1821 ein Kind zur Welt. Als den Vater desselben nannte sie ganz unbefangen den Wilhelm W., mit welchem sie auch unter einem Dach lebte, und eine gemeinschaftliche Haushaltung führte, was bis heute fortdauert. Der Wilhelm W. erklärt desgleichen ungescheut, daß das Kind der Agnes M. sein Kind sei, nennt diese in Scherz und Ernst seine Frau, und wenn ihm ein ehrbarer Mann die Bemerkung macht, er sei doch nicht copuliert, so trägt er kein Bedenken zu sagen: das sei auch nicht nötig; damit müsse man ihm vom Leibe bleiben, wenn man ihn nicht böse machen wolle.«

Die Selbstverständlichkeit, mit der das ›Concubinat‹ gelebt wurde, sticht scharf von dem Blickwinkel ab, aus dem es betrachtet wurde. Es war dies der Blickwinkel einer christlichen Moral, die freilich um ihre gesellschaftliche Anerkennung schwer zu ringen hatte. Die hinter diesem Konkubinat stehenden Motive sind aus den Akten nicht rekonstruierbar; in anderen Fällen wird dies möglich sein. Doch es wäre verfehlt, die Formen des nichtehelichen Zusammenlebens auf das Gleis einer Unmoral zu stellen, die nichts kennt als die eigene Selbstsucht, und Partner und Kinder dem Elend preisgibt. Genau diese Sichtweise aber scheint im etablierten Bürgertum der kleinen und mittleren Städte im frühen 19. Jahrhundert sehr verbreitet gewesen zu sein. Diese Städte waren noch Zentren ungebrochener Bürgerlichkeit, für die der spätere Modernisierungsvorgang der Gesellschaft mit seiner Umstülpung der menschlichen Lebens- und Arbeitswelt in weiter Ferne lag. Bürgerliche Selbstgewißheit gegenüber einem die Normen der ›bürgerlichen Gesellschaft‹ verletzenden Verhalten ist besonders dick in einer Denkschrift des Solinger Gefängnisvereins über die »sogenannten wilden Ehen« aus dem Jahre 1830 aufgetragen.[13] Sie war an die Regierung in Düsseldorf gerichtet und spiegelt trotz aller pathetischen Deklamationen ein Stück Zeitbewußtsein und auch Zeitwirklichkeit wider.

Der Solinger Gefängnisverein hatte es sich zur Aufgabe gemacht, nicht nur entlassenen Strafgefangenen zu helfen, »sondern auch die Verbrechen selbst zu verhüten, heilend und prophylaktisch zugleich zu wirken.« Bei diesem Ziel nun gerieten auch die »wilden Ehen« ins Visier. Sie wurden als »Hauptquellen und Pflanzschulen der Unsittlichkeit« verteufelt, eine Wertung, die in diesem Schriftsatz nicht belegt wird und für die auch der heutige Historiker in seinem Material kaum Belege findet. Sicherlich wird es auch für die Solinger Gegend zugetroffen haben, daß hier Konkubinate »nicht zu den Seltenheiten« gehörten; doch viel von ihrem Binnenleben scheint das bürgerliche Auge nicht wahrgenommen zu haben, auch nichts von ihrem durch bürgerliche Gemeindegesetze gestifteten Charakter. »Hier«, so heißt es im Klageton dieser Denkschrift, »werden die Kinder in Sünden geboren und erzogen und fast ohne Ausnahme einer Lebensart geweiht, welche sie früher oder später in den Kerker führt«. Auch mit dieser Eingabe versuchte man, auf die staatlichen Behörden Druck auszuüben; man erwartete, und hier war in der Begründung kein Wort stark genug, ein polizeiliches Einschreiten gegen ›wilde Ehen‹.

Die zitierten Dokumente dürften sicherlich mehr gewesen sein als die Stimmen einzelner christlicher oder christlich angehauchter Eiferer. Der preußische Staat sah sich in den 20er und 30er Jahren des vorigen Jahrhunderts mit einer sozialrestaurativen Grundwelle konfrontiert; Christliches war nur die Schaumkrone auf dieser Welle. Besonders aus dem noch vorindustriell geprägten städtischen, aber auch ländlichen Mittelschichtmilieu erwuchsen Gegentendenzen zum Weg der gesellschaftlichen Reformen, den Preußen in seiner Reformära 1807–1820 eingeschlagen hatte. Die zu dieser Zeit immer noch liberale Bürokratie registrierte sehr genau illiberale Strömungen, die sie als offene oder versteckte Angriffe auf den von ihr verfolgten Kurs wertete. Durch administratives Ernstnehmen auch wenig begründeter wie in den Absichten durchsichtiger gesellschaftlicher Anliegen wollte man das eigene Reformanliegen abschirmen. So überrascht es nicht, daß in einem Reskript aus dem Jahre 1826 sowohl das Ministerium für die ›geistlichen Angelegenheiten‹ wie das Ministerium des Innern und der Polizei klarstellten, was von der These, ›wilde Ehen‹ seien die ›Pflanzschulen der Unsittlichkeit‹, zu halten sei.[14] Den Regierungen in den preußischen Provinzen, die durch die vielen Eingaben unter Handlungsdruck standen, wurde deutlich gemacht, »daß nicht jedes Concubinat überhaupt für ein zum öffentlichen Ärgernisse gereichendes geachtet werden kann, sondern nur dasjenige zwischen Personen, deren etwaiger Verheirathung ein bekanntes gesetzliches Hindernis entgegen steht, und daß deshalb nur in Fällen der letzteren Art ein Einschreiten der Polizei-Behörde stattfindet, in allen übrigen aber dieselbe von dergleichen Verhältnissen überall keine Notiz zu nehmen, und vielmehr nur den Geistlichen und Volkslehrern die Verhütung und Abstellung derselben auf dem Wege der Lehre und Ermahnung zu überlassen hat.«

Das war in der Tat ein eindeutiges Votum, das auch für eine lange Zeit Grundlage der administrativen Praxis bleiben sollte. Nur dann unterbanden die Behörden das Zusammenleben zweier Personen, wenn diesem z. B. ein »Ehebruch« vorausgegangen war. Hier hatte das Allgemeine Landrecht ›gesetzliche Hindernisse‹ geschaffen. Es verbot die Ehe zwischen Personen, »welche Ehebruch mit einander getrieben« hatten (ALR II, 1. T., 1, §§ 25 u. 26). Doch das Konkubinat war in den seltensten Fällen die Verbindung zweier Menschen, die Anlaß zur Trennung einer bestehenden Ehe gewesen war. So kann man insgesamt schon von einer kühlen Reaktion der preußischen Behörden auf gesellschaftliche Aufgeregtheiten über die vielen zeitbedingten ›Concubinate‹ sprechen.

Den Kurs einer Nüchternheit, dem durchaus ein Scharfblick für die Schwachstellen einer sich im Übergang befindlichen Sozialordnung eigen war, hat der preußische Staat bis zum Beginn der 40er Jahre durchgehalten. Polizeiliches Intervenieren in private Lebensverhältnisse war für ihn zu dieser Zeit noch ein Tabu. 1830 hielt die Regierung in Düsseldorf in einem Konkubinats-Erlaß fest, daß »die Polizeibehörden wohl Verbrechen und Vergehen vorbeugen und verhüten können, sehr selten aber im Stande sind, auf das sittliche Gefühl der Menschen dauernd einzuwirken.« Häufig werde »durch unrichtiges Einschreiten mehr Nachteil als Vorteil« auf diese Weise hervorgebracht.[15]

Die Abstinenz des Staates in der Frage der ›wilden Ehen‹ hat besonders die Kirchen nicht ruhen lassen. Hier zogen die katholische und die evangelische Kirche an einem Strang. Man spürte, auf wie wenig Resonanz moralische Appelle bei Menschen stießen, die ums Überleben kämpften und für die das ›Concubinat‹ oft eine Überlebensstrategie war. Hier mußten die Kirchenvertreter desillusionierende Erfahrungen machen. Im Jahre 1838 schrieb ein Kaplan aus Elberfeld dem dortigen Oberbürgermeister: »Auf das mir... zugeschickte Reskript der Königl. Regierung [in Düsseldorf; D. B.]: bei dem in Concubinat lebenden Ferdinand K. und der Ehefrau Bertha G. den Weg der Güte zu versuchen, durch geistliche Belehrung ihrem sündlichen und ärgerlichen Zusammenleben zu steuern, habe ich zu berichten, daß ich dem Antrage durch wiederholte ernste Vorstellungen nachgekommen bin, jedoch bis da ohne allen Erfolg; obgleich ich beim ersten Versuche beiden allein das Fluch- und Strafwürdige ihres Zusammenlebens vorgehalten habe, und da dies nur Tränen und keine Besserung bewirkt hatte, noch einen Zeugen hinzugezogen, und in dessen Anwesenheit von ihrem sündlichen Zusammenleben in aller Güte und Strenge abgewarnt und zuletzt bestimmt erklärt habe, daß sie nun die Strenge der Gesetze zu erwarten hätten.«[16] Die preußischen Behörden hielten nicht viel von ›Gesetzesstrenge‹, legten vielmehr die Gesetze streng aus, und das bedeutete Zurückhaltung gegenüber dem Zusammenleben nichtverheirateter Personen. Man ließ sich auch nicht dadurch verwirren, daß die Geistlichen ›wilde Ehen‹ ins kriminelle Abseits zu stellen versuchten. So schloß der zitierte Kaplan seinen Bericht mit der vordergründigen Bemerkung, »daß mir beide Menschen vollends ausgeschämt und zu allem fähig, ja da sie in schmutziger Armut beisammen leben, gefährlich zu sein scheinen, so daß sie auch in dieser Beziehung ein besonderes Augenmerk verdienen.«

Der preußische Regierungsapparat, besonders die mit den vielen gesellschaftlichen Verwerfungen in der Zeit des Vormärz befaßte mittlere Bürokratie, weigerte sich beharrlich, Konkubinate als ein Problem der Polizei oder gar der Strafjustiz anzusehen. Diese Position, das zeigt die zitierte hohe Ministerialverfügung aus dem Jahre 1826, wurde von der Verwaltung im gesamten preußischen Staat eingenommen und so zur generellen Leitlinie ihres Handelns. In der preußischen Rheinprovinz wurde in den 30er Jahren die staatliche Rechtsauffassung, daß Konkubinate als solche nicht gegen bestehendes Recht verstießen, besonders deutlich artikuliert. Hintergrund war hier der sog. Mischehenstreit zwischen Staat und katholischer Kirche. Der preußische Staat, nach dem Erwerb des Rheinlands auf Wahrung der Parität und der Toleranz gegenüber dem hier vorherrschenden katholischen Bekenntnis bedacht, sah sich durch die Aktivitäten des Kölner Erzbischofs Freiherr Clemens August Droste zu Vischering, der 1833 das Bistum Köln übernommen hatte, herausgefordert. Der Streit spitzte sich in der Frage der Mischehentrauung zu, in der die katholische Kirche auf dem bindenden Versprechen katholischer Kindererziehung bestand. Der preußische Staat warf der Kirche eine unerlaubte Einmischung in staatliche Zuständigkeiten vor und reagierte hart bei seiner Abwehr kurialer Interventionen in die öffentliche Rechtsordnung. Erst nach dem Thronwechsel in Preußen, im Jahre 1840, hat dieser Streit beigelegt werden können. Der Staat hatte in der Machtprobe mit der katholischen Kirche weniger zurückstecken müssen, als vielmehr aus freien Stücken zurückgesteckt, als mit dem Regierungsantritt Friedrich Wilhelms IV. das Steuer der Gesamtpolitik auf Christlich-Konservatives ausgerichtet wurde. Auch für das Konkubinatsproblem sollte die Änderung der politischen Grundtendenz in den 40er Jahren Folgen haben. Verloren ging jenes

Selbstbewußtsein, mit dem untere und mittlere Behörden selbst hohe kirchliche Würdenträger in die Schranken verwiesen hatten.

Droste war nicht nur in Fragen der Staatskirchenpolitik, sondern auch in Fragen, die die Gesellschaftspolitik des Staates betrafen, ein Mann von ultramontaner Rigorosität. 1836 hatte er einen Zwist mit der Kölner Regierung angezettelt und dieser ein zu lasches Vorgehen gegen »die zum öffentlichen Ärgernisse gereichenden Concubinate« vorgeworfen.[17] Die Antworten der Kölner Behörde befriedigten ihn nicht, und so wandte er sich an das Ministerium des Innern und der Polizei. Dieses forschte über das Oberpräsidium der Rheinprovinz genauer nach, was es mit den hochgespielten Konkubinaten auf sich habe. Auch gegenüber den vorgesetzten Behörden nahm die Kölner Regierung bei der Einstufung des bischöflichen Anliegens kein Blatt vor den Mund. Sie lehnte die »beantragte polizeiliche Eingreifung« ab und verwies auf das im Rheinland geltende ›französische‹ Strafrecht, das sich in diesem Punkt jedoch mit den Gesetzesbestimmungen des Allgemeinen Landrechts deckte.[18] Es gebe im preußischen Landrecht wie im Rheinischen Strafgesetzbuch »keine Strafbestimmungen gegen den unehelichen Beischlaf, wenn beide Teile unverehelicht sind«. Die Kölner Regierung hatte es bei dieser Rechtsbelehrung des Bischofs aber nicht belassen. Sie teilte dem Oberpräsidenten auch mit, wie grundsätzlich sie gegenüber dem hohen Kirchenvertreter argumentiert habe. Dieser muß zweifelsohne die Schärfe im Ton und die Kühle, mit der er juristisch ausmanövriert wurde, gespürt haben: »Der uneheliche Beischlaf wird nur bestraft, wenn er mit Verletzung aller Scham ein öffentliches Ärgernis gibt, wenn er am hellen Tage auf öffentlicher Straße begangen wird, aber unter diesen Umständen würde auch der eheliche Beischlaf bestraft werden, denn der Eine wie der Andere gibt ein öffentliches Ärgernis, durch welches die Bestrafung bedingt ist. Art.: 330 des Rheinischen Strafcodex. Wenn nun der uneheliche Beischlaf zweier unverheiratheter Personen, welcher kein öffentliches Ärgernis gibt, gesetzlich nicht strafbar ist, so läßt es sich nicht erklären, aus welchem Grunde man diesen beiden Personen von Polizei wegen sollte verbieten können, in Einem Hause, in Einer Stube zu wohnen, gemeinschaftlich Wirtschaft zu führen, wie Mann und Frau zu leben. Sie geben hierdurch kein öffentliches Ärgernis und wenn der Eine oder der Andere ein Ärgernis an diesem Verhältnisse nimmt, so kann diese individuelle Ansicht jene nicht strafbar machen.«[19]

Daß bei diesem Stil der Argumentation, der glasklar den Punkt hinter den christlichen Nebelwolken aufsuchte, der Bischof sich an eine höhere bürokratische Adresse wandte, ist nur zu verständlich. Er traf hier auf offenere, wenn auch nicht auf offene Ohren. Bis zum Ende der 30er Jahre ließen die Polizeibehörden im großen und ganzen auch unverheiratete Paare wie ›Mann und Frau leben‹ und gemeinschaftlich wirtschaften. Auch das Innenministerium strebte hier keine Kehrtwende an. Zwei Jahre nach den Moralappellen des Kölner Erzbischofs bestätigte es in einer Zirkularverfügung an die rheinischen Regierungen die unverminderte Geltung des Reskripts vom 22. Januar 1826 in den altpreußischen Provinzen.[20] In der Rheinprovinz sollte die Latte für polizeiliches Eingreifen noch höher liegen. Hier sei auf die Vorgaben des »französischen Rechts« Rücksicht zu nehmen, die »erhebliche Zweifel« an der »Zulässigkeit *direkter* Zwangsmittel zur Trennung der Concubinate« begründeten. Allenfalls seien »indirekte Mittel« zu erproben; zu ihnen könnte in einzelnen begründeten Fällen die »Wegweisung des einen Concubenten« gehören, aber auch die Versagung und Zurücknahme »polizeilicher Koncessionen zu irgend einem Gewerbebetrieb«.

Viel war nicht bei der Initiative des Kölner Erzbischofs herausgesprungen. Die politischen Umstände waren für einen Anlauf von dieser Seite ja auch nicht gerade günstig. Dennoch war das Thema der ›wilden Ehen‹ wieder einmal auf höchster Staatsebene diskutiert worden. Es war in den Behördenapparat gleichsam eingespeichert und konnte jederzeit unter anderen politischen Vorzeichen wieder abgerufen werden. Auf für sie bessere Zeiten hofften insbesondere die mittleren und niederen Funktionsträger der katholischen, aber auch der evangelischen Kirche. Auch den evangelischen Geistlichen war die Verfügung des Innenministeriums mitgeteilt worden. Von katholischer Seite schätzte man die Wirksamkeit »indirekter Mittel« gering ein. Aus dem Bistum Trier bekam das rheinische Oberpräsidium zu hören: »Es bleibt übrigens sehr zu fürchten, daß ohne die Erlassung positiver Strafgesetze gegen das Concubinat dieses sittenverderbliche Verhältnis in vielen Fällen nicht werde beseitigt werden; indem dasselbe vielfach gerade bei solchen Personen vorkommt, welche sich einerseits um die Versagung bürgerlicher Vorteile nicht sehr kümmern, und bei denen andererseits das sittlich-religiöse Gefühl so sehr abgestumpft ist, daß auch die Ermahnung des Pfarrers und die Verweigerung der geistigen Wohltaten der Kirche keinen großen Eindruck auf sie machen.«[21]

Das Jahr 1840 ist für die innere Geschichte Preußens als ein wichtiges Schwellenjahr anzusehen. Die Königskrone ging nach dem Tod Friedrich Wilhelms III. an dessen ältesten Sohn Friedrich Wilhelm IV. über. Dieser preußische König, anfangs ein Hoffnungsträger des zukunftsgerichteten Frühliberalismus, entschied sich sehr schnell für die Kräfte der Beharrung. Man hat diesem »Romantiker« auf dem preußischen Thron, in dessen Person sich die Widersprüche seiner Zeit verdichteten, wenig Positives abgewonnen: Getragen von depressiven Stimmungslagen, hinter denen eine Fremdheit gegenüber den neu heraufziehenden gesellschaftlichen Kräften stand, habe die vom König verantwortete preußische Politik im Jahrzehnt vor der 48er Revolution einen verwaschenen Charakter gehabt. Sie sei unklar in ihrem Wollen gewesen und auch mißverständlich in ihren aus christlich-germanischen Denkhorizonten erwachsenen Restaurationsversuchen. Diese Ansicht über einen wenig produktiven Zeitabschnitt der preußischen Geschichte wird revidiert werden müssen. In den 40er Jahren wurden für das innere Gefüge der preußisch-deutschen Gesellschaft wichtige Weichen gestellt. Dieses Jahrzehnt weist über sich hinaus, ist mehr als der geschichtliche Epilog eines in sich selbst versponnenen, zukunftsunfähigen Konservativismus. Die Verhärtungen der deutschen Gesellschaftsgeschichte, ihre Emanzipationsdefizite haben mit einem *preußischen Rechtserbe* zu tun, das sich in der Regierungszeit Friedrich Wilhelms IV. ansammelte. Hier wurden die juristischen Grundlagen für das gelegt, was Friedrich Meinecke die *Mentalität des deutschen Obrigkeitsstaates* genannt hat, die für Meinecke hinter dem ›düsteren Schicksal‹ der deutschen Geschichte im 20. Jahrhundert stand.[22].

Zum Obrigkeitsstaatlichen hin wandelte sich nach dem Regierungsantritt Friedrich Wilhelms IV. sehr schnell die bisherige liberale Gangart der preußischen Bürokratie in drängenden Gesellschaftsfragen. Das Konkubinat war sicherlich nicht die drängendste Zeitfrage; es hat aber seinen Stellenwert für die Wegrichtung, die die Zeit nahm. Am 5. Juli 1841 gab das preußische Innenministerium eine Verfügung an sämtliche Regierungen heraus, die eine Art Eingriffsermächtigung für die Polizei gegen Konkubinate jeder Art war, nicht nur gegen die, denen ein gesetzliches Ehehindernis im Wege stand. Die Zügel wurden straffer angezogen, und die Menschen bekamen dies in ihrem Alltag zu spüren. »Das polizeiliche Einschreiten gegen Concubinate«, so hieß es in dieser Verfügung, »ist auf die Fälle eines zwischen den beteiligten Personen obwaltenden Ehehindernisses nicht ausschließlich zu beschränken, vielmehr ist eine polizeiliche Verhinderung des Zusammenlebens im Concubinate auf außer den vorbenannten Fällen da vollkommen gerechtfertigt, wo ein solches Verhältnis eine Veranlassung zu einem öffentlichen Anstoße gibt. Letzteres wird allgemein in denjenigen Fällen anzunehmen sein, wo ein außereheliches Beisammenleben von Personen beiderlei Geschlechts sich in notorischen, auch die Bewahrung des äußerlichen Scheines bei Seite setzenden Äußerungen seiner Unsittlichkeit, eben als ein unmoralisches Verhältnis, dem Publikum offenkundig vor Augen stellt. Die nächste Entgegenwirkung hierbei wird allerdings der Regel nach von den Geistlichen, in dem Wege des seelsorgerischen Zuspruches und der Ermahnung, vorzunehmen sein. Wo aber ein solcher Zuspruch des Geistlichen ohne Erfolg bleibt oder wo die beteiligten Personen ihm durch die Art ihres Benehmens die Annäherung als Seelsorger überhaupt verschließen, wird alsdann, auf diesfällige Anzeige des Geistlichen, das Einschreiten von polizeilicher Seite zur Abstellung des anstößigen Verhältnisses völlig an seiner Stelle sein.«[23]

Diese Initiative des preußischen Polizeiministeriums war mehr als ein unverbindliches Räsonieren der Behörden untereinander. Moralität sollte erzwungen werden, und die Maßstäbe dieser Moralität wurden ›von oben‹, durch ein enges Zusammenspiel von Staat und Kirche gesetzt. Die staatlich verordnete Moralität aber fand im großen Bereich der gesellschaftlichen Marginalgruppen nur wenig Widerhall. Hier lebten Menschen, die ihr Sozialverhalten an eigenen Sittennormen ausrichteten, in deren Lebenswelt

Gesetze herrschten, die die Moralitäts- und Sittlichkeitssprache der Bürokratie nicht wahrnahm. Daß sich auch hinter dem als »Ärgernis« registrierten Verhalten des »außerehelichen Beisammenlebens« ein Normbewußtsein verbergen konnte, spürten am ehesten die Kirchen. Ihren Vertretern war durch die Verfügung vom Juli 1841 ein Anzeigerecht eingeräumt worden. Das bedeutete für die Kirchen einen Verantwortungszuwachs; man konnte nicht mehr nur die unsittlichen Lebensverhältnisse der Menschen beklagen, man mußte sich schon genauer auf sie einlassen, wollte man nicht ein unbilliges und in sich ungerechtes bürokratisches Verfahren in Gang setzen.

Schnell stießen die Geistlichen auf die sehr profanen Ursachen der meisten Konkubinate. Sie hatten wenig Anlaß, die Menschen zu ermahnen, sondern sprachen eindringlich Ermahnungen gegenüber den Behörden aus, die rechtlichen Voraussetzungen zur Aufgabe der ›wilden Ehen‹ zu schaffen. So monierte Ende der 40er Jahre das Rheinische Konsistorium bei der Regierung in Düsseldorf, daß von der Gemeinde Odenkirchen drei »Ausländern«, die im Konkubinat lebten, die »Naturalisation« verweigert werde. Da die im Hessischen beheimateten Männer keine rechtliche Aufnahme in der genannten Gemeinde fänden, könnten sie die mit ihnen in einem Haushalt lebenden Frauen nicht heiraten.[24] Hier griffen die Bestimmungen des preußischen Aufnahmegesetzes vom 31. Dezember 1842, das den Gemeinden beim Zuzug nichtpreußischer Untertanen ein Vetorecht bezüglich deren Niederlassung einräumte. Im genannten Fall wurden lange Schriftsätze zwischen Konsistorium, Regierung, Landratsamt und der Gemeinde Odenkirchen ausgetauscht. Alle drei Paare hatten die feste Absicht, ihre ›wilde Ehe‹ durch eine förmliche Ehe zu beenden. Doch der Gemeinderat von Odenkirchen beschloß mit 9 gegen 4 Stimmen, »daß die Aufnahme dieser Personen... nicht statt finden könne«. Im Verhandlungsprotokoll des Gemeinderats heißt es unter dem Punkt »Die Aufnahme dreier Ausländer als preußische Unterthanen«: »Auf den Vortrag des Bürgermeisters unter zu Grundelegung der Verfügung Königlicher Hochlöblicher Regierung, die Aufnahme der drei Ausländer betreffend, weil dieselben seit längerer Zeit die Absicht gehegt hätten, sich mit hiesigen Mädchen, mit denen sie in Concubinatsverhältnissen leben, zu verheirathen... beschloß der Gemeinderat, daß die Aufnahme dieser Personen nicht stattfinde, indem weder sie selbst noch diejenigen Frauenzimmer, welche sie zu ehelichen beabsichtigten, irgend einiges Vermögen besäßen, erstere auch solche Handwerke betrieben, von denen fast alle Gemeinden in hiesiger Gegend überfüllt seien, daß vorauszusehen wäre, daß sie bald der Armenpflege anheim fallen würden; es daher besser schien, die Frauenzimmer mit einem Kinde zu unterstützen, als ganze Familien«.[25]

Das staatliche Einklagen von Moralität fand sehr schnell an der Selbstsucht der Gemeinden seine Grenze. So geriet die große Zahl der betroffenen Menschen auf zweifache Weise unter Druck: Die Organisation ihres Lebens erregte Anstoß, zugleich aber wurde ihnen jeder Ausweg verbaut. Sie waren genötigt, ein Beisammenleben, und das war, sozial gesehen, nichts anderes als ein Familienleben, unter Vorbehalt zu führen, permanent von Aus- und Verstoßung bedroht.

Die 40er Jahren waren in der preußischen Geschichte mehr als ein christlich-konservatives Zwischenspiel. In den 50er Jahren wurde in Gesellschaftsfragen nicht nur der 1848 nur für eine kurze Zeit abgerissene Faden wieder aufgenommen, unter dem Vorzeichen der politischen Reaktion verstärkten sich vielmehr die Tendenzen, durch hartes Vorgehen die Normgebundenheit sozialen Verhaltens sicherzustellen. Dem preußischen Innenminister v. Westphalen gingen die Polizeibehörden viel zu lasch gegen Konkubinate vor. In verschiedenen Erlassen drang er auf eine rigorosere Praxis.[26] Die Polizei sollte sich nicht auf die ›Anordnung‹ der Aufhebung dieser anstößigen Verhältnisse beschränken, sondern »diese Anordnung unter Anwendung der zu Gebote stehenden Executionsmittel« auch durchführen.[27] Schlupflöcher, die sich für die Betroffenen aus einem oft dilatorischen Vorgehen der Behörden ergeben hatten, sollten gestopft werden. Was war das Motiv dieser, den konkreten sozialen Umständen gegenüber gleichgültigen, Disziplinierungspolitik? Sie hatte sicherlich eine starke, an die Vergangenheit gebundene Wertorientierung; doch sie hatte auch ihren Gegenwartsbezug: In einer Zeit gesellschaftlichen Umbruchs sollten gesellschaftliche Normen hochgehalten werden, sollte soziales Verhalten durch verbindlich gemachte Verhaltensregeln gesteuert werden. ›Wilde Ehen‹ schwächten in den Augen v. Westphalens »die Achtung für das Institut der Ehe«; sie waren für ihn darüber hinaus das Symbol, das »üble Beispiel« schlechthin, für eine umsichgreifende gesellschaftliche »Sittenlosigkeit«, die den Staat von innen her auffraß. Die Kirchen nahmen in den 50er Jahren ihren Part im Rollenspiel der Sozialdisziplinierung wahr, die katholische Kirche mit weniger Skrupel als die evangelische. Die Erlasse des Innenministers wurden von den bischöflichen Generalvikariaten den Pfarrern sehr anempfohlen. Im Juni 1854 schrieb z. B. das Bischofsamt in Münster den katholischen Geistlichen: »Der vorstehende hohe Erlaß ist in sittlicher Beziehung von großer Wichtigkeit, da nicht selten der Fall eintritt, daß die dem Seelsorger zu Gebote stehenden Mittel nicht genügen, um die hier besprochenen Ärgernisse zu beseitigen. Wir veranlassen die Herren Pfarrer in Fällen solcher Art, wo alle geistlichen Mittel der Ermahnung und Bestrafung ohne Erfolg bleiben, die ihnen hier gebotene Hülfe des Staats anzurufen, um das Ärgernis zu beseitigen.«[28] Die evangelische Kirche reagierte vorsichtiger auf v. Westphalens Kooperationsangebot. Die evangelischen Pfarrer hatten gegenüber ihren vorgesetzten Behörden des öfteren schon die sozialen und rechtlichen Begleitumstände von Konkubinaten hervorgehoben. So machte das Rheinische Konsistorium im Mai 1854 auch den Ministererlaß mit einer vorgeschobenen Mahnung an die eigene Adresse bekannt: »Indem wir die Herrn Pfarrer der Provinz hiervon in Kenntnis setzen, bedarf es kaum der Bezeugung unserer Übereinstimmung damit, daß die Beseitigung der Concubinate, wie die Heilung sittlicher Schäden überhaupt, zunächst und vorzugsweise Beruf und Pflicht des geistlichen Amtes in der Gemeinde bleibt und das Einschreiten der bürgerlichen Obrigkeit nur als äußerstes Zuchtmittel und notgedrungene Schutzwehr der öffentlichen Sittlichkeit in Anwendung kommen darf.«[29] Man spürt in diesen Sätzen die Angst der evangelischen Kirche vor einem Glaubwürdigkeitsverlust. Sie rang um eine Distanz zum Bereich der »öffentlichen Sittlichkeit«, während für die katholische Kirche mit ihren spezifischen Grundsätzen der Weg v. Westphalens weitaus weniger problematisch war. Doch auch den evangelischen Pfarrern wurde letztlich Eindeutiges nahegelegt: »Wenn indessen – und nur in diesem Fall – gegen ein derartiges offenkundiges sündliches Verhältnis alle Mittel seelsorglicher Ermahnung und kirchlicher Zucht vergeblich erschöpft sind oder die beteiligten Personen dem Geistlichen die Annäherung als Seelsorger verschließen, also offener Trotz und beharrliche Mißachtung sittlicher und religiöser Grundsätze dem Pfarrer entgegentreten, wird derselbe denen gegenüber, welche sich durch Milde nicht wollen bessern lassen, die Hilfe der Obrigkeit anrufen und deren Schutz und Beistand zu gewärtigen haben.«

Waren die Geistlichen aber mit der ihnen angedienten Aufgabe nicht überfordert? Was war offener Trotz oder nur Offenlegung von Lebensumständen, die sich nicht ändern ließen? In den 50er Jahren scheint sich ein Verfahren der kirchlichen Anzeige von Konkubinaten bei staatlichen Behörden eingeschliffen zu haben. Die Pfarrer berichteten den für sie zuständigen Superintendenten, diese faßten die gesammelten ›Erkenntnisse‹ für das Konsistorium, die oberste evangelische Kirchenbehörde in einer preußischen Provinz, zusammen, welches dann bei den Regierungsbehörden die »Auflösung dieser Verhältnisse« anmahnte. Diese Behörden jedoch hatten eine lange Erfahrung auch verantwortungsvollen Umgangs mit Konkubinaten hinter sich. Bei den unmittelbaren ›Exekutoren‹ stellten sich oft Hemmungen ein, den Repressionsweg blind zu gehen. Ein aufschlußreiches Beispiel dafür, daß auch bei den Instanzen der Sozialkontrolle soziales Verantwortungsgefühl nicht gänzlich abgestorben war, sei aus den Quellen zitiert.[30] Ein Pfarrer aus dem Rheinland hatte Ende 1856 dem Rheinischen Konsistorium über drei ›wilde Ehen‹ in der evangelisch-lutherischen Gemeinde Radevormwald berichtet. Das Konsistorium informierte die Düsseldorfer Regierung, diese den Landrat in Lennep, dem der Radevormwalder Bürgermeister Bericht zu erstatten hatte. Er verwies auf seine Bemühungen, Konkubinaten dadurch zu begegnen, daß man den betroffenen Personen helfe, z. B. durch »Erlangung der nötigen Papiere« zum Abschluß einer Ehe zu gelangen. Doch oft stünden den Behörden wie den Leuten selbst »nicht zu überwindende Hindernisse« entgegen. Auch die von dem Pfarrer aufgespürten ›wilden Ehen‹ seien aus diesem Blickwinkel zu betrachten. Der Bürgermeister stellte sie in seinem Bericht einzeln vor. »Der Weber Heinrich Sch. aus Kurhessen hat immer den reellen Vorsatz zum Abschlusse der Ehe bewiesen, nur sind stets sich als unüberwindlich gezeigte Hindernisse vorhanden gewesen, welche die Erreichung des Zieles unmöglich machten. Hauptsächlich war es bei steter Kränklichkeit und beschränkter Arbeitsfähigkeit seine drückende Armut, die ihn in mancher Beziehung nicht zum Zwecke kommen ließ. Die fast ununterbrochenen Krankheitsverhältnisse, unter denen auch zwei Kinder starben, ließen die Anwendung von Straf- und Zwangs-Maßnahmen meistens nicht einmal zu, wenn nicht eine entsetzliche Härte ausgeübt werden sollte, gegen die sich das Mitleidsgefühl gar zu sehr sträubte.«

Die beiden anderen Fälle waren ähnlich gelagert. Was »Mitleidsgefühl« bisher hatte verhindern können, die ›Zwangsausweisung‹, mußte nun von dem Bürgermeister betrieben werden. Die Handlungsspielräume unterer Behörden waren durch Erlaßvorgaben enger geworden. Sicherlich ist es für den Historiker schwierig, im Unterschied etwa zum Vorgang der Setzung von Recht, die verwickelten Vorgänge der Rechtsanwendung von einzelnen Fallgeschichten aus nachzuzeichnen. Vieles gilt es hier zu berücksichtigen: die Besonderheit der jeweiligen historischen Situation, also den Punkt, an dem sich Geschichte und Lebensgeschichten verschränken; nicht weniger wichtig ist der jeweilige regionale oder auch kommunale Kontext, in dem Traditionen angesiedelt sein können, die sowohl die Handlungsweise der Bürokratie wie das Verhalten der Menschen beeinflussen. Die Maßnahmen gegen ›wilde Ehen‹ wurden hier vor allem an Beispielen aus dem preußischen Rheinland illustriert. Der katholische Zuschnitt dieser Region war fraglos ein fruchtbarer Boden für die Umsetzung der preußischen Restaurationspolitik in den 40er und 50er Jahren. Es gab im Rheinland aber auch eine weit verbreitete Aversion gegen alles Preußische, vielfache Versuche, regionales Selbstbewußtsein gegenüber den Politikvorgaben aus Berlin zu demonstrieren. Bezugspunkt dieser Renitenz war die eigene liberale Rechtsverfassung, die Behauptung ›französischen‹ Rechts neben und innerhalb der mächtigen altpreußischen Rechtsordnung. Manche bürokratische Gelassenheit in der politisch hochgespielten Konkubinatsfrage hatte hier ihren Grund. Im Rheinland ist die Verwaltung nur zögernd auf den Repressionskurs v. Westphalens eingeschwenkt; daß dann aber doch auch sie letztlich ›exekutierte‹, ist ein Beleg für die Stärke jener Grundtendenz, der sich die preußische Gesellschaftspolitik seit der Mitte des 19. Jahrhunderts immer mehr verschrieb. Fallgeschichten haben sicherlich oft nur einen begrenzten Aussagewert; doch unbezweifelbar ist ihr historischer Stellenwert immer dann, wenn sie in Korrespondenz zu den vorherrschenden Zeitströmungen stehen. Im Mikrobereich bilden sie Makrostrukturen, die Merkmale einer Epoche und deren Formkräfte ab. Auf diese Weise vermögen sie das historische Urteil zu präzisieren und die historische Aussage dichter zu machen.

Was in Preußen in den 40er und 50er Jahren begonnen wurde, lebte für eine lange Zeit geschichtlich weiter, ja man kann sagen, daß in diesen Jahrzehnten nicht nur der preußischen, sondern auch der deutschen Gesellschaftsentwicklung Implantate eingepflanzt wurden, die mit zu den Bürden der neueren deutschen Geschichte gehören. Die »Achtung für das Institut der Ehe« wollte v. Westphalen auf dem scharf markierten Weg einer bürokratischen Mißachtung eheähnlicher Verhältnisse wieder herstellen. Sicherlich hat dieser sozial- und rechtspolitische Stil die Ehe privilegiert; ob diese an Achtung gewann, ist freilich sehr zu bezweifeln. Es bildete sich in der zweiten Hälfte des 19. Jahrhunderts eine bürokratische Verfolgungstradition von Konkubinaten heraus. Sie hat sich quellenmäßig sehr dicht niedergeschlagen.[31] »Pfarr-Geistliche« ermahnten und verwarnten, Bürgermeister erteilten »Exekutionsstrafen« und Polizeipräsidenten wurden aktiv. Die Betroffenen hatten nur geringe Möglichkeiten der Gegenwehr. Daß sie sich mit ihrem Leben nicht versteckten, zeigt die nicht unbeträchtliche Zahl der »Verwaltungsstreitverfahren«, die sie gegen Maßnahmen der Behörden anstrengten, die in ihren Augen Übergriffe, Eingriffe in private Lebensumstände waren. Menschen, denen von den Kommunalbehörden Strafen angedroht wurden – und gegen die auch oft Strafen verhängt wurden –, wandten sich an die vorgesetzten Instanzen. Im Rheinland waren dies die Regierungen und das für die gesamte Provinz zuständige Oberpräsidium. Diese Menschen unterstrichen das wenig ›Unsittliche‹ ihres Lebenswandels, scheiterten aber an der Interpretation ihrer Lebenskonstellation durch die Behörden. So wurde z. B. im Jahre 1855 das »Rekursgesuch« eines seit langem von seiner Ehefrau getrennt – und im Konkubinat mit einer anderen Frau – lebenden Schuhmachers von der Trierer Regierung mit folgendem Argument abgelehnt: »Da nach den uns vorliegenden Civilstandsakten die Geburt der beiden unehelichen Kinder der Katharina S. von dem G. [d. i. der Schuhmacher; D. B.] selbst deklariert und darin ausdrücklich erklärt resp. konstatiert ist, daß ein jedes dieser Kinder von der S. in der Wohnung des G. geboren worden, konnten wir dessen vorerwähntes Gesuch nur zurückweisen.«[32]

Am Ende des 19. Jahrhunderts, also fast ein halbes Jahrhundert nach diesem Fall, hatte sich die in den Quellen begegnende Ton- und Gangart kaum geändert. Das Verfahren war aufwendiger geworden; immer mehr Instanzen hatten sich mit Konkubinaten zu beschäftigen. Das hing mit den erweiterten Rechtsmöglichkeiten der Betroffenen zusammen. Auf verwaltungsgerichtlichem Wege, der seit den 70er Jahren offenstand, konnte gegen Strafbescheide der Behörden angegangen werden. So beschäftigte im Jahre 1890 der Fall einer »von ihrem Mann getrennt lebenden Ehefrau« aus Köln den dortigen Polizeipräsidenten, den Kölner Regierungspräsidenten und den Oberpräsidenten der Rheinprovinz.[33] Die Frau lebte mit einem verwitweten Reisenden zusammen, und beide bemühten sich gemeinsam, ihr nicht gerade leichtes Leben zu durchstehen. Dieses »Concubinats-Verhältnis« drohte ein Opfer der von der »Polizei-Verwaltung vorgenommenen Ermittlungen« zu werden – der Begriff der Ermittlungen signalisiert das deliktische Fahrwasser, in das eheähnliche Verhältnisse geraten waren. Was war in diesem Fall ermittelt worden? Rechtfertigte es die polizeiliche Auflösungsverfügung dieses »unsittlichen Verhältnisses«, gegen die die Frau Beschwerde eingelegt hatte? In einem Schreiben des Kölner Regierungspräsidenten, der gegenüber dem Rheinischen Oberpräsidium die Handlungsweise der Polizei verteidigte, heißt es: »Die Beschwerdeführerin lebt nach wie vor mit dem D. [d. i. der Reisende; D. B.] zusammen wie Mann und Frau und hat ihre 5 Kinder, von denen das jüngste dem ehebrecherischen Verhältnisse entsprungen ist, in ihrer Pflege, während von den 4 Kindern des D. nur eins im Hause der Beschwerdeführerin Unterkommen gefunden hat, die übrigen drei dagegen anderweitig untergebracht und mangels jeglicher elterlichen Zucht und Pflege körperlich und geistig verwahrlost sind.« Der Beweis für diese Verwahrlosung wird nicht angetreten. Löst man sich bei diesen Ermittlungsbefunden von der Sichtweise der Bürokratie, so ergibt sich ein durchaus von Verantwortung getragenes Arrangement zweier durch Tod oder ehelichen Streit beschädigter Familien. Die Lebenspläne der Betroffenen aber stießen bei der Verwaltung auf taube Ohren. Sie stand zu dieser Zeit ganz unter dem Einfluß einer konsequent betriebenen Eheerhaltungspolitik. Die Entstehungsgeschichte des familienrechtlichen Teils des Bürgerlichen Gesetzbuchs wird die Dimensionen und die Stoßkraft dieser Politik erkennen lassen. Es gab am Ende des 19. Jahrhunderts auf Seiten der Behörden nur wenig Einfühlungsvermögen in soziale Situationen, nicht mehr das »Mitleidsgefühl« von Bürgermeistern, wie in der ersten Hälfte des Jahrhunderts. Als Unrecht empfanden die Menschen die Rechtsakte der Bürokratie. Ihr Protest blieb meist im Gestrüpp der juristischen Klauseln hängen. »Ich habe mit dem Kostgänger D. durchaus kein Verhältnis, welches auch nur im geringsten Anstoß erregt, weshalb ich die Strafe nicht anerkenne, weil dieselbe ungerecht ist«, schrieb die Frau aus Köln am Ende vieler Verfahrensschritte an den Oberpräsidenten; dieser antwortete, daß es bei der Auflösungsverfügung »sein Bewenden behalten muß«.

3. Ledige Mütter und ihre Rechte

Die Konkubinatsfrage bildet die eine Flanke der preußischen Ehepolitik im 19. Jahrhundert; die Nichtehelichenfrage ist ihr zweiter, in juristischer Hinsicht vielleicht noch bedeutsamerer Stützpfeiler gewesen. Auch bei dieser Frage wird deutlich werden und im Auge zu behalten sein, wie stark Preußisches zum Grundbestand der inneren Entwicklung in Deutschland hat werden können.

Das Nichtehelichenproblem war im 19. Jahrhundert nicht nur ein gravierendes soziales Problem, sondern auch ein kompliziertes Rechtsproblem mit einer sehr wechselhaften Geschichte.[34] Es ging dabei um die Fixierung der Rechtsbeziehungen zwischen dem nichtehelichen Kind und seiner Mutter bzw. seinem Erzeuger. Von der Art dieser Beziehungen waren die Lebensverhältnisse der ›ledigen Mütter‹ in hohem Maße abhängig. Über das Recht konnten die Nichtehelichen auf eine gesellschaftliche Außenseiterposition verwiesen und in ihr gehalten werden, das Recht konnte aber auch Schutz verbürgen, Schutz vor gesellschaftlichen Anfeindungen wie auch Schutz vor materieller Not. Die Entwicklung des Nichtehelichenrechts im 19. Jahrhundert spiegelt die gesellschaftliche Formkraft der kirchlich-konservativen Leitbilder von Ehe- und Familienverband. Seit der späten Aufklärungsepoche weist diese Rechtsmaterie eine »typische Abwärtslinie« auf (Buchholz), wurden gegenüber der nichtverheirateten Frau und ihrem unehelichen Kind immer höhere familienrechtliche und erbrechtliche Schranken errichtet. Dieser, zumeist wenig beachtete, Vorgang gehört mit in die Gründungsgeschichte der bürgerlichen Familie; er wirft ein fahles Licht auf den Mythos ihres Siegeszuges aus eigener Kraft.

Das Nichtehelichenrecht des 19. Jahrhunderts ist vor dem Hintergrund der älteren gemeinrechtlichen Tradition in Deutschland zu sehen, die es z. T. fortsetzt, mit der es aber auch bricht. Das gemeine Recht erlangte seit dem Ende des 15. Jahrhunderts auch im Staatenverbund des Heiligen Römischen Reiches Deutscher Nation überall dort Geltung, wo es nicht durch regionales oder lokales Recht eingeschränkt wurde. Dieses ›allgemeine‹ Recht, das in dem universale Geltung und zeitlose Richtigkeit beanspruchenden Römischen Recht seine Wurzel hatte, überwölbte in Deutschland einen rechtlichen Partikularismus, der bis in die Zeit des Bürgerlichen Gesetzbuchs von 1900 Bestand haben sollte. Das gemeine Recht umfaßte nicht nur die klassische ›römische‹ Rechtsmaterie des Privatrechts, sondern es enthielt auch Regelungsnormen für den Bereich des Straf- und Strafprozeßrechts. Am Ende des 18. und zu Beginn des 19. Jahrhunderts suchten die größeren Staaten in Deutschland ihr Verhältnis zum gemeinen Recht durch eigene Kodifikationen neu zu bestimmen. Der Codex Maximilianeus Bavaricus Civilis von 1756, das Allgemeine Landrecht für die Preußischen Staaten von 1794 oder das Badische Landrecht von 1810 waren partikulare Gesetzbücher, die für ihr jeweiliges Geltungsgebiet das gemeine Recht außer Kraft setzten.

Das gemeine Recht hatte in der Nichtehelichenfrage eine Tradition rechtlicher Diskriminierung geschaffen. Der uneheliche Beischlaf wie die uneheliche Geburt galten als eine streng zu verfolgende Schande. Diesem Rechtssystem warf besonders das Aufklärungsdenken des 18. Jahrhunderts ungezügelte Grausamkeit vor. Man brachte das Grauenhafte des Kindermordes mit ihm in eine enge Verbindung. So sind es neben bevölkerungspolitischen Motiven auch humanitäre Aspekte gewesen, die Preußen am Ende des 18. Jahrhunderts eine entschiedene Wende vollziehen ließen. Das Allgemeine Landrecht veränderte nicht nur die rechtliche Lage des nichtehelichen Kindes und seiner Mutter, es ging ihm auch um eine Hebung der Sozialposition, die beide künftig »im bürgerlichen Leben« einnehmen sollten.

Unter der Überschrift »Von den rechtlichen Folgen des unehelichen Beyschlafes« regelte das Allgemeine Landrecht die Verhältnisse der Geschwängerten (Zweiter Teil, 1. T. (Von der Ehe), Elfter Abschnitt, §§ 1027–1137); im Neunten Abschnitt des Zweiten Titels (Von den wechselseitigen Rechten und Pflichten der Eltern und Kinder) wurde die rechtliche Stellung des unehelichen Kindes festgelegt. Die Überschrift lautet hier »Von den aus unehelichem Beischlafe erzeugten Kindern« (§§ 592–665). In der Tat vollzog das Allgemeine Landrecht in den genannten Gesetzespassagen eine Totalabkehr von den bisherigen gemeinrechtlichen Regelungen des Nichtehelichenproblems. Oberster Grundsatz war: »Wer eine Person außer der Ehe schwängert, muß die Geschwächte entschädigen, und das Kind versorgen.« (ALR II, 1. T., 11, § 1027) Hinsichtlich des Entschädigungsanspruches gab es eine Abstufung nach den jeweiligen Umständen; diese hatte der Richter im Rahmen einer »angestellten Schwängerungsklage« genau »auszumitteln«. Hatte der »Verführer« die Ehe versprochen, sollten »in dem abzufassenden Erkenntnisse der Geschwächten der Name, Stand und Rang des Schwängerers so wie überhaupt alle Rechte einer geschiedenen, für den unschuldigen Teil erklärten Ehefrau desselben, beigelegt werden. Dieser Rechte soll sie sich im bürgerlichen Leben, und bei allen Verhandlungen desselben, wirklich zu erfreuen haben.« (ALR II, 1. T., 11, §§ 1049–1050) Die Frau hatte somit Anspruch auf die gesetzlichen Ehescheidungsstrafen aus dem Vermögen oder den Einkünften des Mannes. Die bisherige Außenseiterstellung der Nichtehelichen sollte durch deren bewußte Integration in die »bürgerliche Gesellschaft« beseitigt werden. Durch Richterspruch habe die Frau das Recht, »sich in der bürgerlichen Gesellschaft aller Befugnisse einer rechtmäßigen, obwohl geschiedenen Ehefrau zu erfreuen.« (ALR II, 1. T., 11, § 1058) Doch auch wenn der Mann den Beischlaf ohne das Versprechen der Ehe erwirkt hatte, sollte er aus seinen Einkünften zu einem »standesmäßigen Unterhalte« der Frau verpflichtet sein. Auch die »aus unehelichem Beischlafe erzeugten Kinder« erhielten eine verbesserte Rechtstellung. Ihre »Verpflegung und Erziehung« waren als Anspruchsrechte gegenüber dem »unehelichen Vater« weitgehend abgesichert. Wurden der Mutter die Rechte einer geschiedenen Ehefrau gerichtlich zuerkannt, hatten sie »die Rechte der aus einer vollgültigen Ehe erzeugten Kinder«. (ALR II, 2. T., 9, § 592) Freilich waren diese eingeschränkt, wenn der Vater »eheliche Abkömmlinge« hatte; in diesem Fall stand ihnen »kein gesetzliches Erbrecht« an seinem Nachlaß zu. Ansonsten erhielten sie den sechsten Teil des hinterlassenen Erbes. (ALR II, 2. T., 9, §§ 651 u. 652)

Das preußische System des Nichtehelichenrechts hatte seinen springenden Punkt nicht in den materiellen Regelungen, so eindeutig und eindrucksvoll diese sich auch von der Rechtsvergangenheit unterschieden, sondern in seinen prozeßrechtlichen Festlegungen. Was hätten Mutter und Kind die umfassendsten Rechte genutzt, wenn es für den Vater rechtlich ein Leichtes gewesen wäre, die Vaterschaft zu bestreiten? Dieses Problem war dem preußischen Gesetzgeber sehr bewußt. So sind die von ihm aufgestellten

Beweisregeln in »Schwängerungsklagen« eine Art Rückversicherung der Politik des Rechtsschutzes für die ›ledige Mutter‹. Im Allgemeinen Landrecht begegnet eine definitive Skala »gesetzlicher Vermutungen, wenn der Beischlaf geleugnet wird« (ALR II, 1. T., 11, §§ 1104–1119). An sie hatte sich der Richter zu halten. Er hatte die Möglichkeit, entweder die Frau zum »Erfüllungseid« oder den Mann zum »Reinigungseid« zuzulassen. »Zum Reinigungseide muß der Beklagte vornehmlich alsdann gelassen werden, wenn er bis dahin einen unbescholtenen Wandel geführt, die Klägerin aber sich einer schlechten Aufführung verdächtig gemacht hat.« War die Klägerin aber von »unbescholtener Aufführung, der Lebenswandel des Beklagten aber so beschaffen..., daß man sich der Tat zu ihm wohl versehen kann, so ist eher auf den Erfüllungs- als auf den Reinigungseid zu erkennen.« In den häufigsten Fällen dürfte es keine einseitige ›Schuld‹ gegeben haben, sondern ein für den Richter nur schwer zu entwirrendes Knäuel von Lebensumständen. Doch auch für diese Fälle schuf das Allgemeine Landrecht eine bezeichnende Klarheit: »Ist wegen der gegen beide Teile vorhandenen gesetzlichen Vermutungen das Erkenntnis zwischen dem Erfüllungs- und Reinigungseide zweifelhaft: so ist allemal eher auf ersteren, als auf letzteren zu erkennen.«

Die Gesetzesbestimmungen des Allgemeinen Landrechts zur Nichtehelichenfrage, die im Eidesprivileg der Frau ihren harten Kern hatten, sagen als solche noch nichts über die Gesetzeswirklichkeit aus. Sie markierten einen Justizweg. Aber wurde dieser Weg von den Betroffenen auch beschritten? Rechtsschutz ist sowohl von der justiziellen Handhabe der Rechtsnormen wie von deren Nutzung durch die Menschen abhängig. *Wie* die preußische Justiz in »Schwängerungssachen« geurteilt hat, ist quellenmäßig nur mehr indirekt zu erschließen; *daß* sie geurteilt hat, ist dagegen in den Statistiken der preußischen Justizbehörden zuverlässig überliefert.[35] Wichtig ist hier das Ausmaß, in dem Frauen die bestehenden rechtlichen Möglichkeiten ausgeschöpft haben. Das Anstrengen einer Schwängerungsklage mochte aus sozialer Not geboren sein; doch es war auch ein Akt sozialer Selbstdarstellung, zu dem Mut und Selbstbewußtsein gehörten. Die These einer vom Recht freigegebenen und durch das Recht stabilisierten weiblichen Autonomie geht über das hinaus, was historisch belegbar ist. Dennoch gibt es für die erste Hälfte des 19. Jahrhunderts Belege quantitativer Art, die in Richtung dieser These lesbar sind.

Von preußischen Gerichten, die Rheinprovinz ist hier aus später noch zu erörternden Gründen ausgenommen, wurden in einem Zeitraum von sieben Jahren, von 1835–1841, 48665 Urteile in »Schwängerungssachen« abgefaßt; für die einzelnen Jahre betrug die Zahl der Urteile: 1835 – 4958; 1836 – 7071; 1837 – 6944; 1838 – 7624; 1839 – 7261; 1840 – 7357; 1841 – 7450. In demselben Zeitraum betrug in Preußen insgesamt die Zahl der unehelich Geborenen: 1835 – 37999 (= 7,1% der Geborenen); 1836 – 38162 (6,9% d. G.); 1837 – 39501 (7,1% d. G.); 1838 – 39774 (7,0% d. G.); 1839 – 39919 (6,9% d. G.); 1840 – 40948 (7,0% d. G.); 1841 – 42129 (7,1% d. G).[36] Jedes unehelich geborene Kind konnte, von den rechtlichen Vorgaben her gesehen, Anlaß einer Schwängerungsklage sein; viele dieser Kinder sind es, wie aus einem Vergleich beider Zahlenreihen hervorgeht, auch gewesen. In Berlin wurden zwischen 1835 und 1841 10895 uneheliche Kinder geboren; beim für Berlin zuständigen Kammergericht wurden in dieser Zeit 4836 Urteile in »Schwängerungssachen« gesprochen. In der Provinz Brandenburg unter Einschluß Berlins gab es im Jahre 1841, um ein überliefertes Stichjahr herauszugreifen, 6544 Geburten von unehelichen Kindern; in demselben Jahr hatten die für die Provinz zuständigen Ober- und Untergerichte 1248 Urteile in »Schwängerungssachen« zu sprechen. In der Provinz Schlesien beschäftigte die ›Unehelichkeit‹ ebenfalls in beträchtlichem Umfang die Justiz: Uneheliche Geborene, 1841 – 10753; »Schwängerungssachen« in den Oberlandesgerichtsbezirken Breslau, Glogau und Ratibor, 1841–1622.

Preußen hatte nicht nur ein fortschrittliches Nichtehelichenrecht, sondern war auch, wie es scheint, in der Anwendung dieses Rechts fortschrittlich. Der Rechtszustand, den das Allgemeine Landrecht geschaffen hatte, war freilich nie unumstritten gewesen. In den Jahrzehnten vor der 48er Revolution wurden, wie schon erwähnt, mit großem Aufwand die Revisionsarbeiten an sämtlichen relevanten Rechtsmaterien vorangetrieben, vom Straf- und Strafprozeßrecht über das Öffentliche Recht bis zum Großbereich des Zivilrechts.[37] Der Revisionsprozeß insgesamt hatte jedoch keinen einheitlichen Verlauf. Zum einen bemühte man sich unterschiedlich stark um die einzelnen Rechtskomplexe, und zum anderen wurde die Arbeit von oft weit auseinanderliegenden politischen Grundlinien aus in Angriff genommen. So wurde Manches am Allgemeinen Landrecht als veraltet empfunden; man sah diese Kodifikation als Hemmnis auf dem Weg in eine moderne Wirtschafts- und Arbeitsgesellschaft an. Diese, auch innerhalb der Bürokratie vertretene, zukunftsgerichtete Kritik an den rechtlichen Hürden, die den Aufbau einer ökonomisch florierenden ›bürgerlichen Gesellschaft‹ erschwerten, war im Vormärz mit zu geringer gesellschaftlicher Schubkraft ausgestattet, als daß das Rechtssystem des Allgemeinen Landrechts von dieser Seite hätte aus den Angeln gehoben werden können. Gefahr drohte ihm vielmehr aus einer anderen Ecke. In den 40er Jahren, als mit dem Thronwechsel in Preußen sich auch die politische Szene verändert hatte, witterte jener rückwärtsgewandte Konservativismus Morgenluft, der seit der Reformära die preußische Entwicklung mit Skepsis verfolgt und mit innerer Verbitterung kommentiert hatte. Lange Zeit war die konservative Strömung nicht die dominante in Preußen gewesen. Den Ton gab eine ebenso selbstbewußt wie liberal argumentierende Bürokratie an. Zwar erfaßt der Blick auf die Justizbürokratie nicht das ganze Bild, aber doch wesentliche Ausschnitte dieses Bildes.[38] Das Nichtehelichenrecht, sicherlich am Rande der ›Gesetzrevision‹ liegend, ist durchaus eine Belegstelle für vorherrschende Orientierungen innerhalb des preußischen Staatsapparates am Ende der 20er und zu Beginn der 30er Jahre. Der Revisor, als Richter am Obertribunal tätig, war, wie schon in der

Scheidungsfrage, auch in der Nichtehelichenfrage ein entschiedener Verfechter des landrechtlichen »Generalprinzips«. Souverän stellte er sich in seinem Gesetzesvorschlag allen Bestrebungen entgegen, das Rechtsinstitut der »Entschädigungsklagen« aus dem Allgemeinen Landrecht zu streichen. Diese Bestrebungen gab es, aber sie waren zu diesem Zeitpunkt politisch ohne jede Chance. Das vor allem auch deshalb, weil die Begründungsargumente für die Aufhebung von »Paternitäts- und Alimentenklagen« noch ohne große politische Rücksichtnahme zerpflückt werden konnten. Meist wurde mit dem abträglichen Einfluß des Entschädigungsanspruchs der ledigen Mutter auf die »guten Sitten« argumentiert. Doch gerade unter diesem Gesichtspunkt hielt der Revisor die »Befreiung des männlichen Geschlechts von allen rechtlichen Nachtheilen des außerehelichen Beischlafs« für sittenwidrig; er sah eine solche Rechtsänderung als »schlechthin widerrechtlich« an. »Wenn man zugibt, daß die Verleitung zum außerehelichen Beischlaf in der Regel von den Männern, als angreifendem Theil, ausgeht, der umgekehrte Fall hingegen nur die in nichts verschwindende Ausnahme bildet, so könnte es unmöglich zur Beförderung der guten Sitten gereichen, wenn man gerade von demjenigen Theil, der von Natur am meisten geneigt ist, dagegen zu verstoßen, alle nachtheiligen Folgen abwälzen wollte; denn daß dadurch der Widerstand auf Seiten der Weiber verstärkt werden würde, ist eine Täuschung.«[39] Es blieb also im Entwurf des Jahres 1830 beim im Allgemeinen Landrecht aufgestellten ›Grundsatz der Entschädigung‹: »Wer eine Person außer der Ehe schwängert, muß die Geschwächte entschädigen und das Kind versorgen.«

Es war kein Zufall, daß den frühen Revisionsarbeiten in den 40er Jahren kein juristischer Erinnerungswert mehr beigemessen wurde. Auch die Reform des Nichtehelichenrechts wurde aus dem Gang der allgemeinen ›Gesetzrevision‹ ausgegliedert. Damit aber geriet diese Rechtsmaterie noch stärker in die Fänge eines lauernden Konservativismus. Sozial stand hinter ihm die Schicht des Feudaladels; sie hatte in den preußischen Provinzialständen ihr Repräsentationsforum. Die Provinzialstände waren präkonstitutionelle Gremien; sie konnten die staatliche Gesetzgebungspolitik nur mit beratender Stimme begleiten, nicht selber in Entscheidungsvorgänge eingreifen. Dennoch hatten die vom Adel dominierten Ständeversammlungen ihr politisches Gewicht. Sie konnten ihre zeitversetzten Ansichten und ihre sehr zeitbezogenen Interessen relativ mühelos in den Staatsapparat einbringen und so dazu beitragen, fortschrittliche und sozial aufgeschlossene Denkhorizonte abzubauen. Diese zur Bewegungsrichtung der gesellschaftlichen Wirklichkeit kontrapunktiv zusammengesetzten Gremien stifteten im Verlauf des Vormärz ein Klima der Reformfeindlichkeit und waren des öfteren Partner einer in ihrem Reformwillen immer mehr erlahmenden Bürokratie.

Besonders in der Nichtehelichenfrage entwickelte sich eine sehr enge und auch sehr folgenreiche Zusammenarbeit zwischen Ständen und Staatsbürokratie. In den 40er Jahren wurden die Weichen für ein gesetzgeberisches

Löschen der großzügigen Gesetzesbestimmungen des Allgemeinen Landrechts in dieser Frage gestellt; dieses erfolgte dann in der beinharten Reaktionszeit des nachrevolutionären Jahrzehnts. Auf sie deutet eine Petition voraus, die der siebte Schlesische Provinziallandtag im Mai 1843 für den preußischen König verfaßte.[40] Es ging den Ständevertretern aus Schlesien vordergründig um den »Erlaß von Verfügungen zur Verhütung oder Beschränkung des leichtsinnigen Eingehens von Ehen«, so der Betreff ihres dem König zur Kenntnis gebrachten Anliegens. Sicherlich gab es in der gesellschaftlichen Krisenzeit des Vormärz einen Zusammenhang zwischen Frühehen und familialer Verarmung. Doch nicht sozialpolitische Initiativen hatten die Stände im Sinn, sondern rechtspolitische Revisionen und Repressionen. Ihre Denkschrift ist ein Dokument der Intransigenz der herrschenden Schichten gegenüber den herrschenden gesellschaftlichen Verhältnissen; das Schicksal dieser Denkschrift erinnert an die vielen, aber wenig ruhmreichen Siege des Konservativismus auf dem Feld der Sozial- und Rechtspolitik, die heute wie damals eine oft übersehene Einheit bilden.

Es ging den Ständen um die ›Verknüpfung‹ von Ehe und Armut. Gerade die Rechtsform der Ehe gewährleistete in dieser Zeit ja so etwas wie eine staatliche Ausfallbürgschaft, wenn Familien der Verarmung anheim fielen. Kern des Ständeanliegens war, wenn auch durch viele Argumentationsretuschen verdeckt, nicht die »Beschränkung des leichtsinnigen Eingehens von Ehen«, sondern die Beschränkung des Eingehens von Ehen überhaupt. Man hoffte auf diese Weise die finanziellen Lasten, die mit der Rechtspflicht zur Armenunterstützung verbunden waren, in nicht unerheblichem Maße drücken zu können. Während die am Rande des Existenzminimums lebenden unterständischen Bevölkerungsschichten in die Ehe drängten, suchten die gesellschaftlich privilegierten Schichten den Zugang zur Ehe möglichst zu verstellen. Das war in der Zeit des Vormärz weder ein preußisches Spezifikum, noch war es außergewöhnlich, daß innerhalb Preußens ein Ständeorgan in dieser Richtung vernehmlich und tätig wurde. Außergewöhnlich aber waren sehr wohl die Argumentationsfiguren, zu denen die schlesischen Stände griffen. Nicht das Gemeindebürgerrecht, was nahegelegen hätte, wollte man abgeändert sehen, sondern das Nichtehelichenrecht. Das war ein neuer Einstieg in ein Zeitproblem, dessen äußere Seite zwar die Armut, dessen innere Mitte aber der Umgang mit Menschen war, die das Schicksal der Armut zu tragen hatten oder von ihm bedroht waren. Wie sich zeigen sollte, war dieser Einstieg keineswegs ein Seiteneinstieg. Die Stände verlagerten das Eheproblem in die Schieflage des vorehelichen Geschlechtslebens. »Wenn einerseits«, so heißt es in ihrer Denkschrift, »oft die zu frühe Sucht nach Selbständigkeit und Unabhängigkeit den Gehorsams- und Aufsichts-Scheuen zum Mißbrauche verleitet, des schönen Rechts individueller Freiheit – sich jederzeit einen Haus- und Familienstand begründen zu dürfen, so liegt vielleicht in anderen Fällen diesem Schritte die Furcht des Leichtsinnigen vor den Folgen der gesetzlichen Ansprüche zum Grunde, die wider ihn nach dem 11ten Abschnitte des ersten Titels im zweiten Teile des allgemeinen Landrechts in den daselbst bezeichneten Umständen erhoben werden können.« In der Optik der Stände lebte der »Verführer«, der eine Ehe einging, besser als derjenige, der ›ehelos‹ Unterhaltszahlungen für Frau und Kind aufzubringen hatte. Vor dem Hintergrund der in der damaligen Zeit bestehenden massiven Beschränkungen der Eheschließungsfreiheit war dieses Argument sehr wirklichkeitsfremd. Es zielte auch auf etwas Anderes ab. Das Allgemeine Landrecht hatte die Unehelichkeit mit Rechtsprivilegien versehen, die in einer veränderten gesellschaftlichen Situation – der im Zeichen des Pauperismus stehenden Zeit des Vormärz – sozial voll zum Tragen kamen. So lag der Petition der Stände eine doppelte Stoßrichtung zugrunde: Die soziale Exklusivität des Rechtsinstituts Ehe sollte aufrechterhalten und der Stellenwert dieses Instituts im gesellschaftlichen Bewußtsein dadurch erhöht werden, daß Alternativen zu ihm rechtlich ausgeschlossen blieben.

Diese Denkschrift ist insgesamt von einem sehr wirren Zuschnitt. In einem Punkt aber war sie eindeutig. Die ›ledige Mutter‹ sollte von ihrem Rechtspodest gestoßen werden. Sie paßte nicht in ein kirchlich-konservatives Weltbild, das »Moralität« einforderte, ohne dabei die gesellschaftlichen Voraussetzungen eines ›moralischen‹ Lebens, die Bedingungen seiner Möglichkeit zu bedenken. Für die Stände war es »das Bewußtsein des Rechtsschutzes«, das sich beim »weiblichen Geschlecht der unteren Klassen« auf eine besorgniserregende Weise breitgemacht habe. Unkeusche und unmoralische Frauenspersonen sähen in den Bestimmungen des Allgemeinen Landrechts eine »Assekuranz-Police ihrer Unkeuschheit«. »Das keusche, moralische Mädchen bedarf zwar nicht der Furcht vor Schande und Not, um ihre Keuschheit zu bewahren, der grobsinnlichen, unmoralischen und vielleicht spekulierenden Frauensperson aber stelle das Gesetz eine Schranke. Weiß eine solche: daß sie im Falle der Prägnation nichts von ihrem Prägnanten zu fordern berechtigt ist, als was sein Versprechen oder sein Mitleid ihr gewährt, so wird die *Furcht* den Sieg gewinnen über die Sinnlichkeit und über die Habsucht, und hierdurch unmittelbar wenigstens die Moralität befördert werden.«

Beim »Notstand« vieler Ehen hatten die Stände angesetzt; er aber war nur die Vorlage für eine Gesetzesanregung, die die Unehelichkeit rechtlos machen wollte. Soziale Probleme wurden auf die Ebene individuellen Verhaltens abgeschoben, und »Furcht« sollte ein Sozialverhalten nach den Regeln der Moral gewährleisten. Es war eine im wahrsten Sinne des Wortes frauenfeindliche Politik, der die Stände mit hohlem Pathos das Wort redeten. Der Oberpräsident der Provinz Schlesien, der im Juni 1843 für das Preußische Staatsministerium einen Kommentar zur Denkschrift verfaßte, brachte diese Tendenz nüchtern auf den Punkt. Er konnte sich nicht enthalten, »schließlich noch« zu bemerken, »daß, wenn auch durch die Aufhebung des Entschädigungs-Anspruches der geschwängerten Frauenspersonen, die leichtsinnige Hingebung derselben an Männer, vermieden, und somit auf Beförderung der Moralität hingewirkt werden könnte, ebendadurch der Leichtsinn der Männer in dem geschlechtlichen Umgange mit Frauenspersonen einen wesentlichen Vorschub erfahren würde, und mithin die durch Änderung der landrechtlichen Bestimmungen bezweckten Vorteile wo nicht ganz vereiteln, doch wenigstens sehr vermindern würde.«[41]

Stimmen, die noch von ferne das preußische Reformzeitalter anklingen ließen, waren sehr isoliert in der politischen Tonlage der 40er Jahre. Friedrich Carl v. Savigny, der Preußische Gesetzgebungsminister, der in dieser Zeit an der ›Revision‹ des materiellen Eherechts wie des Eheprozeßrechts arbeitete, griff das Ständevotum aus Schlesien emphatisch auf und drückte es beharrlich auf immer höhere Ebenen des Staatsapparates. Er verfaßte seinerseits eine Denkschrift zu dieser Frage, die er dem preußischen Staatsministerium vorlegte.[42] Der Tenor entsprach voll und ganz dem der Ständedenkschrift. Freilich wurde bei Savigny nichts mehr sozial bemäntelt oder verkleistert. Es ging ihm um die Beseitigung des *Rechtsnotstandes*, den in seinen Augen das Allgemeine Landrecht heraufbeschworen hatte. »Anerkennung der Heiligkeit der Ehe und Strafbarkeit des Ehebruchs und der Unzucht – müßten wieder Grundprinzipien der Gesetzgebung und Praxis werden«, das war das Hauptanliegen einer Argumentation, für die die soziale Steuerungskapazität von Rechtsnormen und damit ihre Wirkkraft im gesellschaftlichen Raum außer Frage stand. Die »Würde der Ehe« wollte Savigny durch einen Abbau der ›würdelosen‹ Rechtsansprüche der ›ehelosen‹ Mutter wiederherstellen. Er hatte dabei durchaus auch den Umfang und die richterliche Behandlung der in den 40er Jahren bei den Gerichten anhängigen »Schwängerungssachen« vor Augen. Für ihn war der »jetzige Rechtszustand« von einer äußersten Fragwürdigkeit. Er untergrabe »die weibliche Geschlechtsehre und damit die guten Sitten überhaupt in den niederen Ständen«, privilegiere »Unzucht und Ehebruch« und mache diese »zu einträglichen Gewerben für das weibliche Geschlecht«; überall würden »Prozesse der schamlosesten Art« angestrengt, »in welchen falsche Zeugnisse und Meineide wuchern und durch welche selbst die Justiz in ihrem innersten sittlichen Kern leidet, indem sie durch Handhabung dieses Systems der Unzucht zu ihrem Lohn verhilft, ohne auch nur eine Rüge, geschweige denn eine Strafe, auszusprechen.«

Savigny zielte auf eine weitgehende Einschränkung der aus der Nichtehelichkeit ableitbaren Rechtsfolgen ab, um nur der Rechtsform der Ehe juristische Würde zu verleihen. Dieses neue Ringen um die »Herstellung der alten Strenge« geriet freilich in die Nähe des von Savigny wenig geliebten ›französischen‹ Rechts. Der im Rheinland geltende Code Napléon schloß die Erforschung der Vaterschaft aus und machte den Unterhaltsanspruch der Nichtehelichen vom freiwilligen Eingeständnis der Vaterschaft abhängig.[43] Savigny wandte sich nicht nur aus politischen Gründen, die auch mit seinen ›historischen‹ Rechtsüberzeugungen im Zusammenhang stehen, gegen eine

Übernahme der Code-Bestimmungen; diese beschränkten zwar die Ansprüche der Geschwängerten, verhielten sich aber rechtspolitisch neutral gegenüber ihrem Lebenswandel, ließen somit die »Unzucht straflos«.

Savignys Votum hatte Gewicht und fand voll Eingang in den *Landtagsabschied*, mit dem die schlesischen Stände Ende Dezember 1843 beschieden wurden.[44] In diesem Dokument zeichnete sich schon deutlich die weitere Entwicklung ab. Es zeigt auch, wie sehr die Nichtehelichenproblematik in die großen Fragen des Eherechts in dieser Zeit verwoben war. »Ernste und würdige Behandlung der Ehesachen«, bekamen die Stände wohl zu ihrer Befriedigung zu hören, »und ins besondere eine richtige Behandlung der Ehescheidungen sind geeignete Mittel, das allgemeine Bewußtsein der hohen Würde und der Heiligkeit der Ehe herzustellen und zu befestigen, und dadurch von leichtsinniger Eingehung der Ehe zurückzuhalten.« Außerdem teilte die preußische Staatsspitze den Ständen ihren Entschluß mit, gemäß des von ihnen gemachten Vorschlags, eine »legislative Beratung der Frage« in Gang zu setzen, »ob im Interesse der guten Sitte und der Ehe die auf unehelichen Geschlechts-Umgang gegründeten Ansprüche unzüchtiger Weibspersonen und unehelicher Kinder zu beschränken sind«.

Savigny hat die von höchster Stelle freigemachte Bahn energisch beschritten. Er machte sich an die Vorbereitung eines »Spezialgesetzes«, das die »aus der unehelichen Geschlechtsgemeinschaft entspringenden Rechte und Verbindlichkeiten« neu festlegen sollte. Die Abstimmung mit den anderen preußischen Ministerien wurde schon Anfang 1844 gesucht. Während der preußische ›Kultusminister‹ Johann Albrecht Friedrich Eichhorn, ab 1840 der Nachfolger v. Altensteins in diesem Amt, Savigny zu folgen bereit war, zögerte das Innenministerium, für das Adolf Heinrich Graf v. Arnim die Verantwortung trug. Eichhorn wollte, ganz im Sinne Savignys, die Gesetzgebung von denjenigen Bestimmungen »entledigt« sehen, welche ihre Entstehung »einer zu weit getriebenen Besorgnis vor dem Kindermorde« verdankten.[45] Eher die Gegenwartsproblematik einer Gesetzesrevision hatte dagegen v. Arnim im Auge. Ihm erschien Savignys Versuch »nicht consequent, das rechtliche Bestehen der gedachten Verbindlichkeit gegen das Kind von dem persönlichen Wandel der Mutter abhängig zu machen.« Ob die Mutter sich noch Anderen hingegeben habe, sei rechtlich unerheblich. Überhaupt erschien v. Arnim Savignys mit Verve betriebenes Unternehmen »zweifelhaft«; er plädierte für die »Aufrechterhaltung« der landrechtlichen Grundsätze.[46]

Die ›Äußerung‹ des Innenministers hatte den entscheidenden Punkt in Savignys Gesetzesplanung sehr klar gesehen. Es ging um eine Relativierung des Unterhaltsanspruchs durch das, was juristisch die Mehrverkehrseinrede genannt wird. Sie hat eine gemeinrechtliche Tradition. Nachdem das Allgemeine Landrecht mit dieser Tradition gebrochen hatte, sollte nun wieder an sie angeknüpft werden. Der juristische Rückgriff auf den »persönlichen Wandel der unehelichen Mutter« bedeutete eine einschneidende Abänderung der Beweisregeln in »Schwängerungssachen«.[47] Obwohl Bedenken laut geworden waren, ließ sich Savigny in der Verfolgung seines rechtspolitischen Ziels nicht beirren. 1845 war ein Gesetzentwurf fertiggestellt, den er durch eine hochkarätige »Gesetz-Commission« seines Ministeriums beraten ließ.[48] Dieses Gremium, das für die Revisionsarbeiten am preußischen Landrecht insgesamt zuständig war und diese unterhalb der politischen Entscheidungsebene verantwortete, erklärte sich in seiner »Majorität« mit dem von Savigny gemachten Gesetzesvorschlag »einverstanden«, – »gewiß mit Recht«, wie Savigny gegenüber dem Staatsministerium betonte, »da die aus einer zu weit getriebenen Besorgniß vor dem Kindermorde hervorgegangene Bestimmung des Allgemeinen Landrechts sich in keiner Weise rechtfertigen läßt, vielmehr mit der Würde der Ehe entschieden im Widerspruch steht.« Die Gesetzkommission sprach in ihren Beratungen auch den Zusammenhang des Nichtehelichenrechts mit dem Ehescheidungsrecht an. Eine »gewisse Analogie« bestünde insofern, »da dort wie hier das Prinzip der Sittlichkeit im Allgemeinen und die Aufrechthaltung der Ehe in ihrer Würde die Gesichtspunkte sind, von welchen die Gesetzgebung im Wesentlichen wird ausgehen müssen.«[49]

Mit welch missionarischem Eifer Savigny die Reform des Nichtehelichenrechts betrieb – vielleicht angestachelt durch die in der Schwebe gebliebene Reform des materiellen Ehescheidungsrechts –, verdeutlichen die »Motive« zum Gesetzentwurf des Jahres 1845. Sie sind in vieler Hinsicht ein denkwürdiges Dokument; besonders aber sind sie für einen rechtspolitischen Diskurs kennzeichnend, der aus konservativer Prinzipienfestigkeit die Kontrolle über sich selbst verlor.[50] Durch eine drastische Darstellung des »Abweges«, den das Allgemeine Landrecht eingeschlagen hatte, sollte scharf der »rechte Weg« der Gesetzgebung markiert werden: Der Makel der unehelichen Geburt sei fast ganz beseitigt worden; Konkubinate und wilde Ehen seien »in früher unbekanntem Maße« gestattet worden; der Ehebruch sei so gut als straflos geblieben; die Ehescheidung sei so erleichtert worden, daß »willkürliche und schnelle Auflösbarkeit der Ehe fast zur Regel wurde« – all das bekam im Dezember 1847 der preußische Staatsrat zu hören. Nachdem bereits vorher das Staatsministerium seine »Billigung« ausgesprochen hatte, beriet auch das höchste Staatsorgan in Preußen Savignys Entwurf.[51] Hier beurteilte man, wohl auch mit dem Blick auf die in Bewegung geratenen Zeitläufe, eher skeptisch das »Bedürfnis« nach einer neuen gesetzlichen Regelung des Nichtehelichenproblems. Auch die Reform des materiellen Ehescheidungsrechts sei ja suspendiert worden und das sei, wie die Erfahrung gezeigt habe, sehr »angemessen« gewesen.

Savignys Gesetzesinitiative verlor sich im Strudel der seit dem Frühjahr 1848 sich überstürzenden Ereignisse; aber sie war nicht verlorengegangen. Als der Sturm der Revolution sich gelegt hatte und in Preußen das Heft wieder fest in konservativer Hand war, besann man sich auch auf Savignys rückwärtsgewandte Ehegefechte, um harte Ordnungspolitik demonstrieren zu können.[52] Der konkrete Anstoß ging diesmal, nachdem das Problem schon vorher von der Zweiten Kammer angeschnitten worden war, vom Ministerium für die ›geistlichen Angelegenheiten‹ aus.[53] Es regte im September 1853 eine »Wiederaufnahme« der Nichtehelichenangelegenheit an. Zu dieser zählte es aber auch das Konkubinatsproblem. Es bat das Justizministerium zu prüfen, ob nicht beide Fragen, die der ›wilden Ehen‹ und die der ›unehelichen‹ Mütter und Kinder, zusammen auf eine neue rechtliche Grundlage gestellt werden könnten. Die legislative Gesamtstrategie Savignys erfuhr in den 50er Jahren eine Neuauflage, wie der Schriftwechsel zwischen den preußischen Ministerien zeigt: »Das Bedürfnis eines legislativen Einschreitens gegen die Concubinate scheint außer Zweifel zu sein; ist dies aber der Fall, so dürfte es sich empfehlen, beide Gegenstände mit einander zu verbinden. Denn zwischen beiden – der Festsetzung der rechtlichen Folgen des unehelichen Beischlafs und dem Verbot des dauernden unehelichen Zusammenlebens – findet ein innerer Zusammenhang wirklich statt.«[54]

Das Konkubinatsproblem blieb, trotz dieses Anlaufs, ein Polizeiproblem. Wie mit den betroffenen Menschen umgegangen wurde, ist an anderer Stelle gezeigt worden. Das Nichtehelichenproblem freilich erlangte, jetzt im Rahmen der konstitutionellen Verfassungsordnung – und somit durch Abgeordnetenmehrheiten in beiden preußischen Kammern abgesegnet – die von Savigny gewünschte rechtliche Gestalt. Am 24. April 1854 wurde in der preußischen Gesetz-Sammlung das »Gesetz, betreffend die Abänderungen des Abschnitts 11. Titel 1. Teil II. und des Abschnitts 9. Titel 2. Teil II. des Allgemeinen Landrechts« publiziert.[55] Die Rechtstellung der ›ledigen Mutter‹ war erheblich gemindert worden; es gab zukünftig nur eine eingeschränkte rechtliche Absicherung ihres wirtschaftlichen und sozialen Status. Nur Frauen, welche durch Notzucht, durch Vorspiegelung einer vollzogenen Trauung oder im bewußtlosen oder willenlosen Zustand geschwängert worden waren, hatten Anspruch auf das im Allgemeinen Landrecht vorgeschriebene »höchste Maß der Abfindung«; auch »eine während des Brautstandes von ihrem Verlobten geschwängerte Frauensperson« sollte eine angemessene Entschädigung beanspruchen können. Alle anderen Frauen aber, und das dürften die meisten gewesen sein, konnten nur Niederkunfts- und Taufkosten, sowie eine sechswöchentliche, ihrem Stande angemesssene Verpflegung »fordern«. Die Ansprüche des unehelichen Kindes bemaßen sich nach dem jeweiligen »Anspruch der Mutter gegen den Schwängerer«. Mit der Position der Mutter in »Schwängerungssachen« war auch die des Kindes entscheidend verschlechtert worden.

Diese materiellen Regelungen erfuhren durch die Änderung des Beweisverfahrens ihre vielleicht noch problematischere Ergänzung. Eine »Eideszuschiebung«, die das Rechtssystem des Allgemeinen Landrechts erlaubt hatte und die für die Frau sicherlich oft die Wirkung eines juristischen Rettungsankers gehabt haben dürfte, war nicht mehr »zulässig«. Nur der Richter sollte

»nach den Umständen« entscheiden, wann die Ableistung eines Eides geboten sei. Die Priorität des Erfüllungs- gegenüber dem Reinigungseid war aufgegeben worden. Prüfung der Umstände hieß primär Prüfung der »Bescholtenheit« der Mutter. Nicht der »Schwängerer« hatte den Scharfblick des Richters zu fürchten, sondern die »Unverheiratete«: Hatte sie, so definierte dieses Gesetz jetzt den landrechtlichen Komplex der ›gesetzlichen Vermuthungen‹, »während der Konzeptionszeit mit mehreren Mannspersonen den Beischlaf vollzogen«? War sie »eine in geschlechtlicher Beziehung bescholtene Person«, gar »wegen unzüchtigen Lebenswandels berüchtigt«? Diese gesetzlich vorgegebenen Fragen des Richters weisen das Nichtehelichenrecht als »Musterbild einer aus dem konservativen Prinzipienstandpunkt gewonnenen Selbstbeschränkung des Reformauftrages« aus.[56] Alles, was das Gewicht der Institution Ehe auch nur in Randbereichen zu relativieren drohte, sollte getilgt werden.

Das preußische Gesetz vom April 1854 verdankt seine Entstehung der besonderen politischen Konstellation in den 50er Jahren. Zur gesellschaftlichen Wirklichkeit, die sich seit den 50er Jahren entwickelte, aber stand es in einem krassen Widerspruch. Schon die Sozialkrisen des Vormärz hatten, gerade wenn man den Blickwinkel des Geschlechterverhältnisses wählt, auf die Schutzfunktion verwiesen, die dem Recht zukommt. Die quasi Rechtlosstellung unverheirateter Mütter in einer Zeit noch tiefergehenden gesellschaftlichen Wandels, als mit der Formveränderung der Gesellschaft auch deren ›groupes marginaux‹ anwuchsen, führte zu beklagenswerten Zuständen. Klagen führten besonders die Gerichte, die das neue Nichtehelichenrecht anzuwenden hatten. Ihre Erfahrungsberichte zeigen, wie sehr die betroffenen Frauen ins juristische Abseits geraten waren, wie oft zu den Existenznöten seelische Not hinzutrat. Man sprach von Seiten der Gerichte offen aus, daß der geschaffene Rechtszustand sich »in der Praxis nicht bewährt« habe; vielmehr habe er »zu einer äußerst verderblichen, entsittlichenden Vervielfältigung der Eide gerade in Verhältnissen« geführt, »wo deren Vermeidung am wünschenswertesten ist«. Dies schrieb der Präsident des Appellationsgerichts Paderborn im Februar 1863.[57] Er formulierte freilich in keiner Weise geschlechtsneutral. »Da nämlich nach den Bestimmungen [des Gesetzes von 1854; D. B.] der wegen Schwängerung in Anspruch Genommene von allen Verpflichtungen frei wird, wenn die Geschwächte während der Konzeptionszeit mit mehreren Mannspersonen den Beischlaf vollzogen hat oder eine in geschlechtlicher Beziehung bescholtene Person ist, so wird in *allen Prozessen* dieser Art der eine oder andere Einwand, namentlich der des Beischlafs mit mehreren anderen Personen, gemacht und... unter Benennung immer neuer Zeugen, die in der Regel nichts wissen,... mit der größten Hartnäckigkeit verfolgt.« Ein anderer Richter, als Appellationsgerichtsrat im sächsischen Naumburg tätig, sprach vom »Unflath« der Schwängerungsprozesse, dem sich die ›Geschwächten‹ oft hilflos ausgesetzt sähen. »Die tägliche Erfahrung bei den preußischen Gerichten lehrt, daß diese Untersuchung des Lebenswandels der Geschwächten zu den schmutzigsten Erörterungen führt.«[58]

Trotz dieser solide belegten und mit großem Ernst vorgebrachten Einwände ist das preußische Nichtehelichenrecht zum Bezugspunkt der Neuregulierung dieser Rechtsmaterie im Bürgerlichen Gesetzbuch geworden. Freilich gab es keinen glatten Übergang von der Jahrhundertmitte zur imposanten Zivilrechtsschöpfung des Deutschen Reichs am Ende des 19. Jahrhunderts. Als das Bürgerliche Gesetzbuch in seinen familienrechtlichen Komplexen vorbereitet wurde, war das Ambivalente am preußischen Rechtserbe durchaus bewußt. Der Redaktor, der 1880 der 1. BGB-Kommission seine Ausarbeitungen zum Familienrecht vorlegte, drang mit überzeugenden Argumenten auf eine Abkehr vom rechtspolitischen Kern des preußischen Nichtehelichenrechts. Sein Entwurf entschied sich »für den Ausschluß der exceptio plurium concumbentium..., davon ausgehend, daß die mit der Zulassung der Einrede verbundenen Übelstände überwiegen«.[59] An der ›Begründung‹ ist die starke Orientierung an den Erfahrungsberichten der preußischen Gerichte abzulesen. Hier zog der Redaktor für sich und die weitere Gesetzgebungsarbeit eine Zwischensumme, die freilich so in die Endrechnung, d. h. in die endgültige Kodifikation nicht eingehen sollte. »Der ganze Begriff der Bescholtenheit ist überhaupt wegen seiner Unbestimmtheit und Dehnbarkeit praktisch im hohen Grade bedenklich. Für einen Beklagten, der nicht zahlen will, bietet die Einrede der Bescholtenheit ein erwünschtes Mittel, den Versuch zu machen, sich seiner Pflicht zu entziehen. Zeugen, die bereit sind, über den Ruf einer Frauensperson in geschlechtlicher Beziehung Nachtheiliges auszusagen, die an sich vielleicht unverfängliche Dinge in ausgeschmückter und gefärbter Weise vortragen, finden sich auf dem Lande, namentlich unter den Freunden des Beklagten oder den Feinden der Mutter des Kindes, nur zu leicht. Auf diese Weise dient jene Einrede nicht nur dazu, die Prozesse zu vermehren und die Durchführung begründeter Ansprüche häufig zu erschweren oder gar zu vereiteln, sondern sie giebt auch die Veranlassung zu Meineiden und den schmutzigsten Verhandlungen. Aehnliche Bedenken sprechen auch gegen die Zulassung der sog. exceptio plurium concumbentium, welche nach allgemeiner Erfahrung der Gerichtsmänner in den meisten Alimentationsprozessen vorgeschützt werde. Sie führt dahin, daß Beklagte ohne alle reale Grundlage auf reine Vermuthungen hin oder auf gut Glück behaupten, daß die Mutter des Kindes innerhalb der kritischen Zeit auch mit anderen Männern den Beischlaf vollzogen habe, und daß sie dann eine Reihe sog. Vermuthungszeugen vorschlagen, die dadurch oft in die peinlichste Lage gerathen können.«[60]

Diese Einsichten gingen auf dem weiteren Gesetzgebungsweg verloren, der hier nicht im einzelnen nachgezeichnet werden soll. Das Bürgerliche Gesetzbuch regelte in seinem Vierten Buch, also innerhalb des Rechtskomplexes des Familienrechts, die »Rechtliche Stellung der unehelichen Kinder«.[61] Die Stellung der Mutter blieb marginal. Ihr stand nicht die »elterliche

Gewalt über das uneheliche Kind zu«, obwohl sie rechtlich verpflichtet war, »für die Person des Kindes zu sorgen«. Dieser Rechtsstatus hatte zur Konsequenz, daß nicht sie, sondern der »Vormund des Kindes« berechtigt war, dessen Ansprüche zu vertreten. In Verfahren, die die Anerkennung der Vaterschaft oder die Zahlung von Alimenten betrafen, war die Prozeßposition der Mutter durch den ›rechtlichen Beistand‹ des Vormundes relativiert. Das Bürgerliche Gesetzbuch beließ es auch, wie das preußische Gesetz vom April 1854, bei den rechtlichen Konsequenzen, die eine vermeintliche Bescholtenheit der Mutter nach sich zog. Den auf ihn zukommenden Verpflichtungen konnte der Vater dadurch entgehen, daß er sich um den Nachweis bemühte, »daß auch ein anderer ihr [d. h. der Mutter; D. B.] innerhalb dieser Zeit [d. i. die gesetzlich festgelegte Empfängniszeit; D. B.] beigewohnt hat.«

Die Entwicklung des Nichtehelichenrechts im 19. Jahrhundert spiegelt eine rechtspolitische Grundtendenz, die auch die viel brisantere Scheidungsmaterie erfassen sollte. Freilich verblieb in Preußen, dem auch für die deutsche Rechtslandschaft im 19. Jahrhundert relevantesten Staat, das Scheidungsrecht bis zum Inkrafttreten des Bürgerlichen Gesetzbuchs in seiner landrechtlichen Verankerung. Was dieses ›freizügige‹ Recht für die verheiratete Frau in ehelichen Konfliktlagen bedeuten konnte, ist vor dem Hintergrund des Rechtsschutzabbaus, der die unverheiratete Frau traf, von besonderem Erinnerungswert.

4. *Frauensituationen*

Konkubinats- und Nichtehelichenproblematik sind für das 19. Jahrhundert in ihrem jeweiligen sozialen Umfeld relativ eindeutig zu verorten. Schwieriger wird es schon bei einer sozialen Zuordnung des Scheidungsproblems. Welche Auswirkungen auf das Scheidungsverhalten der Menschen hatten Schicht- und Religionszugehörigkeit? Welche Rolle spielte das Sozialmilieu, in dem die Menschen lebten? Wie haben dörfliche Traditionen Verhaltensweisen geprägt, zur Zähmung familialer Konflikte beigetragen, indem sie Möglichkeiten der Konfliktlösung jenseits des juristischen Weges bereitstellten? Und hat das vermeintlich von Traditionen abgeschnittene Leben in den schnell wachsenden Städten mit dem nur kurzen Weg zum Scheidungsgericht auch die Ehe kürzer werden lassen? So zentral dieses Fragenbündel für eine Sozialgeschichte der Scheidung ist, es kann aus Überlieferungsgründen nicht mit sicherem sozialstatistischen Zugriff aufgeschnürt werden. Die angeschnittenen Fragen müssen vielmehr von Beobachtungsbruchstücken eingekreist werden, die sich u. a. in dem sehr umfangreich überlieferten Aktenmaterial der Justiz- und Verwaltungsbehörden finden. Sicherlich ist dieser Überlieferungstyp ein nur unzureichender Ersatz für harte statistische

Daten, aus denen sich definitive Aussagen über das Sozialgeschehen in der Vergangenheit gewinnen lassen; dennoch ist der Blick der Behörden oft von einer aussagekräftigen Genauigkeit. Er fängt die besonderen Lebensumstände ein, die hinter den Umschlagpunkten auf der Lebenskurve eines Menschen liegen. So wollen auch die Ehescheidungen im 19. Jahrhundert nicht nur auf der Zähl- sondern auch der Erzählebene erörtert werden.

Es war der »Universalismus der deutschen Romantik«, der mit seiner Synthese von Liebe und Leben auch das Problem der Ehetrennung in ein mildes Licht der Erinnerung getaucht hat.[62] Ehescheidungen scheinen das Lebenselixier der romantischen Dichterexistenz gewesen zu sein, die merkwürdig unbetroffen von all den sozialen und seelischen Nöten erscheint, die der Alltag einer zerbrochenen Ehe heraufbeschwor. Und doch holte dieser Alltag jene schmale Schicht ein, die zu Beginn des 19. Jahrhunderts Scheidungen als problemlose Seite eines Künstlerlebens vorzuleben suchte. Die Überwindung der ›bürgerlichen Ehe‹ durch die Romantiker mag ihren besonderen Stellenwert innerhalb der Literaturgeschichte haben; historisch betrachtet verliert sie viel vom Mythos eines Neuanfangs in den Geschlechterbeziehungen. Die Dichtergeneration um 1800 fällt keineswegs aus einer Sozialgeschichte der Scheidung heraus.

Schon Korff hat in seinem großen Werk ›Geist der Goethezeit‹ an der Feier der »romantischen Liebe« Abstriche gemacht; in diese Liebe sei wesentlich die »Optik des Mannes« eingegangen. »Der Weg zu ihr ist ein Weg des Mannes. Und es ist die problematische Situation des männlichen Romantikers, nicht der Frau, die das besondere *Glück* der romantischen Liebe begründet. Demzufolge besteht das Schema romantischer Liebesgeschichten aus zwei Grundmotiven: der *problematischen Existenz des Mannes*, den es irgendwie nach Erlösung verlangt, und dieser endlichen *Erlösung*, die ihm zuteil wird *durch die Frau.*«[63] In den Berliner Salons stiftete die »romantische Sehnsucht« mehr als nur eine Verwirrung der Gefühle. Die Geistesgrößen der damaligen Zeit, August Wilhelm Schlegel (1767–1845), Friedrich Schlegel (1772–1829), Schelling (1775–1854) u. a. hatten auch in ihrer ›bürgerlichen‹ Existenz bewegte Jahre zu durchleben. Das romantische Dasein konnte die Hürden des Rechts nicht überspringen, und so wurde das Scheidungsrecht das Medium, in dem sich dieses Dasein zu verwirklichen suchte. Berühmte Scheidungsfälle in den Romantikerkreisen sind mit ebenso berühmten Frauengestalten verbunden, deren Schicksale freilich auch über die sehr profanen Züge in der Liebe der »männlichen Romantiker« Auskunft geben.

Dorothea Veit (1763–1839), die älteste Tochter Moses Mendelssohns, war die Lebensgefährtin und spätere Ehefrau Friedrich Schlegels, dessen Roman ›Lucinde‹ (1799) als Manifest der gegen die bürgerliche Welt gekehrten romantischen Liebesbeziehung gilt. Dorothea war seit 1783 mit dem Bankier Simon Veit verheiratet. Sie verließ ihn 1798, um mit Friedrich Schlegel ein Leben zu beginnen, das sich von der ebenso unsteten wie feinnervigen

Welt des Geistes kreativere Impulse versprach als vom Gleichmaß bürgerlicher Existenz. Dieser Schritt stieß mit seinen Rechtsfolgen auf Unverständnis, ja auf Ablehnung; im engeren Kreis der Romantiker freilich wurde er als die mutige Entscheidung einer bewunderungswürdigen Frau angesehen. Schleiermacher (1768–1834), zur damaligen Zeit Prediger an der Charité in Berlin, schrieb an seine Schwester Charlotte: »Die Veit hat meinen Zorn nicht erregt; aber die wunderliche Wendung ihres Schicksals und das Auffallende und Verwerfliche, was ihre Handlungsweise in den Augen der Welt hat, bekümmert mich sehr tief und ist ein Gegenstand ernster Sorge für mich, eben weil sie und Schlegel mir so im Herzen wert sind. Sie hatte sehr triftige, uns, die wir den ganzen Zusammenhang kennen, hinreichende Ursachen, sich von hier zu entfernen. Schlegels Bruder und Schwägerin luden sie zu sich ein, und sie lebt in deren Hause in Jena. [F. Schlegel war im September 1799 wieder nach Jena zurückgegangen, im Oktober folgte ihm Dorothea; D. B.] Friedrich lebt auch in Jena, und Du kannst denken, wie die Welt über dieses ganze Verhältnis redet. Auch würden sich beide schon auf das gesetzmäßigste und heiligste verbunden haben, da sie allerdings mit ganzer Seele aneinander hängen, wenn nicht die Bedingungen, unter denen allein ihr Mann sich dazu verstehen wollte, ... es nicht unmöglich machten. Dies geht nun, solange es geht, aber wenn der ältere Schlegel, der schon seit langer Zeit mit seiner Frau nicht im besten Vernehmen lebt, sich über kurz oder lang von dieser trennt, so weiß ich in der Tat nicht, was die arme Frau anfangen will. Das sind unglückliche Verwicklungen, die aus den Widersprüchen in unsern Gesetzen und unsern Sitten entspringen und denen oft die besten Menschen nicht entgehen können.«[64]

Dorothea Veit hat in einer Niederschrift für die Fortsetzung ihres unvollendet gebliebenen Romans ›Florentin‹ (1801) die »feinsten Verhältnisse« beschrieben, in denen die ›romantische Liebe‹ angesiedelt war.[65] Für den »spezifisch romantischen Menschentyp« (Korff) mit, so Dorothea Veith, »viel Delikatesse« und einer »feinen Bildung des Geistes« stellte sich das Recht einem auf Entgrenzung hin angelegten Leben entgegen. Die Romantiker loteten in ihrer Existenz die Widersprüche zwischen allgemeinem Gesetz und individueller Moral besonders tief aus. Doch auch ihre Lebenskurve erreichte zumeist Punkte, an denen jene Bedeutung gefordert war, die dem Recht für die Gesellschaft insgesamt zukommt. Gerade für die Frau in der Romantik war die Poesie nur eine unsichere Lebenspolice. Eine genaue Beobachterin des gesellschaftlichen Lebens an der Schnittstelle zwischen Revolution und Restauration war Henriette Herz (1764–1847), in deren Salon sich das geistige und literarische Berlin zusammenfand. In ihren Erinnerungen hielt Henriette Herz einen Augenblick aus dem Zusammenleben zwischen Dorothea Veit und Friedrich Schlegel fest: »Dann sah ich das Ehepaar [seit 1804 waren beide verheiratet; D. B.] im Jahre 1811 in Wien wieder. Ich fand ein zufriedenstellendes Verhältnis, aber wohin war die Poesie entschwunden, welche das frühere, von der Welt so verpönte durchdrungen hatte! Freilich lag auch die poetische Jugendzeit hinter ihnen. – Ich hatte meine Wohnung bei ihnen genommen, nachdem ich... vom kalten Fieber befallen worden war. Eines Abends war auch Dorothea leidend. Ich saß vor ihrem Bett. Wir klapperten beide ein wenig in Fieberfrost. Schlegel saß uns gegenüber an einem Tische, aß Orangen und leerte dazu eine Flasche Alicante! Ich weiß nicht, ob er auch uns dadurch von einiger südlichen Glut zu durchhauchen dachte.«[66]

Die romantische Liebeswelt war ein fragiles Gebilde. Auch ihre Gesetze standen nicht außerhalb der bürgerlichen Legalordnung. Besonders das Scheidungsrecht wurde durch die Generation der Romantiker einer prominenten Bewährungsprobe unterzogen. Dieser Test freilich verlief nicht anders als bei weniger prominenten Menschen, offenbarte starke Gefühle, Niedertracht, Existenzangst und -not und ließ die Umrisse von ›Frauensituationen‹ erkennen, die tief in die Gesellschafts- und Rechtsgeschichte des 19. Jahrhunderts eingelassen sind. Caroline Schelling (1763–1809) gilt unter den Frauen der Romantik als die genialste. Ein bewegtes Leben führte sie an die Seite von Schelling: 1784 heiratete sie den Bergarzt J. W. F. Böhmer in Clausthal; nach dessen Tod (1788) und einem in die Bewegungen der Zeit (Mainzer Republik) verwobenen Wanderleben vermählte sie sich 1796 mit August Wilhelm Schlegel. Die Ehe war nur eine kurze Zeit glücklich und wurde 1803 geschieden. Danach heiratete sie Schelling. Caroline und ihr Haus in Jena waren am Ende des 18. Jahrhunderts der eigentliche Mittelpunkt des frühromantischen Jenaer Kreises. Nur fehlte in diesem Haus zumeist der Hausherr. August Wilhelm Schlegel hielt sich ab November 1801 fast ständig in Berlin auf und wohnte bei dem Schriftsteller und Gymnasiallehrer August Ferdinand Bernhardi (1769–1820) – im Kreis der Romantiker eine eher unbedeutende Figur. Doch Bernhardi hatte eine ebenso begabte wie attraktive Ehefrau, Sophie (1775–1833), die Schwester des Dichters Ludwig Tieck. Die Lebenslinien all dieser Personen kreuzten sich in einem spektakulären Scheidungsfall. Nicht die an Gefühlen erlahmende Schlegelsche Ehe wirbelte Staub auf, sondern die Liebesbeziehung zwischen August Wilhelm Schlegel und Sophie Bernhardi. Vor dem Scheidungsrichter wurde 1807 die Ehe der Bernhardis getrennt. Doch der Streit über die Folgen der Scheidung, besonders der über das Sorgerecht für die beiden Söhne, setzte sich fort. Sophie Bernhardi schrieb an August Wilhelm Schlegel: »Sie wissen nur im allgemeinen mein geliebter Freund den Ausgang meines Prozesses mit Bernhardi, ich bin gezwungen, mehr ins Einzelne zu gehen. Mein Prozeß ist auf eine Weise entschieden, welche ewig die Preußische Gerichtsbarkeit anklagen wird. Sie wissen, daß sich Bernhardi die niederträchtigsten Beschuldigungen gegen meinen Lebenswandel erlaubt hat..., und diese Beschuldigungen gründete er auf das Zeugniß liederlicher Mägde, und auf Fichte.« Diese Zeugen hätten ausgesagt, »daß sie uns beide oftmals in den unzweideutigsten Stellungen überrascht, diese Stellungen werden so detaillirt beschrieben, daß ich es nicht wiederholen mag, auf dies sogenannte Zeugniß nun, wurde mein Nahme entsezlich beschimpft, daß ich als des Ehebruchs mit Ihnen so gut wie überwiesen von Ihn geschieden wurde und man die Kinder Bernhardi zusprach.«[67]

In diesem Brief aus dem Jahre 1810 mahnte Sophie Bernhardi August Wilhelm Schlegel, eine neue Beziehung, die ihr auch soziale Sicherheit versprach, nicht zu gefährden. Der baltische Baron Karl Gregor von Knorring, mit dem sie bald darauf auch eine neue Ehe eingehen sollte, bemühte sich um sie. »Rauben Sie mir mein zärtlich schwesterlich geliebter Freund nicht das letzte Glück, Knorrings volles Vertrauen, melden Sie mir mein theurer Freund, daß Sie nach meinen Wünschen handeln wollen, und ich kann ruhig sein.« Unruhe in das Leben der Sophie Bernhardi scheint, trotz ihrer Anklage, nicht in erster Linie die »Preußische Gerichtsbarkeit« gebracht zu haben. Diese suchte nur eine Situation juristisch einzuschätzen, hinter der die Anmaßungen und das Versagen der ›männlichen Romantiker‹ standen. Ein denkwürdiges Dokument, gerade wenn man es im Licht der proklamierten ›romantischen Menschlichkeit‹ sieht, ist ein Brief August Wilhelm Schlegels an Fichte (1762–1814), der im Scheidungsprozeß der Bernhardis als Zeuge aufgetreten war. »Ich höre«, schreibt Schlegel, »daß Sie in der Ehescheidungsklage meiner vortrefflichen Freundin, Madame Sophie Tieck, gegen den Professor Bernhardi in Berlin eine für diese verehrenswerthe Frau und für mich höchst ehrenrührige Beschuldigung bezeugt und eidlich erhärtet haben... Was Madame Bernhardi betrifft, so haben Sie während der ersten Zeit Ihres Aufenthalts in Berlin ihren Umgang sehr aufgesucht, ihr großes Zutrauen und ausgezeichnete Hochachtung bewiesen. Sie kann in Ihren Augen schwerlich einen andern Fehler haben, als daß sie Ihre Schwächen und Lächerlichkeiten zu gut durchschaute, wovon sie aber niemals einen üblen Gebrauch machte, sondern gewissermaßen ihre Einsicht unter den Glauben gefangen nahm, daß ein Mann, der so zuversichtlich als ein Wiederhersteller der Menschheit auftrat, und auch von einigen Zeitgenossen dafür anerkannt wurde, doch einen bedeutenden innern Werth haben müsse, wenn er auch in der Nähe oft bedauernswürdig klein erschien. Außer solchen persönlichen Rücksichten hatten Sie aber noch einen andern sehr triftigen Grund, sich ganz und gar nicht in diesen Handel zu mischen. Es ist der, daß Madame Bernhardi gar füglich in ihrer Klage Herrn Bernhardi's Umgang mit Ihnen als einen Zug seines schlechten Betragens hätte anführen können. Während er Frau und Kinder darben ließ, versplitterte er sein letztes Geld, um gemeinschaftlich mit Ihnen sich zu betrinken, und liederliche Häuser zu besuchen. Dieses kann ich bezeugen, da die psychologische Neugier wie ein Metaphysiker sich benimmt, wenn er durch übermäßigen Gebrauch des Weines sich um das von ihm demonstrirte Bewußtseyn, und um den Gebrauch der von ihm behaupteten sittlichen Freyheit gebracht hat, mich antrieb, einigemal den dritten Mann abzugeben, während der Eckel vor dem Gemeinen mich bald wieder von diesen Gelagen entfernte. Was aber Sie, einen Sittenlehrer, der so viel von Wahrhaftigkeit geschwatzt hat, vor allen Dingen hätte abhalten sollen, zu bezeugen, Sie hätten zwischen Madame Bernhardi und mir irgend etwas bemerkt, daß auf eine unerlaubte Verbindung schließen ließe, ist dieß, daß es eine Lüge ist, eine grobe, schändliche, unverantwortliche Lüge.«[68] Schlegel warf Fichte vor, daß sein Zeugnis gegen Sophie Bernhardi »in derselben Reihe mit dem einer liederlichen Dienstmagd« stehe.

Vielleicht war es für die preußische Justiz besonders schwer, beim Ehestreit dieser großen, wortgewaltigen Menschen Wahrheit und Lüge auseinanderzuhalten. In den vielen Scheidungsfällen aber, die nicht den Charakter von causes célèbres trugen, verwandte sie eine besondere Mühe darauf, die Wahrheitsfindung von der sozialen Kernzone eines jeden Prozesses aus vorzunehmen: der Situation der Frau. Sie war im allgemeinen die Schwächere, sowohl im ehelichen Verhältnis wie im ehelichen Streitverfahren.

Die spektakulären Scheidungsfälle der Romantik sind im literarischen Werk der Romantiker, in Erinnerungen und Briefen überliefert. Wie aber ist ein Zugang zu den Ehekonflikten der vielen Namenlosen zu finden? In den 40er Jahren des 19. Jahrhunderts lag in Preußen die Zahl der Scheidungsurteile pro Jahr knapp unter 4000. Kann diese Zahl sozialgeschichtlich so mit Leben gefüllt werden, daß sich zu dem historischen Merkposten über die Scheidungshöhe auch ein Stück historischer Anschauung über die Scheidungswirklichkeit gesellt? Die Überlieferung legt es nahe, bei einer Analyse des gesellschaftlich breit gestreuten Scheidungsgeschehens im frühen 19. Jahrhundert bei der Rolle und Rollensituation der Frau anzusetzen. Wenn hier die ansonsten nur geringe sozialhistorische Interpretationsspielräume zulassenden Materialien an Aussagedichte gewinnen, so scheinen dahinter nicht bloß Überlieferungszufälle zu stehen. In der Rolle der Frau bündeln sich gleichsam die Probleme von Scheidung und Scheidungsrecht in dieser Zeit; sie ist, das deuteten die Befunde aus der Romantik schon an, eine Art Brennspiegel für die geschlechtsspezifische Seite des Scheidungsproblems, aber darüberhinaus auch der Schlüssel zu seiner sozialgeschichtlichen Dimension.

Das preußische Allgemeine Landrecht war in den Scheidungsbestimmungen, wie schon erörtert, von einer unzeitgemäßen Fortschrittlichkeit. Es erlaubte die Scheidung auf Grund »gegenseitiger Einwilligung«, wenn eine »unüberwindliche Abneigung« zwischen den Ehepartnern bestand. In der Scheidungswirklichkeit freilich scheint dieser Scheidungsgrund keine große Rolle gespielt zu haben. Nur in den seltensten Fällen werden Mann und Frau sich einvernehmlich vor dem Richter getrennt haben. Die »Ursachen«, die zur Ehescheidung führten, schlossen im allgemeinen den gemeinsamen Gang zum Ehegericht aus. »Bösliche Verlassung« der Frau ist im frühen 19. Jahrhundert eine der Hauptursachen der zahlreichen Scheidungen gewesen. Dieser Scheidungsgrund wirft ein Licht auf den sozialen Wurzelboden von Ehekrisen, aber auch auf ein Rechtsgefüge, das der verlassenen Frau Hilfe und Stütze im Überlebenskampf war. Wie sehr die »bösliche Verlassung« die Scheidungsrichter beschäftigt haben muß, zeigen die detaillierten Erörterungen und Erwägungen der preußischen Justizbehörden. Die Berliner Justiz, die ja besonders durch das Scheidungsproblem gefordert war, hat schon sehr früh auf eine rechtliche Würdigung der sozialen Ursachen und Folgen zerbrochener Ehen gedrängt. Das Berliner Stadtgericht spielte 1821 in einem Schriftwechsel mit dem Kammergericht und dem Justizministerium jene sehr häufigen »Fälle« durch, »wenn der Mann der Frau den Unterhalt versagt«.[69] Hier legte das Allgemeine Landrecht fest, daß »der Richter die Verpflegung der Frau nach den Umständen des Mannes bestimmen, und letztern dazu durch Zwangsmittel anhalten« müsse (ALR II, 1. T., 8, § 712). Die Wirkung dieser Zwangsmittel freilich war sehr begrenzt. Nach den Erfahrungen der Berliner Richter fruchteten weder »Mandate« noch »Zurechtweisungen oder Ermahnungen«; nur die »Execution« eines gerichtlich festgelegten »Alimentations-Quantums« verspreche ein »günstiges Resultat«.

Aus rechtssystematischen Gründen war das Kammergericht mit diesem Weg nicht einverstanden. Das Eintreiben von »Verpflegungsgeldern« könne nur die Folge eines Ehescheidungsprozesses sein, dürfe diesem aber nicht vorausgehen. In dieser Argumentation ist vom hohen moralischen Stellenwert der Ehe nicht mehr die Rede, der hohe soziale Stellenwert der Scheidung steht ganz im Vordergrund. Diese Position der preußischen Justiz reflektierte pragmatisch das Ausmaß beschädigten Ehelebens. Noch waren die Traditionen der preußischen Reformära lebendig. Als in den 40er Jahren die kirchlich-konservative Eheauffassung politisch an Gewicht gewann, wurde es für die Justiz schwieriger, die Orientierung an den konkreten sozialen Umständen des Ehelebens durchzuhalten. Dennoch war das nicht geänderte materielle Eherecht in Preußen ein Garant dafür, daß eine liberale Rechtspraxis nicht gänzlich das Opfer einer konservativen Rechtspolitik wurde. Dies gilt es zu sehen und herauszuheben: Das großzügige Scheidungsrecht des Allgemeinen Landrechts hatte trotz aller Anfeindungen und energischen Revisionsbemühungen von konservativer Seite bis zum Bürgerlichen Gesetzbuch Gültigkeit und federte justizielle Verhaltensweisen auch in Zeiten ab, in denen die Reformströmung des frühen 19. Jahrhunderts längst versiegt war. So waren die Scheidungsregelungen des Allgemeinen Landrechts immer ein Gegengewicht zu den im 19. Jahrhundert vorherrschenden Tendenzen in der Scheidungsfrage. Sie schirmten eine Rechtspraxis ab, die vor allem für die Frau die Scheidung als Möglichkeit offenhielt, einen Schlußstrich unter ein menschlich demütigendes und sozial auswegloses Eheleben ziehen und auf diese Weise ihrem eigenen Leben eine Zukunftsperspektive erhalten zu können.

In der angeführten innerbehördlichen Diskussion vertrat das Kammergericht den Standpunkt, daß erst die Ehescheidungsklage einer Frau den vollen Rechtstitel verschaffe, »Alimente von ihrem Ehemann zu erhalten, wenn dieser als schuldiger Teil befunden wird«.[70] Das Justizministerium war in dieser Sache derselben Ansicht. Fahre ein Ehemann trotz richterlicher Verfügung fort, »die festgestellten Alimente zu verweigern, so muß die Ehefrau, bei fernerem Anrufen der richterlichen Hilfe, angewiesen werden, zuvor die förmliche Ehescheidungsklage anzustellen«.[71]

Man ist vielleicht zunächst einmal geneigt, das Ganze als ein reines Rechtsproblem anzusehen. Unterhaltszahlungen wurden erst dann verbindlich, wenn die Ehe durch richterlichen Spruch getrennt war. Gerade hierin liegt aber die soziale Bedeutsamkeit des Scheidungsurteils. Der Unterhalt der Frau konnte innerhalb der Rechtsform Ehe rechtlich nur unzureichend gewährleistet werden; erst eine rechtlich getrennte Ehe verschaffte der Frau Rechtsansprüche, die notfalls auch »wirkliche executivische Maßregeln« nach sich zogen. So brechen sich am Scheidungsproblem als einem Problem des sozialen Lebens die vielen hehren Reden der Zeitgenossen über die »Würde« des Instituts Ehe.

Scheidungen waren im frühen 19. Jahrhundert für die Frau nicht nur unter dem Gesichtspunkt der Sicherstellung ihres Lebensunterhalts wichtig. Zwar hatte die unschuldig geschiedene Frau einen Anspruch auf »Abfindung« oder »standesmäßige Verpflegung« bis zu ihrem Lebensende »aus den Mitteln des schuldigen Mannes«; war dieser aber mittellos, so fand auch jede »Execution« ihre Grenzen. Die Drohgebärde des Gesetzgebers mit »Gefängnis oder Strafarbeit« fruchtete in diesem Fall nichts. Die, so der Quelleneindruck, gerade von Frauen aus unteren sozialen Schichten sehr häufig angestrengten Scheidungsklagen zielten im Kern auf die durch das Scheidungsurteil eröffnete Wiederverheiratungsmöglichkeit ab. Die an eine gescheiterte Ehe sich anschließende neue Ehe war die eigentliche soziale Rückversicherung für die Frau, nicht die aus ihrem Geschiedenenstatus ableitbaren oder auch einklagbaren Rechtsansprüche.

Von den preußischen Behörden wurde im Vormärz das Rechtsinstitut der Scheidung verstärkt als ›Sozialinstitut‹ gehandhabt. Das hing mit den drängenden sozialen Problemen in dieser Zeitspanne zusammen. Man versuchte, die Hürden nicht zu hoch werden zu lassen, die von rechtlicher Seite der Zulassung einer Scheidungsklage entgegenstanden. Vielleicht haben sich in den 30er Jahren auf dem Feld der Scheidungsgerichtsbarkeit Verhaltensweisen eingeschliffen, die den massiven eherechtlichen Restaurationstendenzen in den 40er und 50er Jahren nur bis zu einem gewissen Grad nachgaben, jedenfalls dafür sorgten, daß sich das Verhältnis zwischen zugelassenen und abgewiesenen Klagen nicht gänzlich änderte. Die »böslich« verlassene und mittellos dastehende Ehefrau ist die für das Scheidungsgeschehen im frühen 19. Jahrhundert typische Sozialfigur. Vor dem Land- und Stadtgericht Schneidemühl berichtete 1838 eine Frau über das Schicksal, das sie heimgesucht hatte: »Mein Mann ist seiner Profession nach ein Schumacher und trieb auch im Anfange unserer Ehe... sein Handwerk. Nachher aber wurde er liederlich, betrieb sein Handwerk nicht mehr und verbrachte was wir hatten. Am Neujahrstage kam ich mit meinem Kinde nieder. Drei Wochen nachher, als ich noch in den Wochen lag, entfernte sich mein Ehemann von mir, ohne mir etwas zu sagen, nahm noch mit, was er fortbringen konnte und ließ mich ohne alle Mittel zurück. Er hat sich einen bestimmten Wohnsitz nicht gewählt und treibt ebenso wenig ein Gewerbe, wovon er sich und seine Familie ernähren könnte. Gegenwärtig treibt er sich in Ch. und Umgebung herum, und soll sich jetzt bei dem dortigen Abdecker aufhalten. – Ich halte hiernach meinen Antrag auf Ehescheidung gerechtfertigt, da mir nicht zugemutet werden kann, mit meinem Mann zu vagabundieren.«[72]

Zwischen dem Landgericht Schneidemühl und dem Oberlandesgericht Bromberg entspann sich ein Disput über die juristische Rubrizierung dieses Falles, ein Streit, bei dem jedoch seine soziale Problematik weitgehend ähnlich gesehen wurde. Das Oberlandesgericht hielt die Klage der Frau auf bösliche Verlassung für nicht »substantiiert« genug und regte das im Nachweis umständlichere Verfahren einer Klage wegen Versagen des Unterhalts an.[73] Das Landgericht betonte dagegen den Tatbestand der »böslichen Verlassung«, der diesem Fall höchst angemessen sei und eine direkte Klagezulassung, ohne den Umweg über die richterliche »Ermahnung« zur Verpflegung der Frau, begründe. Die am Landgericht tätigen Richter stellten in bezeichnender Weise klar: »Der Fall ist für uns von Wichtigkeit, da bei der Unüberlegtheit und dem Leichtsinn, mit welchem hier oft Ehen geschlossen werden, Veranlassungen der Art öfter vorkommen und uns daran gelegen sein muß, bei der Aufnahme der Klagen nicht gegen die Gesetze zu verstoßen.«[74] Im Fall der verlassenen Schuhmacherfrau waren sie freilich sicher, bei der Klagezulassung nicht den Scheidungsbestimmungen des Allgemeinen Landrechts entgegen gehandelt zu haben. Ihre Motive verkörpern ein Stück aufgeklärter preußischer Justizgeschichte und fangen ein wichtiges soziales Segment der Scheidungsgeschichte im 19. Jahrhundert ein: »Man kann sich einen Mann denken, der seiner Frau überdrüssig, diese samt dem Vermögen, was zu ihrer Unterhaltung genügt, im Stich läßt und ohne eigentlich sich herumzutreiben, bald hier bald dort in Dienste tritt und so sich redlich ernährt. Über Mangel an Unterhalt kann die Frau nicht klagen [d. h. eine Rechtsklage anstengen; D. B.], gleichwohl liegt die Absicht des Mannes vor, das eheliche Verhältnis faktisch aufzulösen. Soll man hier nicht die Frau zur Ehescheidungsklage wegen böslicher Verlassung zulassen? Auf anderem Wege wäre ihr nicht zu helfen.«[75]

Das bestehende Recht und die praktizierte Rechtsanwendung waren fraglos oft eine Hilfe für die in Ehenöte geratene Frau. Freizügigkeit wie Großzügigkeit des Scheidungsrechts bildeten eine Art Schutzwall um die Lebenswelt der Frau. Sowohl soziale Gefährdungen wie Gefahren für »Leben oder Gesundheit« konnten auf diese Weise abgemildert werden. Wie das Allgemeine Landrecht zählte auch das im Rheinland geltende ›französische‹ Scheidungsrecht nicht ohne Grund »Vergehungen, Mißhandlungen und schwere Beschimpfungen« zu den Hauptursachen der Ehescheidung. Oft verbanden sich in einem unglücklichen Eheleben soziale Not mit ungezügelten Aggressionen. Wie auch hier durch das Recht der Frau ein Schutzraum gewährt werden konnte, verdeutlicht ein 1833 vor dem Landgericht Kleve anhängiger Scheidungsfall.[76] Hier wird nicht der Anspruch erhoben, daß die angeführten Beispiele für die Scheidungswirklichkeit im 19. Jahrhundert schlechthin stehen; aber sie zeigen einen Ausschnitt dieser Wirklichkeit, vermitteln einen Eindruck von den wirklichen Lebensverhältnissen der Menschen, ihren Bedrückungen, ihrem Scheitern und vor allem auch von ihren Versuchen, immer wieder zu einem Neuanfang zu gelangen. Das Recht bildete die Kugelachse in den Geschlechterbeziehungen; das galt für alle »Stände«, besonders aber für die unteren.

Über einen Anwalt wandte sich die Frau eines Steueraufsehers in den 30er Jahren an das Landgericht in Kleve und trug auf Scheidung ihrer Ehe an. Sie war sechzehn Jahre verheiratet, Lebensjahre, die mehr von Bitternis als von Glück geprägt waren. Durch die ständigen Versetzungen ihres Mannes war es nie zu einem Fußfassen, zu einem Heimischwerden an einem Ort gekommen. Geduldig war die Frau mit einer zahlreichen Kinderschar immer wieder ihrem Mann gefolgt. »Elf Kinder waren die Früchte dieser Ehe«; acht lebten noch zum Zeitpunkt ihres Scheidungsantrags, das älteste war zwölf Jahre, das jüngste ein Jahr alt. Schon zu Beginn ihrer Ehe sah sich die Frau würdelosen Beschimpfungen und Mißhandlungen ausgesetzt. »Obschon während fünfzehn Jahren an den verschiedenen Wohnorten der beiden Eheleute der Th. [d. i. der Mann; D. B.] sich überall die gröbsten Unbilden, Schimpfworte wie Biest, Luder, Hure, ja sehr schwere körperliche Mißhandlungen gegen seine Ehefrau zu Schulden kommen ließ, so ertrug letztere doch mit Langmut und Geduld ihr Leiden. Sie verzieh oft ihrem Ehemann, hoffend Besserung und eine ordentliche Lebensweise von demselben erwarten zu können. Nichtsdestoweniger war sie wieder zuweilen durch die Wut ihres Mannes so in Lebensgefahr gebracht, daß sie mit geschlagenem blutenden Gesicht barfuß in der Nacht die eheliche Wohnung verlassen und Schutz bei Bürgern suchen mußte.« Das Leben war für diese Frau nach langen Ehejahren unerträglich geworden, ihre Hoffnung, »einmal endlich, wenn nicht ein glückliches, doch wenigstens kein ihr täglich Gefahr drohendes Leben zu führen«, auf dem Nullpunkt angelangt. In dieser Situation bat sie das Landgericht, ihre »Klage-Bittschrift« [!] anzunehmen. Sie übergab sie »persönlich« dem Landgerichtspräsidenten. Dieser setzte einen Sühnetermin fest, die Aussöhnung der Eheleute aber konnte auch er nicht zustandebringen. Er gab für die Scheidungsklage der Frau den »ordentlichen Rechtsweg« frei. Auch noch in einer anderen Hinsicht fand diese leidgeprüfte Frau vor Gericht Gehör. Ihr wurde gestattet, während des Prozesses »provisorisch in dem Hause des Schreiners I. zu Geldern zu residieren«; ihr Mann mußte ihr dazu »die zu ihrem täglichen Gebrauch erforderlichen Effecten herausgeben«. Hier wird sehr klar, welche Bedeutung die Wiederverheiratung für die geschiedene Frau hatte. Der Scheidungsrichter wußte um diese Zukunftschance und suchte sie rechtlich nicht zu verbauen.

Scheidungsraten sind von der Überlieferung her für das frühe 19. Jahrhundert nicht schichtspezifisch aufzuschlüsseln. Dennoch erlaubt diese Überlieferung, Unterschiede in der Verarbeitung des Scheidungsschicksals unter schichtspezifischen Gesichtspunkten festzuhalten. Wiederum sei ein Scheidungsfall aus dem frühen 19. Jahrhundert herausgegriffen. Er war beim Oberlandesgericht Magdeburg anhängig. Schon nach einjähriger Ehezeit beantragte eine mit einem adeligen Hauptmann verheiratete Frau 1824 die Scheidung.[77] In einer Rechtsbeschwerde, die unmittelbar an den preußischen Justizminister gerichtet war, schilderte sie die Vorgeschichte ihres »Falles«. Schon bald nach ihrer Eheschließung sei es zu einem »Mißverhältnis« zwischen ihr und ihrem Ehemann gekommen. »Üble Behandlung« und ungerechte Vorwürfe hätten sie bewogen, sich von ihrem Mann zu »entfernen«. Dieser sei anfangs auch einverstanden gewesen, dann jedoch auf die unlautere Idee gekommen, »daß es für ihn weit vorteilhafter sei, mich bei sich zu behalten, und durch die Leiden, welche ich bei ihm auszuhalten hätte, meine Eltern zu bewegen, ihm für meine Entfernung von ihm eine tüchtige Abfindung zu geben«. Nicht das fragwürdige Kalkül des Ehemannes gilt es hier herauszustellen, sondern die Möglichkeit, die eine Frau aus bessergestellten Schichten hatte, in Krisensituationen auf die Sozialposition ihrer Eltern zurückzugreifen. Hier lag ein Unterschied zur Situation der unterständischen Ehefrau. Auch sie hat, wie aus den Quellen deutlich wird, bei ehelichen Konflikten sich auf Verwandtschaftsbeziehungen stützen können, doch waren diese kein sicherer Hafen und gewährten ein Unterkommen nur für eine kurze Zeit. In ihren Eheangelegenheiten war die den »niederen Gesellschaftsklassen« zugehörige Frau weitgehend auf sich allein gestellt: Einzelkämpferin in Rechtsgeschäften wie bei der Absicherung ihrer sozialen Existenz. Die in Bedrängnis geratene Hauptmannsfrau hatte die Mittel, sich einen »Justiz-Kommissarius« als versierten Anwalt zu nehmen. Er beriet sie, wie der »Erpressung« des Ehemannes zu begegnen sei. Dieser hatte vor Gericht ein Rückführungsmandat gegen seine Frau erwirkt. »Verläßt die Frau den Mann ohne dessen Einwilligung, oder rechtmäßigen Grund der Entfernung«, so bestimmte es das Allgemeine Landrecht, »so muß sie der Richter zur Rückkehr anhalten.« (ALR II, 1. T., 8, § 685) Da sich im anstehenden Fall die Ehefrau geweigert hatte, wieder mit ihrem Mann zusammenzuleben, trug das Gericht ihre »Zurückführung« dem »Exekutor« auf. Obwohl sie zwischenzeitlich die Ehescheidungsklage gegen ihren Mann förmlich eingereicht hatte, war das »Exekutionsmandat« nicht zurückgenommen worden. Dies war der Grund ihrer Demarche an den Justizminister. Mehr als die »Kränkungen« und »Mißhandlungen« des Ehemannes – von denen sie einräumte, daß diese »nicht gerade von der Art waren, mein Leben in eine augenblickliche Gefahr zu bringen« – fürchtete sie die mit der Rückführung verbundene Degradierungszeremonie. Ihr Zustand sei verzweifelt, »da mein Ehemann diese executivische Zurückführung als einen hohen Triumph für sich betrachtet, mit dem Exekutor und Gendarmen im

Lande umherzieht, Hausvisitationen anstellt, selbst an Orten, wo er gewiß ist, mich nicht zu finden, und mich gewiß wie eine gefangene Sklavin durch das Land schleppen würde, wenn er meiner habhaft werden könnte.«

Die Furcht dieser Frau vor Erniedrigung in den Augen der Öffentlichkeit saß tief; sie war vielleicht größer als die Furcht vor der Erniedrigung, die sie bei einem Weiterbestehen ihrer Ehe auf sich zukommen sah. Der Rechtsstreit, der sich an das Auseinanderbrechen einer Ehe anschloß, war für das Selbstverständnis und das Selbstwertgefühl der Schichten, zu denen die Frau des Hauptmanns zu zählen ist, eine große Herausforderung. Eine Schuhmacherfrau oder die Frau eines Subalternbeamten hatten mit der symbolischen Seite des Scheidungsvorgangs weniger Probleme. Ihnen ging es ums nackte Überleben; die gutbürgerliche Optik war eh nicht in ihrem Milieu beheimatet. Das Justizministerium ersparte der Hauptmannsfrau die öffentliche Schande und versagte dem Hauptmann den öffentlichen Triumph. Per Dekret veranlaßte es die Aufhebung der »executivischen Maßregeln« und ließ »jeden etwaigen körperlichen Zwang« einstellen. Es nahm die ganze Angelegenheit auf die Normalebene des Scheidungsprozesses zurück.[78]

Aus den vorgestellten Scheidungsgeschichten ergibt sich als Befund die Bedeutung, die das Recht für die Lebenswelt der Frau hatte. Sie war innerhalb des ehelichen Verhältnisses die sozial Schwächere, und das geltende Scheidungsrecht hat diese Position bis zu einem gewissen Grade ausgleichen können. Freilich setzte dies eine Rechtspraxis voraus, die quer lag zum konservativen Trend der Rechtspolitik im 19. Jahrhundert. Vertrauen in die gehandhabte Anwendung des Rechts scheint auch hinter manchem Schritt gestanden zu haben, der von Frauen besonderen Mut forderte. Auf »grobe Injurien und Mißhandlungen« gründete sich die Ehescheidungsklage einer Frau, die nach nur kurzer Ehezeit 1838 vor Gericht ging.[79] Dieser Ehestreit spielte sich in der abgekapselten Welt eines Dorfes am Niederrhein ab; der Rechtsstreit, der aus ihm erwuchs, zog das dörfliche Leben in seinen Solidaritäten, aber auch in seinen inneren Spannungen, auf die Bühne der Öffentlichkeit. Es gehörte für die Frau nicht nur Überwindung, sondern auch ein gefestigtes Selbstbewußtsein dazu, mit den patriarchalischen Traditionen der dörflichen Welt zu brechen und Privatestes vor ein Gerichtsforum zu bringen. Der Mut, sich dem Konformitätsdruck einer traditionalen Lebenswelt, in der feste Verhaltensregeln herrschten, zu entziehen, speiste sich aus dem Vertrauen in eine Rechtsordnung, die auch die Frau als ein dem Mann gleichwertiges Rechtssubjekt behandelte. Rechtsbewußtsein ist im 19. Jahrhundert der Kraftspender weiblichen Selbstbewußtseins gewesen.

Die Umstände, die in dem hier angeführten Scheidungsfall zur Sprache kamen, dürften in vielem typisch gewesen sein für die Lebensumstände und Lebenswege der Menschen im agrarischen Sozialmilieu. Die Frau, die sich von ihrem Mann trennen wollte, war schon einmal verheiratet gewesen. Ihr erster Mann war verstorben; in ihre Zweitehe mit dem Pächter eines Bauernhofes hatte sie ihren dreizehnjährigen Jungen mitgebracht. Über die

Rolle dieses Kindes war oft Streit entstanden. Der Stiefvater wollte den Jungen mit väterlicher Autorität in die Wirtschaft des Hofes einspannen, die Mutter versuchte ihn abzuschirmen und bestärkte ihn in seiner Widersetzlichkeit gegenüber den Anweisungen des Bauern. In der Stiefsohnproblematik lag für das eheliche Leben ein belastendes Moment. Doch es war nicht das entscheidende für das Zerwürfnis zwischen den Eheleuten. Zank und Streit entstanden immer wieder aus »intimen« Anlässen. Die Ehepartner verstanden es nicht, für ihr Geschlechtsleben einen gemeinsamen Nenner zu finden. Wichtig ist nun, daß in der eingereichten Scheidungsklage der Frau dieser Umstand nicht kaschiert wurde. Sie verwies nicht nur auf die »schweren Beschimpfungen« ihres Mannes wie Ehebrecherin oder Hure, beließ es auch nicht beim Vorwurf der »Mißhandlungen«, sondern führte die ›Verweigerung der ehelichen Pflicht‹ mit an. Diese Klage hätte auch ohne den zuletzt aufgeführten Klagegrund Aussicht auf Erfolg gehabt. Dennoch machte die Frau Intimes gerichtsöffentlich. Man kann diese Verhaltensweise als unschönen Racheakt einstufen; doch die aggressive Nutzung des Rechts und der Rechtsformen, die hier vorliegt, hat ihren Vorlauf in den Demütigungen und Aggressionen, denen sich diese Frau in ihrer Ehe ausgesetzt sah.

Oft war sie geschlagen worden, meist war ihr Junge der Anlaß gewesen, und nach dem letzten Streit, bei dem ihr Mann sie mit einem Messer verletzt hatte, war sie zu ihrem Schwager gezogen. Hier wollte sie sich auch während des Ehescheidungsprozesses aufhalten. Ein vom Gericht angeordneter Sühnetermin scheiterte. Der Mann bestritt die ihm gemachten Vorwürfe, war aber bereit, sich mit seiner Frau »auszusöhnen«. Diese aber »beharrte«, so das Protokoll über den gerichtlichen Sühneversuch, »gleichwohl auf ihrer Klage, und alle Vorhaltungen, die ihr sowohl im Besondern, als auch ihr und ihrem Ehemann zusammen gemacht wurden, blieben gänzlich erfolglos.«

Die Scheidungsverhandlung fand vor dem Landgericht Kleve statt, und in das Scheidungszeremoniell waren nicht nur die beiden Prozeßparteien einbezogen, sondern das gesamte Dorf hatte an ihm teilzunehmen, vom Kuhjungen bis zum Pastor. Sie alle, Dienstmägde, Tagelöhner, weitere und engere Verwandte, wurden vom Richter über das Eheleben des im Rechtsstreit liegenden Ehepaares befragt. Die Gerichtsverhandlung zeigte die Frau in einer starken Rechtsposition, ließ aber auch die ganze Schwäche ihrer Sozialposition innerhalb der Ehe deutlich werden. Der Ehemann begegnete den Vorwürfen mit Gegenvorwürfen. Er schob alles auf das »feurige« Wesen seiner Frau. Die »wahre Ursache«, aus welcher sie zur Klage geschritten sei, müsse »in ihrem feurigen Temperament« gesucht werden, »daher denn auch dieselbe sich nicht gescheut habe, ihm ungerechte Vorwürfe der verweigerten oder nicht geleisteten ehelichen Pflicht zu machen; aus eben jenem Fehler habe seine Frau mehrmals unziemliche Bekanntschaften mit andern Mannspersonen angeknüpft, und da er ihren desfelligen Wünschen entgegen gearbeitet, so habe sich in ihr eine durchaus feindselige Gesinnung gegen ihn erzeugt.« Zügellose sexuelle Wünsche konnten dieser Frau allerdings nur bedingt unterstellt werden. Im Verlauf des Prozesses wurden auch die beiden auf dem Hof arbeitenden Dienstmägde vernommen. Aus ihren Aussagen ergab sich, daß die Frau des öfteren hatte zusehen müssen, wie ihr Mann, der sich ihr gegenüber zurückhielt, bei anderen Frauen Annäherungsversuche machte. Die Dienstmagd Friederika H. gab zu Protokoll: »Ich erinnere mich, daß eines abends im Sommer, als B. [d. i. der Bauer; D. B.] und die Magd Elisabeth H. auf der Diele waren, letztere äußerte: sie wünsche im Himmel zu sein, und B. erwiderte: er wünsche sie dort zu sehen, worauf die Frau B. ebenfalls auf die Diele kam, und zu der Magd sagte, sie solle sich schämen, daß sie mit einem so hölzernen Kerl spreche; ihr Mann sei ein Kerl wie ein Ochs, er tauge für keine Frauensperson; auch wandte sie sich zu dem Mann selbst, mit den Worten: Ihr wißt ja selbst nicht einmal, ob ihr ein Ochs oder ein Stier seid, ihr seid ein hölzerner Kerl. Weiter ist an diesem Tage meines Wissens nichts vorgefallen; und ich habe durchaus nicht gesehen, daß B. seine Frau mißhandelt habe.« Die Magd sah keine Schläge, bekam aber die Wut mit, die sich bei beiden Eheleuten aufgestaut hatte: Wut über die Bloßstellung der männlichen und Wut über die Verletzung der weiblichen ›Ehre‹.

In einer anderen Situation, die das Dienstpersonal nicht mitbekam, brach dieser innere Ehekrieg offen aus. Die Frau war nicht bereit, den Platz einzunehmen, der ihr in dieser Ehe angewiesen war: sich aufzuopfern, ohne Rechte, aber mit vielen Demütigungen. Sie war eher bereit, einen Trennungsvorgang vor Gericht durchzustehen, der auch auf sie zuweilen einen Schatten warf. Sie wollte ihr Recht in diesem Prozeß, und mit diesem Rechtsanspruch verband sich der Wunsch nach einem privaten Neuanfang. Die Ausführungen des Pastors sind besonders aufschlußreich. Sie unterstreichen, wie stark in dieser Ehe die sexuellen Probleme in die unterschiedlichen Vorstellungen und Erwartungen eingebunden waren, die die Ehepartner von ihrem Zusammenleben hatten. Das Rollenverständnis der Frau paßte nicht zum Verständnis des Mannes von der Frauenrolle. »Ich habe«, so der Pastor gegenüber dem Richter, » – nachdem ich von der Uneinigkeit der Eheleute B. vernommen, mehrmals Versuche gemacht, unter denselben eine Aussöhnung zu Stande zu bringen, insbesondere ist dies im vorigen Jahr geschehen. Bei solchen Gelegenheiten beklagte sich der Mann über seine Frau, daß sie ihm nicht Achtung genug bezeuge, und mit dem Knecht zuhalte; die Frau beschuldigte den Mann, daß er zu streng gegen sie sei, auch gab sie anfänglich nur zu verstehen, und sagte zuletzt mit Bestimmtheit, daß ihr Mann an Impotenz leide; im Allgemeinen ließ dieser mehr Versöhnlichkeit blicken als die Frau; insbesondere gestand er wohl, wenn er gefehlt hatte, auch räumte er ein, daß er einmal seine Frau, welche ihm in Anwesenheit der Dienstboten die Impotenz vorgeworfen, im Eifer von sich gestoßen habe, jedoch behauptete er nicht gerade zu, daß das Stoßen unmittelbar darauf, als der Vorwurf gemacht worden, geschehen sei, jedenfalls suchte er die Mißhandlung durch die Vorwürfe seiner Frau zu beschönigen.« Die Frau erreichte in diesem Rechtsstreit das, was sie sich vorgenommen hatte: eine rechtliche Würdigung ihrer ehelichen Lebenssituation. Sie konnte auf ein für sie positives Scheidungsurteil hoffen, nachdem das Landgericht die Akten zum endgültigen Entscheid an das höchste rheinische Gericht, den Appellationsgerichtshof zu Köln, weitergeleitet und den ihr wohlgesonnenen Gerichtsvorsitzenden zum Referenten bestimmt hatte.

In Preußen, und das gilt sowohl für das landrechtliche wie das ›französische‹ Rechtsgebiet, konnten die vielen Restriktionen, die den Weg der Ehegeschichte im weitesten Sinne im 19. Jahrhundert so steinig werden ließen, die liberale Ausrichtung der Scheidungsgerichtsbarkeit nicht gänzlich zum Verschwinden bringen. Sie hatte bis zum Bürgerlichen Gesetzbuch in den Vorgaben des materiellen Ehescheidungsrechts ihren Bestandsbürgen. Die ›preußische Gerichtsbarkeit‹, von einer so exklusiven Frau wie Sophie Bernhardi mit bitteren Vorwürfen bedacht, zeichnete sich insgesamt keineswegs durch soziale Exklusivität aus. Sie war offen und sensibel für gesellschaftliche Problemlagen und wußte besonders auch die Situation der Frau in schwierigen ehelichen Verhältnissen angemessen einzuschätzen. Das ist der Hindergrund, vor dem im letzten Viertel des 19. Jahrhunderts der Kampf um ein neues Scheidungsrecht begann. Beim angestrebten Abschied von der Vergangenheit drohte der Verlust eines Stücks Zukunft, das dieser Vergangenheit – trotz allem – eigen gewesen war.

VI. Scheidung und Scheidungsrecht auf dem Weg zum Bürgerlichen Gesetzbuch

Das Allgemeine Landrecht für die Preußischen Staaten und das Bürgerliche Gesetzbuch für das Deutsche Reich sind die beiden großen Kodifikationen, in die die Rechtsgeschichte des 19. Jahrhunderts eingespannt ist. So buntscheckig sich die deutsche Rechtslandschaft bis zum Bürgerlichen Gesetzbuch darbot und so tief auch die Rechtszersplitterung auf der Ebene des Privatrechts ging, das preußische Recht hatte gegenüber dem Recht anderer Länder wie Bayern oder Baden in der Entstehungsgeschichte des Bürgerlichen Gesetzbuchs das größte Gewicht. Das Allgemeine Landrecht war sowohl Orientierungsvorgabe wie Widerpart in dem sich über Jahrzehnte erstreckenden Vorgang einer neuen, reichseinheitlichen Privatrechtsschöpfung. Ab den 70er Jahren wurde am Bürgerlichen Gesetzbuch mit hohem juristischem Sachverstand gearbeitet. Diese Arbeit war freilich begleitet von vielen Störversuchen der um ihre Rechtstraditionen fürchtenden Bundesstaaten und wurde in der Schlußphase durch manchen sehr schnell gezimmerten parlamentarischen Kompromiß belastet.

Das Bürgerliche Gesetzbuch gehört als Gesetzgebungswerk dem späten 19. Jahrhundert an. Es ist eingebunden in die im Wilhelminischen Deutschland bestehenden föderativen und parlamentarisch-politischen Strukturen. Geprägt ist es aber auch vom Entwicklungsstand der bürgerlichen Gesellschaft in Deutschland. Es bringt deren Bedürfnis nach rechtlicher Durchformung des gesellschaftlichen Lebens zum Ausdruck. Eigentumsfreiheit, Vertragsfreiheit und Vererbungsfreiheit sind die drei Säulen, auf denen das Rechtsgebäude des Bürgerlichen Gesetzbuchs ruht. So zukunftsoffen, wenn auch nicht ohne reaktionäre Schnörkel, zentrale Rechtsmaterien des Bürgerlichen Gesetzbuchs gestaltet sind – vom Recht der Schuldverhältnisse, über das Sachenrecht bis zum Erbrecht –, beim Familienrecht tat der Gesetzgeber eher einen Schritt zurück als einen nach vorn. Gerade beim gesellschaftlich so bedeutsamen Scheidungsproblem vertiefte sich der Graben zwischen Rechts- und Lebensverhältnissen. Das Recht wurde dem Gang der gesellschaftlichen Entwicklung entgegen, nicht diesem als ordnendes Medium an die Seite gestellt.[1] Dadurch aber verlor es auch den Anschluß an die sich ändernden gesellschaftlichen Wertvorstellungen. Die lange Vorgeschichte des Bürgerlichen Gesetzbuchs wie auch seine endgültige Fassung fangen auf der Rechtsebene die inneren Widersprüche des Deutschen Kaiserreichs ein:

das Neben- und Ineinander von Modernisierungsbemühungen und gezielten Modernisierungsblockierungen. Wenn das Recht nicht ohne Grund zu den fortschrittlichsten Politikbereichen in der damaligen Zeitspanne gezählt werden kann, so zeigt ein Blick auf die Scheidungsregelung des Bürgerlichen Gesetzbuchs, wie auch diesen Bereich tiefe Bremsspuren durchzogen haben.

Die rechtshistorische Forschung hat viel Material zur Entstehungsgeschichte des Bürgerlichen Gesetzbuchs zusammengetragen.[2] Auch zur inneren Gesetzgebungsgeschichte des Eherechts gibt es fundierte Untersuchungen.[3] Sie zeigen, wie gerade die rechtliche Ordnung der Familie im Zentrum konfligierender Interessen gestanden hat. Hier prallten nicht nur die Werthaltungen der einzelnen gesellschaftlichen Gruppierungen aufeinander, hier fühlten sich auch mächtige gesellschaftliche Gruppen wie z. B. die katholische Kirche herausgefordert. Im folgenden soll vom Scheidungsrecht her nach dem historischen Stellenwert jener rechtspolitischen Zäsur gefragt werden, zu der das Bürgerliche Gesetzbuch von 1900 führte.

1. *Etappen der Gesetzgebung*

Die Geschichte des bürgerlichen Gesetzbuchs ist eng verknüpft mit der Blütezeit des politischen Liberalismus in den Jahren der Reichsgründung. So steinig der Weg der Liberalen in den 60er Jahren gewesen war, zu Beginn der 70er Jahre des vorigen Jahrhunderts waren die Demütigungen der Konfliktszeit vergessen. Bismarck, der die Krise des Liberalismus bewußt geschürt hatte, brauchte diesen als Partner bei der Konsolidierung des von ihm geschaffenen Reichs. Es gab, und dies verdeutlicht ein Blick auf die Rechtsgeschichte des frühen Kaiserreiches, nicht nur den vielzitierten Kniefall des Liberalismus vor der Macht; auch diese Macht selber geriet verstärkt in den Bann liberaler Prinzipien und Überzeugungen. Die politischen Gestaltungsmöglichkeiten, die der Liberalismus nach der Gründung des Deutschen Kaiserreiches besaß, haben sicherlich viel dazu beigetragen, die liberale Bewegung von Selbstzweifeln, die mit dem geschichtlichen Weg der Liberalen zusammenhingen, zu entlasten. Die Reichsjustizgesetze der frühen Bismarckzeit, die in anderem Zusammenhang schon erwähnt wurden, sind der Ausdruck eines neuen liberalen Selbstbewußtseins.

Starke politische Selbstgewißheit stand auch hinter der Hartnäckigkeit, mit der die Liberalen das Ziel einer Vereinheitlichung des Zivilrechts verfolgten. Schon in der Zeit des Norddeutschen Bundes gehörte es zum Programm der Nationalliberalen Partei, dem Bundesstaat die Gesetzgebungskompetenz für das gesamte bürgerliche Recht zu verschaffen. Das Postulat der Rechtseinheit hing sicherlich mit den nationalen Überzeugungen des liberalen Bürgertums zusammen; es war aber auch ein Erfordernis, das sich aus dem Stand der gesellschaftlichen Entwicklung ergab. Verschiedene Rechtsgebiete erschwerten nicht nur das innere Zusammenwachsen des jungen Einheitsstaates, sie waren auch ein Hemmschuh für den ökonomischen Fortschritt, den der Industrialisierungsvorgang in Aussicht stellte. Zudem behinderten sie die Mobilität der Bevölkerung im weitesten Sinne. Das Zivilrecht war für die deutschen Bundesstaaten über viele Jahre eine Art juristisches Palladium, das nicht angetastet werden sollte. Diese Rechtsmaterie wurde auch 1870/71 ausgespart, als viele Rechtsbereiche in die Kompetenz des Reichs übergingen. Die Verfassung von 1871 wies dem Reich die Zuständigkeit für das Obligationenrecht, Strafrecht, Handels- und Wechselrecht und das gerichtliche Verfahren zu.[4] Das waren Materien, die bereits vor 1867 Gegenstand gesamtdeutscher Gesetze oder Entwürfe gewesen waren. Energisch traten nach der Reichsgründung die Nationalliberalen für eine Revision der Verfassung im Bereich der »Reichsgesetzgebung« ein. Führend im Einbringen parlamentarischer Initiativen, die die Ausdehnung der Reichskompetenz auf das gesamte bürgerliche Recht und auch die Gerichtsverfassung zum Inhalt hatten, waren die nationalliberalen Abgeordneten Johannes von Miquel und Eduard Lasker. Während die liberalen Anträge im Reichstag relativ schnell eine Mehrheit fanden, erwies sich der Bundesrat in dieser Frage, trotz der befürwortenden Politik Preußens, zunächst als nicht mehrheitsfähig. Die Widerstände kamen von den süddeutschen Staaten, und erst als Württemberg einlenkte, fand die *Lex Lasker* auch im Bundesrat am 4. Dezember 1873 eine Mehrheit. Durch ein Reichsgesetz vom 20. Dezember 1873 wurde die Ziffer 13 des Artikels 4 der Reichsverfassung dahingehend geändert, daß auch »das gesammte bürgerliche Recht« zu den »Angelegenheiten« gezählt wurde, die »der Beaufsichtigung Seitens des Reichs und der Gesetzgebung desselben« unterlagen.

Mit dem Erfolg der liberalen Gesetzesinitiative war der Startschuß für die lange juristische und politische Arbeit an einer reichseinheitlichen Zivilrechtskodifikation gefallen. Über drei Jahrzehnte haben hochkarätig zusammengesetzte Expertengremien ein fast unübersehbares juristisches Material zusammengetragen und der Nachwelt einen erst noch zu bergenden Schatz an Gelehrsamkeit hinterlassen.[5] Die Arbeitsergebnisse der Justizkommissionen, deren erste sich 1874 konstituierte, sind ohne Frage Denkmäler juristischen Sachverstands; sie sind aber auch ein Beleg dafür, wie wenig sich das Recht in dieser Zeit dem Trend der Politik hat entziehen können.

Der Bundesrat nahm die Zusammensetzung der Justizkommissionen unter Fachgesichtspunkten, aber auch unter Berücksichtigung föderativer Anliegen vor. Die 1. Kommission begann ihre Hauptberatungen 1881, beendete diese 1889, und legte Ende 1887 dem Reichskanzler den sog. 1. Entwurf eines Bürgerlichen Gesetzbuches für das Deutsche Reich vor. Hinsichtlich der Veröffentlichung der Materialien der Kommission ergaben sich Schwierigkeiten.[6] Der Bundesratsausschuß für das Justizwesen, der dieses Problem beriet, konnte auf keine von der Kommission genehmigten »Motive« zurückgreifen. Es lagen nur »Begründungen« vor, die von Redaktoren zu den einzelnen Teilentwürfen (Allgemeiner Teil; Schuldrecht; Sachenrecht; Familienrecht; Erbrecht) erstellt worden waren. Auf diese griff man zurück, übernahm jedoch nur zum Teil die vorliegenden Texte. Sie wurden von »Hilfsarbeitern«, auch unter Einbeziehung der Beratungsprotokolle der Kommission, neu geschrieben und in einer ›amtlichen Ausgabe‹ als »Motive zu dem Entwurfe eines Bürgerlichen Gesetzbuches für das Deutsche Reich« 1888 publiziert. Das Ganze wäre nicht besonders erwähnenswert und vielleicht nur für den rechtshistorischen Spezialisten von Interesse, wenn nicht gerade diese Motive eine große wirkungsgeschichtliche Bedeutung erlangt hätten. Sie haben, so hat man gesagt, »die Dogmatik des BGB nach 1900 in einem heute noch nicht überschaubaren Maße bestimmt.«[7] Auch für das Familienrecht legten sie über Jahrzehnte hin die rechtspolitische Wegrichtung fest, obwohl diese nicht unbedingt vorgezeichnet war. Hier vermag ein genauer quellenkritischer Blick Neues zu entdecken.

Die 1. Kommission hatte Mitte der 70er Jahre Gottlieb Planck als Redaktor für das Familienrecht berufen. Der von ihm erstellte Teilentwurf, den er 1880 mit umfangreichen »Begründungen« ablieferte, unterschied sich in der Akzentsetzung doch erheblich vom Endprodukt der Arbeit der 1. Kommission. Läßt man das Familienrecht des Bürgerlichen Gesetzbuchs bei den ›Vorlagen‹ des Redaktors Planck beginnen, so wird deutlich, wie verhaftet es einer politischen Entwicklung gewesen ist, die die in vielem fortschrittlichen Denkbahnen der Reichsgründungszeit schnell verließ. Planck war sicherlich kein Jurist, der den Rechtsanschauungen der damaligen Sozialdemokratie nahestand; doch er verkörperte in bestimmten Phasen seiner geistigen Entwicklung und juristischen Arbeit ein Stück Aufklärungstradition des Juristenstandes. Das zeigt sich besonders deutlich bei seiner Fassung der Scheidungsmaterie. Hier formulierte er weitaus differenzierter als die Motive des 1. Entwurfs. Das Scheidungsrecht des Bürgerlichen Gesetzbuchs hätte bei einer strengeren Orientierung an den frühen Planck'schen Vorgaben zwar in der Substanz nicht viel anders ausgesehen, doch es wäre ein Recht aus einem anderen Geist gewesen, der ohne Frage auf die Scheidungsrechtsprechung abgefärbt hätte.

Der Einstieg des Redaktors Planck war die »Doppelnatur der Ehe als einer sittlichen Ordnung und als eines Rechtsverhältnisses«, das »das Bedürfniß des Lebens und die Erfahrung« zu berücksichtigen habe.[8] Vom Schlüsselbegriff der Doppelnatur aus ging er das Problem der Zulassung von Scheidungen an. Es ist bezeichnend, daß die Motive von 1888 diese wichtige Textpassage nicht übernehmen, obwohl sie ansonsten viel aus der Planck'schen Vorlage zitieren. Doch – und das ist das Interessante – sie lassen eben auch Stellen weg, die die Gesamtaussage in der politischen Tonlage verändern. In den allgemeinen Ausführungen zur »Auflösung der Ehe durch Scheidung« heißt es bei Planck: »Ein deutsches bürgerliches Ges. B. wird der christlichen Gesammtanschauung im Volke entsprechend davon auszugehen haben, daß im Eherechte nicht das Prinzip der individuellen Freiheit der Ehegatten herrscht, sondern die Ehe als eine von dem Willen der Ehegatten unabhängige sittliche und rechtliche Ordnung anzusehen ist. Daraus läßt sich indessen die absolute Unzulässigkeit der Ehescheidung nicht ableiten.«[9] Die ›Motive‹ übernehmen diese Sätze,[10] streichen jedoch das, was Planck im Anschluß daran im einzelnen gegen die absolute Unzulässigkeit der Ehescheidung vorbringt: »Es läßt sich daraus schwerlich auch nur die unbedingte sittliche Pflicht der Ehegatten, sich nicht zu scheiden, folgern, indem Fälle denkbar sind, in welchen die Parallele zwischen der Pflicht der Nächstenliebe und der ehelichen Liebe nicht mehr paßt und die besondere Natur und Richtung der letzteren eine vollständige Aufhebung der ehelichen Lebensgemeinschaft und damit des wesentlichen Inhalts der Ehe als sittlich gerechtfertigt erachtet werden muß.«[11]

Plancks Argumente für die Zulassung der Scheidung, die die ›Motive‹ in weiten Teilen übernehmen,[12] zielten im Kern darauf ab, der »katholischen Kirche« das Unzureichende ihres Rechtsstandpunktes in Eheangelegenheiten überdeutlich vor Augen zu führen. Diese kulturkämpferische Schärfe milderten die ›Motive‹ ab. So fehlt in ihnen z. B. Plancks Resümee: »Vom Standpunkte eines Bürgerlichen Gesetzbuchs aus kann namentlich in einem paritätischen Staate auf das *besondere* Dogma einer einzelnen Kirche keine Rücksicht genommen werden.«[13] Auch Planck war ein Befürworter einer »strengeren Gestaltung des Ehescheidungsrechts«. Aber er wußte auch um die Grenzen staatlichen Rechtszwangs, Grenzen, die von der Wirklichkeit des Lebens, den »realen Verhältnissen«, gezogen wurden. Hier folgten die ›Motive‹ der Planckschen Vorlage nur bedingt. Sie übernahmen die harten Formulierungen Plancks, verkürzten aber die Einschränkungen, die er ihnen zur Seite gestellt hatte. Fast wörtlich zitierten die ›Motive‹ folgende »Gesichtspunkte«: »Da die Ehe ihrem Begriffe und Wesen nach unauflöslich, die Scheidung der Ehe dem Bande nach daher stets etwas Anomales ist, so verdient schon aus diesem Gesichtspunkte die Zulassung der Scheidung keine Begünstigung, vielmehr ist die letztere unter allen Umständen auf anomale Zustände zu beschränken und nur insoweit zuzulassen, als diese die Zulassung der Scheidung nothwendig machen. Für eine strengere Gestaltung des Ehescheidungsrechts sprechen aber auch vom staatlichen Standpunkte aus die gewichtigsten Gründe. Der Staat hat ein dringendes Interesse daran, darauf hinzuwirken, daß die Ehe als die Grundlage der Gesittung und der Bildung so ist, wie sie sein soll, und deshalb das Bewußtsein des sittlichen Ernstes der Ehe und die Auffassung derselben als einer von dem Willen der Ehegatten unabhängigen sittlichen Ordnung im Volke zu fördern. Dies geschieht aber durch Erschwerung der Ehescheidung. Es wird dadurch einerseits der Eingehung leichtsinniger Ehen mehr entgegengetreten, andererseits darauf hingewirkt, daß die Führung in der Ehe selbst eine dem Wesen der letzteren entsprechendere ist; denn wenn die Ehegatten wissen, daß die Ehe nicht leicht wieder gelöst werden kann, so werden die

Leidenschaften, welche den Wunsch nach Scheidung erzeugen, eher unterdrückt, eheliche Zerwürfnisse leichter wieder beseitigt werden und an Stelle der Willkür die Selbstbeherrschung treten und das Bestreben, sich ineinander zu schicken.«[14] Diese Grundsatzposition relativierte Planck durch ein nachdrückliches ›Andererseits‹, dem die ›Motive‹ durch Kürzungen das Gewicht nahmen. Bei Planck heißt es: »Auf der anderen Seite darf aber die staatliche Gesetzgebung nicht den Maßstab der Vollkommenheit anlegen und nicht die erhabensten Ziele des Sittengesetzes zum bürgerlichen Gesetze erheben. Sie darf nicht außer Acht lassen, daß nicht Jeder die durch das Sittengesetz geforderte sittliche Kraft der Selbstbeherrschung hat, daß es thatsächlich Ehen giebt, die so zerrüttet sind, daß jede Hoffnung auf Wiederaussöhnung verschwunden ist und deshalb die Fortdauer der Ehe, statt zur Veredelung der Gatten beizutragen und ihnen und den Kindern zum Segen zu gereichen, allseitig nur verderblich wirken, insbesondere auch den Wohlstand der Familie zerrütten und auf die Erziehung und Gesittung der Kinder den nachtheiligsten Einfluß ausüben würde. Dazu kommt endlich noch der Charakter der Ehe als eines Rechtsverhältnisses, welcher dem Staate die Pflicht des Rechtsschutzes zu Gunsten des einen Gatten gegen den anderen auferlegt, wenn letzterer seine durch die Ehe begründeten ehelichen oder sittlichen Pflichten schuldvoller Weise verletzt.«[15]

Der Blick auf die verschiedenen Textschichten, die der Kodifikation des Bürgerlichen Gesetzbuchs vorgelagert sind, läßt deutlich unterschiedliche Phasen im Gesetzgebungsvorgang erkennen. Keine Frage aber ist, daß die ›Motive‹ von 1888 den Zuschnitt des späteren Familienrechts festgelegt haben. Die Scheidungsmaterie war sein harter Kern; hier wurde am konsequentesten eine rechtspolitische Wende angesteuert. Für die 1. Kommission, die für die Endfassung der ›Motive‹ verantwortlich zeichnete, rückte besonders der bisherige preußische Rechtszustand in ein fragwürdiges Licht. Das Allgemeine Landrecht, das »in der Zulassung der Scheidung am weitesten gegangen« war, wurde als eine Kodifikation mit äußerst negativem rechtspolitischem Symbolgehalt eingestuft. Die ›Motive‹ rieben sich an der »Zulassung der Scheidung auf Grund gegenseitiger Einwilligung«, obwohl auch sie diesem Scheidungsgrund seine Praxisnähe, seine Bedeutung für die Wirklichkeit des ehelichen Verhältnisses nicht gänzlich abzusprechen vermochten. Es ist bezeichnend für das Gewicht kirchlich-konservativer Wertvorstellungen Ende der 80er Jahre, wie wenig das Gewicht haben sollte, was die ›Motive‹ notgedrungen *zugunsten* der landrechtlichen Scheidungsregelung wie auch der des ›französischen‹ Rechts (Code civil) ausführen mußten. »Die praktische Bedeutung dieses Systems beruht einerseits darin, daß die Ehegatten in solchen Fällen, in welchen ein gesetzlich anerkannter Scheidungsgrund, z. B. Ehebruch, vorliegt, durch das Institut der Scheidung auf Grund gegenseitiger Einwilligung in die Lage gesetzt werden, die Scheidung erwirken zu können, ohne genötigt zu sein, den eigentlichen Scheidungsgrund zur Kenntnis des Richters zu bringen, daß also auf diese Weise das mit dem Scheidungsprozesse sonst für die Ehegatten selbst und deren Familie verbundene Ärgernis schonend abgewendet und derjenige Ehegatte, welcher einseitig die Scheidung zu verlangen berechtigt wäre, namentlich im Falle eines von dem anderen Ehegatten begangenen, von Amtswegen strafbaren Verbrechens oder im Falle des Ehebruches nicht zur Aufdekkung jenes Verbrechens bzw. zu der unter besonderen Umständen möglicherweise bedenklichen Bezeichnung des mitschuldigen Dritten gedrängt wird.«[16] Hier wird sehr klar die emotionale Entlastungsfunktion gesehen, die den Wert der Einverständnisscheidung ausmacht. Auch hoben die ›Motive‹ die Gesichtspunkte der Rechtssicherheit und Rechtsehrlichkeit hervor. Ehegatten, welche beiderseits die Scheidung wünschten, würden bei einer Zulassung der Scheidung auf Grund gegenseitiger Einwilligung nicht genötigt oder verleitet, »einen künstlichen Scheidungsgrund zu schaffen und so das Gesetz zu umgehen«; ferner könnten sie sicher sein, daß die Scheidung auch erfolge; sie ersparten sich dadurch die »mißlichen Folgen für die Gestaltung des ehelichen Verhältnisses« bei einer ansonsten immer möglichen Abweisung der Scheidungsklage.

Bei der Auflistung dieser Argumente hat sicherlich die Rechtspraxis in Preußen Pate gestanden. Sie hatte in den Scheidungsbestimmungen des Allgemeinen Landrechts ihre entscheidende Gesetzesvorgabe. Nicht in dieser Tradition bewegten sich jedoch die entscheidenden Vorarbeiten zum Bürgerlichen Gesetzbuch. Sie knüpften vielmehr an den langen politischen Kampf gegen das Allgemeine Landrecht an, das über das gesamte 19. Jahrhundert hinweg in den Augen der Konservativen sinnfälliger Ausdruck juristischer Libertinage war. Vieles hatte auf dem Verordnungsweg und dem Weg der Einzelgesetzgebung im Sinne konservativer Wertpositionen verändert und restriktiver gefaßt werden können; Konkubinats- und Unehelichenproblem gehören zum Geleitzug der landrechtlichen ›Revisionsbemühungen‹. Doch das materielle preußische Scheidungsrecht hatte nicht aus den Angeln gehoben werden können. Erst im Rahmen der Rechtsvereinheitlichung in Deutschland wurde auch sein Schicksal besiegelt. Die Einflüsse der süddeutschen Staaten mit Ausnahme Badens, dessen Landrecht vom Geist ›französischen‹ Rechts geprägt war, sind sicherlich erheblich gewesen, als die Justizkommissionen des Bundesrats in der Scheidungsfrage den historischen Abschied vom Allgemeinen Landrecht einleiteten;[17] entscheidend dürfte aber auch gewesen sein, daß Preußen selber die »Prinzipien« verfolgte, die auf der Linie der »preußischen Entwürfe über die Reform des landrechtlichen Ehescheidungsrechtes« seit den 40er Jahren lagen.[18] Hier hoben die ›Motive‹ ausdrücklich die »Übereinstimmung« mit dem zu Beginn der 40er Jahre vertretenen Ehestandpunkt hervor, der auch für die »verschiedenen Verhandlungen« in den Landtagen wie für die Debatten im preußischen Herren- und Abgeordnetenhaus in den 50er Jahren bestimmend gewesen sei.[19] Der Schlußstrich unter die Rechtsvergangenheit fiel sehr deutlich aus; deutlich wurde auch der Weg, den man künftig in der Scheidungsfrage gehen wollte. »Bei der Scheidung auf Grund gegenseitiger Einwilligung, auch in der Gestaltung des französischen und badischen Rechtes, tritt nach außen hin lediglich die Willkür der Ehegatten als Grund der Scheidung hervor. Es liegt deshalb die Gefahr nahe, daß im Volke diese Willkür als der wahre Grund der Scheidung angesehen und dadurch das Ansehen und die Würde der Ehe, die Auffassung der letzteren als einer auch rechtlich über dem Willen der Ehegatten stehenden, höheren objektiven Zwecken dienenden Institution im Bewußtsein des Volkes gelockert wird.«[20]

Die ›Motive‹ arbeiteten an einer Verengung der gesetzlichen Tatbestände, um die Zahl der Scheidungen zu senken. Sicherlich gab es im letzten Viertel des 19. Jahrhunderts einen qualitativ neuen sozialen Druck, der auf Familien- und Eheleben lastete. Mit der Chiffre ›Industrialisierung‹ hat man den Ursachenkomplex zu bezeichnen gesucht, der hinter dem Anwachsen der Scheidungsbewegung (s. o.) stand.[21] Die veränderten Lebens- und Arbeitsverhältnisse der Menschen; der neue Rhythmus des städtischen Lebens, der nichts mehr mit der Ruhelage und der Gleichförmigkeit des Landlebens gemein hatte; der Zug der Menschen vom Land in die Stadt und ihr Wandern und Umherziehen innerhalb der rasch wachsenden Städte; die Mobilität der Menschen, hinter der sich die Hast nach einem Zipfel Lebensglück verbarg – all das ließ die Ehen zerbrechlicher werden, ging an die Substanz der im Christentum verwurzelten traditionellen Ehemoral. Industrialisierung und Urbanisierung bedingten einen, wenn auch erst langfristig zum Durchbruch gelangenden Einstellungswandel gegenüber dem Vorgang der Ehetrennung. Die Angst vor Schande und die gesellschaftliche Ächtung geschiedener Eheleute schwächten sich im mehr anonymen – und in dieser Phase noch wenig stabilen – städtischen Sozialmilieu ab. Es gibt eine Reihe historisch plausibler Gründe für den Aufwärtstrend in der Scheidungsbewegung am Ende des vorigen Jahrhunderts. Quellenmäßig läßt sich zwar der Scheidungsverlauf nachzeichnen; die Scheidungsursachen sind jedoch nur schwer in den Griff zu bekommen. Dennoch gibt es auch hier wichtige Anhaltspunkte.

Die Wurzeln einer Scheidung liegen in der Besonderheit der jeweiligen Ehesituation; Scheidungen sind aber auch als der Schnittpunkt zweier geschichtlicher Abläufe zu betrachten: der Geschichte einer einzelnen Ehe und der Geschichte der Gesellschaft, die mit ihren Strukturen auf die Verbindung zweier Menschen einwirkt. Der geschichtliche Zustand der deutschen Gesellschaft am Ende des 19. Jahrhunderts war für das eheliche Verhältnis eher destabilisierend als festigend. So konnte es schon gute Gründe geben, über die Rolle des Rechts in ehelichen Konfliktsituationen neu nachzudenken. Der Gesetzgeber grenzte jedoch bei seinen Überlegungen die soziale Seite der Scheidungsfrage weitgehend aus. Er setzte nicht auf eine *soziale Gestaltung*, sondern auf eine »strengere Gestaltung« des Scheidungsrechts. Wertpositionen sollten eine juristische Bekräftigung erfahren, nicht aber sollte z. B. die Sozialposition des jeweils Schwächeren in einer gescheiterten Ehe gestärkt werden. Eine solche Absicht hätte die Diskussion von der vermeintlichen ›Freizügigkeit‹ bei Scheidungen in den Bereich der Rechtsfolgen von Scheidungen verlagert.

So vollzog die Rechtsbewegung, die zum Bürgerlichen Gesetzbuch führte, eine Gegenbewegung sowohl zu den Veränderungen in der gesellschaftlichen Realität wie zu dem Einstellungswandel der Menschen, der mit diesen Veränderungen verbunden war. Die ›Motive‹ legten den Akzent ja auch sehr direkt auf Korrekturen am »Bewußtsein des Volkes«; sie hatten weniger dessen konkrete soziale Lage im Auge. Damit stand die sich abzeichnende neue Scheidungsregelung des Bürgerlichen Gesetzbuchs in der Gefahr, sich sowohl der Lebenssituation wie den Wertmaßstäben der Menschen rechtspolitisch zu entfremden. Wie groß die Einbußen des überkommenen ehelichen Normengefüges an gesellschaftlicher Bindungswirkung für die damalige Zeit einzustufen sind, geht auch aus dem mit besonderem geschichtlichen Scharfblick geschriebenen Werk Theodor Fontanes hervor. Dieser bedeutende Zeitchronist hat in den großen Berliner Gesellschaftsromanen mehr als nur die meist in Katastrophen endenden Ehekonflikte der bürgerlichen oder adligen Welt abgehandelt; er hat in der Form des Eheromans ein Zeitproblem aufgegriffen und literarisch gestaltet, das alle gesellschaftlichen Schichten betraf. L'Adultera (1880), Unwiederbringlich (1891) oder Effi Briest (1894) reflektieren das gebrochene Verhältnis der Menschen zu den Formen, nicht zuletzt Rechtsformen ihrer Gesellschaft. Fontane war im Unterschied zu Ibsen, an dessen »Gespenster« er vieles auszusetzen hatte, kein ›Ummodler‹ des historisch Gewordenen, aber auch kein blinder Anhänger jenes Normengeflechts, das die gesellschaftlichen »Zustände« im ausgehenden 19. Jahrhundert durchzog. Er war ein Realist, der skeptische Distanz zu einer Gesellschaft hielt, deren Regeln zu erstarren drohten. Das Familienrecht des Bürgerlichen Gesetzbuchs gehört mit in das von Fontane entworfene Zeitbild. Es machte den Versuch, über Rechtsnormen verlorengegangenes sittliches Terrain zurückzugewinnen; auf die vom gesellschaftlichen Zerfall bedrohte Lebensform Ehe sollte eine Antwort in Paragraphengestalt gegeben werden.

Die ›Motive‹ setzten das als gegeben voraus, was die ›gegebenen‹ gesellschaftlichen Verhältnisse in einem hohen Maße hatten obsolet werden lassen: die christliche Gesamtanschauung des deutschen Volkes. An diesem Punkt begann nun auch eine breite, kontrovers geführte Diskussion über die juristischen und politischen Leitlinien des 1. Entwurfs. Etwa 600 Stellungnahmen wurden in Tagespresse und wissenschaftlichen Publikationsorganen abgegeben.[22] Insgesamt machte man der Kommission Blindheit gegenüber den großen sozialen Herausforderungen der Zeit zum Vorwurf. Ihre Arbeit habe sich nicht am Stand der industriegesellschaftlichen Entwicklung orientiert, den Reifegrad der bestehenden gesellschaftlichen Verhältnisse verkannt. Das Familienrecht lag durchaus nicht im Windschatten dieser Grundsatzkritik. Otto Bähr, einer der bedeutendsten zeitgenössischen Juristen, bemerkte nach der Veröffentlichung des 1. Entwurfs, daß »von den Gegenständen der Civilrechts-Gesetzgebung... die Ehescheidung mehr als irgendein anderer das allgemeine Interesse in Anspruch« nehmen werde.[23] Er sollte mit dieser Prognose Recht behalten. Besonders der harte Schnitt, den das geplante neue Scheidungsrecht mit seinem strikten Verschuldensprinzip gegenüber der landrechtlichen Tradition vollzog, stieß in der Öffentlichkeit weitgehend auf Ablehnung.[24] Die Stellungnahmen aus dem Kreis der Rechtswissenschaftler fielen differenzierter aus, obwohl auch ein so behutsam argumentierender Mann wie Otto v. Gierke der Ausschließlichkeit des Verschuldensprinzips wenig abgewinnen konnte. Gierke faßte die Einverständnisscheidung bei unheilbar zerrütteten, unglücklichen Ehen erneut ins Auge und schrieb in seiner großen Darstellung »Der Entwurf eines Bürgerlichen Gesetzbuches und das deutsche Recht«: »Versperrt man jeden geraden Weg zu diesem Ziel, so befördert man nur allzu leicht künstliche Machinationen, durch welche die Ehegatten dennoch ihren Zweck erreichen, die öffentliche Moral aber weit schwerer geschädigt wird. Es ist noch der günstigere Fall, wenn zu diesem Behufe ein Verschulden nur fingiert und nicht wirklich begangen wird.«[25] Wie viele andere Juristen befürwortete auch Gierke die Einführung des Scheidungsgrundes der Geisteskrankheit, den der 1. Entwurf von seinem strengen Verschuldensansatz her verworfen hatte. Die Debatte über Geisteskrankheit als Scheidungsgrund war bis zur parlamentarischen Verabschiedung des Bürgerlichen Gesetzbuchs eine der heftigsten, doch auch hinter ihr verbarg sich im Grunde der Streit um die sozialrechtliche Dimension des Familienrechts. Sie stand im Vordergrund einer Fundamentalkritik, die der österreichische Kathedersozialist Anton Menger am 1. Entwurf übte.[26] Im Unterschied zu den im Parlament sich äußernden Sprechern der politischen Arbeiterbewegung nahm Menger die scheidungsrechtlichen Vorstellungen des Entwurfs von seiner Kritik aus. Man muß seine Ausführungen zu diesem Punkt jedoch im Zusammenhang mit seiner Gesellschaftsanalyse sehen, so daß die aus bestimmten Wendungen herauszulesende ›Scheidungsfeindlichkeit‹ die große Distanz zur bestehenden gesellschaftlichen Ordnung spiegelt.[27] »Die Familie«, so Menger 1889, »ist in unserer Zeit die einzige Gemeinschaft, in welcher das Gefühl der Brüderlichkeit und der Hingebung praktisch bethätigt wird, und die besitzlosen Volksklassen haben deshalb kein Interesse, die Festigkeit der Ehe, des Fundaments der Familie, durch allzugroße Ausdehnung der Scheidungsgründe zu erschüttern. Erst dann, wenn die höheren Lebenskreise: die Arbeitergruppe, die Gemeinde, der Staat social organisiert sind und die Familie in ihren wohlthätigen Wirkungen bis zu einem gewissen Grade ersetzen, wird die Frage zu erwägen sein, ob das Band der Ehe ohne Schädigung der Gesellschaft gelockert werden kann. Bis dahin aber werden die besitzlosen Volksklassen dem Entwurfe die Anerkennung nicht versagen können, daß seine Bestimmungen über die Ehe nicht nur an sich zweckmäßig sind, sondern daß sie auch ihr besonderes Klasseninteresse nicht verletzen.«[28]

Menger war im Kreis der ›linken‹ Kritiker des in den Umrissen festliegenden neuen Ehescheidungsrechts ein Einzelgänger. Welche ›Klasseninteressen‹ und Klassenvorstellungen sich im 1. Entwurf durchgesetzt hatten, wurde auf einem prominenten Forum klar ausgesprochen: den Verhandlungen des 20. Deutschen Juristentages im Jahre 1889. Der Juristentag hatte zwei Gutachten in Auftrag gegeben über die Frage, ob es sich empfehle, »die Ehescheidungsgründe in der vom Entwurfe des bürgerlichen Gesetzbuches beabsichtigten Weise zu beschränken«. Sehr unterschiedliche Positionen wurden in den beiden eingegangenen Gutachten bezogen und mit großer verbaler Schärfe in der Diskussion der Dritten Abteilung des Juristentages vertreten.[29] Der Straßburger Rechtsprofessor Otto Mayer stellte sich voll hinter den Entwurf, ja er überzeichnete zuweilen dessen Tendenz, während der Berliner Rechtsanwalt und Privatdozent Leonard Jacobi den Ausstieg aus den liberalen Traditionen des Landrechts verwarf und mit vielen historischen Argumenten und Belegen die »Grundsätze Friedrichs des Großen und Suarez's« über den »Standpunkt Friedrich Wilhelms IV. und Savigny's« stellte. Wie sehr auch diese Debatte vom Streit um das preußische Recht beherrscht wurde, zeigt die ironische Bemerkung des Abteilungsvorsitzenden v. Köstlin aus Stuttgart: »Die Frage: empfiehlt sich die vorgeschlagene *Beschränkung* der Ehescheidungsgründe? ist gestellt offenbar vom Standpunkt des A. Pr. L. R.; vom Standpunkt meines heimathlichen Rechts aus hätte sie vielmehr zu lauten: empfiehlt sich die vorgeschlagene *Ausdehnung* der Ehescheidungsgründe?«[30] Auf dem Weg zum Bürgerlichen Gesetzbuch stand das Preußen-Problem im Vordergrund; es drängte in der rechtspolitischen Kontroverse die anderen Rechtstraditionen verpflichteten Stimmen mehr oder weniger an den Rand.

Für den Gutachter Jacobi wiegte sich der 1. Entwurf mit seiner These vom heilenden Zwang der Rechtsordnung in einer »glücklichen Naivität«.[31] Die Wirklichkeit bot in der Tat ein anderes Bild. Sehr konkret berichtete ein jüngerer Rechtsanwalt aus Frankfurt a. M., der den Standpunkt Jacobis nachdrücklich unterstützte, dem Juristentag von den vielen Scheidungsprozessen, die er »im Armenrecht« zu führen hatte.[32] Er hielt den großen Worten des Professors Mayer »gewisse Erfahrungen« entgegen. »In dieser Beziehung möchte ich anknüpfen an die Worte des Herrn Dr. Jacobi, welcher betonte, daß Sie nicht von ihren eigenen Erfahrungen als Ehemänner ausgehen dürfen, sondern daß wir sprechen müssen von den Erfahrungen aus, die gemacht werden auf Grund der Scheidungsprocesse, die geführt worden sind. Da muß ich nun sagen, daß mir immer eins hauptsächlich entgegengetreten ist gerade bei diesen Ehescheidungen aus unteren Kreisen, nämlich daß die Leute, die um Scheidung einkommen, mit geringen Ausnahmen, wenn sie nicht geschieden werden, in eins der unglückseligsten Verhältnisse gerathen, durch welches auch das Volksleben eine schwere sittliche Schädigung erleidet.« Dieser Praktiker des Rechts bezweifelte, daß in den Kreisen, von denen er spreche, die Ehe primär als »sittliche Lebensgemeinschaft« aufgefaßt werde. Auch er unterstellte dem 1. Entwurf und seinen juristischen Parteigängern einen weltfremden Illusionismus. Doch weder Argumente noch »Erfahrungen« vermochten eine Position zu erschüttern, die ihre Härte nicht zuletzt aus einer ideologischen Gegnerschaft gewann, die mit der politischen und sozialen Zerklüftung der Wilhelminischen Gesellschaft zusammenhing. Der Antipode Jacobis, Mayer, hatte in seinem Gutachten unmißverständlich formuliert: »Es kommt einfach darauf an, was man will, nicht darauf, was man weiß.«[33] Für ihn war die »Zeit der guten Gesetze« gekommen: »An ihnen ist es, für gute Zucht im Volke zu sorgen.« Was Mayer in seinem Gutachten nur angedeutet hatte, sprach er auf dem Juristentag offen aus: Das Eintreten für ein »ernsthaftes, strenges Ehescheidungsrecht«, das unter die »Laxheit« Preußens in der Ehescheidungsgesetzgebung einen Schlußstrich zu ziehen imstande sei, sei ein politisches Erfordernis, also sehr viel mehr als eine rein juristische Aufgabe. »Wir wissen heute recht gut, daß der Feind unseres nationalen Staatswesens nicht sowohl von außen droht, sondern der Hauptfeind ist inwendig. Wenn unser nationales Gemeinwesen einmal zu Grunde gehen sollte, so wird es nicht von außen niedergeworfen, sondern dadurch, daß sich seine Bürger ihm entfremden, daß man inwendig den Boden verliert, den ein gesunder Staat in der Gesinnung seiner Bürger haben muß. Wir haben den Anfang dazu. Damals, als das preußische Landrecht gemacht worden ist, wußte man noch nichts von Socialdemokratie und Anarchismus, diese Feinde aller sittlichen Ordnung und allen Staatswesens. Heute wissen wir, wo der Feind droht, heute klopft der gefährliche Gast bedenklich an die Thore und mahnt die, welche drin sind, sich zusammenzuschließen und alle Mächte zu Hülfe zu rufen, die dagegen stützen können, eine Hülfe werden können, vor allem also die Mächte, die da befähigt sind, die Staatsbürger zur Erstrebung von sittlichen Zielen zu erziehen, für den Staat zu erziehen. Nicht Roß, nicht Reisige – das ist nicht die Hauptstütze, die wir etwa zu finden haben –, sondern die sittlichen Erziehungsmittel, die sittlichen Mächte sind es, die der Staat stärken muß, um sich erhalten zu können gegenüber dem Ansturm, der unheimlich von unten heraufkommt.«[34]

Die Scheidungsfrage hat nicht nur an der Schnittstelle zum 20. Jahrhundert Anlaß zu pathetischen Beschwörungen des nationalen Notstandes gegeben, auch die Folgegeschichte des Bürgerlichen Gesetzbuchs zeigt die hochgradige Politisierung dieser gesellschaftlich so bedeutsamen Rechtsfrage. Hier scheinen Kontinuitäten durch, die freilich nicht alle und nicht unbedingt der einen schwarzen Traditionslinie der deutschen Geschichte angehören, die in den Nationalsozialismus gemündet ist; die Problematik eines Traditionsgeflechts aber gilt es festzuhalten.

Mit der Veröffentlichung des 1. Entwurfs war eine, wenn nicht gar die entscheidende Etappe des gesamten Gesetzgebungsvorgangs zurückgelegt.

Die breite öffentliche Diskussion sollte zu Modifikationen in einzelnen wichtigen Punkten führen, die rechtspolitische Ausrichtung der anstehenden Kodifikation aber änderte sich nicht. 1890 begann eine zweite, vom Bundesrat eingesetzte Kommission mit den Arbeiten an der Revision des 1. Entwurfs.[35] Sie orientierte sich insgesamt stärker an der sozialen Realität und an den Problemen der Zeit. Die Kommissionsverhandlungen dauerten fünf Jahre; 456 Sitzungen wurden in der Zeit vom 1. 4. 1891 bis zum 8. 2. 1896 abgehalten. Die überlieferten Materialien dieser mit ungeheurem Aufwand betriebenen juristischen Ziselierarbeit gehören zu den noch ungehobenen Schätzen der rechtshistorischen Forschung.[36] Aber auch von einem allgemeineren historischen Interesse aus verdient die Arbeit der 2. Kommission besondere Beachtung. Ihr gehörten nicht nur die von den einzelnen Bundesstaaten benannten ständigen Kommissionsmitglieder an, sondern auch nichtständige Mitglieder, die Standesinteressen (Rechtsanwaltsstand), wirtschaftliche Interessen (Handel, Landwirtschaft), aber auch Parteiinteressen repräsentierten und wahrnahmen. So waren das Zentrum, die Nationalliberalen und auch der Freisinn in der 2. Kommission vertreten. Auf die Fassung des Familienrechts hat der Zentrumspolitiker Peter Spahn, der auch den Vorsitz der späteren Reichstagskommission innehatte, zwar keinen entscheidenden, aber doch einen sehr erheblichen Einfluß ausüben können. Spahn war für die katholische Kirche ein wichtiger Verbindungsmann, und er selbst suchte auch diese Verbindung, um sein Gewicht in der 2. Kommission zu erhöhen. Im Juni 1892 regte er eine Eingabe des Gesamtepiskopats an den Reichskanzler an, »damit dieser schon jetzt in der Kommission, dann aber auch im Jahre 1895/96 im Bundesrat den Wünschen und Anschauungen der Katholiken Rechnung tragen läßt.«[37] Die Wünsche der katholischen Kirche bezogen auch deren alte Niederlagen aus der Zeit des Kulturkampfes ein. Die Einführung der Zivilehe auf Reichsebene war für den Katholizismus noch keineswegs abgehakt. Doch hier machte Spahn seinem Briefpartner Kreutzwald, einem engen Mitarbeiter des Erzbischofs von Köln, Philipp Kardinal Krementz, der als Vorsitzender der Fuldaer Bischofskonferenz in den Jahren 1885–1896 die kirchenpolitischen Fäden in der Hand hielt, wenig Hoffnung. »Auf eine Beseitigung der obligatorischen Zivilehe und Ersetzung derselben durch die fakultative Zivilehe ist meines Erachtens weder in der Kommission noch später im Reichstag zu rechnen. Den Versuch werden wir allerdings im Reichstag machen müssen.« Er wurde dann auch bei der parlamentarischen Verabschiedung des Bürgerlichen Gesetzbuchs gemacht, doch eher als Pflichtübung denn als realistischer Vorstoß mit irgendwelchen Erfolgsaussichten. Spahn hatte als Kommissionsmitglied auch Anderes im Auge. Er wollte dahin wirken, daß der Entwurf des Bürgerlichen Gesetzbuchs so verändert würde, daß das Zentrum ihm zustimmen könne. Realistischerweise sei dabei beim Ehescheidungsrecht und nicht beim Eheschließungsrecht anzusetzen. Zwar erkannte Spahn in einer seinem Schreiben beigefügten Denkschrift an, daß der Entwurf insofern »über dem allgemeinen Landrecht« stehe, als er den Ehescheidungsspruch nur wegen schweren Verschuldens des einen Ehegatten gegen den andern gewähre, aber er habe das Institut der Trennung von Tisch und Bett, also das, was polemisch die ›katholische Scheidung‹ genannt werde, fallengelassen und damit »für die Katholiken die Gefahr« gebracht, »daß gegen sie auf Scheidung geklagt wird und daß sie auch selbst auf Scheidung klagen.«[38] Gerade gegen diese »Verschlimmerung des bestehenden Rechtszustandes« wollte Spahn mit Hilfe der Bischöfe angehen. Auf den Fuldaer Zusamenkünften wurde die Anregung Spahns mehrmals behandelt, doch erst im August 1894 entschloß sich die Bischofskonferenz, eine »Eingabe an den Reichskanzler« zu richten, »in welcher derselbe ersucht wird, alles zu tun, was die diesbezügliche kirchliche Gesetzgebung in ihrer Geltung erhalte«.[39] Ende des Jahres 1894 kursierte unter den Bischöfen ein Entwurf des Kölner Weihbischofs und Domkapitulars Hermann Joseph Schmitz, der über enge Kontakte zum Verbandskatholizismus und zum Zentrum verfügte. Schmitz geißelte mit drastischen Worten die »Profanierung der Ehe durch die Gesetzgebung«; der Entwurf des Bürgerlichen Gesetzbuchs stehe unter der Auffassung, »welche das Heidentum von der Ehe hatte.« Schmitz scheute sich auch nicht, für die Eingabe an den Reichskanzler Chlodwig Fürst zu Hohenlohe-Schillingsfürst die Revolutionsängste der staatstragenden Schichten in Deutschland ins Spiel zu bringen. »Ew. Exzellenz werden mit uns einverstanden sein, wenn wir hieraus die schlimmsten Schäden für unser Volksleben befürchten, sind es ja doch die Mächte des Umsturzes, welche in gleichartigen Tendenzen die Ehe und die Familie ihres religiösen und sittlichen Charakters entkleiden, um dadurch die Volksstimmung für eine Umwälzung unserer staatlichen und gesellschaftlichen Ordnung vorzubereiten.«[40]

Die Denkschrift Schmitz' fand nicht die ungeteilte Zustimmung aller Bischöfe. Besonders der Fürstbischof von Breslau, Georg Kardinal Kopp, ab 1897 Nachfolger von Krementz im Vorsitz der Bischofskonferenz, rügte, »daß der Entwurf unserer Eingabe sich nicht ganz mit der Bedeutung des Werkes deckt, welchem sie gilt, und daß die Mängel an Schärfe der Durchdringung des Stoffes oft durch unnötige Schärfe des Ausdrucks sich ersetzt finden.«[41] Kopp hatte ein feines Gespür für die Komplexität der Eherechtsmaterie, für die Gefahren der politischen und gesellschaftlichen Selbstisolierung der katholischen Kirche. Ein überzogener Dogmatismus konnte die Kirche dem Leben der Menschen entfremden und politisch handlungsunfähig machen. Doch die meisten Bischöfe befürworteten die von Schmitz vorgezeichnete harte Linie. Sich der »fortschreitenden Säkularisierung der Ehe« entgegenzustemmen, war ein Ziel, dem man »anstandslos« seine Zustimmung erteilte.[42] Das Ergebnis der Initiative Spahns war eine Denkschrift des »katholischen Episkopats Preußens« an das preußische Staatsministerium vom Februar 1895.[43] Sie dürfte in ihrer kompromißlosen Tonlage die ›Verbesserungsarbeit‹ des Zentrums in Kommission und Parlament eher erschwert haben. Gestützt aber hat diese Eingabe zweifellos ein Meinungsklima, in dem reaktionäre Tendenzen aggressiv auftrumpften und gesellschaftliche Feindschaft sich ungezügelt ausleben konnte. »Die Erhaltung des christlichen Charakters der Ehe gerade in den breiten Schichten der Bevölkerung«, so Krementz, »ist ein Schutzwall gegen Sozialismus und Anarchie; unchristliche Ehen ebnen hingegen beiden den Weg in die Familie. Die Zivilehe aber verleitet zahllose Brautpaare zum Verzicht auf die christliche Eheschließung. Die Zivilehe ist daher ein Übergang zum Sozialismus. Wer in religiösen Dingen der Kirche die Auktorität über die Ehe nimmt, wird nicht auf die Dauer diese Gewalt dem Staate zuwenden können, denn die Leidenschaft, welcher in der Ehe eine Schranke gesetzt wird, ist die unbändigste von allen. Sie wird daher, wenn sie dahin gekommen ist, die Auktorität der Kirche abzuschütteln, nicht eher ruhen, als bis sie auch die vom Staate auferlegten, vielfach beschwerlichen Formalitäten abgeworfen hat. So führt die Zivilehe zu den freien Liebesverbindungen des Sozialismus. Das Königliche Staatsministerium wird daher mit dem Episkopate Preußens einverstanden sein, wenn er aus der Säkularisierung der Ehe die schlimmsten Schäden für das Volksleben umso mehr befürchtet, als die Mächte des Umsturzes eifrig bestrebt sind, gerade die Ehe und die Familie ihres religiösen und sittlichen Charakters zu entkleiden, um dadurch die Volksstimmung für eine Umwälzung unserer staatlichen und gesellschaftlichen Ordnung vorzubereiten.«[44]

Wie Spahn schon im Vorfeld der Bischofsdemarche vorausgesagt hatte, war die Zivilehe ein kirchenpolitisches Thema von nur noch schwacher Hebelwirkung. Der Zentrumspolitiker konzentrierte sich in der 2. Kommission auf bescheidenere, aber erreichbarere Ziele, wenn er diese in der Entwurfsfassung (2. Entwurf) auch noch nicht durchsetzen konnte. Die Arbeit der 2. Kommission, die Ende Oktober 1895 beendet war, durchlief noch das Beratungsstadium des Justizausschusses des Bundesrates, der sich abschließend am 11. 1. 1896 mit dem Entwurf beschäftigte und einen revidierten 2. Entwurf erstellte. Diese Vorlage beriet das Plenum des Bundesrates und verabschiedete am 16. 1. 1896 den sog. 3. Entwurf eines Bürgerlichen Gesetzbuchs, der dem Reichstag als Gesetzesvorlage diente. Im Bundesrat hatte sich Bayern vergeblich dafür stark gemacht, den Ehescheidungsgrund der Geisteskrankheit, den die 2. Kommission in ihren Entwurf aufgenommen hatte, wieder zu streichen; auch war es beim Fortfall des Instituts der Trennung von Tisch und Bett geblieben. Bei den Kommissionsberatungen hatte das Zentrum nur eine Beobachterposition innegehabt. Im Reichstag aber, der in drei Lesungen das nationale Gesetzbuch beriet, war es mit 96 Abgeordneten die stärkste Fraktion. Im Februar 1896 wählte der Reichstag eine Kommission (XII. Kommission des Reichstags), der 21 Abgeordnete angehörten.[45] Das Zentrum war in diesem Gremium mit 6 Mitgliedern die stärkste Gruppierung und stellte mit Spahn den Kommissionsvorsitzenden. Auf Antrag des Zentrums wurde Carl Bachem zum Berichterstatter für das Familienrecht im Plenum ernannt. Das war parlamentsstrategisch eine günstige Ausgangsstellung, um jene »Verschlimmerung des bestehenden Rechtszustandes«, die man zusammen mit den Bischöfen bedrohlich nahe sah, doch noch politisch ›ausmerzen‹ zu können, wie Spahn bereits 1892 formuliert hatte. Die Kommissionsarbeit und die Meinungs- und Mehrheitsbildung im Reichstag bedingten einander. Nach der ersten Lesung wurde der Gesetzentwurf an die Reichtstagskommission verwiesen und deren Arbeit unterstrich, wie sehr Ehe- und besonders Ehescheidungsrecht eine Schlüsselstellung in der politischen Beratung einnahmen.[46] Zwar waren in der Kommission auch das Vereinsrecht und das Dienstvertragsrecht umstritten, gerungen aber wurde vor allem um das Eherecht. Von 51 Sitzungen waren 14 dem familienrechtlichen Komplex gewidmet. Das Zentrum setzte hier die Akzente und verstand es, für die Hinnahme der obligatorischen Zivilehe Kompensationen zu verlangen, die in den Augen der katholischen Öffentlichkeit von fraglos hohem Symbolwert waren; aber auch die Scheidungswirklichkeit sollte durch die Festschreibung katholischer Reservate beeinflußt werden.

Sollte das Bürgerliche Gesetzbuch im Reichstag eine Mehrheit finden, mußten schon in der Reichstagskommission Zentrum und Nationalliberale einen tragfähigen Kompromiß aushandeln. Er war von den Überzeugungstraditionen beider Parteien nicht einfach zu erzielen. Als geschickter Vermittler mit einem hohen staatspolitischen Interesse an der Verabschiedung des Bürgerlichen Gesetzbuchs erwies sich in dieser Situation der Staatssekretär des Reichsjustizamtes Nieberding. Er schmiedete einen Parteienkompromiß aus Zentrum, Nationalliberalen und Freikonservativen und stimmte auch die Vorstellungen der Ausschußmajorität und die der Bundesregierungen, und hier vor allem Preußens, aufeinander ab. Dem Zentrum wurden Zugeständnisse in Fragen des Eherechts gemacht, während es sich verpflichtete, eine von Preußen gewünschte restriktivere Fassung des Vereinsrechts mitzutragen, die von der Reichstagskommission ursprünglich abgelehnt worden war. Die Anfang Juli 1896 mit Nieberding getroffenen Vereinbarungen, die das Bürgerliche Gesetzbuch auf Bundesrats- und Reichstagsebene absichern sollten, waren im wesentlichen folgende: Der Abschnitt des Familienrechts, der die Ehe behandelte, sollte die Überschrift ›Bürgerliche Ehe‹ erhalten. Dadurch sollte zum Ausdruck gebracht werden, daß das Gesetzbuch nur die staatsbürgerliche Seite der Ehe, nicht aber ihre kirchliche betraf. Das Entgegenkommen gegenüber den Wünschen der katholischen Kirche sollte noch eine weitere Bekräftigung erfahren. Man beabsichtigte an den Schluß des Eheabschnitts einen besonderen Titel mit der Überschrift ›Kirchliche Verpflichtungen‹ zu setzen, der diese Verpflichtungen gegenüber den Rechtswirkungen des vorliegenden Gesetzes abschirmte. Vor allem aber konnte das Zentrum in diesem rechtspolitischen Tauschgeschäft die Wiedereinführung der mit dem kanonischen Recht in Einklang stehenden Ehetrennung, d. h. die Rechtsfigur der Trennung von Tisch und Bett durchdrücken. Die mit deutlichen Mehrheiten gefaßten Beschlüsse der Reichstagskommission steckten die Bahnen für die zweite Lesung des Bürgerlichen Gesetzbuchs im Reichstag ab. Die parlamentarische Debatte im Juni 1896 stand auf keinem besonders hohen Niveau. Sie biß sich an einem Punkt fest, der in der Scheidungswirklichkeit kaum eine Rolle spielte, an dem sich aber mit großen Emotionen weltanschauliche Gegensätze austragen ließen. Dieser Punkt betraf die alte, immer wieder hin und her gewendete Frage, ob Geisteskrankheit als Ehescheidungsgrund zuzulassen sei. Hier bestand auch zwischen Zentrum und Nationalliberalen weiterhin ein Dissens. So peinlich genau sich beide Parteien an den vereinbarten Kompromiß hielten, auf diesem, auch medizinisch umstrittenen Feld, kam es zu keiner Einigung.[47] Gegen die Stimmen der Nationalliberalen hatte die Kommission mit der Mehrheit aus Zentrum und den beiden konservativen Parteien einem Antrag des bayerischen Bevollmächtigten zugestimmt, Geisteskrankheit als Scheidungsgrund zu streichen. In der Debatte des Reichstags machten besonders die Sprecher des linken Liberalismus den zunächst vergeblichen Versuch einer Wiederaufnahme dieses Scheidungsgrundes. Die ›Ehescheidung wegen Wahnsinns‹ wurde vom Zentrum und von den Konservativen zu einer Prinzipienfrage gemacht, und man ließ sich endlos lange über die Zusammenhänge von tiefstem familiärem Unglück und göttlicher Prüfung aus. Erst in der abschließenden Lesung am 30. 6. und 1. 7. 1896 kam es doch noch zu einem Schwenk, der den stichhaltigeren Argumenten Rechnung trug. Der Antrag des Abgeordneten der Freisinnigen Volkspartei, Munckel, Geisteskrankheit als Ehescheidungsgrund in das Bürgerliche Gesetzbuch aufzunehmen, fand nicht zuletzt durch den Flankenschutz der Bundesratsvertreter Preußens, Sachsens und Badens im Plenum eine Mehrheit. Dem Zentrum blieb nichts anderes übrig, als diese Niederlage mit dem Blick auf seine Erfolge, d. h. auf die weitgehend gelungene christliche Einhegung der bürgerlichen Rechtsakte von Eheschließung und Ehetrennung wegzustecken. 80 Stimmen des Zentrums sicherten in der Schlußabstimmung im Reichstag dem Bürgerlichen Gesetzbuch eine Mehrheit von 232 gegen 48 Stimmen bei 18 Enthaltungen.[48] Nachdem auch der Bundesrat die vom Parlament beschlossene Fassung am 14. 7. 1896 gebilligt hatte, konnte die reichseinheitliche Zivilrechtskodifikation noch im August im Reichsgesetzblatt veröffentlicht werden. Das Bürgerliche Gesetzbuch trat am 1. Januar 1900 in Kraft.

Überblickt man das verwirrende Wegenetz der Gesetzgebungsgeschichte, so ist deren letzte Phase, als das Bürgerliche Gesetzbuch politisch diskutiert wurde, besonders bedeutungsarm. Nur Weniges ragt aus der parlamentarischen Debatte hervor. Kluges mit kluger Zurückhaltung hat ohne Frage der Führer der Sozialdemokratie, August Bebel, während der 2. Lesung des Bürgerlichen Gesetzbuchs vorgetragen. Bebel verteidigte den Begriff der »bürgerlichen Ehe«, für den sich das Zentrum als Abgrenzungsbegriff gegenüber der christlichen Eheschließung und Eheführung eingesetzt hatte, mit sozialistischen Argumenten. »Die bürgerliche Ehe, d. h. diejenige Ehe, die in der heutigen bürgerlichen Gesellschaft die einzig maßgebende und anerkannte sein kann, ist eine Einrichtung, die mit dem Wesen der bürgerlichen Gesellschaft und mit der Existenz dieser Gesellschaft auf das Innigste verknüpft ist.«[49] Aus der Geschichtlichkeit der bürgerlichen Gesellschaft ergab sich für Bebel die Geschichtlichkeit der bürgerlichen Ehe. Der »Behauptung« des konservativ-klerikalen Argumentationskartells, »die bürgerliche Ehe sei ewig gewesen und müsse deshalb ewig bleiben«, setzte er ihre Veränderbarkeit, ihren Gestaltwandel in der Wandlungsspur der bürgerlichen Gesellschaft entgegen. Dabei war für die ins Kaiserreich hineingewachsene Sozialdemokratie am Ende des 19. Jahrhunderts klar: »Die Gesellschaft, die vorhanden ist, können wir nicht willkürlich beseitigen, mit dieser haben wir zu rechnen, und demgemäß müssen wir auch eine Rechtsnorm für die Ehe, wie sie das BGB schafft und einzig und allein zulässig in dieser Gesellschaft angesehen werden muß, akzeptieren und uns mit derselben auseinandersetzen.«

Scharf ging Bebel mit einem Kernstück der neuen Rechtsschöpfung der deutschen bürgerlichen Gesellschaft, der anstehenden Scheidungsregelung, ins Gericht. Er nannte diese Regelung »eine erhebliche Verschlechterung... gegenüber den Bestimmungen des preußischen Landrechts über Ehescheidung. Daß es so gekommen ist, darüber darf man sich nicht wundern, wenn man die Motive gelesen hat. Ich kann mich nicht entsinnen, daß bei einer Beratung hier seitens der Parteien, die als Hauptstützen der bestehenden Staatsordnung gelten, in so scharfen, heftigen und ausfallenden Ausdrücken über ein bestehendes Gesetz abgeurteilt worden ist, wie in den Motiven des Entwurfs über das preußische Landrecht. Wer diese Ausführung liest und das preußische Landrecht nicht kennt, muß glauben, daß das preußische Landrecht ein so erbärmliches mangelhaftes Gesetz wäre, daß man eigentlich nicht versteht, wie dasselbe hundert Jahre bestehen konnte... Ob das bürgerliche Gesetzbuch ebenfalls hundert Jahre bleiben wird, ohne daß seine Grundlagen angetastet zu werden brauchen, erscheint mir sehr zweifelhaft... Daß ein Gesetz aus dem letzten Drittel des vorigen Jahrhunderts die großartige soziale und wirtschaftliche Entwickelung im Laufe dieses Jahrhunderts auf allen Gebieten des öffentlichen Lebens nicht nur ausgehalten hat, sondern auch Bestimmungen enthält, aus denen jetzt noch hervorgeht, daß sie sogar noch einem großen Teile der Volksvertretung gegenwärtig zu liberal sind, das gereicht diesem Gesetze und seinem Urheber zur allergrößten Ehre. Ich bezweifele, daß die Urheber dieses Gesetzbuches das Gleiche nach hundert Jahren gesagt bekommen werden.«[50]

Sicherlich steckt in diesem Lobpreis des Allgemeinen Landrechts viel Polemik gegen einen politischen Gegner, der die Sozialdemokratie permanent aus den nationalen Traditionen herauszudrängen und sie des internationalistischen Vaterlandsverrats zu zeihen suchte. Doch Bebel setzte sich nicht nur ironisch mit den Scheidungsbestimmungen des Bürgerlichen Gesetzbuchs auseinander. Angesichts der zunehmenden Zahl von Ehescheidungen fragte er mit großem Ernst dem Zusammenhang zwischen dem »Moralzustand« einer Gesellschaft und ihrer inneren Verfassung nach und sah vor *diesem* Hintergrund die Möglichkeiten, vor allem aber auch die Grenzen rechtlicher Intervention. Bebel führte viele Argumente für die »erleichterte Scheidung« an; besonders unter dem Gesichtspunkt des Lebensrechts der Frau kritisierte er den Standpunkt des Gesetzgebers, die Ehe müsse aufrechterhalten werden, einerlei, was daraus werde. Die Frau, die bei Ehescheidungen »in der Regel die Benachteiligte« sei, schrecke dennoch oft vor der Scheidungsklage nicht zurück, weil für sie *in* der Ehe die »sozialen Übel« nicht zu verkraften seien.

Bedenkenswert ist noch ein weiteres ›Frauen-Argument‹, das Bebel bringt, und das an späterer Stelle von einer zeitgenössischen Prozeßquelle aus noch einmal aufgegriffen werden soll. »Sie müssen«, hält Bebel seinen politischen Gegnern im Reichstag entgegen, »auch ferner festhalten, daß wir heute in einer Zeit leben, wo im Gegensatze zu früher das Ehr- und Sittlichkeitsgefühl weit mehr gesteigert ist. Es ist nicht wahr, wenn man sagt, daß das Ehr- und Sittlichkeitsgefühl heute abgestumpfter sei als je. Das gerade Gegenteil ist wahr, sowohl in Männer- als auch in Frauenkreisen. In dem Maße, wie unsere Frauen selbständiger werden, wie sie mehr und mehr aus ihrer häuslichen Zurückgezogenheit durch die Entwickelung der Lebensverhältnisse in das Leben hinausgedrängt werden, in dem Maße, wie sie genötigt werden, den Kampf im Leben aufzunehmen, in dem Maße, wie eine Menge von Erfahrungen, von Ideen und Wissen ihnen zu Teil wird, von dem allen sie bisher ausgeschlossen waren, in dem Maße wird ihr Ehr- und Sittlichkeitsgefühl neben dem Wissen und ihrer höheren Bildung zweifellos gesteigert werden. Daß das ebenfalls Gründe sind, die bei den in Frage kommenden Scheidungen in Berücksichtigung gezogen werden müssen, das scheint mir ganz selbstverständlich zu sein.«[51]

In Bebels Augen hatte sich mit der Frauenrolle auch das Frauenbewußtsein in der bürgerlichen Gesellschaft geändert. Er sah die Rechtsform ›bürgerliche Ehe‹ in der Gefahr stehen, hinter den Stand der Entwicklung in der Frauenfrage zurückzufallen, wenn die angestrebte Wiederherstellung der alten Strenge des Scheidungsrechts politisch gelingen sollte.

Es ist sicherlich problematisch, generell von einem gesteigerten weiblichen Ehr- und Sittlichkeitsgefühl zu sprechen. Hier wären schichtspezifische Gradunterschiede genau zu benennen und schichtspezifische Typisierungen vorzunehmen. Das ist quellenmäßig nur sehr schwer zu leisten. Dennoch ergeben sich aus der Prozeßüberlieferung des späten 19. Jahrhunderts Anhaltspunkte dafür, daß auch Frauen aus unteren Sozialschichten immer weniger bereit waren, die Würdelosigkeiten ihres Ehelebens einfach hinzunehmen.[52] Wenn hier ein Scheidungsfall als Einstieg in die ›realen Verhältnisse‹ vorgestellt wird, so geschieht das mit der gebotenen methodischen Vorsicht. Die von Frauen vorgebrachten Scheidungsbegehren sind nur die eine Seite der Scheidungswirklichkeit, die andere ist die vom Ehemann verlassene und sozial auf sich allein gestellte Frau. Sie hatte es nicht leicht, im

Leben wieder Fuß zu fassen. Dennoch gehört der von der Frau ausgehende Scheidungswunsch in das Bild des zeitgenössischen Scheidungsgeschehens. Hier argumentierte Bebel mit guten Gründen für den Erhalt einer liberalen Rechtsordnung, die auch der Frau die Möglichkeit beließ, von ihrem Ehr- und Sittlichkeitsgefühl aus einen Schlußstrich unter ein für sie unerträgliches Eheleben zu ziehen. *Vor* Inkrafttreten des Bürgerlichen Gesetzbuchs war der Trennungswunsch der Frau keineswegs nur prozeßtechnisch bedingt.

2. *Gesetzesstrenge und ›reale Verhältnisse‹*

Die ›realen Verhältnisse‹, von denen auf dem Weg zum Bürgerlichen Gesetzbuch oft, und oft auch mit falschem Zungenschlag, die Rede war, haben die von den Vätern dieses Gesetzbuchs postulierte Gesetzesstrenge in vielen Fällen desavouiert. Der Fall, von dem hier berichtet werden soll, war Anfang der 90er Jahre bei rheinischen Gerichten anhängig, er beschäftigte aber auch das Reichsgericht in Leipzig.[53] Die Geschichte der juristischen Behandlung dieses Falls ist äußerst verwickelt. Sie zeigt unterschiedliche Verarbeitungsmodi ehelicher Konflikte auf dem Instanzenweg und unterstreicht noch einmal die Bedeutung eines liberalen Rechtsgefüges wie einer liberalen Rechtskultur für eine Entscheidungsfindung, die über der Rechtsnorm nicht die konkreten Umstände eines Lebens in ehelicher Gemeinschaft aus den Augen verliert. Rheinisches Recht und preußisches Landrecht hatten im materiellen Scheidungsrecht ja einen gemeinsamen liberalen Nenner, wenn auch die verfahrensrechtlichen Bestimmungen sehr voneinander abwichen. Im Oktober 1890 reichte eine Metzgersfrau aus Köln beim dortigen Landgericht die Scheidung ein. Sie war fünfzehn Jahre verheiratet, die Ehe war kinderlos geblieben und das eheliche Zusammenleben nie frei von Spannungen gewesen. Die Frau war stark in das gemeinsame Geschäft eingespannt, und nicht zuletzt ihrer Tatkraft verdankte das Ehepaar ein Leben, das weitgehend von wirtschaftlichen Sorgen verschont blieb. Hinter der Fassade eines erfolgreichen Geschäftsehepaares verbargen sich jedoch starke menschliche Konflikte, die mit dem Verhalten des Mannes im Ehealltag zusammenhingen. Durch Ausschweifungen und ›Frauengeschichten‹ fühlte sich die Frau immer wieder tief gedemütigt. Sie war nicht bereit, ihr »Ehr- und Sittlichkeitsgefühl«, um den Bebelschen Begriff hier aufzunehmen, in einer mit ihrer Würde als Frau unvereinbaren Weise zu unterdrükken, nur um ein ökonomisch gesichertes Eheleben fortsetzen zu können. Zweimal schon hatte sie die Scheidung eingereicht, 1884 und 1889, hatte sich aber in beiden Fällen von dem Versprechen des Mannes, sich zu bessern, beschwichtigen lassen. Den dritten Scheidungsanlauf wollte sie trotz einer ungewissen Zukunft durchstehen. Das Kölner Landgericht nahm denn auch in seinem Urteil vom 30. Dezember 1891 die »Vergehungen« des Mannes zum Anlaß, die Ehe zu trennen. In den »Gründen« führte es aus, »daß der Beklagte nicht allein außerhalb des Hauses einen unsittlichen Lebenswandel geführt, sondern auch im eigenen Hause die in demselben bediensteten weiblichen Personen wiederholt in den letzten Jahren mit unsittlichen Zumutungen verfolgt habe und sogar einmal, als die Klägerin ihm wegen seines Verhaltens gegenüber den Dienstboten Vorwürfe gemacht hatte, dazu übergegangen sei, im Beisein der Klägerin der Dienstmagd Christine M. unter die Röcke zu greifen. Müsse schon hierin eine grobe Beleidigung erblickt werden, so habe sich ferner ergeben, daß der Beklagte in einer Nacht in der Woche nach Pfingsten 1890, als er, wie dies häufiger geschehen, betrunken nach Hause gekommen war, gewaltsam in das Schlafzimmer der Klägerin eingedrungen sei und diese in der gröblichsten Weise beschimpft habe. Auch lasse das Hülfegeschrei der Klägerin, welches Zeugen in jener Nacht sowie in anderen Nächten mehrfach vernommen hätten, keinen Zweifel bestehen, daß der Beklagte sich nicht mit den erwähnten Beschimpfungen begnügt, seine Ehefrau vielmehr auch in der rohesten Weise mißhandelt habe.« Da ein »ferneres friedliches Zusammenleben der Parteien ausgeschlossen« sei, erkannte das Landgericht »dem Klageantrag der Frau gemäß«.

Dokumenten, die die Niederungen des ehelichen Alltags in vergangenen Zeiten festhalten, ist als solchen sicherlich kein historischer Quellenwert beizumessen. Sie gewinnen aber an historischer Aussagekraft, wenn sie auf die spezifischen sozialen und juristischen Kontexte einer Zeitspanne bezogen werden können. So ist auch dieser Fall vor dem Hintergrund der Scheidungsdebatte im Reichstag zu sehen, der besonders von Bebel angeschnittenen Frauenproblematik, aber auch vor dem Hintergrund der juristischen Verhärtung des Scheidungsproblems, für die die »Motive« von 1888 den unzweideutigen Akzent gesetzt hatten. Der weitere Instanzenweg des aus einer riesigen Urteilsüberlieferung herausgegriffenen Scheidungsfalls belegt seine historische Wertigkeit.

Der Ehemann akzeptierte den Trennungsspruch des Landgerichts nicht und legte bei der nächsthöheren Instanz, dem Oberlandesgericht Köln, Berufung ein. Dieses Gericht folgte weitgehend seinen Argumenten und hob das Scheidungsurteil des Landgerichts auf. Juristisch unterschiedlich werteten beide Gerichte die eheliche Belastbarkeit der Frau; das Oberlandesgericht machte ihren ›Stand‹, und hier liegt das Signifikante in dem o. a. Sinn, zum Gradmesser für das, was Frauen einzustecken in der Lage sein müßten. Auch hier sei aus den »Gründen« des Revisionsurteils vom 13. Juli 1892 zitiert. Das Oberlandesgericht registrierte die »Tatsache« der weiterhin bestehenden ehelichen Gemeinschaft, ohne das Gewaltmoment, das in diese Gemeinschaft eingelassen war, rechtlich zu würdigen. »Die Tatsache, daß die Ehegatten nach wie vor zusammen wohnen, wirtschaften und speisen, daß sie namentlich ihre geschäftlichen Angelegenheiten in friedlichem Zusammenwirken besprechen, beschließen und behandeln, kann mit Rücksicht auf das in diesen Dingen die Klägerin möglicherweise allein bestimmende vermögensrechtliche Interesse von besonderer Bedeutung zwar nicht sein, darf aber bei Prüfung der Frage, ob nach der Gesamtlage des Falles Wiederaussöhung vorliegt, mit in Erwägung gezogen werden, während die Tatsache des zwischen den Ehegatten fortgesetzten geschlechtlichen Verkehrs von durchschlagenderem Gewicht ist.« In dieser Argumentation wird die situative, soziale wie auch physische Notlage der Frau zur Normallage umgebogen, der Anteil, den Zwang an ihrem, in den Augen des Gerichts, ›normalen‹ Eheverhalten hat, juristisch vergessen. »Der Einwand der Klägerin, sie habe den Beischlaf nicht freiwillig gestattet, sie sei vielmehr durch heftiges Anfassen und drohende Redensarten zu dessen Duldung gezwungen worden, und habe dabei dem Beklagten auch ausdrücklich erklärt: ›Du zwingst mich, und ich muß mich fügen, weil ich nicht will, daß die Herren im Hause den Skandal hören, aber glaube nicht, daß ich mich mit Dir versöhnen will‹ – verdient nach Lage der Sache keine Beachtung. Denn wenn die Klägerin, welche sowohl nach ihrem persönlichen Vorkommen, als auch nach den Ergebnissen der verschiedenen Beweisaufnahmen keineswegs als eine zarte, ängstliche und schwache Frau, sondern als eine leidenschaftliche, selbständige und kraftvolle Natur angesehen werden muß, längere Zeit hindurch mit ihrem Ehemann den Beischlaf fortgesetzt gepflegt hat, so darf angenommen werden, daß sie dies nicht etwa gezwungen oder beeinflußt durch Drohungen des Beklagten tat, sondern des Beischlafs wegen... Hiernach erscheint der Beischlaf als die Wirkung freier Willensentschließung der Ehegatten und beweist zugleich auch deren Wiederaussöhnung.«

Aus diesem Urteil des Kölner Oberlandesgerichts geht hervor, wer die sozialen Kosten einer auch auf der Ebene der Scheidungsjustiz stringent verfolgten Eheerhaltungspolitik zu tragen haben würde. Anfang der 90er Jahre waren die Weichen in der Rechtspolitik zwar schon gestellt, diese Politik war auf dem Gesetzgebungsweg jedoch noch nicht zum Abschluß gekommen. Noch fehlte der neue, große rechtliche Orientierungsrahmen des Bürgerlichen Gesetzbuchs, noch konnte sich die Urteilsfindung in den vielen, kompliziert gelagerten Scheidungsfällen an den Vorschriften des seit langem geltenden Rechts orientieren. So fand auch die »selbständige« Metzgersfrau aus Köln endlich in der dritten Instanz Gehör. Das Reichsgericht hob am 13. Januar 1893, also nach fast dreijährigem Prozessieren, das Urteil der zweiten Instanz auf. Es warf dieser vor, nicht die Geschichte dieser Ehe, sondern nur deren Zustand zum Zeitpunkt der Einreichung der Klage berücksichtigt zu haben. In der Umsetzung der reichsgerichtlichen Verfügung wurde der Frau vom Oberlandesgericht gestattet, bis zur rechtskräftigen Entscheidung des anhängigen Prozesses bei ihrer Schwester zu wohnen; »mit Rücksicht auf der Parteien-Erwerbs- und der Stadt Köln Teuerungsverhältnisse« hatte ihr der Mann eine »Unterhaltssumme von M 100 pro Monat« zu zahlen. Die endgültige Regelung der Unterhaltskosten sollte nach der Ehetrennung erfolgen.

Dieser Fall, darauf wurde schon hingewiesen, deckt nicht die gesamte Scheidungsrealität in ihrer geschlechtsspezifischen Dimension ab. Er führt aber nachdrücklich die Bedeutung der Rechtsordnung für eine gerechte Regelung ehelicher Konflikte vor Augen. Für die Rechtsinstanzen veränderten sich mit dem Bürgerlichen Gesetzbuch die materiell-rechtlichen Grundlagen ihres Tuns. Das hatte, zumindest längerfristig, weniger auf die Zahl als auf die Art der Scheidungsurteile Auswirkungen. Das Rechtssystem des Allgemeinen Landrechts dachte die Scheidung von den Zerwürfnissen im ehelichen Verhältnis her; das Bürgerliche Gesetzbuch prolongierte durch die Scheidungsrestriktionen, die es enthielt, die ehelichen Zerwürfnisse. Doch die mit viel konservativem Pathos gezimmerten Rechtsdämme hielten nicht allzu lange. Der ›Ehekrieg‹ fand in einem ›Scheidungskrieg‹ seine Fortsetzung, den vor allem die Frau zu fürchten hatte. Die Gründe dafür lagen in jenen Eigentümlichkeiten, die die Scheidungspraxis im Gefolge des gesetzlich festgeschriebenen Verschuldensprinzips ausbildete, sowie in der unter dem Gesichtspunkt der Eheerhaltung vorgenommenen neuen Scheidungsfolgenregelung.

Das Familienrecht des Bürgerlichen Gesetzbuchs, das die großen Reformschübe der 70er Jahre (Zivilehe) bestätigte, war im Bereich der Ehescheidung von antireformerischer Ausrichtung. Es hat die »Würde der Ehe« weder bewahren noch ihr »Ansehen« heben können; dafür aber hat es die Scheidung in vielem würdeloser gemacht und für die Betroffenen oft unerträgliche soziale und emotionale Grenzsituationen heraufbeschworen. Im Scheidungsbereich verkörperte die Rechtsordnung des Bürgerlichen Gesetzbuchs das strenge Modell einer ›säkularisierten Verschuldensscheidung‹.[54] Der Verschuldensbegriff, der ursprünglich zusammen mit verwandten Begriffen wie Schuld, Sühne, Buße und Umkehr in einem religiösen Kontext gestanden hatte, wurde zum Leitbegriff des verweltlichten Ehescheidungsrechts. Das Bürgerliche Gesetzbuch unterstellte sämtliche Ehescheidungstatbestände dem Verschuldensprinzip, mit der einen Ausnahme: Scheidung wegen Geisteskrankheit. Diese heftig umstrittene Abkehr von der strengen Verschuldensscheidung entsprach sowohl der Lebensrealität wie dem Rechtsgefühl. Ein Ehegatte konnte auf Scheidung klagen, »wenn der andere Ehegatte in Geisteskrankheit verfallen ist, die Krankheit während der Ehe mindestens drei Jahre gedauert und einen solchen Grad erreicht hat, daß die geistige Gemeinschaft zwischen den Ehegatten aufgehoben, auch jede Aussicht auf Wiederherstellung dieser Gemeinschaft ausgeschlossen ist.« (BGB, § 1569). Das Bürgerliche Gesetzbuch eliminierte in den übrigen Ehescheidungsgründen die scheidungsoffeneren Regelungen des altpreußischen und des rheinpreußischen Rechts. Ehebruch (§ 1565), Lebensnachstellung (§ 1566) und bösliche Verlassung (§ 1567) waren auch schon in der älteren Rechtsordnung die ›absoluten‹ Scheidungsgründe gewesen; für sie hatte das Schuldprinzip feste Geltung besessen. Nun aber wurde es auch auf einen neugefaßten ›relativen‹ Scheidungsgrund übertragen, der »theoretisch wie praktisch der eigentliche Scheidungstatbestand des BGB« war:[55] »Ein Ehegatte kann auf Scheidung klagen, wenn der andere Ehegatte durch schwere Verletzung der durch die Ehe begründeten Pflichten oder durch ehrloses oder unsittliches Verhalten eine so tiefe Zerrüttung des ehelichen Verhältnisses verschuldet hat, daß dem Ehegatten die Fortsetzung der Ehe nicht zugemutet werden kann. Als schwere Verletzung der Pflichten gilt auch grobe Mißhandlung.« (BGB, § 1568). Das Bürgerliche Gesetzbuch bürdete den Gerichten in jedem Fall die Schuldfeststellung auf. Wurde eine Ehe aus einem der in den Paragraphen 1565–1568 bestimmten Gründe geschieden, so war »in dem Urteil auszusprechen, daß der Beklagte die Schuld an der Scheidung trägt.« (BGB, § 1574). Der Gesetzgeber wußte jedoch auch darum, wie schwer es in Scheidungsprozessen oft war, die ›Schuld‹ an einer zerbrochenen Ehe eindeutig auszumitteln. Hier verschaffte er dem Richter die Möglichkeit, »beide Ehegatten für schuldig zu erklären«, wenn die »Widerklage« des Beklagten »für begründet« zu erachten war.

Der im Verschuldensgrundsatz des Bürgerlichen Gesetzbuchs zum Ausdruck kommende Eheerhaltungs-Rigorismus hat kaum Ehen ›halten‹ können, deren menschliche Substanz verbraucht war, und in denen es kein Zusammenleben mehr, sondern nur noch ein beziehungsloses und sinnentleertes Nebeneinanderherleben gab. Die Scheidungsbewegung, das wird noch zu zeigen sein, konnte mit den Mitteln des Rechts nicht abgestoppt werden; die Scheidungsrechtsprechung dagegen verfiel in immer größerem Umfang einer prozessualen Verlogenheit, die mit der Gesetzespflicht der Gerichte zusammenhing, Schuld rechtlich bewerten zu müssen. Der Schuldspruch in einem Scheidungsprozeß hatte nicht nur eine große gesellschaftliche Wirkung – zukünftige Lebens- und Berufschancen konnten erheblich gemindert oder gar gänzlich verbaut werden; auch die Unterhaltsregelung und weitgehend das Sorgerecht für die gemeinsamen Kinder hingen von der Schuldfeststellung des Gerichts ab. Das Bürgerliche Gesetzbuch hielt auch im Bereich der Scheidungsfolgen mit äußerster Strenge an den ›strengen‹ Grundsätzen seines Scheidungsrechts fest. Im Rechtssystem des Allgemeinen Landrechts war die soziale und ökonomische Stellung der geschiedenen Frau zwar nicht gerade rechtlich privilegiert, aber durch das Recht doch weitgehend geschützt gewesen. Hier brachte das Bürgerliche Gesetzbuch einschneidende Minderungen, die ihre Auswirkungen auf das Scheidungsverhalten von Frauen gehabt haben dürften. Dem Gesetzgeber muß dieser Zusammenhang klar gewesen sein, zitierte doch das Reichsjustizamt in seiner Meinungssammlung zum 1. Entwurf breit aus einem Gutachten, das für den Zwanzigsten Deutschen Juristentag über die beabsichtigte Neuregelung des Unterhaltsrechts angefertigt worden war.[56] Dieses Gutachten trat gegenüber den Bestimmungen des Entwurfs für eine »Erweiterung des dem unschuldigen Ehegatten eingeräumten Unterhaltsanspruchs« ein. Das Reichsjustizamt kannte somit die die soziale Problematik aufdeckenden Argumente, ohne sie freilich in der Folge gebührend zu berücksichtigen: »Würden jene Vorschriften Gesetz«, so entnahm man dem Gutachten, »so würde in zahlreichen Fällen die Ehefrau von der Erhebung einer rechtlich begründeten Scheidungsklage Abstand nehmen müssen oder der Dürftigkeit preisgegeben sein. Der materiellen Gerechtigkeit entspreche es allein, dem unschuldigen Ehegatten den Unterhaltsanspruch, welcher ihm während der Ehe gegenüber dem anderen Ehegatten zugestanden habe, auch nach der Scheidung im Wesentlichen unverändert zu belassen. Dieses Prinzip sei namentlich im Interesse der unschuldigen Ehefrau von tiefgreifender Bedeutung.«

Folgende Vorschriften traten nun zwanzig Jahre später als ›Gesetz‹ in Kraft. Der »allein für schuldig erklärte Mann« hatte der geschiedenen Frau den »standesmäßigen Unterhalt« nur insoweit zu gewähren, »als sie ihn nicht aus den Einkünften ihres Vermögens, und, sofern nach den Verhältnissen, in denen die Ehegatten gelebt haben, Erwerb durch Arbeit der Frau üblich ist, aus dem Ertrag ihrer Arbeit bestreiten kann.« (BGB, § 1578). Soweit der schuldige Ehegatte außerstande war, »ohne Gefärdung seines standesmäßigen Unterhalts dem anderen Ehegatten Unterhalt zu gewähren, ist er berechtigt, von den zu seinem Unterhalte verfügbaren Einkünften zwei Dritteile oder, wenn diese zu seinem notdürftigen Unterhalte nicht ausreichen, so viel zurückzubehalten, als zu dessen Bestreitung erforderlich ist.« War der unterhaltspflichtige Ehegatte wieder verheiratet, so beschränkte sich seine Verpflichtung gegenüber dem geschiedenen Ehegatten auf dasjenige, »was mit Rücksicht auf die Bedürfnisse sowie auf die Vermögens- und Erwerbsverhältnisse der Beteiligten der Billigkeit entspricht.« (BGB, § 1579)

Die dehnbare und ungenaue Billigkeitsformel, die das gesetzte Recht zumeist zum Nachteil der geschiedenen Frau noch weiter aufweichen konnte,[57] läßt deutlich werden, wie ungesichert deren materielle Zukunft war. Das Scheidungsfolgerecht des Bürgerlichen Gesetzbuchs hatte weniger die zukünftige Lage der unschuldig geschiedenen Frau als die Zukunft des schuldig geschiedenen Mannes im Auge.[58] Das Schuldprinzip war eine rechtspolitische Position mit erheblichen sozialen Folgewirkungen. So wundert es nicht, daß die Prozeßparteien vor Gericht mit allen Mitteln um die Schuldzuweisung rangen. Man hat sicherlich zu Recht in der strengen Verschuldensscheidung des Bürgerlichen Gesetzbuchs den Grund dafür gesehen, daß sich in der Scheidungsrechtsprechung das rechtspolitisch fragwürdige Ritual der Konventionalscheidung ausgebildet hat. Scheidungswillige Ehepartner, durch ihre Anwälte beraten, präsentierten dem Gericht die Scheidungsgründe so, daß sich Scheidung und Schuldausspruch in gewünschter Weise ergaben, einschließlich der Scheidungsfolgen für Unterhalt und Kinder.[59] In diesem Verfahren konnte der Mann »Beklagter« sein, obwohl nicht von der Frau, sondern von ihm der Trennungswunsch ausging. Dieses juristische Fingieren aus »prozeßtechnischen« Gründen verzerrt bis zu einem gewissen Grade das Bild der Scheidungswirklichkeit, wie es sich von den Scheidungsstatistiken her für die Jahrzehnte *nach* 1900 zeichnen läßt. Die Durchsicht einer Vielzahl von Scheidungsurteilen, die in den Registraturen der Zivilkammern der Landgerichte aufbewahrt sind,[60] läßt es aber zweifelhaft erscheinen, ob die Konventionalscheidung wirklich als die ›normale‹, d. h. gängige Form der Ehescheidung anzusehen ist. Sie mag es für in stabilen Sozialverhältnissen lebende Ehepaare gewesen sein; für die weitaus überwiegende Zahl der Ehescheidungsprozesse aber gilt, daß in ihnen – mit dem Blick auf die sozialen Folgen einer Trennung – hart um die Schuldfeststellung gerungen wurde, daß man Schuldvorwürfe bis zum Äußersten austauschte und freiwillige Schuldübernahmen äußerst selten waren. Besonders das den Gerichten abgeforderte Herausfinden einer schuldhaften Verletzung ehelicher Pflichten führte zu einer unangemessenen, die betroffenen Eheleute bloßstellenden Aufwertung des Sexuellen.

Das Scheidungsrecht des Bürgerlichen Gesetzbuchs hat zwar nicht die Geltungsdauer der landrechtlichen Bestimmungen erreicht, dennoch war es für einen langen geschichtlichen Zeitraum in Kraft. Bevor in dieser Untersuchung der Schritt ins 20. Jahrhundert getan wird und auch für dieses Jahrhundert den epochenspezifischen Zusammenhängen von Rechtswandel, Sozialprozessen und politischen Veränderungen nachgegangen werden soll, sei eine Zustandsaufnahme vom geschichtlichen Auftreten des Bürgerlichen Gesetzbuchs gegeben. Sie hält für wenige Jahre den Scheidungsverlauf in einem Zahlenmaterial fest, das in seinem Differenzierungsgrad über das bisher publizierte Material hinausgeht.[61]

Aus den Geschäftsübersichten der Gerichte ergibt sich ein einigermaßen zuverlässiges Bild der Ehescheidungsbewegung an der Wende vom 19. zum 20. Jahrhundert. Im *Deutschen Kaiserreich* wurden 1895 8326; 1896 8460; 1897 8876; 1898 9008; 1899 9433; 1900 7922; 1901 7892 Ehescheidungen gezählt, das sind »rechtskräftige Urteile auf Ehescheidung«. Für *Preußen* lauten die Zahlen: 1895 5475; 1896 5562; 1897 5713; 1898 5798; 1899 5948; 1900 4755; 1901 4675.

Bei der Wertung dieser Zahlen und besonders des Einbruchs von 1900 muß man berücksichtigen, daß das neue Scheidungsrecht des Bürgerlichen Gesetzbuchs schon seit 1896 der Öffentlichkeit bekannt war. Das dürfte viel zur Verunsicherung von Ehepaaren beigetragen haben, die ihre Ehe zu trennen beabsichtigten. Die vermehrte Inanspruchnahme der Gerichte vor 1900 erklärt den Rückgang der Scheidungszahlen in den Jahren 1900 und 1901; er ist nicht ausschließlich auf die Geltung des neuen Scheidungsrechts ab 1900 zurückzuführen.

Die absoluten Ehescheidungsziffern erfahren durch die Berechnung von Häufigkeitsziffern eine gebotene Präzisierung. Die *Häufigkeit* von Ehescheidungen ergibt sich aus dem Verhältnis der Scheidungszahlen zur Zahl der bestehenden Ehen. In Preußen vermehrte sich z. B. die Zahl der »stehenden Ehen« von 1895 = 5437664 auf 1901 = 6092997. Die Häufigkeitsziffer für Scheidungen ging in Preußen, berechnet auf 100000 stehende Ehen, in dem

Zeitraum von 1895–1901 um 24 Punkte zurück: 1895 101; 1896 100; 1897 101; 1898 101; 1899 101; 1900 80; 1901 77. Für das *Reich* lauten die Häufigkeitsziffern: 1895 94; 1896 94; 1897 97; 1898 96; 1899 98; 1900 81; 1901 79. Für *Baden:* 1895 57; 1896 58; 1897 66; 1898 68; 1899 72; 1900 59; 1901 64. Für *Württemberg:* 1895 49; 1896 39; 1897 40; 1898 41; 1899 42; 1900 51; 1901 55. Für *Bayern:* 1895 35; 1896 38; 1897 41; 1898 43; 1899 50; 1900 42; 1901 48.

Aus dem Vergleich der deutschen Staaten geht hervor, wie groß der Anteil Preußens an der Gesamtziffer der Ehescheidungen in Deutschland war. Er schwankte in den angeführten Jahren zwischen 60 und 65 Prozent. Auch wird deutlich, daß das Bürgerliche Gesetzbuch in Kernländern katholischer Rechtstradition, wie z. B. in Bayern, von anderer Wirkung gewesen ist als in Preußen. Hier schwächte sich die Scheidungskurve durch die Rücknahme liberaler Elemente im Scheidungsrecht ab, während das Bürgerliche Gesetzbuch in anderen Rechtsgebieten, gemessen am bisherigen Rechtszustand, als das scheidungsoffenere Recht empfunden wurde.

Neben rechtlichen haben vor allem konfessionelle und soziale Faktoren einen starken Einfluß auf die Höhe der Scheidungsrate ausgeübt. Gerade Bayern ist ein Beleg für das Gewicht der katholischen Konfessionszugehörigkeit im Scheidungsgeschehen. Auch in Preußen war in den überwiegend katholischen Landesteilen die Häufigkeit der Ehescheidungen erheblich geringer als in den überwiegend evangelischen Gebieten. So kamen z. B. in der Provinz Brandenburg 1895 auf tausend Einwohner 948 Evangelische und 42 Katholische; die Häufigkeitsziffer für Ehescheidungen, wiederum bezogen auf die Maßzahl ›100000 stehende Ehen«, lag hier bei 120. In der Provinz Posen überwog der katholische Bevölkerungsanteil; hier standen 671 Katholische 306 Evangelischen, berechnet »auf's Tausend der Bevölkerung«, gegenüber. Die Scheidungsziffer lag hier bei 49.

Aus der Scheidungslandschaft ragten besonders die Großstädte mit einer enorm hohen Scheidungshäufigkeit hervor. Allein in Berlin kamen in den Jahren 1895–1899 im Jahresdurchschnitt 459 Scheidungen auf 100000 stehende Ehen. In den Jahren 1900 und 1901 waren es pro Jahr immerhin noch 289. Hamburg hatte eine Scheidungsrate, die auch nach 1900 noch über 300 lag (1895: 368 Scheidungen auf 100000 stehende Ehen; 1900: 329 Scheidungen).

Von zeitgenössischen Statistikern wurde viel über die nachteiligen Einflüsse des »großstädtischen Lebens« gerätselt. Größere sittliche Gefahren und weniger strenge moralische Anschauungen sollten hier angeblich herrschen. Es ist nur schwer möglich – und bleibt dort, wo es möglich ist, im Ergebnis immer ungewiß –, über statistische Korrelationen eindeutige gesellschaftliche Motivstränge herauszubekommen. Die Materialbasis, die erst im Verlauf des 20. Jahrhunderts breiter wird, ist für das ausgehende 19. Jahrhundert zu schwach, um sich auf Rechenabenteuer einzulassen, die auch bei dichterem Zahlenmaterial oft jenseits des eigentlichen historischen

Problems liegen. Vom Eindruck des qualitativen Materials her (Scheidungsurteile) scheint für die Scheidungshemmung resp. Scheidungsbereitschaft von Menschen der Grad ihrer kirchlichen Bindung das entscheidende Datum zu sein.

Die hier formulierte Zurückhaltung gegenüber der statistischen Überlieferung ist mehr eine Zurückhaltung gegenüber einer historischen Urteilsbildung, die allzu selbstgewiß auf Quantifizierung setzt. Der statistische Befund als solcher bleibt wichtig und aufschlußreich. Das wird die Scheidungsgeschichte des 20. Jahrhunderts zeigen.

VII. Die gescheiterte Reform: Das Scheidungsrecht in der Weimarer Republik

Das Bürgerliche Gesetzbuch von 1900 ist sowohl ein Dokument des rechtspolitischen Gestaltungswillens wie des gesetzgebungstechnischen Gestaltungsvermögens der Wilhelminischen Gesellschaft. Ihre Wertvorstellungen fanden besonders im Familienrecht eine präzise rechtsnormative Fassung. Rechtsfiguren wurden bewußt als Instrumente gesellschaftlicher Intervention eingesetzt. Doch die Chancen waren angesichts der Dynamik des gesellschaftlichen Wandels nicht sehr groß, brüchig gewordene gesellschaftliche Traditionen und ins Wanken geratene Figurationen der sozialen Lebenswelt über das Recht stabilisieren zu können. Der Zusammenhalt der Familie ließ sich rechtspolitisch kaum erzwingen, und nüchterne Scheidungszahlen klärten sehr bald nach 1900 auch den Gesetzgeber über die von ihm gehegten Illusionen auf.

1. Das Scheidungsgeschehen nach der Jahrhundertwende

Hinter der Zunahme der Scheidungshäufigkeit lag ein Trend, der mehr mit Strukturprozessen der Gesellschaft als mit Bewußtseinsprozessen der Individuen zu tun hatte. Deshalb darf die Scheidungsstatistik auch nicht als eine Art Moralstatistik gelesen werden. Das Bevölkerungswachstum war in den Jahrzehnten vor und nach der Jahrhundertwende die zentrale Vorgabe für den Anstieg der Scheidungsziffern. Auf Reichsebene wuchs die Bevölkerung von 1871 = 41059000, 1900 = 56367000 auf 1910 = 64926000.[1] In demselben Zeitraum stieg die Zahl der Geschiedenen von 70000 (1871), 92000 (1900) auf 138000 (1910). Prozentual hatte sich der Anteil der geschiedenen Personen an der Gesamtbevölkerung zwar nicht verändert (er lag bei 0,2 Prozent), Verschiebungen hatten sich allerdings im Hinblick auf die beiden Geschlechter ergeben. Es gab im genannten Zeitraum weit mehr geschiedene Frauen als Männer, und der Anteil Geschiedener an der jeweiligen männlichen resp. weiblichen Population hatte sich zuungunsten der Frauen verschoben. 1871 standen 24000 ›männlichen‹ Geschiedenen 46000 ›weibliche‹ gegenüber; 1900: 31000 ›männliche‹ – 61000 ›weibliche‹; 1910: 49000 ›männliche‹ – 89000 ›weibliche‹. Der Anteil geschiedener Männer an der männlichen Population war zwischen 1871 und 1910 von 0,1 auf 0,2 Prozent, der geschiedener Frauen an der weiblichen Population von 0,2 auf 0,3 Prozent gestiegen. Aus diesen Zahlen ergibt sich, daß geschiedene Männer in weit höherem Maße die Chance einer Wiederverheiratung hatten und diese auch ergriffen haben.

Nicht nur das Bevölkerungswachstum hat das Scheidungsgeschehen beeinflußt. Die Zunahme von Scheidungen hat, wie ›qualifizierte‹ Scheidungsziffern zeigen, im demographischen Bereich einen wichtigen, wenn auch nicht ausschließlichen Ursachenkomplex. In der Scheidungsstatistik ist es seit langem üblich, die Zahl der Ehescheidungen in ein Verhältnis zur Zahl der ›stehenden‹ Ehen zu setzen, also die Vermehrung der Scheidungen unter dem Gesichtspunkt des sich ändernden ›Ehestandes‹, bezogen auf eine bestimmte gesellschaftliche Population, zu gewichten. Für den größten deutschen Einzelstaat, Preußen, ist hier wichtiges Zahlenmaterial überliefert.[2] Absolut stieg zwischen 1905 und 1910 die Zahl der »Scheidungen und sonstigen Ehelösungen« von 6924 auf 9277, berechnet auf »10000 stehende Ehen« von 10,78 auf 13,20.[3] Trotz Abschaffung des ›scheidungsfreundlichen‹ Allgemeinen Landrechts marschierte Preußen weiterhin an der Spitze der reichsdeutschen Scheidungsfront. Das war für die politisch Verantwortlichen ein ebenso beunruhigender wie irritierender Befund. 1910 gestand eine Verfügung des preußischen Justizministers Beseler das Nichtgreifen der Restriktionen, die das neue materielle Scheidungsrecht enthielt, indirekt auch ein.[4] Beseler wies mit Sorge »auf die in den letzten Jahren festgestellte stetige Zunahme der Ehescheidungen in Preußen« hin. Den Gründen für diese Entwicklung ging er freilich nicht nach. Ihn interessierten neue juristische Kniffe, um die Scheidungsmöglichkeit noch weiter zu erschweren. In den Augen des preußischen Justizministers war der § 1568 des Bürgerlichen Gesetzbuchs das Einfalltor für ein justiziell nur unzureichend unter Kontrolle zu haltendes Scheidungsbegehren. Dieser Paragraph hatte den ›relativen‹ Scheidungsgrund der tiefen ehelichen Zerrüttung eingeführt, aber nur dem Ehegatten ein Klagerecht eingeräumt, der diese Zerrüttung nicht verschuldet hatte. Diese schmale Gasse innerhalb der ›strengen‹ juristischen Wegeordnung des Bürgerlichen Gesetzbuchs versuchte der Justizminister nun, nachdem zehn Jahre materielles Recht wenig bewirkt zu haben schienen, verfahrensrechtlich zu schließen. Er zitierte im Hinblick auf die in seinen Augen zu laxe Spruchpraxis der Gerichte neugefaßte Paragraphen der Zivilprozeßordnung, die es ermöglichten, »in den zahlreichen Fällen, in denen die Scheidung auf Grund des § 1568 BGB beantragt ist«, von *Amtswegen* das Verfahren auszusetzen. »Ich verkenne nicht, daß bei einer großen Anzahl von Ehescheidungsprozessen aus § 1568 BGB nach den besonderen Umständen des Falles die Aussicht auf Aussöhnung der Parteien von vornherein ausgeschlossen erscheinen mag, und daß in solchen Fällen eine Aussetzung des Verfahrens nicht am Platze ist.« Dennoch: »Im Interesse der Aufrechterhaltung der Ehe« müsse das Gericht die Aussetzung von Amtswegen anordnen, »wenn die Aussicht auf Aussöhnung der Parteien *nicht ausgeschlossen* erscheint«.

Der Erlaß des preußischen Justizministers vom Januar 1910 wirbelte viel Staub auf und setzte die konservative Justizpolitik Preußens in der liberalen Presse bissigen Spötteleien aus. Obwohl in bezug auf die öffentliche Meinung in Preußen eine Art Kontrapolitik betrieben wurde, ließ sich die Öffentlichkeit kaum für die eingeschlagene Marschrichtung gewinnen. »Ihr Ehemänner«, schrieb die ›Berliner Morgenpost‹ zu »Beselers Mahnruf«, »seid zärtlich zu Euren Euch vom Standesbeamten angetrauten Frauen, noch zärtlicher als bisher, lest ihr jeden Wunsch von den Augen ab, versagt ihr kein Kleid, keinen Hut, kein Vergnügen, das sie sich wünscht. Und Ihr, schöne Berlinerinnen, macht es Euren Männern noch netter und angenehmer zu Hause als sonst, kocht ausschließlich seine Leibgerichte, seid nicht eifersüchtig und macht ihm keine Szene mehr. Kurz, vermeidet beide alles, was den reinen blauen Himmel Eurer Ehe auch nur im Leisesten trüben, Verstimmungen und Zerwürfnisse hervorrufen könnte, die lawinenartig anwachsen und mit der Zeit ein Zusammenleben so unleidlich machen, daß die Scheidung als einzig mögliche Lösung erscheint. Wenn Ihr das nicht schon Euch selbst zu Liebe tun wollt, dann wenigstens dem königlich preußischen Justizminister Dr. Beseler.«[5] Nicht nur mit Ironie begegnete man dem Glauben des Justizministers, »mit diesem schönen Erlaß widerstrebende Ehepaare zusammenhalten und die Zahl der Ehescheidungen herunterdrücken« zu können. Man warf ihm auch mangelnde Einsicht in die tieferen Ursachen der vielen Ehezerwürfnisse vor. Die ›Berliner Morgenpost‹ wertete diese als Beweis dafür, »daß die sittlichen und sozialen Kräfte, die Bindung und Lösung in der Ehe bestimmen, gegen alle gesetzlichen Hemmungen sich durchzusetzen streben.«[6] Überhaupt sah man in der Öffentlichkeit vieles klarer und realistischer. Selbst wenn durch das Drehen an der Rechtsschraube, schrieb die ›Ostsee-Zeitung‹, die Zahl der Scheidungen heruntergedrückt werden könne, sei dies noch kein Beweis für das Fehlen ihrer Voraussetzungen. »Wer die Scheidung erschweren will, kuriert am Symptom.«[7]

Der Anstieg der Scheidungszahlen bietet sich als ein Trendphänomen mit strukturgeschichtlichem Tiefgang dar, das sich bis in die 30er Jahre des 20. Jahrhunderts den Einflüssen der Politik weitgehend entzog. Zwar gab es Entwicklungssprünge, die durch den Ersten Weltkrieg und die Inflationszeit bedingt waren, die Entwicklungsrichtung änderte sich jedoch nicht. In Preußen kamen auf jedes der neun Vorkriegsjahre (1905–1913) 8985, auf jedes der vier Nachkriegsjahre (1919–1922) 21189 Ehescheidungen.[8] Berechnet auf die Zahl der ›stehenden Ehen‹ (10000) ergibt sich im einzelnen, d. h. für einzelne Stichjahre folgender Scheidungsverlauf: 1914 gab es 11065 Ehescheidungen – von 10000 Ehen wurden 14,66 geschieden; 1916: 6409 – 8,57; 1919: 13352 – 19,45; 1920: 22534 – 32,57; 1921: 25160 – 35,52; 1922: 23711 – 32,26. In den sieben Jahren zwischen 1923 und 1929 pendelten die absoluten Scheidungszahlen in Preußen um die Marke 23000, die Scheidungsziffer um 30 (pro 10000 Ehen) – z. B. im Jahre 1924, dem Nachinflationsjahr: 23251 Ehescheidungen (30,4 Scheidungen auf 10000 Ehen); 1929: 25276 (30,6).[9] 1925 betrug auf Reichsebene der Anteil der Geschiedenen an der Gesamtbevölkerung (62411000) 0,4 Prozent (249644), 1933 bei einer Gesamtbevölkerung von 65218000 0,8 Prozent (521744).[10] 1925 (hier nach Berechnungen auf der Grundlage des jeweiligen männlichen resp. weiblichen Bevölkerungsanteils) standen 90591 geschiedenen Männern 193284 geschiedene Frauen gegenüber; 1933: 190116 Geschiedene (männlich) zu 301797 Geschiedene (weiblich).

Hinter den genannten Scheidungszahlen verbergen sich sowohl soziale wie mentale Strukturen, die freilich nur schwer zu fassen sind. Leichter dagegen ist es, von diesem Zahlenmaterial auf die gesellschaftliche Wirkungsweise von Rechtsregeln zu schließen und für die 20er Jahre jene rechtspolitische Kontroversen zu qualifizieren, die zu einer schweren Belastung der Weimarer Innenpolitik werden sollten. So fragmentarisch auch das Bild bleiben mag, das sich vom sozialstrukturellen Rahmen des Scheidungsgeschehens zeichnen läßt, dieses Bemühen ist unabdingbar, will man zu einer überzeugenden Gewichtung der einzelnen Argumente kommen.

Für Preußen ist versucht worden, die Zahl der Ehescheidungen nach ›Stadt und Land‹ zu trennen.[11] Zwischen 1905 und 1913 gab es in Preußen pro Jahr durchschnittlich 8985 Scheidungen, davon in Landgemeinden 1812, in Städten (insgesamt) 7173 – in Städten mit über 100000 Einwohnern allein 4942. In Landgemeinden kamen jährlich 0,85 Scheidungen auf 10000 *Einwohner*, in Städten 3,78 (10000 Einwohner), in Großstädten 5,48 (10000 Einwohner). Scheidungen als Erscheinungen primär des städtischen Lebens, diese Tendenz verstärkte sich in den Jahren nach dem Ersten Weltkrieg. Zwischen 1919 und 1922 betrug die durchschnittliche Zahl der jährlichen Scheidungen in Preußen 21189; in den Landgemeinden wurden durchschnittlich pro Jahr 3188 Ehen geschieden, in den Städten 18002, davon allein in Städten mit über 100000 Einwohnern 12973. Berechnet auf 10000 *Einwohner* betrug auf dem Land die jährliche Scheidungsziffer 1,79, in den Städten 9,85, in den Großstädten 14,26.

Ebenso wie das Sozialmilieu übte das konfessionelle Milieu einen nachhaltigen Einfluß auf das Scheidungsverhalten der Menschen aus. Erst die konfessionellen Scheidungsziffern erklären die Unnachgiebigkeit und Intransigenz, mit der während der Weimarer Zeit die unterschiedlichen Standpunkte in der Scheidungsfrage vertreten wurden. Auch deuten sie in gewisser Weise die sozialstrukturellen Vorgaben der rassenideologischen Manipulationen am Scheidungsrecht in den 30er Jahren an.

Nur in der Sozialstatistik der Vorkriegszeit ist die jeweilige Konfession erfaßt, aber dieses Zahlenmaterial ist auch für die Jahre nach dem Ersten Weltkrieg von hohem Zeigewert.[12] Auf 1000 Ehen der einzelnen Konfessionen entfielen in Preußen im Durchschnitt der Jahre 1905/1913 Ehescheidungen – in rein evangelischen Ehen: 1,5; – in rein katholischen Ehen: 0,5; – in rein jüdischen Ehen: 1,8; – in evangelisch-katholischen Mischehen: 3,4; – in evangelisch-jüdischen Mischehen: 9,7; – in katholisch-jüdischen Mischehen: 11,7. Setzt man diese Zahlen in ein Verhältnis zueinander, so war die Scheidungshäufigkeit in rein evangelischen Ehen dreimal so groß wie in rein katholischen. Die Scheidungsziffer der evangelisch-katholischen Mischehen war um mehr als doppelt so hoch wie die der rein evangelischen Ehen und fast siebenmal so hoch wie die der rein katholischen Ehen. Denkt man an die Diskriminierung der jüdischen Bevölkerung durch das nationalsozialistische Eherecht, so ist es, auch im Hinblick auf dessen gesellschaftliche Resonanz und Akzeptanz, von Wichtigkeit, daß es eine lange Tradition der Labilität christlich-jüdischer Ehen gab. In der Zeit vor dem Ersten Weltkrieg waren die Ehen zwischen Personen eines christlichen Bekenntnisses und des jüdischen Bekenntnisses am wenigsten haltbar, wobei katholisch-jüdische Ehen häufiger geschieden wurden als evangelisch-jüdische.

Für die gesellschaftliche Wirkungsweise des Scheidungsrechts ist die Häufigkeit der in den Scheidungsurteilen genannten Scheidungsgründe von ausschlaggebender Bedeutung. Hier nun hatte sich in der Tat der umstrittene § 1568 des Bürgerlichen Gesetzbuchs in den Vordergrund geschoben. Dennoch wurde die Hauptmasse der Scheidungen bis in die 20er Jahre auf Grund von Ehebruch (BGB, § 1565) ausgesprochen: 1905–1913 durchschnittlich in 47,8 Prozent, 1914–1918 in 52,8 Prozent, 1919–1922 in 61,5 Prozent aller Fälle. An zweiter Stelle der Scheidungsursachen allerdings stand nach der Rechtsstatistik der § 1568 des Bürgerlichen Gesetzbuchs: 1905–1913 wurden nach ihm 39,9 Prozent, 1914–1918 38,0 Prozent, 1919–1922 34,4 Prozent aller Fälle geschieden. Neben diesen beiden Hauptscheidungsgründen traten die anderen stark zurück. Die Bestimmungen über Ehebruch und eheliche Pflichtverletzung waren die eigentlichen Scheidungsparagraphen des Bürgerlichen Gesetzbuchs.[13]

Das Scheidungsrecht des Bürgerlichen Gesetzbuchs hat zwei Schwerpunkte, wenn man es unter dem Gesichtspunkt seiner juristischen Aussage betrachtet: Sie liegen einmal im Bereich der Scheidungsvoraussetzungen und zum anderen im Bereich der Scheidungsfolgen. Während die Scheidungsvoraussetzungen geschlechtsneutral gestaltet sind, sind bei den Unterhaltsregelungen die unterschiedlichen Sozialpositionen von Mann und Frau angesprochen. Wichtigste Vorgabe für die Gestaltung des Unterhalts, und das betraf in besonderer Weise die Frau, war die jeweilige Schuldzuweisung durch das Gericht. Ein ›Schuldig‹ minderte ihre Unterhaltsansprüche, während der allein für schuldig erklärte Mann für den »standesmäßigen Unterhalt« der geschiedenen Frau in die Pflicht genommen werden konnte. Die Statistik weist nun aus, daß Männer und Frauen nicht in gleichem Maße schuldiger Teil bei einer Scheidung waren. In Preußen kamen im Jahresdurchschnitt bei Scheidungen auf 100 ›schuldige‹ Frauen in der Zeitspanne 1905/1913 174 ›schuldige‹ Männer, – 1914/1918 war das Verhältnis 100

(Frauen) zu 115 (Männer), 1919/1922 ebenfalls 100 (Frauen) zu 115 (Männer).[14] Gegenüber der Vorweltkriegszeit hatte sich der Schuldanteil von Frauen in gerichtsförmigen Scheidungsverfahren beträchtlich erhöht. Mehrere Erklärungen sind denkbar. Hat es in der Folge des Ersten Weltkriegs eine Veränderung weiblicher Verhaltensweisen gegeben, eine Loslösung der Frau von ihrer angestammten Frauenrolle? Führten die sozialökonomischen Engpässe in Kriegs- und Nachkriegszeit dazu, daß sich Männer zunehmend den Scheidungsfolgen eines ›Schuldig‹ zu entziehen suchten? Hat sich die Spruchpraxis der Gerichte geändert, entschieden sie frauenfeindlicher? Es ist relativ einfach, Gründe für geschlechtsspezifische Verschiebungen im Scheidungsspektrum zu nennen; es ist aber schwierig, diese Gründe in ihrem sozialhistorischen Stellenwert dingfest zu machen. In den 20er Jahren überwog zwar die Zahl der *allein* für schuldig erklärten Männer die der *allein* für schuldig erklärten Frauen, doch in einem beträchtlichen Umfang wurde *beiden*, Mann und Frau, die Schuld am Scheitern ihrer Ehe gegeben:[15]

Jahr	Ehescheidungen in Preußen	*schuldig* beide	der Mann allein	die Frau allein
1923	21906	5336	11299	5271
1925	22721	5506	12579	4636
1927	23051	5934	12663	4454
1929	25276	7087	13290	4899

Die Scheidungsgründe verteilten sich beim ›Schuldig‹ nach den beiden Geschlechtern wie folgt: Es wurden in Preußen für schuldig erklärt wegen

Jahr	Ehebruch (BGB, § 1565)		Eheliche Pflichtverletzung (BGB, § 1568)	
	Männer	Frauen	Männer	Frauen
1923	7965	5602	8155	4283
1925	8011	5222	9429	4344
1927	7772	5233	10204	4561
1929	7169	5080	12671	6230

Der Trend in der Scheidungsrechtsprechung ging in den 20er Jahren eindeutig in Richtung des ›Zerrüttungs‹-Paragraphen des Bürgerlichen Gesetzbuchs (§ 1568), obwohl auch dieser fest im Schuldsystem des bestehenden Scheidungsrechts verankert war. Durch die Inanspruchnahme des relativen Scheidungsgrundes »tiefe Zerrüttung des ehelichen Verhältnisses« erhofften sich viele Ehepaare eine erleichterte Trennung ihrer Ehe. Es wäre jedoch historisch unkorrekt, für diese Zeit von einer einvernehmlichen, von Rechtsanwälten im Vorfeld des eigentlichen Verfahrens problemlos ausgehandelten Scheidung zu sprechen. Vor Gericht wurde weiterhin verbissen um den Schuldspruch gerungen, weil von ihm die zukünftige soziale Existenz der Ehepartner abhing. Generöses Verhalten des Mannes dürfte, wenn überhaupt, nur in der schmalen Schicht der Wohletablierten vorgekommen sein; für die Masse der Scheidung Suchenden hatte die eheliche Solidaritätsregel jede Verbindlichkeit verloren, und in der Tat hing ja auch vom Ausgang des Scheidungsverfahrens ihre Zukunftsperspektive ab. Der hohe Schuldanteil der Frauen scheint in einem veränderten Rechtsgebaren der Männer seinen Grund zu haben.

Die vorstehende These ist mit ›harten‹ Belegen schwer abzusichern. Sie findet aber eine Stütze in der Durchsicht einer Vielzahl von Scheidungsurteilen, die auf unterer Gerichtsebene, bei den Zivilkammern der Landgerichte, überliefert sind.[16] Hier begegnet der Scheidungsalltag mit seinem ganzen Verlust an menschlicher Würde, seinen Bösartigkeiten, Listen und Egoismen. Hinter dem Kampf um die Schuldzuweisung stand mehr als die Furcht vor gesellschaftlicher Ächtung; weil im Scheidungsverfahren für beide Eheleute praktisch die Weichen für den zukünftigen Lebensweg gestellt wurden, war jeder juristische Terraingewinn von einer gleichsam existentiellen Bedeutung. In den Scheidungsprozessen wechselten zumeist die Prozeßrollen; aus dem Kläger in der ersten Instanz wurde in der zweiten Instanz der »Berufungsbeklagte«. ›Widerklage‹ in Scheidungsprozessen gehörte zum Alltag der Scheidungsrechtsprechung. Sie hatte es schwer, sich in dem Wust von Vorwürfen und Gegenvorwürfen zu orientieren und zu einer gerechten Urteilsfindung zu kommen. In einem Scheidungsprozeß, der 1919/1920 vor dem Landgericht Wuppertal mehrere Instanzen durchlief, setzte sich z. B. ein Mann mit seiner Klage gegen seine Ehefrau durch.[17] Diese war in der ersten Instanz »für den schuldigen Teil« erklärt worden, hatte gegen dieses Urteil Berufung eingelegt und für die Dauer des Prozesses von ihrem Mann eine »Unterhaltsrente von monatlich M 500« beansprucht. Der Senat des Landgerichts legte für die Zwischenregelung des Unterhalts, die Präjudiz für dessen endgültige Regelung war, die Beweisaufnahme der ersten Instanz zugrunde. Diese hatte ergeben, »daß die Beklagte mit dem Zeugen I. unlautere Beziehungen unterhalten« habe. Das waren für den über den Unterhalt befindenden Senat »so schwere Verfehlungen«, »daß Beklagte von dem Kläger lediglich den notdürftigen Unterhalt beanspruchen kann. Zu ihrem notdürftigen Unterhalt bedarf die Beklagte nach Ansicht des Gerichts M 200 im Monat.« Die Frau hatte mit ihrer Widerklage keinen Erfolg; als schuldig geschiedene Frau war sie materiell wirklich auf das Notdürftigste reduziert.

In diesem Prozeß wurden außereheliche Kontakte – mit Zeugenaussagen untermauert – gegenseitig aufgerechnet. Auch dem Mann war vom Gericht ein »nicht einwandfreies« Verhalten attestiert worden. Doch die ›Schuld‹ der Frau wog in den Augen der Richter schwerer. Was hatte sie sich zuschulden kommen lassen? »Einmal« sollte sie nach Zeugenaussagen »vor dem Krieg« in ehewidrige Beziehungen zu I. getreten sein. Dann aber habe sie diese Beziehungen wieder aufgenommen, nachdem ihr Mann zum Militär eingezogen war. Als Beweis würdigte das Gericht folgendes: Aus der Aussage einer Zeugin ergebe sich, »daß die Beklagte, während ihr Mann im Felde war, mit I. in das Theater gegangen ist; durch die Aussage der K. ist erwiesen, daß I. die Beklagte nachmittags aus dem Café abgeholt hat. Aus der Aussage der Zeugin B. ergibt sich, daß die Beklagte von I. größere Geldmittel zur Begründung einer Existenz erwartet hat. Berücksichtigt man, daß die Beklagte mit I. vor dem Kriege ehewidrige Beziehungen unterhalten hat, so läßt sich dies alles nicht als eine reine Familienfreundschaft erklären.«

Dieser Fall zeigt, auf wie schwachen Füßen manches gegen die Frau ausgesprochene ›Schuldig‹ gestanden haben mag. Die nationalen Gefühle der deutschen Richter verengten, wenn es um Kriegsteilnehmer ging, sicherlich noch zusätzlich die Optik. Krieg und Kriegssituation hatten fraglos die Normallage der deutschen Familie verändert. Auch verschob sich innerhalb des Familienlebens die Eheposition der Frau. Nicht zuletzt durch ihre verstärkte – und kriegsbedingt beschleunigte – Eingliederung in das Erwerbsleben wurde sie autonomer, – selbstbewußter in der Wahrung ihrer Bedürfnisse und in der Verfolgung ihrer Interessen. All das – und hierzu sollen im folgenden noch nähere Ausführungen gemacht werden – bildete sich im Scheidungsgeschehen der ersten Nachkriegsjahre ab. Doch der gegenüber der Vorweltkriegszeit gestiegene Schuldanteil von Frauen an Urteilssprüchen in Scheidungsverfahren kann nicht als Emanzipationsphänomen gedeutet werden; eher ließe sich schon von einer juristischen Quittung für weibliche Emanzipationsanläufe auf der Verhaltens- und Handlungsebene sprechen.

Die überlieferte Statistik gibt keine Antwort auf die Frage nach einer möglichen Berufstätigkeit von Frauen, die in ›Scheidung leben‹. Wohl aber finden sich Aussagen über die Erwerbstätigkeit der ›geschiedenen männlichen Personen‹.[18] In der »Berufsabteilung« ›Land- und Forstwirtschaft‹ waren von allen geschiedenen Männern in Preußen im Durchschnitt der jeweiligen Jahre tätig: 1905–1913 = 7,5 Prozent, 1914–1918 = 6,9 Prozent, 1918–1922 = 6,8 Prozent; im Bereich ›Industrie und Handwerk‹: 1905–1913 = 52,1 Prozent, 1914–1918 = 53,2 Prozent, 1919–1922 = 54,8 Prozent; im Bereich ›Handel und Verkehr‹: 1905–1913 = 22,1 Prozent, 1914–1918 = 23,3 Prozent, 1919–1922 = 24,7 Prozent. Hier zeigt sich klar der Einfluß, der von der sich entfaltenden urbanen Industrie- und Dienstleistungsgesellschaft auf den Scheidungsbereich ausging. Breite Schichten dieser Gesellschaft, nicht nur ihrer gehobenen, standen mit Ehezwisten vor Gericht. Auch das erklärt den Kampf um den materiell so wichtigen Ausgang eines Scheidungsprozesses. Von 100 in ›Land- und Forstwirtschaft‹ in Preußen tätigen, geschiedenen männlichen Personen waren *unselbständig*: 1905–1913 = 67, 1914–1918 = 66, 1919–1922 = 72; Anteil der Unselbständigen an den in ›Industrie- und Handwerk‹ tätigen, geschiedenen männlichen Personen: 1905–1913 = 83 Prozent, 1914–1918 = 83 Prozent, 1919–1922 = 87 Prozent; Anteil der Unselbständigen an den in ›Handel und Verkehr‹ tätigen, geschiedenen männlichen Personen: 1905–1913 = 63 Prozent, 1914–1918 = 67 Prozent, 1919–1922 = 69 Prozent.

Berufs-, Geschlechts- und Konfessionszugehörigkeit, sowie die Einbettung der familialen Lebenswelt in einen städtischen oder ländlichen Kontext, – das waren die Sozialkomponenten der Scheidungsentwicklung im frühen 20. Jahrhundert. Zum so wichtigen geschlechtsspezifischen Blickwinkel gehört auch die langfristige Entwicklung der weiblichen Berufstätigkeit, obwohl aus den genannten Überlieferungsgründen eine direkte Korrelation zwischen frauenspezifischen Scheidungszahlen und Frauenarbeit nicht hergestellt werden kann. Zwar gab es an der Wende vom 19. zum 20. Jahrhundert nur unwesentliche Verschiebungen beim Anteil der weiblichen Beschäftigten an der Gesamtzahl der Erwerbstätigen; er betrug 1882 = 35,91 Prozent; 1895 = 34,86 Prozent und 1907 = 34,88 Prozent.[19] Doch in einzelnen Berufszweigen war es bei der weiblichen Berufstätigkeit zu beträchtlichen Wachstumsschüben gekommen. Waren im Wirtschaftssektor ›Handel und Verkehr‹ 1882 19 Prozent aller Erwerbstätigen Frauen, so hatte sich dieser Prozentsatz im Jahre 1907 auf 26,8 erhöht. 1882 gab es im Handelsgewerbe 32000 weibliche ›Verkäufer‹, im Jahre 1907 173611. In der Weimarer Zeit war die Erwerbsarbeit von Frauen zum festen Segment des Arbeitsmarktes besonders in den Wirtschaftsbereichen ›Industrie und Handwerk‹ und ›Handel und Verkehr‹ geworden.[20] Rund 11,5 Mio. Frauen waren in den 20er Jahren erwerbstätig (1925: 11478000; 1933: 11479000); der Anteil von Frauen an der Summe aller Erwerbstätigen betrug 35 Prozent (1925: 35,8%; 1933: 35,5%). Die Frauenerwerbsquote, d. h. der Anteil der weiblichen Erwerbspersonen am weiblichen Bevölkerungsanteil lag ebenfalls bei rund 35 Prozent (1925: 35,6%; 1933: 34,2%). Besonders in die Augen springend war das Wachstum der weiblichen Angestellten. Im Wirtschaftssektor ›Handel und Verkehr‹, der bei den Angestellten einen Anteil an den abhängig Beschäftigten überhaupt von 57,2 Prozent hatte, waren 1933 von 100 Angestellten 32 Frauen (Anteil der weiblichen Angestellten: 32,3%). In ›Industrie und Handwerk‹ betrug, ebenfalls 1933, der Anteil der weiblichen Angestellten 28,2 Prozent. Hier waren von 100 ›Arbeitern‹ 25 Frauen (Anteil der weiblichen Arbeiter an der Gesamtzahl der Arbeiter 1933: 25,1 %), während im Wirtschaftssektor ›Handel und Verkehr‹ weibliche Arbeiter einen Anteil an der Gesamtzahl der als Arbeiter abhängig Beschäftigten von 22,1 Prozent hatten.

Man muß diesen sozialen Datenkranz im Blick haben, um die Grundmuster der Scheidungsdiskussion in der Weimarer Republik historisch einordnen und werten zu können. Diese Republik war mit einer Verfassung gestartet, in der der Grundsatz der »Gleichberechtigung der beiden Geschlechter« neben dem traditionellen Eheerhaltungspostulat stand: »Die Ehe steht als Grundlage des Familienlebens und der Erhaltung und Vermehrung der Nation unter dem besonderen Schutz der Verfassung. Sie beruht auf der Gleichberechtigung der beiden Geschlechter.« (Art. 119)[21] Der verfassungsrechtliche Schutz von Ehe und Familie war in den Verfassungsberatungen der Nationalversammlung umstritten gewesen.[22] Der von Sozialdemokratie, linkem Liberalismus und politischem Katholizismus, den Basiskräften der frühen Weimarer Demokratie, erzielte Kompromiß war auf Grund sehr unterschiedlicher Anschauungen von vornherein rissig, legte er doch weder für familienrechtliche Innovationen noch für rechtspolitische Restaurationen ein genaue verfassungsrechtliche Grenze fest. So konnte die Scheidungsfrage zu einem bisher noch kaum gewürdigten Belastungsmoment der inneren Politik werden.[23]

2. Scheidungsfrage und innere Politik in den 20er Jahren

Es gab in den 20er Jahren viele rechtspolitische Reformanläufe, bei denen es um die Herstellung von Gleichberechtigung und Gerechtigkeit im Ehe- und Familienrecht ging.[24] Das Scheidungsrecht stand dabei oft im Mittelpunkt von Kontroversen, die auf besondere Weise das »Dauerdilemma« der Koalitionspolitik in der Weimarer Republik zum Ausdruck bringen.[25] Es gab in den Weimarer Jahren zahlreiche politische Konfliktfelder. Das sozialpolitische gehört sicherlich zu den bedeutsamsten, weil die Auseinandersetzungen auf diesem Feld am unmittelbarsten zum Untergang der Weimarer Republik beigetragen haben. Doch daß der politische Kompromiß im politischen Leben von Weimar nur ein Schattendasein fristete, hängt auch mit den Weltanschauungsgräben zusammen, die die Gründungsparteien der ersten deutschen Demokratie trennten. Der Rechtspolitik kommt für das Schicksal der Weimarer Republik eine große Bedeutung zu. Sie gehört mit zum Gesamtkomplex der Selbstgefährdungen der Weimarer Demokratie und hat ihr Gewicht bei der Frage nach den Momenten, die im so folgenschweren Desintegrationsprozeß des politischen Systems von Weimar eine Rolle spielten. Die Scheidungsproblematik war in den 20er Jahren der Kern einer z. T. erbittert ausgetragenen rechtspolitischen Konfrontation. Der Parteienstreit wäre weit weniger heftig ausgefallen, hätte man die gesellschaftliche Lagerung des Scheidungsproblems unvoreingenommener zur Kenntnis genommen.

Das Jahr 1918 stellt zwar einen Bruch in der deutschen Verfassungsentwicklung dar, doch auf der Ebene des Rechts, sowohl im Straf- wie im Zivilrecht, war von Veränderung, von einem Neuanfang wenig zu spüren. Gegenüber der historischen Beharrungskraft der großen Rechtsmaterien nahmen sich die so einschneidenden politischen Geschehensabläufe wie flüchtige Erscheinungen an der Oberfläche des geschichtlichen Lebens aus. Die Rechtsfiguren des Bürgerlichen Gesetzbuchs, Ausdruck der in der Gesellschaft des Deutschen Kaiserreichs bestehenden sozialen Strukturen und eingerasteten politischen Gewichte, waren auch in der Weimarer Zeit von hoher gesellschaftlicher und politischer Konsistenz. So konnte es, gerade in den Anfängen von Weimar, zu mancher Rechtsillusion kommen, zu der

Annahme, daß die neue Zeit auch im Recht ihren Niederschlag finden müsse. Im Reichsjustizministerium gingen viele Petitionen von Organisationen und Privatpersonen ein, die in der Scheidungsfrage auf eine Liberalisierung drängten. Ein kleiner Beamter aus dem Schwarzwald erhoffte sich z. B. im Dezember 1918 vom politischen Umschwung auch ein Ende seines ehelichen »Marterlebens«. Die Freigabe der Scheidung wegen gegenseitiger Abneigung sei eine Forderung, die jetzt gegen die katholische Kirche durchgesetzt werden könne. »Durch den starken Einfluß der Kirche, besonders den des Klerus, ist die Gesetzgebung auf diesem Gebiete so rückständig, daß dieselbe ganz und gar nicht mehr in den Rahmen unserer heutigen freien Zeit hineinpaßt.«[26] Doch die Freiheit der durch die Revolution geschaffenen demokratischen Ordnung stand unter dem Vorbehalt eines der Träger dieser Ordnung: der Zentrumspartei. Sie war in den vielen Regierungen der Weimarer Republik immer vertreten, und auch in Preußen bildete sie eine Säule der jeweiligen Koalitionskabinette. Das Zentrum war im Weimarer Staat die ›Staatspartei‹ schlechthin, mit großen Verdiensten um diesen so vielfach von innen und außen geforderten und gefährdeten Staat. Aber es war auch ›Weltanschauungspartei‹, politisches Sprachrohr des sich zum katholischen Glauben bekennenden Bevölkerungsteils. Im Bereich der Konfessions-, Schul- und Rechtspolitik lagen die Grenzen der Kompromißfähigkeit des Zentrums. Hier fürchtete diese Partei bei zu weitgehenden Reformprojekten um ihre Identität, und hier glaubte sie auch im Einklang mit der gesellschaftlichen Basis des Katholizismus zu handeln.

Die Scheidungsfrage, schon im Kaiserreich vom Zentrum als hochpolitischer Gegenstand behandelt, ist auch in den 20er Jahren oft zur Nagelprobe der ›Weimarer Koalition‹ geworden. Die Sozialdemokratie und der linke Flügel des Liberalismus deuteten manche Aktion als politisches Störmanöver, die in den Augen des Zentrums aber ihre Legitimation in der Tradition des Scheidungsverhaltens der katholischen Bevölkerung besaß. Freilich gab es auch starke Gruppierungen, die für eine Überwindung der Schuldbarriere im Scheidungsrecht des Bürgerlichen Gesetzbuchs eintraten. Im April 1922 veröffentlichte der »Deutsche Rechtsbund«, eine den Liberalen nahestehende Organisation deutscher Juristen, eine Entschließung, in der die Ersetzung des Verschuldensprinzips durch das Zerrüttungsprinzip als die am weitaus dringendste aller schwebenden Rechtsreformen gefordert wurde.[27] Man sprach die Überzeugung aus, »daß dadurch Tausende im Reiche, die gegenwärtig noch unter tiefster seelischer Qual in einer sozial völlig wertlosen Ehe dahinleben müssen, wieder zu brauchbaren Gliedern des Staates werden.«

Auch im Reichstag wie in den Parlamenten der Länder gab es eindringliche Initiativen, bei denen die Vertreter der DDP die Wortführer waren. Aus der parlamentarischen Scheidungsdiskussion der Weimarer Zeit ist der Name Marie Elisabeth Lüders nicht wegzudenken, die für die DDP von 1919 bis zum September 1930 im Reichstag saß und durch Anfragen und Gesetzesanträge einen rastlosen Kampf für ein freizügigeres Scheidungsrecht führte. So ging auch das erste regierungsamtliche Aufgreifen der Scheidungsrechtsreform auf eine Anfrage von Frau Lüders zurück, die sie zu Beginn der Sitzungsperiode des I. Reichstags (Juni 1920–Mai 1924) gestellt hatte. Gustav Radbruch, im Zweiten Kabinett des Zentrumspolitikers Wirth (Oktober 1921–November 1922) zum ersten Mal Justizminister – er übte dieses Amt dann noch einmal unter der Kanzlerschaft Stresemanns aus (August–November 1923) –, lag mit seiner Antwort ganz auf der Linie der von den Demokraten entwickelten Reformvorstellungen. Gegenüber dem Parlament führte der sozialdemokratische Justizminister am 21. November 1921 aus: »Auch dem Reichsjustizminister sind in immer wachsender Zahl Eingaben und Beschwerden zugegangen, die sich mit der Frage der Umgestaltung des Ehescheidungsrechts befassen. Die Wünsche bewegen sich im wesentlichen in der Richtung, daß die Scheidung innerlich zerrütteter Ehen auch dann zugelassen werde, wenn die Zerrüttung nicht auf ein schweres Verschulden eines Ehegatten zurückzuführen ist. Das Reichsjustizministerium verkennt nicht, daß die Vorschrift des § 1568 des Bürgerlichen Gesetzbuchs, das aus dem Gesichtspunkt der tunlichsten Aufrechterhaltung der Ehe auf dem Standpunkt des Verschuldungsprinzips steht, in vielen Fällen Härten und Unzuträglichkeiten zeitigt.« Radbruch berichtete weiter von seit längerer Zeit in seinem Ministerium im Gange befindlichen »Erwägungen«, »inwieweit die genannte Vorschrift einer Abänderung bedarf.«[28]

Radbruch hat, obwohl koalitionspolitisch in die Gegenvorstellungen des Zentrums eingebunden, nichts unversucht gelassen, das in seinen Augen dringende Reformvorhaben des Scheidungsrechts politisch voranzutreiben. Auch er stieß freilich schnell auf Grenzen, die mit dem Machtkalkül der Parteien, auch seiner eigenen Partei, zusammenhingen. Im Januar 1922 machte Radbruch den Versuch, den eigenen Handlungsspielraum auszuloten. Die behördeninternen Vorarbeiten des Justizministeriums kleidete er in »unverbindliche Grundlinien eines Gesetzes zur Abänderung der Vorschriften des Bürgerlichen Gesetzbuchs über die Ehescheidung« und schickte diese »Grundlinien« an sämtliche Landesregierungen.[29] Sie beinhalteten alles andere als einen Umsturz der Rechtsnormen des Bürgerlichen Gesetzbuchs, bedeuteten in der Substanz aber doch ein Absenken der Verschuldensschwelle. Radbruch regte an, vom Reichstag eine Abänderung des Schlüsselparagraphen 1568 beschließen zu lassen. Ein Ehegatte sollte auf Scheidung klagen können, »wenn eine so tiefe Zerrüttung des ehelichen Verhältnisses eingetreten ist, daß ihm die Fortsetzung der Ehe nicht zugemutet werden kann.« Die Frage nach der Verschuldung der ehelichen Zerrüttung war bei den Scheidungsvoraussetzungen weggefallen; auch bei den Scheidungsfolgen sollte das Schuldprinzip nur noch eine untergeordnete Rolle spielen. Nur *auf Antrag* desjenigen Ehegatten, der nicht schuldig war, sollte im Scheidungsurteil die Schuld des anderen Ehegatten festgehalten werden. Ferner dachte Radbruch an eine Abkoppelung der Unterhaltsregelung vom Schuldprinzip. Ein neuer Paragraph (§ 1579 a) sollte eingefügt werden: »Ist keiner der Ehegatten für schuldig erklärt, so ist, wenn einer von ihnen außer Stande ist, sich selbst zu unterhalten, der andere Ehegatte insoweit zum Unterhalt verpflichtet, als es die Billigkeit nach den Umständen, insbesondere unter Rücksicht auf die Bedürfnisse sowie auf die Vermögensverhältnisse der Ehegatten erfordert.«

Diese, das alte Scheidungsrecht in neue Bahnen lenkenden »Grundlinien« gingen also zur Stellungnahme an die Landesregierungen. Im Kreis der Länder war sicherlich die Stimme des preußischen Staatsministeriums von besonderem Gewicht, nicht zuletzt durch die zu dieser Zeit noch enge politische Verflechtung mit der Reichsregierung. Im November 1921 hatte in Preußen der Sozialdemokrat Otto Braun sein zweites Kabinett (bis Januar 1925) gebildet, mit dem Zentrum als festem und unabdingbarem Koalitionspartner und dem Zentrumspolitiker Am Zehnhoff als Justizminister, einem Mann, dessen Einfluß an der Dauer seiner Amtszeit im Justizressort abzulesen ist (März 1919–März 1927). Im preußischen Kabinett billigte der Innenminister Severing (SPD) die Initiative Radbruchs, der Justizminister und auch der Minister für Wissenschaft, Kunst und Volksbildung, Boelitz (DVP), waren strikt dagegen. Der preußische Ministerpräsident, der den Argumenten seines Innenministers folgen wollte, bekam in einem Votum des Justizministers folgendes zu hören: »Wenn man, wie der Herr Minister des Innern in Übereinstimmung mit dem Herrn Reichsminister der Justiz wünscht, auch dem an der Zerrüttung der Ehe schuldigen Teil den Anspruch auf Ehescheidung gewähren würde, so würde das nichts anderes bedeuten, als daß man es dem Belieben des einzelnen Gatten überläßt, den zur Ehescheidung erforderlichen Tatbestand herzustellen und damit die Scheidung zu erzwingen. Soll aber der Wille eines Gatten für die Scheidung maßgebend sein, so hat es keinen Sinn mehr, beispielsweise von dem Ehemann, der sich seiner Frau zu entledigen wünscht, zu verlangen, daß er durch unwürdige Behandlung derselben erst noch die Zerrüttung der Ehe herbeiführt. Ferner hat es keinen Sinn mehr, den die Scheidung wünschenden Teil auf den Prozeßweg zu verweisen und ein gerichtliches Urteil zum Ausspruch der Scheidung für erforderlich zu erklären. Vielmehr müßte man dann folgerichtig bestimmen, daß die Ehe durch die vor einer Behörde, etwa dem Standesamt abgegebene Erklärung eines Ehegatten, daß er die Ehe nicht fortsetzen wolle, rechtswirksam geschieden wird. Das ist der Rechtszustand in Sowjetrußland.«[30]

Polemik und das Schreckgespenst der russischen Verhältnisse bestimmten die Debatte nicht nur in den Parlamenten, sondern auch in den Kabinetten. Die Sozialdemokratie, sowohl in Preußen wie im Reich zu dieser Zeit maßgeblich an der Regierung beteiligt, geriet durch koalitionspolitische Rücksichten in einen Zwiespalt; Machterhalt und Überzeugungstreue ließen sich nur unter vielfachem Gesichtsverlust auf einen Nenner bringen. Die Unterstellung, die führenden Politiker der SPD nähmen sich den »Rechtszustand in Sowjetrußland« zum Vorbild, hätte eigentlich eine eindeutige Zurückweisung des preußischen Ministerpräsidenten erwarten lassen. Jeder konnte in Radbruchs »Grundlinien« nachlesen, daß es im Hinblick auf die Frau nicht um die rechtliche Freigabe ›unwürdiger Behandlung‹ ging, sondern um die verfahrensrechtliche Sicherung auch weiblicher Würde, zu der auch eine Sicherheit des Auskommens für die Frau nach der rechtlich vollzogenen Ehetrennung gehören sollte. Die Vorschläge des Reichsjustizministers ließen sich nur böswillig als Übernahme des sowjetrussischen Dekrets über Ehescheidung vom 19./20. Dezember 1917 deuten, das Eheschließung und -scheidung strikt zur Privatsache jedes Mannes und jeder Frau erklärt hatte, unter weitgehendem Rückzug des Staates – nur Einzelfallinterventionen waren vorgesehen – aus dem Scheidungsfolgenrecht.

Die zwischen seinen Ministern »bestehenden Meinungsverschiedenheiten« ließ Braun in einer Sitzung des preußischen Staatsministeriums erörtern. Das Ergebnis war, so in einem Beschluß vom Mai 1922 festgehalten, »daß der Standpunkt des Preußischen Justizministers ... dem Reichsjustizminister gegenüber vertreten werden soll.«[31]

Der Scheidungsrechtsreform hat in der Weimarer Zeit der politische Flankenschutz gefehlt. Zu disparat war das Herangehen auch der kooperierenden politischen Kräfte an dieses Problem. Verbannen konnte man die Scheidungsfrage freilich nicht aus der politischen Diskussion. Sie hatte ihre Wurzel in strukturellen Veränderungen des gesellschaftlichen Gefüges, in einem veränderten Selbstwertgefühl der Menschen, besonders auch der Frauen, und in der Loslösung des familialen Ordnungsrahmens von kirchlichen Vorgaben. Die 20er Jahre waren ein Jahrzehnt sich neu formierender Bewußtseinsstellungen. Der nationalgeschichtliche Bruch von 1918/1919 hatte den Blick für die politischen, rechtlichen und gesellschaftlichen Versagungen in den vorangegangenen Geschichtsabschnitten geschärft. Dennoch war die Vergangenheit, gerade weil sie politisch verabschiedet schien und maßgebliche Kräfte einen scharfen Trennungsstrich gezogen wissen wollten, in der Weimarer Republik permanent gegenwärtig, immer kampfbereit, wenn es um Terraingewinne oder die Rückeroberung verlorengegangenen Terrains ging. Die Scheidungsfrage gehört sicherlich nicht zu den spektakulären Themen des Weimarer Parteienstreits; dennoch war sie ein Thema von Bedeutung. Sie spaltete die parteipolitischen Bürgen der Weimarer Demokratie, die sich nach Krieg und Revolution in der ›Weimarer Koalition‹ zusammengefunden hatten. Der Druck auf die neuen Ordnungsträger war besonders bei einer Konfessionspartei wie dem Zentrum groß. Die katholische Kirche verstand sich als eine Macht der Tradition, die mit Argusaugen Traditionsbestände hütete. Die deutschen Bischöfe zögerten deshalb nicht, sich massiv in die Scheidungsdiskussion einzuschalten, als Überlegungen des Reichsjustizministeriums, Anfragen und Gesetzesanträge aus sozialdemokratischem und liberalem Lager (DDP) das Bild richtungsgleicher Reformanstöße zu bieten schienen.

Am 8. Januar 1922 richtete Kardinal Bertram, der Fürsterzbischof von

Breslau, als Vorsitzender der Fuldaer Bischofskonferenz an den Reichsjustizminister, den Vorsitzenden der Zentrumsfraktion im Reichstag und an den Reichstag selbst eine »Vorstellung gegen die Absicht, durch Umgestaltung des § 1568 BGB eine Erleichterung der Ehescheidungen herbeizuführen.«[32] Diese Intervention, in die im Mai 1922 der preußische Justizminister einbezogen wurde, ist ein denkwürdiges Pressionsdokument. Es zeigt, wieviel Vergangenheitsballast die Erörterung der Scheidungsfrage in der Weimarer Zeit erschwert hat, und es zeigt auch den langen Schatten, den eine klerikalkonservative Vergangenheit immer noch zu werfen imstande war. In ihm hatte eine Gegenwart zu operieren, die zwar die Kluft zwischen rechtlicher Norm und gesellschaftlicher Wirklichkeit als politische Herausforderung empfand, die aber für das Dauerthema ›Scheidung‹ keine Patentlösungen parat hatte.

Die Position der Bischöfe war definitiv. »Als Hütern der Religiosität und christlichen Sittlichkeit im Volksleben obliegt als eine der heiligsten Pflichten den Bischöfen, mit der ihnen von Christus verliehenen Autorität allen Bestrebungen entgegenzutreten, die die Einheit und Unauflöslichkeit der Ehe als einer göttlichen Einrichtung in Gefahr bringen können.« Der Appell an den Gesetzgeber, auch die Eheauffassung des katholischen Bevölkerungsteils als bedeutsames Moment der gesellschaftlichen Wirklichkeit rechtlich zu würdigen, war ein unbestreitbar legitimes Anliegen der Bischöfe. Doch sie brachten in die Auseinandersetzung um die Ehe nicht nur Glaubensargumente ein. Für sie forderte »das bonum commune gebieterisch den Kampf gegen die Ehescheidung.« An dieser Stelle sank die Denkschrift auf das problematische Niveau rechtskonservativer Klischees ab und verlor die Distanz zur politischen Parolenhämmerei. »Ehe und Familie sind die Grundlage der ganzen menschlichen Gesellschaft, die heilige Keimzelle des Volkslebens und der Volkskraft... Mit der Erleichterung der Ehescheidung aber schwindet die starke Selbstüberwindung, die den Ehestand zu einer wahren Charakterschule macht, an ihre Stelle tritt Unbeständigkeit und Zerfahrenheit in Folge des Vorherrschens niedriger Leidenschaften. Die Erleichterung der Ehescheidung ist eine Conzession an jene Feigheit, die nicht duldend ausharren, nicht Opfer bringen will, sondern der Laune, den Leidenschaften und dem Wankelmute die Zügel schießen läßt. Gerade in der Unauflöslichkeit ist der Leidenschaft und der Unbeständigkeit eine mächtige Schranke gesetzt. Wird diese immer mehr entfernt, so werden nur noch verheerender die Wogen der Leidenschaft die sittliche Kraft und Reinheit des Volkes verderben. Die Erleichterung der Ehescheidung ist ein neues trauriges Symptom für den fortschreitenden Niedergang der Sittlichkeit unseres Volkes. Soll denn das Volk, das durch den unheilvollen Krieg arm an irdischem Gut geworden, noch immer mehr arm an seinen heiligsten sittlichen Gütern werden?«

Die Begriffe Volk, Volksleben, Volkskraft usw. deuten die Richtung an, in der die Bischöfe auf Beistandssuche gingen. Auch im rechten politischen

Spektrum wurde viel über den »fortschreitenden Niedergang« lamentiert. Freilich ging es der katholischen Kirche nicht um die Mobilisierung republikfeindlicher Ressourcen, doch die These von der Scheidungserleichterung als rechtlicher Gewährleistung »sukzessiver Polygamie« (!) war schon eine schwere Rufschädigung der republikanischen Ordnung von Weimar.

Die Denkschrift der Bischöfe vom Januar 1922 hat im parlamentarischen Leben der Weimarer Republik erkennbare Spuren hinterlassen. Sie war der inhaltliche Bezugspunkt beim großen Abwehrkampf, den das Zentrum über viele Jahre gegen eine Reform des Scheidungsrechts führte. Der Zentrumsabgeordnete Schulte zitierte sie im März 1925 ausführlich, als im Reichstag bei der Beratung des Haushalts des Justizministeriums wieder einmal über Wert und Unwert des geltenden Scheidungsrechts gestritten wurde.[33] Nicht nur unter »christlich-dogmatischen« sondern vor allem auch unter »staatspolitischen« Gesichtspunkten wurde die alte Verlautbarung der Bischöfe vorgestellt und gewürdigt. Der Zentrumspolitiker schloß seine Präsentation der Bischofsworte mit dem Satz: »Ich bin überzeugt, daß diese Ausführungen nicht nur allen christlich fühlenden Kreisen ohne Unterschied der Konfession, daß sie allen sittlich und staatspolitisch denkenden Kreisen aus dem Herzen gesprochen sein müssen.«

Auch in Preußen wurde die Eingabe der Fuldaer Bischofskonferenz parlamentarisch behandelt. Im November 1922 befaßte sich der Ausschuß für das Rechtswesen des Preußischen Landtags mit ihr.[34] Auch in diesem Gremium bemühte sich das Zentrum um eine politische Stützaktion, war es doch nach den Sozialdemokraten (114 Abgeordnete) mit 81 Abgeordneten die zweitstärkste Fraktion im preußischen Landesparlament. Doch der Antrag, »die Eingabe dem Staatsministerium zur Erwägung zu überweisen«, wurde abgelehnt. Der Rechtsausschuß faßte vielmehr den Beschluß, der Landtag möge die Denkschrift der Bischöfe der preußischen Regierung »als Material« zukommen lassen.

Obwohl das Zentrum sich hartnäckig bemühte, das Thema Ehescheidung aus der politischen Diskussion zu nehmen, kam es in den 20er Jahren immer wieder zu Gesetzgebungsinitiativen, die in der Spur der moderaten »Grundlinien« Radbruchs standen. Eine solche Initiative war der Antrag der demokratischen Abgeordneten Lüders, Schiffer, Brodauf (DDP) vom 30. Juni 1922.[35] Er stellte die präzise Gesetzesfassung der Überlegungen des Reichsjustizministers dar, dem als Kabinettsmitglied die Hände gebunden waren. Das, was einer der führenden Rechtspolitiker des Zentrums, Johannes Bell, selbst vom Juli 1926 bis zum Januar 1927 Reichsjustizminister, im Februar 1922 im Reichstag ausführte, war Leitlinie der vom Zentrum betriebenen Parlaments- und Kabinettspolitik: »Wir halten von unserem religiösen und sittlichen Standpunkte aus unerschütterlich fest an der Überzeugung, daß die Ehe unauflöslich ist, und wir werden deswegen allen Vorlagen und allen Anträgen, die auf eine Erweiterung der Ehescheidungsgründe hinauszielen, entschiedenen Widerstand entgegensetzen.«[36] Sozialdemokraten und Demokraten wußten um das Dilemma der vom Zentrum abhängigen Regierungspolitik und versuchten, so der Abgeordnete Brodauf, über energische Parlamentspolitik die von ihnen als »dringend« angesehene Scheidungsrechtsfrage einer »Lösung« näher zu bringen.[37] Diese Hoffnung freilich ging in den 20er Jahren im Strudel der Regierungswechsel unter. Der Gesetzesantrag der Demokraten hatte im Juni 1922 in einem sozialdemokratischen Ressortminister noch einen Förderer von hoher juristischer Kompetenz und politischem Fingerspitzengefühl; doch bereits im November war unter dem parteilosen Wilhelm Cuno ein bürgerliches Minderheitskabinett unter Ausschluß der Sozialdemokratie gebildet worden. Justizminister war in dieser ›Koalition der bürgerlichen Mitte‹ (DDP; Zentrum; DVP; BVP) der der DVP angehörende Rudolf Heinze. Gleich nach seinem Amtsantritt machte er im Reichstag klar, daß er nicht gewillt sei, sich politische Initiativen über das Scheidungsproblem einzuhandeln. »Hochverehrte Anwesende«, so führte er in einer Reichstagssitzung vom Dezember 1922 aus, »bezüglich des Ehescheidungsrechts stehen sich die Weltanschauungen innerhalb unseres Volkes schroff gegenüber, und so sehr ich geneigt bin, alles zu tun, um Schärfen zu mildern, so sehr werde ich mich davor hüten, große Volkskreise, die in ihrem Gewissen an diesen Fragen aufs tiefste beteiligt sind, wider ihren Willen vor den Kopf zu stoßen. Es wird meine Aufgabe sein, in diesen großen Interessenfragen die politische Vermittlung zu ergreifen, die Rechtslinie innezuhalten und dabei doch den Gewissensbedenken gerecht zu werden, die große Teile unseres Volkes bei diesen außerordentlich intrikaten Fragen hegen.«[38] Schon wenig später allerdings gab Heinze selbst den Grundsatz der ›politischen Vermittlung‹ auf. Im Februar 1923 stufte er im Reichstag die Scheidungsfrage als eine Frage mangelnder Dringlichkeit ein und bekannte auf den Einwurf der Sozialdemokratie, er drücke sich vor der Ehescheidung: »Ich habe mich von der Ehescheidung getrennt.«[39]

Die Scheidungsfrage wurde von maßgeblichen politischen Kräften in der Weimarer Zeit als reine Weltanschauungsfrage angesehen, der man möglichst aus dem Wege zu gehen habe. Diese politische Stundungsstrategie klammerte die Scheidungswirklichkeit, wie sie sich auch in der Statistik niederschlug, aus. Bei den ins Auge gefaßten Rechtsreformen ging es ja nicht um die Vermehrung der Scheidungszahlen, sondern um eine rechtliche Implementierung der hohen Zahl der Scheidungsfälle. Die Tilgung des Schuldprinzips aus dem Scheidungsrecht – oder auch nur seine Rücknahme im Rahmen des bestehenden Rechtssystems – hätte nicht nur das Scheidungsverfahren wahrhaftiger gemacht, dieser Einschnitt wäre auch dem sozial schwächeren Ehepartner, also meistens der Frau, zugute gekommen. Für seinen Unterhalt sollten die Gesichtspunkte der »Billigkeit« und der »Bedürfnisse« ausschlaggebend sein (Antrag Lüders, Schiffer, Brodauf – Juni 1922) und nicht der Konnex mit einem die Wirklichkeit der ehelichen Verhältnisse nie zureichend erfassenden gerichtlichen Schuldspruch.

In der Mittelphase der Weimarer Republik kam das Scheidungsproblem regelmäßig bei der Erörterung des Justizhaushalts zur Sprache. Es wurden eindringliche, aber auch viele politisch vordergründige Reden gehalten; das Scheidungsgeschehen selbst wurde fast kaum einbezogen. Herausgegriffen sei hier eine Debatte aus dem Jahre 1925, in der die alten Argumentationsmuster unverändert fortlebten. Dennoch gab es vereinzelt Ausbrüche aus der parteipolitisch festgeschweißten Argumentationsfront wie auch sich abzeichnende neue Konfliktlinien. Im Januar 1925 hatte der parteilose Hans Luther sein erstes Kabinett unter Einschluß der Deutschnationalen (DNVP) gebildet, die ›bürgerliche Mitte‹ hatte sich nach rechts verlagert, die Sozialdemokratie, trotz großer Gewinne in den Dezemberwahlen des Jahres 1924, blieb weiterhin von der Regierungsverantwortung ausgeschlossen. Zwar hatte die Regierung der bürgerlichen Rechten eine nur kurze Lebensdauer – sie zerbrach im Oktober 1925 an der Verabschiedung der Locarno-Verträge, doch sie war Ausdruck einer sich zum Konservativen hinneigenden politischen Stimmungslage, gerade in bürgerlichen Schichten. Im ersten Kabinett Luther (Januar 1925–Januar 1926) war der dem Zentrum nahestehende Oberlandesgerichtspräsident Frenken bis zum November 1925 Justizminister. Er vertrat im März 1925 im Reichstag in der Scheidungsfrage ebenso selbstbewußt wie kompromißlos seine Meinung: »Ich kann nicht zusagen, daß ich die Hand dazu bieten werde, eine erleichterte Ehescheidung zum Gesetz zu machen.«[40] »Der Standpunkt ist für mich fest, und zwar seit vielen Dezennien fest. Er wird unabänderlich bleiben, bis des Himmels Wille anders über mich verfügt.«[41]

Am Pathos der Reformgegner prallte jede auch noch so behutsame Nachdenklichkeit ab, die durchaus nicht immer von links kommen mußte. Einer der sachkundigsten Leute auf dem Gebiet des Scheidungsrechts war der Vorsitzende des Rechtsausschusses des Reichstags, der Kirchen- und Staatsrechtler Wilhelm Kahl. Er gehörte der DVP an, stand also parteipolitisch im Lager der Verteidiger des bestehenden Rechtszustandes. Sich von seiner eigenen Fraktion distanzierend, fand er im Reichstag bemerkenswerte Worte über das Abblocken der Revision des Bürgerlichen Gesetzbuchs und das damit verbundene Verdrängen des Scheidungsproblems. »Was ich darüber bemerke, sage ich nicht namens meiner Fraktion, die noch nicht Stellung in der Frage genommen hat, sondern als meine persönliche Ansicht. Es handelt sich nicht darum, Rechtssittlichkeit, staatspolitische Einsicht und dergleichen zu verletzen oder gar zu verneinen, sondern darum, einen klaffenden Riß zwischen Recht und Leben zu schließen. Es handelt sich darum, die widerliche künstliche Schaffung von Ehescheidungsgründen, wie der Inszenierung eines Ehebruchs, einer böslichen Verlassung dadurch zu beseitigen, daß neben dem Ehescheidungsgrund der verschuldeteten Zerrüttung einer Ehe auch der Ehescheidungsgrund der sogenannten objektiven Ehezerrüttung, also ohne eine Verschuldung, anerkannt werde. ... Ich habe die größte Hochachtung vor dem Standpunkt der katholischen Kirche... Es ist ganz selbstverständlich, daß derjenige, der aus dogmatischen Gründen eine Lösung der Ehe dem Bande nach überhaupt nicht kennt, auch nicht an eine Erweiterung der Ehescheidungsgründe denken kann. Ich muß aber eine gesetzgebende Körperschaft wie den Reichstag daran erinnern, daß das deutsche Eherecht seit 130 Jahren, seit dem Preußischen Allgemeinen Landrecht von 1794, säkularisiert worden ist, daß hier nicht die Gesichtspunkte des codex iuris canonici, sondern ausschließlich die staatlichen Bedürfnisse maßgebend sind.«[42]

Die Realität in den 20er Jahren war, daß die »staatlichen Bedürfnisse« politisch in einer Weise definiert wurden, die die Reformbedürfnisse des geltenden Scheidungsrechts ebenso negierte wie die Lebensverhältnisse, mit denen sie zusammenhingen.

Die Scheidungsdebatte vom Frühjahr 1925 zeigte noch eine andere, wichtige Facette der Weimarer Innenpolitik. Das Lager der Linken hatte sich durch die starken Stimmengewinne der KPD in den Mai-Wahlen des Jahres 1924 (von 4 auf 62 Abgeordnete) auseinandergezogen. Zwar hatte die KPD in den Dezember-Wahlen desselben Jahres Verluste zu verzeichnen (einen Rückgang auf 45 Abgeordnete), doch sie war zu einem festen Bestandteil des parlamentarischen Lebens geworden. Diese Partei, Produkt eines schon in der Vorweltkriegszeit einsetzenden Diversifikationsprozesses im Lager des parteipolitisch organisierten Sozialismus, benutzte jedes Thema, um die Sozialdemokratie – in ihren Augen der Hauptkonkurrent und -feind – politisch zu schwächen. Mitte der 20er Jahre schaltete sich die KPD auch verstärkt in die Scheidungsdiskussion ein. Sie nahm allerdings die komplexe Scheidungsmaterie wenig überzeugend auf den Punkt einer Fundamentalkritik an der bürgerlich-kapitalistischen Gesellschaft zurück, als deren Stützpfeiler sie die Sozialdemokratie bloßstellen wollte. Die kommunistische Abgeordnete Martha Arendsee, eine Buchhalterin aus Berlin, führte im März 1925 im Reichstag aus: »Wenn wir als Kommunisten an diese Frage herangehen, so geben wir uns keinen Illusionen hin. Wir wissen, daß gerade auch bei der Frage der Ehescheidung und der §§ 218 und 219 die ganze Lüge und Heuchelei der bürgerlichen Gesellschaft mit aller Deutlichkeit in die Erscheinung tritt.«[43] Der Sozialdemokratie wurde die Mitarbeit an der Weimarer Reichsverfassung vorgehalten, an einem Verfassungswerk, das die Idylle eines heilen Familienlebens vor dem Hintergrund einer faktisch, d. h. durch den Kapitalismus zerstörten Familie beschwöre. »Die Familie wird durch das kapitalistische System zerstört, durch die Frauenarbeit, durch die Kinderarbeit, durch die Ausdehnung der Arbeitszeit, die dem Vater nicht gestattet, nach seiner Arbeit noch mit der Familie zusammenzuleben, wenn er abgearbeitet und müde nach Hause kommt. Die Familie wird zerstört durch das Wohnungselend, durch den niedrigen Lohn, der die Kinder im frühen Alter schon zwingt, zu verdienen. All das sind Momente, die zerstörend auf die Familie einwirken.« Für die KPD waren die bestehenden Ehegesetze »Zwangsgesetze«, vom Bürgertum und seinen ›sozialistischen‹ Lakaien geschaffen, »um den äußeren Schein zu wahren«, um »äußerlich zusammenzuhalten, was innerlich zerstört ist.«

Das »kapitalistische System«, das hätte die KPD ein Blick auf die Höhe der Scheidungsraten in Rußland lehren können, eröffnete auch zur damaligen Zeit nur bedingt einen Zugang zur Scheidungsproblematik. In den ersten Jahrzehnten des 20. Jahrhunderts hinterließ zwar das sich entfaltende industriekapitalistische Ordnungsmodell seine Spuren im Eheleben, Ehekonflikte aber erwuchsen nicht ausschließlich aus den äußeren Umständen des Familienlebens. Auch die innere Disposition der Menschen, ihre jeweils eigene Individuation waren Faktoren von Gewicht, die sich freilich nicht isoliert betrachten ließen. So verfehlte der Einstieg über den Kapitalismus ebenso den Kern des Scheidungsproblems wie der über die Zügellosigkeit der Leidenschaften. Der Dogmatismus beider Denkpositionen verstellte in den 20er Jahren einer Rechtsreform den Weg, die bei einer Ehetrennung ›äußere‹ und ›innere‹ Ursachen auf eine für beide Ehepartner gerechte Weise hätte vermitteln können.

Die Scheidungsreform blieb bis zum Ende der Weimarer Republik das Stiefkind ihrer politischen Verantwortungsträger. Wie zu Beginn der 20er-Jahre, so entfremdeten sich auch am Ende der Republik über der Scheidungsfrage jene Kräfte, die die demokratische Ordnung in Deutschland hätten sichern können. Wie es einen tiefen, politisch unüberbrückbaren Graben zwischen SPD und DVP auf dem Feld der Sozial- und Wirtschaftspolitik gab, so ist auch der Gegensatz zwischen SPD und Zentrum in der Rechtspolitik als eine feste Größe auf der innenpolitischen Bühne von Weimar anzusehen. Die Festigung der Demokratie, auch die Bereitschaft dieser Parteien, der totalitären Herausforderung entschieden zu begegnen, nahmen dadurch Schaden. In einem großen Debattenbeitrag sprach der Vorsitzende des Rechtsausschusses, Kahl, im November 1928 im Reichstag von einer »wahren Leidensgeschichte« der Scheidungsrechtsreform unter den Bedingungen der politischen Ordnung von Weimar;[44] diese unvollendete Reform verkörpert nun ihrerseits ein Stück des Weges, der in die größte ›Leidensphase‹ der deutschen Geschichte einmündete.

Zwischen 1925 und 1928, als der Zentrumspolitiker Wilhelm Marx dreimal und der parteilose Hans Luther zweimal bürgerliche Kabinette mit dem Versuch einer Abstützung durch die Deutschnationalen bildeten, waren das Scheidungsproblem und andere, mit ihm im Zusammenhang stehende Rechtsmaterien, politisch auf Eis gelegt. Zwar arbeitete der Rechtsausschuß des Reichstags unverdrossen weiter, prüfte Gesetzesanträge der Sozialdemokraten, der Demokraten (DDP) und auch der Kommunisten, feilte an Anfragen an die Regierung, doch diese »Aussprachen« hatten keine Folgen.[45] Man drückte das leidige Ehescheidungsproblem auch dadurch an den Rand politisch relevanter Materien, daß man für diese Rechtsfrage einen eigenen Unterausschuß des Rechtsausschusses bildete. Über dessen Sitzungen teilte der teilnehmende Referent des Justizministeriums im Dezember

1927 der Reichskanzlei mit: »Es habe lediglich eine allgemeine Aussprache stattgefunden, ohne daß das Problem der erleichterten Ehescheidung irgendwie gefördert worden wäre. Im allgemeinen habe er [d. i. der berichtende Beamte des Justizministeriums; D. B.] den Eindruck, daß positive Ergebnisse von den Beratungen des Unterausschusses kaum zu erwarten seien.«[46]

Die Kräfte, die Ende des Jahres 1927 die Regierung stellten, konnten mit dieser Entwicklung zufrieden sein. Seit Januar 1927 war die DNVP wieder Regierungspartei, und sie stellte mit Oskar Hergt auch den Reichsjustizminister. Für die Deutschnationalen war eine Liberalisierung der Ehescheidung Verrat an der nationalen Sache. Einer ihrer einflußreichsten Abgeordneten, Freiherr v. Freytagh-Lorinhoven, bedachte im Februar 1928 in einer Presseerklärung die Reformbefürworter mit bezeichnenden Reizvokabeln.[47] Er sprach im Hinblick auf die seit langem diskutierten Abänderungen des Scheidungsrechts von einer Herabwürdigung der Ehe »zu einem gesetzlich anerkannten Konkubinat«; die »christlich und national gesinnte Bevölkerung« solle auf der Hut sein: »Wenn die Ehe bolschewisiert und zum Konkubinat herabgewürdigt, die Familie zerstört wird«, dann sei »ein Wiederaufstieg Deutschlands unmöglich, dann gehen wir rettungslos zu Grunde.« Dieser Denkstil bestimmte auch die Haltung des deutschnationalen Justizministers. Im März 1928 unterstrich er im Rechtsausschuß des Reichstags die »absolute Reserve« der Regierung gegenüber einem Aufgreifen der Ehescheidungsfrage.[48] Diese Position war zu diesem Zeitpunkt auch politisch-taktisch motiviert. Im Februar 1928 war es zu einem Abbröckeln der Rechtskoalition gekommen. Gegensätze hatten in der Parteienverbindung von den Demokraten bis zu den Deutschnationalen von Anfang an bestanden, doch immerhin hatte man in der Verlängerung des Republikschutzgesetzes und in der Einführung der Arbeitslosenversicherung zu wichtigen Gesetzgebungskompromissen gelangen können. Über der Schulfrage, ebenfalls einer ›Weltanschauungsfrage‹, in der in der Bevölkerung »in den Gefühlen, Stimmungen und Meinungen tiefgreifende Divergenzen« bestanden (Hergt), zerbrach die vom Zentrum geführte Koalition. Die DNVP war zwar bereit, einen vom Zentrum eingebrachten Entwurf eines Schulgesetzes mitzutragen, der eine Rekonfessionalisierung der Volksschulen bedeutet hätte (Zulassung katholischer Bekenntnisschulen auch in den Ländern, in denen Simultanschulen bestanden), die DVP jedoch sperrte sich. Man einigte sich in den Regierungsparteien auf die Abwicklung eines ›Notprogramms‹, das die Zeit bis zu einer alsbaldigen Reichstagsauflösung überbrücken sollte. Mit diesem Notprogramm argumentierte Hergt vor dem Rechtsausschuß. Man wolle die Regierungsarbeit nicht mit weiteren Gesetzentwürfen belasten, »die langwierige Verhandlungen hervorrufen oder gar zu schwierigen politischen Auseinandersetzungen führen würden«. Die Scheidungsrechtsreform wurde ein weiteres Mal politisch ausgeklammert; bewußt entzog sich die Regierung jeder »sachlichen Beteiligung« an der Arbeit des Rechtsausschusses.[49]

Mit der Reichstagswahl vom 20. Mai 1928 schien das politische Leben der Weimarer Republik noch einmal zum Reformschwung der Anfangsjahre zurückzukehren. Die Linksparteien, besonders die Sozialdemokratie, konnten klare Erfolge verbuchen; die DNVP war der große Wahlverlierer (Rückgang der Mandatszahl von 103 auf 73), doch auch die bürgerlichen Mittelparteien, einschließlich des Zentrums, hatten Einbußen hinnehmen müssen. In der politischen Logik des Wahlausgangs lag die Bildung einer ›Großen Koalition‹ (SPD, DDP, Zentrum, DVP, BVP) unter Führung der Sozialdemokratie. Doch die zu überbrückenden Gegensätze waren groß.[50] Vor allem die DVP als eine mit der Unternehmerseite eng liierte Partei stellte harte sozial- und wirtschaftspolitische Forderungen, aber auch das Zentrum wollte von seinen Interessen aus die zukünftige Zusammenarbeit unter Kontrolle halten. Schon in den Verhandlungen nach den Mai-Wahlen deutete sich ein Rechtsschwenk des Zentrums an, der dann auch durch die Wahl des konservativen Prälaten Ludwig Kaas zum neuen Parteivorsitzenden auf dem Kölner Parteitag im Dezember 1928 unterstrichen wurde. Die ›Große Koalition‹, die mit dem Schicksal der Weimarer Republik so eng verbunden ist, kam erst unter großen Anlaufschwierigkeiten zustande. Zwar wurde Ende Juni aus Politikern der Koalitionsfraktionen ein Kabinett unter Hermann Müller, dem Vorsitzenden der SPD-Fraktion, gebildet, doch erst im Frühjahr 1929 kam es, nach einer Umbildung der Regierung, zu einer förmlichen Unterstützung durch die sie tragenden Fraktionen.

So zerbrechlich die ›Große Koalition‹ politisch war, so groß waren die Aufgaben, die auf sie zukamen. Es gab Zerreißproben mehr symbolischer Art, aber auch Kernproben für innen- und außenpolitisches Lenkungsvermögen. Den Konflikt um den Panzerkreuzer A konnte die SPD noch auf ihre Schultern nehmen, in Fragen der Sozial- und Wirtschaftspolitik war die stärkste Regierungspartei freilich nicht unbegrenzt belastbar. In der Anfangsphase der ›Großen Koalition‹ bildeten außenpolitische Probleme ein wichtiges Ferment der Regierungsarbeit. Hier gab es ein gemeinsames Problem- und Verantwortungsbewußtsein, den entschiedenen politischen Willen, in internationaler Kooperation die Reparationsfrage endgültig zu regeln. So wurde der Young-Plan im Jahre 1929 nicht nur zur Nagelprobe der ›Großen Koalition‹, er stärkte auch deren inneren Zusammenhalt. »Den Young-Plan trotz hemmungsloser Agitation der ›nationalen Opposition‹ und zahlreicher Störmanöver über die parlamentarischen Hürden zu bringen, dies wurde zur eigentlichen Aufgabe der Großen Koalition und stellte ihre Hauptleistung dar.«[51] Doch als die Young-Plan-Gesetze im März 1930 verabschiedet wurden, waren nicht mehr sie, sondern die sich seit dem Winter 1928/1929 verschärfende Arbeitsmarktkrise das beherrschende politische Thema. In diesem Winter war die Zahl der Arbeitslosen auf fast 3 Mio. gestiegen, und die Talfahrt der Konjunktur dauerte an. Am bis zur Verabschiedung des Young-Plans unter der Decke gehaltenen Streit über die Finanzierung der Arbeitslosenversicherung zerbrach die ›Große Koalition‹.

Die gegensätzlichen Standpunkte von SPD und DVP – Sanierung der Arbeitslosenversicherung durch Beitragserhöhung oder durch Leistungsabbau – ließen sich auch nicht durch einen von Brüning, dem Fraktionsvorsitzenden des Zentrums, »in letzter Stunde« gemachten Kompromißvorschlag mehr überbrücken. Dieser Vorschlag zielte auf einen Zeitgewinn ab – durch Vertagung der endgültigen Entscheidung –, bot aber in der Sache keine neuen Perspektiven. Die SPD-Fraktion blieb bei ihrem Nein, das die Demission des Kabinetts am 27. März 1930 zur Folge hatte.

Man hat oft das »taktisch höchst ungeschickte« Verhalten der Sozialdemokratie bemängelt.[52] Hinter ihrer Entscheidung, die Regierung zu verlassen, habe kein den weiteren politischen Einfluß sicherndes »strategisches Gesamtkonzept« gestanden. Der Hinweis auf die so folgenschwere ›Kurzsichtigkeit‹ der Sozialdemokraten erfordert jedoch ein genaueres historisches Hinsehen. Dabei ist der Blick nicht nur auf die Polit-Manipulationen der den Reichspräsidenten umstellenden Großagrarier, die Winkelzüge der der Vergangenheit anhängenden Militärkaste und eine Schwerindustrie zu richten, die ungeniert auf politische Vorteilsnahme aus war; er hat auch auf die vielen Glaubwürdigkeitszumutungen zu fallen, die die SPD als stärkste Regierungspartei während der Zeit der ›Großen Koalition‹ zu verkraften hatte. Sie schwächten ihren politischen Durchhaltewillen und gaben Hoffnungen Auftrieb, über das Abschütteln der Regierungsverantwortung aus der insgesamt resignativen politischen Stimmungslage herauskommen zu können. Die Entscheidung vom März 1930 ist für die SPD keine punktuelle Entscheidung gewesen, sondern nur der Schlußpunkt einer an Versagungen reichen Regierungstätigkeit. Die Sachfrage der Arbeitslosigkeit, die zum Scheitern der ›Großen Koalition‹ geführt hat, wäre vielleicht von geringerer Sprengkraft gewesen, hätte das Koalitionsklima nicht schon lange vorher unter Belastungen gestanden, zu denen die kontrapunktivische Sicht des Scheidungsproblems wesentlich beigetragen hat.

In der Anfangsphase der ›Großen Koalition‹ leitete ein entschiedener und durch viele parlamentarische Initiativen ausgewiesener Befürworter der Scheidungsrechtsreform, der Demokrat Erich Koch-Weser (DDP) das Justizressort.[53] Ihm ist es zu verdanken, daß Ende des Jahres 1928 eine der fundiertesten Debatten des Reichstags über den Gesamtkomplex des Familienrechts zustande kam. In dieser Debatte zeigte sich, wie groß eigentlich das Reformpotential in der Weimarer Zeit war. Hätte es je die Ebene gesetzlicher Regelungen erreicht, wären der Demokratie in Deutschland sicherlich breitere gesellschaftliche Loyalitäten zugewachsen. So aber hatte die Republik zu Beginn der 30er Jahre ihre Existenzkrise weitgehend ohne gesellschaftlichen Flankenschutz zu durchstehen.

Das Wahlergebnis vom Mai 1928 und die Zusammensetzung der neuen Reichsregierung bedingten es, daß Gesetzesanträge des Reichstags seit langer Zeit wieder eine regierungsamtliche Beachtung fanden. Sozialdemokraten, Kommunisten und Demokraten brachten ein ganzes Bündel von Gesetzentwürfen in die Plenumsarbeit ein, das vom Ehescheidungsrecht über die Rechtstellung der Frau bis zur Rechtstellung des außerehelichen Kindes reichte.[54] Diese Thematik war für die Koalitionspartner so brisant, daß man im Vorfeld der Reichstagssitzung eine Abstimmung über das Vorgehen der Reichsregierung suchte. In einer Ministerbesprechung vom 26. November 1928 machte Koch-Weser seine Position ›bezüglich Neuregelung des Ehescheidungsrechts‹ klar.[55] Als Abgeordneter, so führte er in der Ministerrunde aus, habe er sich früher »immer lebhaft« für eine Neuregelung des Ehescheidungsrechts eingesetzt. Als Minister habe er dann in seinem Ministerium eine »Vorlage« über diese Materie ausarbeiten lassen, diese jedoch »nach Rücksprache mit dem Herrn Reichskanzler und dem Herrn Reichsverkehrsminister« dem Kabinett noch nicht vorgelegt. Reichsverkehrsminister war zu dieser Zeit der Zentrumspolitiker Theodor v. Guérard, der nach der Kabinettsumbildung im April 1929 Koch-Weser im Amt des Justizministers folgte (seit 13. 4. 1929). V. Guérard hatte nicht nur eine Beschlußfassung des Kabinetts in der Scheidungsfrage verhindert, er suchte auch die Stellungnahme Koch-Wesers vor dem Reichstag in den Akzenten zu verändern. Der Justizminister wollte, weil er um den Widerstand des Zentrums wußte, gegenüber dem Parlament ›nur‹ erklären, »daß er grundsätzlich die Reformbedürftigkeit der Materie anerkenne und die Vorlage des Reichsjustizministeriums als Material dem Rechtsausschuß zuleiten wolle.« Der Begriff ›Vorlage‹ ging dem Zentrumspolitiker zu weit; er wollte die Erklärung des Justizministers so abgefaßt sehen, daß nur von »Vorarbeiten« gesprochen werde, die sich dem Abschluß genähert hätten. Diese Vorarbeiten, also Materialien unterhalb der politischen Aussageschwelle einer regierungsamtlichen Vorlage, sollten dem Rechtsausschuß überwiesen werden. Weiterhin drang v. Guérard darauf, daß Koch-Weser ausdrücklich »als Ressortminister« spreche. Die Erklärung über die Reformbedürftigkeit des Ehescheidungsrechts sollte nicht in die Nähe einer politischen Absichtserklärung der Reichsregierung geraten.

Man kann das Ganze, und das zeigt die weitere politische Diskussion des Scheidungsproblems, kaum als Geplänkel im Schatten der großen Sachfragen abtun, die die Regierung Müller beschäftigten und forderten. Die Rechtspolitik war Ende der 20er Jahre eine Materie, über die es zu einer verhängnisvollen Entzweiung der politischen Kräfte kam, von deren Kooperation der Erhalt der Demokratie in Deutschland abhing. Die unterschiedlichen Standpunkte in der Scheidungsfrage haben den Willen der beiden Hauptkontrahenten, Sozialdemokratie und Zentrum, geschwächt, auch auf anderen Feldern der Politik eine verantwortungsbewußte Zusammenarbeit zu suchen.

Dennoch gab es Ansatzpunkte, die bestehende Kluft zu überbrücken. Weit weniger politischer Sprengstoff lag für SPD und Zentrum in der Frage eines verbesserten Schutzes der unehelichen Kinder. Gemeinsam einigte man sich darauf, dem Reichstag gegenüber auf einen Gesetzentwurf aus dem

Jahre 1925 zu »verweisen« und das baldige Ende des Gesetzgebungswegs in dieser Angelegenheit anzukündigen.[56] Freilich blieb auch dieses Reformvorhaben unvollendet, und wie in der Scheidungsfrage konnte auch hier der Nationalsozialismus als ›Vollender‹ steckengebliebener Reformen auftreten. Der »Entwurf eines Gesetzes über die unehelichen Kinder und die Annahme an Kindesstatt« war 1924/1925 in der Tat ein energischer Versuch der ›bürgerlichen‹ Kabinette Marx und Luther gewesen, vor allem die Bestimmungen des Bürgerlichen Gesetzbuchs über die »Rechtliche Stellung der unehelichen Kinder« (§§ 1705–1718) unter dem Gesichtspunkt rechtlich zu gewährleistender Gerechtigkeit zu korrigieren. Hier stand der Gesetzgeber auch in der Pflicht der Weimarer Reichsverfassung, die in Art. 121 festgelegt hatte: »Den unehelichen Kindern sind durch die Gesetzgebung die gleichen Bedingungen für ihre leibliche, seelische und gesellschaftliche Entwicklung zu schaffen wie den ehelichen Kindern.« Im Februar 1925 stimmte das Kabinett Luther einer Gesetzesvorlage zu, die sich zur Aufgabe gemacht hatte, so die Motivation in einer beigegebenen Denkschrift, »in Erfüllung des Art. 121 das Los der unehelich Geborenen weitgehend zu erleichtern und ihre Stellung derjenigen der ehelichen Kinder soweit anzunähern, als dies mit den gegebenen Verhältnissen des Lebens und mit der gebotenen Rücksicht auf die Interessen der Familie vereinbar ist.«[57] Ein Kernpunkt des Gesetzentwurfs war die Neuregelung des Unterhalts für das uneheliche Kind. Nach § 1708 des Bürgerlichen Gesetzbuchs war der Vater dieses Kindes verpflichtet, ihm »bis zur Vollendung des sechzehnten Lebensjahres den der Lebensstellung der Mutter entsprechenden Unterhalt zu gewähren.« Diese Rechtspflicht, in der der Vater stand, wollte der Entwurf gegenüber den geltenden Bestimmungen nicht unwesentlich erweitern. Fortan sollten beim »Maß des Unterhalts« neben der Lebensstellung der Mutter »auch die Erwerbs- und Vermögensverhältnisse des Vaters nach Billigkeit berücksichtigt werden.« Auch die Zeitgrenze der Unterhaltspflicht konnte über das sechzehnte Lebensjahr hinaus reichen, wenn z. B. die Berufsausbildung des Kindes noch nicht abgeschlossen war. »Diese Regelung«, so hieß es in der Denkschrift, »wird es ermöglichen, manchen, insbesondere begabten Kindern den Weg zum gesellschaftlichen Aufstieg zu ebnen, der ihnen nach Lage der bisherigen Vorschriften vielfach verschlossen war.«

Auch sollten Rechtstellung wie materielle Stellung der Mutter verbessert werden. Der Vater hatte ihr nicht mehr nur die Kosten der Entbindung und die Kosten des Unterhalts für die ersten sechs Wochen nach der Entbindung zu ersetzen, sondern auch die »für die Dauer von 4 Wochen *vor* diesem Zeitpunkte«. Ferner, und das war von hohem Symbolwert und versprach einen Einbruch in gesellschaftliche Vorurteile, sollte durch das Vormundschaftsgericht »in Fällen, in denen es im Interesse des Kindes geboten erscheint«, auch der Mutter die bisher vorenthaltene »elterliche Gewalt über das uneheliche Kind« verliehen werden. Dies stellte, so formulierte es der Gesetzgeber, der Mutter eines unehelichen Kindes »die gleiche Stellung« in Aussicht, »wie sie einer Witwe gegenüber ihrem ehelichen Kinde zusteht«.

Der von einem dem Zentrum zuzurechnenden Justizminister politisch verantwortete Entwurf des Jahres 1925 war auch für den Zentrums-Minister der ›Großen Koalition‹ im Jahre 1928 politisch verkraftbar. Dennoch reichte der Bestand an rechtspolitischen Gemeinsamkeiten nicht aus, um gemeinsam auch die viel schwierigere, weil in tieferen Überzeugungsschichten verankerte Scheidungsfrage anzugehen. Sie bildete die Kernfrage aller familienrechtlichen Reformüberlegungen; weil gerade sie im Gestrüpp divergierender politischer Interessen hängenblieb, gelangten auch andere Reformvorhaben nicht über das Stadium solide begründeter Gesetzentwürfe und engagiert vorgetragener parlamentarischer Gesetzesinitiativen hinaus.

Die Teilen der Reichsregierung nicht sehr willkommene Reichstagsdebatte, die am 30. November und 1. Dezember 1928 stattfand, unterstrich sowohl das politische Gewicht des Scheidungsproblems, wie sie auch dessen politische Reichweite erkennen ließ. Zwar gab es viele Wiederholungen alter Standpunkte und alter Vorhaltungen. Die KPD sah, wie schon in früheren Aussprachen, im SPD-Engagement nichts anderes als den Versuch, »die proletarischen Massen vor den Karren der Sozialdemokratie zu spannen. Wir wissen, daß die Unterdrückung der Frau erst im proletarischen Staat beseitigt werden wird.«[58] Die Sachkunde der Hauptrednerin der KPD, der Abgeordneten Arendsee, ging in einer Polemik unter, die von ihren Feindbildern her alle Brücken zu den Reformkräften im damaligen Deutschland abbrach. »Die bevorstehenden Verhandlungen über die Eherechtsreform und die Reform der übrigen Bestimmungen des Bürgerlichen Gesetzbuchs über die Stellung der unehelichen Kinder und der unehelichen Mütter werden in den Kreisen der Arbeiterschaft mit Interesse verfolgt. Wenn Sie wieder versuchen, das Rad der Geschichte zurückzudrehen, ein morsches System mit solchen Mittelchen wie Verhinderung der Ehereform zu halten, wenn Sie hier alte wilhelminische Bestimmungen des Bürgerlichen Gesetzbuchs aufrechterhalten wollen, dann wird sich auch hier wie bei vielen anderen Fragen zeigen, daß das Rad der Entwicklung über Sie hinweggehen wird. Das Proletariat, in diesem Falle vor allen Dingen das weibliche, wird sich sein Recht suchen, indem es dieses ganze morsche System stürzt und den Staat errichtet, in dem einzig und allein die Befreiung der Frau gesichert ist, den Staat, in dem die Arbeiter und Bauern die Macht in den Händen haben wie in Rußland.«[59]

Auch das Zentrum rückte keinen Zoll von seinen alten Positionen ab und brachte unverändert die alten Argumente. Die Scheidungsfrage war für diese Partei die Kardinalfrage im weiten Feld des Familienrechts, und sie band alle politischen Energien. Wenn diese Debatte dennoch in ihrem Niveau über vergangene Redeschlachten hinausreichte, so lag dies nicht zuletzt am Auftreten des Reichsjustizministers. Zwar hielt sich Koch-Weser in seinen Ausführungen an den vereinbarten Begriff der »Vorarbeiten«, doch er stellte unmißverständlich klar: »Ich halte mit den Antragstellern unser heutiges Ehescheidungsrecht für reformbedürftig und bin der Meinung, daß die Abhilfe darin wird bestehen müssen, neben das Schuldprinzip das Zerrüttungsprinzip zu setzen. Zerrüttete Ehen können, auch wenn die Schuld eines der Ehegatten nicht festgestellt werden kann, auf die Dauer nicht wider den Willen der Beteiligten aufrechterhalten bleiben. Die Lösung einer solchen Ehe ist aber heute entweder unmöglich, oder sie erfolgt nur unter Manipulationen, die für die Beteiligten erniedrigend und für die Autorität der Gerichte entwürdigend sind.«[60]

Solch klare Worte hatte während der langen Weimarer Jahre noch kein Justizminister im Reichstag gefunden. Das war auch mehr als die mit dem Zentrum vereinbarte grundsätzliche Anerkennung der Reformbedürftigkeit der Materie. ›Vorarbeiten‹ hin, ›Vorlage‹ her, Koch-Weser erklärte seinen Willen und seine Bereitschaft, die in seinem Ministerium »aufgestellten Entwürfe« dem Rechtsausschuß als Material für seine Beratungen zugehen zu lassen. Damit konnte sich dessen Arbeit zum ersten Mal auf regierungsamtliche Positionspapiere stützen. Die Debatte endete, wie schon die vielen Debatten vorher, mit der Überweisung aller gestellten Anträge an den Rechtsausschuß des Reichstags, aber diese Anträge hatten nun in einem Text des Justizministeriums einen festen Bezugspunkt, wenn auch, wie sich kurze Zeit später zeigen sollte, eine nur unzureichende politische Deckung.

Der Justizminister fand auch zu den Fragen der Rechtstellung des unehelichen Kindes und der Gleichstellung der Frau im bürgerlichen Recht unmißverständliche Worte. Er sagte auch hier dem Ausschuß »die Hilfe des Reichsjustizministeriums... aus voller Überzeugung« zu: »Denn ich halte es in der Tat allmählich für eine der wichtigsten Aufgaben des Reichstags – und gerade dieses Reichstags –, dafür zu sorgen, daß die Worte der Verfassung in dieser wie in anderer Beziehung in Taten umgesetzt werden.«

Die Diskrepanz zwischen Verfassungsnorm und den Normen des geltenden Familienrechts hatte in einer großen Rede die sozialdemokratische Abgeordnete Antonie Pfülf, eine Volksschullehrerin aus München, herausgearbeitet.[61] In diesen Ausführungen wurden mit hoher Kompetenz und harten Belegen die frauenfeindlichen Rechtsfiguren des Bürgerlichen Gesetzbuchs nachgezeichnet. Die Scheidungsfrage war für die Rednerin der Einstieg in ein problematisches Stück geschlechtsspezifischer Rechtsgeschichte, das sie besonders am ›Ehelichen Güterrecht‹ entfaltete.[62] Sie zitierte in diesem Zusammenhang drei Paragraphen, die ihr nach Ausweis des Sitzungsprotokolls Zustimmung von ›links‹ und Pöbeleien von ›rechts‹ einbrachten: »Das Vermögen der Frau wird durch die Eheschließung der Verwaltung und Nutznießung des Mannes unterworfen. Zum eingebrachten Gute gehört auch das Vermögen, das die Frau während der Ehe erwirbt.« (BGB, § 1363); »Der Mann ist berechtigt, die zum eingebrachten Gute gehörenden Sachen in Besitz zu nehmen.« (BGB, § 1373); »Ein einseitiges Rechtsgeschäft, durch das die Frau ohne Einwilligung des Mannes über eingebrachtes Gut verfügt, ist unwirksam.« (BGB, § 1398). Die Rednerin geißelte die rechtliche Fixierung der ökonomischen Abhängigkeit der Frau vom Mann, ein für sie zutiefst »unsittlicher« Rechtszustand. Den Kritikern einer Familienrechtsreform hielt sie entgegen: »Wenn Sie so viel von Sitte und Sittlichkeit der Ehe sprechen, dann will ich Ihnen nur sagen: von allen Bestimmungen über die Ehe im Bürgerlichen Gesetzbuch nimmt den breitesten Raum ein und ist für Sie auch die stärkste Verankerung gegen jede Änderung, dieses eheliche Güterrecht. Es gibt keine schärfere Kritik an dieser Ihrer Ehe von heute wie diese 200 Paragraphen.«

Dieser, auf den Diskriminierungspunkt gebrachte Kommentar des Bürgerlichen Gesetzbuchs wies die ›Rechtsnot‹ im Geschlechterverhältnis als ein – sicherlich schwer zu gewichtendes, aber fraglos vorhandenes – Moment beim Zerfall ehelicher Beziehungen aus. Auch das »Autoritätsprinzip«, im Bürgerlichen Gesetzbuch im Titel über die ›Wirkungen der Ehe im allgemeinen‹ formuliert,[63] spießte die sozialdemokratische Abgeordnete auf. Diese Rechtsatavismen, die das eheliche Rollenverhältnis im Sinne bäuerlicher Erbuntertänigkeit definierten, dürften ebenfalls Ehekonflikte geschürt haben. In einer Zeit, so führte die Rednerin aus, in der nicht nur die Arbeiterfrau, sondern die verheiratete Frau bis in die bürgerlichen Schichten hinein gezwungen sei, dem Erwerb nachzugehen und ihr Leben selbst zu gestalten, müßten sich zwangsläufig bestimmte Bestimmungen des Bürgerlichen Gesetzbuchs als rechtliche Zwangsjacke für die Frau auswirken, ihre wirtschaftliche wie auch ihre politische Betätigung massiv beeinträchtigen. Wiederum zitierte sie unter vielen Protesten schlicht einen einschlägigen Paragraphen: »Hat sich die Frau einem Dritten gegenüber zu einer von ihr in Person zu bewirkenden Leistung verpflichtet, so kann der Mann das Rechtsverhältnis ohne Einhaltung einer Kündigungsfrist kündigen, wenn er auf seinen Antrag von dem Vormundschaftsgerichte dazu ermächtigt worden ist. Das Vormundschaftsgericht hat die Ermächtigung zu erteilen, wenn sich ergibt, daß die Tätigkeit der Frau die ehelichen Interessen beeinträchtigt.« (BGB, § 1358)

Die Rede von Frau Pfülf, die sich im Mai 1933 in München das Leben nahm, zeigte auf, wie begründet die Forderung nach umfassenden familienrechtlichen Reformen war. Diese Debatte hätte der Auftakt sein können, sich von einer in vielem abgelebten Rechtsvergangenheit politisch zu lösen. Doch die Hoffnungen, die sich vor allem an die Äußerungen des Reichsjustizministers knüpften, wurden sehr schnell enttäuscht. Die Endphase von Weimar war kein günstiges Gelände für mutige Reformschritte. So begann denn auch mit dem Jahre 1929 der politische Abgesang auf ein Reformwerk, das, wäre es politisch durchsetzbar gewesen, die Republik in den Augen vieler Menschen hätte besser dastehen lassen.

Koch-Weser versuchte, solange er Justizminister im Kabinett Müller war, den eingeschlagenen Reformkurs weiterzuverfolgen. Anfang des Jahres

1929 legte er, die Regierungsvereinbarung extensiv interpretierend, dem Rechtsausschuß des Reichstags den »Entwurf eines Gesetzes zur Änderung der Vorschriften über die Ehescheidung« vor.[64] Dies sollte der Anfang für ein gesetzgeberisches Aufgreifen auch »der anderen weit ausschauenden und schwierigen familienrechtlichen Probleme« sein, wenn diese zunächst auch ausgeklammert blieben. Dieser Entwurf behandelte die Scheidungsfrage mit äußerster reformerischer Behutsamkeit und suchte alles zu vermeiden, was das Zentrum herausfordern konnte.[65] Koch-Weser, so die »Begründung« seines Entwurfs, strebte eine für alle politischen und weltanschaulichen Richtungen »erträgliche Mittellinie« an. Ausdrücklich betonte er, daß das zukünftige Gesetz nicht von dem Standpunkt abgehen dürfe, »daß die gesellschaftliche Ordnung die Lösung der Ehe nur zulassen kann, wenn dem einen Ehegatten durch ein Verbleiben in der Ehe mehr aufgebürdet würde, als die mit dem Abschluß der Ehe als einer sittlichen Lebensgemeinschaft übernommenen Pflichten erfordern. Dies ist zweifellos die Grundauffassung, auf deren Boden auch jetzt noch die überwiegende Mehrheit des deutschen Volkes steht, und allein auf dieser Grundlage wird daher eine ausgleichende und versöhnende Lösung gefunden werden können.« Gesetzestechnisch sollte die »Mittellinie« dadurch unterstrichen werden, daß der neue Scheidungsgrund der objektiven Zerrüttung *hinter* den alten Scheidungsparagraphen (BGB, § 1568), der die Bestimmungen über die verschuldete Zerrüttung enthielt, gestellt wurde. Der Gesetzgeber wollte auf diese Weise auch »äußerlich« zum Ausdruck bringen, daß grundsätzlich an dem Verschuldungsprinzip festgehalten werde und »die objektive Zerrüttung rechtssystematisch ähnlich wie der Tatbestand des § 1569 [Scheidung wegen Geisteskrankheit; D. B.] als ein Sondertatbestand« anzusehen sei.

Koch-Wesers Gesetzentwurf, um politisches Augenmaß bemüht, brachte nun keineswegs mehr Gelassenheit in die politisch so verhakte Scheidungsdiskussion. Anfang April 1929 hatten sich zusätzliche Komplikationen ergeben. Die formelle Anbindung der Regierungsarbeit an die Koalitionsfraktionen hatte zu einer Regierungsumbildung geführt. Koch-Wesers Antipode vom November 1928, v. Guérard, wurde am 13. April 1929 neuer Justizminister. Dieser entschiedene Zentrumsmann versuchte nun mit allen Mitteln, die in Gang gekommene Reformarbeit abzustoppen. In einer Kabinettsitzung vom 16. April setzte er sich für eine Vertagung der Scheidungsmaterie im Rechtsausschuß ein.[66] Er berief sich dabei auf eine Koalitionsvereinbarung, die der Reichskanzler am 10. April im Namen aller fünf Regierungsparteien (SPD; Zentrum; DDP; DVP; BVP) abgegeben hatte und die besagte, daß zur Gewährleistung eines reibungslosen Ganges der Reichsgeschäfte *Anträge von grundlegender Bedeutung* nur im gegenseitigen Benehmen gestellt oder weiterverfolgt werden sollten. Für das Zentrum war die Scheidungsangelegenheit eine Sache grundlegender Art. Es erwartete hier vom Reichskanzler eine massive Intervention und mutete ihm zu, Druck auf seine eigene Fraktion auszuüben. Die Reform des Ehescheidungsrechts zeigt in der Spätphase von Weimar das Dilemma einer Koalitionspolitik, die nicht bloß die Auseinandersetzung mit der politischen Opposition zu bestehen, sondern auch tiefe innere Gegensätze zu überbrücken hatte. So standen die Fraktionen der Regierungsparteien permanent »in einem prekären Spannungsverhältnis zu der von ihnen getragenen Reichsregierung«.[67]

Das, was v. Guérard im Kabinett signalisiert hatte, wurde wenige Tage später in einem Brief der Reichstagsfraktion des Zentrums an den Reichskanzler noch härter formuliert.[68] Die vorliegenden Anträge auf Ehescheidungsreform gehörten im Sinne der Koalitionsabsprache zu »Anträgen von grundlegender Bedeutung«, und man ersuche den Reichskanzler, namens der Reichsregierung *bei allen Koalitionsparteien* auf ein politisches Fallenlassen der Scheidungsmaterie hinzuwirken. Dies war insbesondere auf Hermann Dietrich, das letzte verbliebene Kabinettsmitglied der Demokraten (Reichsminister für Ernährung und Landwirtschaft) gemünzt, der, wenn auch auf verlorenem Posten, für die alte Linie seines Parteifreundes Koch-Weser eintrat.

Dem Zentrum gelang der beabsichtigte Eingriff in die Arbeit des Rechtsausschusses. Nach Gesprächen Müllers mit SPD, DDP und DVP wurde Ende April »den Wünschen des Zentrums entsprechend« vereinbart, den »tatsächlichen Ablauf der Verhandlungen im Rechtsausschuß« umzustellen. Durch das Vorziehen der Beratung eines »Gesetzes zur Regelung älterer staatlicher Renten«, des sog. ›Standesherrengesetzes‹, sollte erreicht werden, »daß für die nächste absehbare Zeit mit einer Behandlung der Ehescheidungsreform nicht zu rechnen sein wird.« Nachdrücklich hatten die Reformfraktionen von SPD und DDP in den Verhandlungen bestritten, daß es sich bei der geplanten Ehescheidungsreform um eine Angelegenheit von »grundlegender Bedeutung« handele; diese Reform sei politisch anders einzustufen als etwa die Bestrebungen zur Verfassungsreform. Man wollte sich vom Zentrum nicht völlig ausmanövrieren lassen und betonte trotz des vom Zentrum abgenötigten Rückziehers, daß von einer »dauernden Zurückstellung« der Scheidungsfrage nicht die Rede sein könne.[69]

Die weitere Behandlung der Ehescheidungsreform blieb also zunächst einmal in der Schwebe. Im Mai 1929 behandelte der Rechtsausschuß das ›Standesherrengesetz‹, aber im Herbst begann schon wieder das taktische Ringen um die ›vertagte‹ Scheidungsmaterie. Den Vorsitz im Rechtsausschuß hatte der SPD-Abgeordnete Otto Landsberg inne, und er war nicht gewillt, die vom Zentrum über die Reichsregierung eingefädelte Verschleppungstaktik um jeden Preis mitzumachen. So wurde am 2. Oktober 1929 im Rechtsausschuß endlich der noch von Koch-Weser stammende »Entwurf eines Gesetzes zur Änderung der Vorschriften über die Ehescheidung« behandelt.[70] Der frühere Justizminister Bell (Zentrum) plädierte wiederum für Vertagung, diesmal, weil »die Fraktionen wegen der Verhandlungen über die Arbeitslosenversicherung stark in Anspruch genommen« seien. In diesem Gremium wurden hinsichtlich einer »unerträglichen Verschleppungstaktik« dem Zentrum schwere Vorwürfe gemacht; ein Vertagungsantrag der Scheidungsberatungen fand keine Mehrheit. Doch die Prognose des KPD-Mitglieds im Rechtsausschuß, »daß die Ehescheidungsreform letzten Endes auf dem Altar der Koalition geopfert werden«, sollte so falsch nicht sein.

Noch im Oktober machte der Justizminister gegenüber dem Chef der Reichskanzlei, Hermann Pünder, unmißverständlich klar, wie auf die neue Entwicklung, d. h. auf die ›politische‹ Widersetzlichkeit des Rechtsausschusses zu reagieren sei: Der Reichskanzler habe auf die Befürworter einer baldigen Ehescheidungsreform »Druck« dahingehend auszuüben, »daß der Rechtsausschuß sich mit dieser Frage vor Erledigung des Young-Planes nicht befasse.«[71] Anfang November allerdings (5.–8. November 1929) kam es im Ausschuß doch zu einer inhaltlichen Beratung des Ehescheidungsgesetzentwurfs. Die Warnsignale des Zentrums, die Behandlung der Scheidungsfrage »könne große politische Konsequenzen mit sich bringen«, so der Zentrumsabgeordnete Perlitius gegenüber der Reichskanzlei in einem Anruf vom 5. November, wurden negiert.[72] In der Sitzung des Rechtsausschusses unterstrichen die Zentrumsabgeordneten durch ihren Auszug ihre Obstruktionshaltung in der Scheidungsangelegenheit.[73] Die Scheidungsfrage war nun in der Tat zu einer Belastungsprobe für die Koalition geworden. Das Zentrum feierte seinen »Erfolg in der Ehescheidungsfrage« und wollte an seiner »Haltung konsequent festhalten mit allen etwaigen politischen Folgen«, so Perlitius in einer Sitzung des Fraktionsvorstands vom 12. November 1929.[74] Freilich wußte man, dies die Einschätzung v. Guérards, daß »die Sache« nach dem Young-Plan erst noch komme. Die politische Dimension der ganzen Angelegenheit hatten nur wenige im Blick. Sie blieben, wie Stegerwald und Wirth, in der Minderheit, als die Fraktion einmütig das Verhalten ihrer Vertreter im Rechtsausschuß billigte.[75] Wirth sah den Erfolg in der Ehescheidungsfrage als einen nur taktischen an. »Ein politischer Erfolg liegt noch nicht vor.« Er wies auf »Umstände« hin, deren »politische Konsequenzen von großer Bedeutung« sein könnten.[76] Auch Stegerwald fragte, ob dem Boykott »politisch nicht große Schwierigkeiten folgen« werden.[77] Für den Reichskanzler war vor diesem Hintergrund schnelles Handeln geboten, wollte er den Bestand seiner Regierung sichern. Zwar gelang ihm dies, doch der Preis – der Gesichtsverlust, den er seiner Partei zumutete – war hoch. Parallel zu den Ausschußsitzungen fanden in der Reichskanzlei zwei weichenstellende Sitzungen mit den Fraktions- und Parteiführern statt. In der Fraktionsführerbesprechung vom 6. November 1929 äußerte der Reichskanzler sein Mißfallen über das Verhalten des Zentrums im Ausschuß.[78] Sein Auszug habe »zweifellos den gegenseitigen Widerstand der Parteien versteift.« Der SPD-Kanzler hielt »im gegenwärtigen Augenblick in Rücksicht auf die Außenpolitik eine Koalitionskrise aus diesem Grunde einfach [für] unerträglich«. Zwar scheiterte im März 1930 die Koalition nicht an der Scheidungsfrage, doch diese Frage spiegelt sehr scharf die innere Brüchigkeit des Kabinetts Müller, den rapide abnehmenden Willen, für eine gedeihliche Zusammenarbeit einen gemeinsamen politischen Nenner zu finden. Im Rückblick muß festgehalten werden, daß dem Zentrum ein gerüttelt Maß an Verantwortung für die Selbstschwächung der letzten parlamentarisch legitimierten Regierung in Deutschland zukommt, für den Verbrauch an politischer Kraft, die dann im Kampf mit einem totalitären Gegner fehlte. SPD und DDP überforderten das Zentrum in der Scheidungsreform nicht; der Gesetzentwurf Koch-Wesers versuchte vielmehr, auch dem kirchlich gebundenen Standpunkt Rechnung zu tragen und Glaubensüberzeugungen angemessen zu respektieren. Dennoch reizte das Zentrum politisch die Scheidungsfrage voll aus.

Am 8. November 1929 fand unter dem Vorsitz des Reichskanzlers eine Parteiführerbesprechung statt.[79] In ihr wurde der »Fortbestand der Koalition« offen angesprochen. Der Justizminister v. Guérard unterstrich den »hochpolitischen« Charakter der Scheidungsreform: »Seiner verfassungsrechtlichen Stellung sei er bis jetzt stets gerecht geworden. Wenn jedoch jetzt der Bogen überspannt werde, werde er sich zum Rücktritt aus seinem Amte veranlaßt sehen. Nach seiner Ansicht müßten sich die Regierungsparteien darüber einig werden, daß die Beratung der Ehescheidungsreform vertagt werde.«

Diese Rücktrittsdrohung zeigte Wirkung. Man verbannte das Reformprojekt in einen ohne politische Wirkung vor sich hinarbeitenden Unterausschuß des Rechtsausschusses und besiegelte diesen Beschluß durch ein amtliches Kommuniqué, das zeigt, wie sehr das Dilemma der Weimarer Demokratie mit der dilemmatischen Struktur des Parteienverhältnisses in den 20er Jahren zusammenhing: »Die Regierungsparteien [werden] sich hinsichtlich der Ehescheidungsreform dafür einsetzen, daß sie vor der parlamentarischen Erledigung des Young-Plans, der Finanzreform und des Haushaltplanes im Rechtsausschuß nicht zur Beratung gestellt werden soll. Die Beratung der Ehescheidungsreform in dem kürzlich eingesetzten Unterausschuß, der seinem Charakter nach zu offizieller Beschlußfassung nicht berufen ist, soll dagegen Fortgang gegeben werden können. [Ferner] wird noch ergänzend mitgeteilt, daß dem Rechtsausschuß außer den genannten Vorlagen eine solche Fülle von dringendem Material zur Beratung überwiesen ist, daß tatsächlich mit der Beratung über die Ehescheidungsreform in naher Zeit nicht zu rechnen ist.«

Aufgenommen wurde die Scheidungsdebatte dann doch in einer nicht allzu fernen Zeit; doch das Signum dieser Zeit war Demokratieferne. In der Verhärtung der parteipolitischen Fronten und im Schrumpfen politischer Gemeinsamkeiten deutete sich am Ende der Weimarer Republik das spätere Verhängnis an. Nur eine Marginalie zu den Zeitläuften mag der Anruf des Reichsjustizministers Joel in der Reichskanzlei vom 9. Dezember 1931 sein, doch er hat für die historische Betrachtung einen durchaus erhellenden Charakter. Folgendes teilte der Minister dem Staatssekretär Pünder mit: »Im Rechtsausschuß stünden wieder einmal die Abänderungsanträge der SPD und der KPD über das Ehescheidungsrecht zur Debatte. Annahme der sozialdemokratischen Anträge sei nach dem Stimmverhältnis im Ausschuß wahrscheinlich. Dies werde nach Mitteilung des Abgeordneten Wegmann für das Zentrum eine unerwünschte Lage im Plenum ergeben, weil vielleicht die Nationalsozialisten mit den Sozialdemokraten oder Kommunisten stimmen würden, um dem Zentrum die Folgen seines Zusammengehens mit der SPD vor Augen zu führen.«[80]

VIII. Scheidung und ›ordre public‹ in der Zeit des Nationalsozialismus

Die Zeit des Nationalsozialismus ist zweifellos das dunkelste Kapitel in der langen deutschen Rechtsgeschichte. Die überlieferte Rechtskultur geriet in den Sog der Verbrechensgeschichte des Dritten Reiches, die sich am Geltungsverfall rechtsstaatlicher Normen in ihrer Menschen und Institutionen vernichtenden Wucht nachzeichnen läßt. Mit der politisch ebenso bedeutungsblinden wie verantwortungslosen Auslieferung der Weimarer Staatsordnung an ihre erklärten Feinde, die Nationalsozialisten, begann am 30. Januar 1933 nicht nur die gewaltsame Zerschlagung demokratischer Verfassungsverhältnisse, sondern auch die Auslöschung der Rechtsgrundsätze, auf denen sie beruhten.

So scharf die ›Rechtsperversionen‹ im Dritten Reich markiert werden können,[1] so klar auch die ›Ordnungs‹-Leistungen herauszustellen sind, die die Justiz für das Unrechtsregime des Nationalsozialismus erbracht hat,[2] – die zwölf Jahre zwischen 1933 und 1945 sind nicht ausschließlich als Extremjahre der deutschen Rechtsentwicklung anzusehen.[3] Hinter den Extrembefunden, die in der Zeit des Nationalsozialismus begegnen, verlaufen rechtsgeschichtliche Kontinuitätslinien, die auf den Bildungsprozeß des Rechts in der Moderne, seine Einlagerung in den Entstehungs- und Entfaltungsvorgang der modernen, bürgerlichen Gesellschaft verweisen. Die Rechtskontinuität, in der die 30er Jahre *auch* standen, zeigt besonders der Bereich des Zivilrechts, obwohl auch für das Strafrecht Überzeugendes gegen die Vorstellung von einem totalen ›Bruch‹ gesagt werden kann.[4]

Wenn hier auf dem Feld des Familienrechts besonders den Wandlungen des Scheidungsrechts[5] – und auch, soweit es die Quellen zulassen, der Scheidungswirklichkeit im Dritten Reich nachgegangen wird, so berührt eine solche Schwerpunktsetzung ebenso Grundfragen nationalsozialistischer Herrschaftsausübung wie Fragen des gesellschaftlichen Kontextes, der die NS-Herrschaft umgab. Ihre Verfassungsmerkmale sind zwar von den Weltanschauungspostulaten des Nationalsozialismus nicht zu trennen, sie erschöpfen sich aber auch nicht in ihnen. So hat man neben den weltanschaulichen auch die praktischen Inhalte der NS-Politik in den Blick zu nehmen, will man den Anklang verstehen, den diese bei großen Teilen der deutschen Gesellschaft bis weit in die Kriegszeit hinein gefunden hat. Das NS-Regime stand nicht nur unter den Zwängen des eigenen Anspruchs, sondern auch unter »pragmatischen Zwängen«, »die zu der inneren Widersprüchlichkeit, zu der Nichteinlösung der ideologischen Versprechen geführt [haben].«[6] Im Umgang mit der Scheidungsfrage läßt sich sehr genau die Brechung rein ideologischer Vorgaben im konkreten politischen Entscheidungsprozeß verfolgen. Diese Frage hing ja mit den alltäglichen Existenzproblemen der Menschen zusammen, die das Regime wahrzunehmen hatten, wollte es nicht die Rückbindung an seine gesellschaftliche Basis gefährden. Nicht bloß auf den Feldern der ›großen‹ Politik, auch im Bereich der ›kleinen‹ Alltagspolitik ist auf die »Signale des Regimes« (M. Broszat) zu achten, die ihm Anerkennung eingetragen und es im Inneren gefestigt haben.[7] Noch ein Gedanke Martin Brozats sei der hier behandelten Thematik perspektivisch vorangestellt:[8] Die »Breitenwirkung des NS-Regimes« erschließt sich nur, wenn die komplexen Zusammenhänge von Kriminalität und weiterlaufender Normalität des NS-Alltags beachtet werden; Stütze dieser Normalität aber war nicht zuletzt das überlieferte Recht, Kernelement des zivilisatorisch-kulturellen Besitzstandes der deutschen bürgerlichen Gesellschaft. Es wurde im Dritten Reich auf infame Weise den Machtzwecken des Regimes unterstellt; der Sicherung seiner Macht aber diente die kalkulierte Berücksichtigung einer langen Rechtstradition.

1. Zum geschichtlichen Ort des Scheidungsproblems in den 30er Jahren

Für die gesellschaftliche Abstützung der nationalsozialistischen Herrschaft ist die rechtliche Neuregelung der Scheidungsmaterie durch das Ehegesetz v.J. 1938 nicht ohne Bedeutung gewesen. Den braunen Machthabern gelang es, sich als Vollender der fruchtlosen Weimarer Reformjahre, als glaubwürdige Alternative zur politischen Kraftlosigkeit der ›Systemzeit‹ zu präsentieren und die Illusion einer zeitgemäßen Rechtschöpfung zu verbreiten. Wie tief freilich das vermeintlich progressive Scheidungsrecht in den mystischen Urgrund ›völkischer‹ Inhumanität hinabreichte, blieb den meisten Menschen verborgen. Nur wenige waren 1938 noch von den aggressiven Rasseklauseln betroffen, die das neue Ehegesetz enthielt; die Mehrheit der Bevölkerung erblickte in ihm eine Chance, den eigenen Lebensraum autonomer zu gestalten, und zwar auf eine rechtlich abgesicherte Weise. Der auch für anderes geltende Befund, daß sich die Krisengeschichte der Weimarer Republik komplementär zur Erfolgsgeschichte des Nationalsozialismus verhalte,[9] findet im Entwicklungsgang des Ehescheidungsrechts eine zwar wenig spektakuläre, doch für den Geschichtsprozeß in der NS-Zeit durchaus typische Bestätigung.

Die rückwärtsgewandten Beschwörungsformeln, mit denen der Nationalsozialismus die Welt der Familie bedachte, sind oft in ihrer inhaltlichen

Leere und ihrem ausgeprägt manipulativen Charakter beschrieben worden.[10] Wie die Nationalsozialisten die Spielräume weiblicher Emanzipation, z. B. im Bereich der Frauenarbeit mit den hier liegenden sozialen Aufstiegsmöglichkeiten für die Frau, verengten und unter den Primat der jeweiligen Systembedürfnisse stellten,[11] so war auch vieles andere an ihrer Frauenpolitik, wie Tim Mason gezeigt hat, Blendwerk.[12] Dennoch ist die Frage nach ›Erfolgsspuren‹, die diese Politik hinterlassen hat, historisch nicht belanglos. Beim Scheidungsproblem begegnet ein Stück »Wirkungsrealität« (M. Broszat) des Nationalsozialismus, d. h. eine Familienpolitik, die *trotz* ihrer rassenideologischen Komponente im Medium des Rechts an bestehende gesellschaftliche Bedürfnisstrukturen und Erwartungshaltungen anknüpfte.

Wenn das NS-Regime sich schon sehr früh mit der Scheidungsmaterie befaßte, so hing das mit einer Wirklichkeit zusammen, die sich immer deutlicher vom Idealbild einer heilen Familienwelt abhob. Sehr viel stärker als in der Weimarer Zeit ist der Spürsinn für den Regelungsbedarf in einer Gesellschaftsfrage ausgeprägt, deren Dimension die Scheidungszahlen zu Beginn der 30er Jahre verdeutlichen. Auf Reichsebene waren 1929 39424 Ehen geschieden worden.[13] Die absolute Zahl der Ehescheidungen hatte sich bis 1933 auf 42485 erhöht. Kamen 1929 29,0 Ehescheidungen auf 10000 ›stehende Ehen‹, so war diese Maßzahl 1933 auf 29,7 angestiegen. Die Häufigkeitsziffer für Ehescheidungen verdeutlicht im Längsschnitt die Akzeleration des Scheidungsproblems (bezogen auf jeweils 10000 bestehende Ehen). Setzt man die Ehescheidungsziffer 1913 = 100 an, so betrug sie im Jahre 1933 195 (1929 = 191). Die überlieferte Reichsstatistik erlaubt es nicht, wie das z. T. auf Grund der preußischen Statistik möglich war, näheres über die soziale Innenseite des Scheidungsproblems auszusagen. Soviel ist überliefert: An den im Jahre 1933 geschiedenen Ehen hatten Ehen mit einer Dauer von vier Jahren den höchsten Anteil; fast die Hälfte dieser Ehen (48,3%) war kinderlos. 1933 hatte sich der Paragraph 1568 des Bürgerlichen Gesetzbuchs (schuldhafte Zerrüttung des ehelichen Verhältnisses) eindeutig als Hauptscheidungsgrund in den Vordergrund geschoben. Dieser Paragraph kam, z. T. in Verbindung mit anderen Paragraphen, bei 27874 oder 66 Prozent der Ehescheidungen zur Anwendung. 14865 Ehen wurden wegen Ehebruchs (BGB, § 1565) geschieden; das waren 35,2 Prozent aller Ehescheidungen. Gegenüber 1913 hatte es im Bereich der Anwendung und Nutzung des Ehescheidungsrechts gravierende Verschiebungen gegeben. In diesem Jahr war der Ehebruch-Paragraph noch in 55 Prozent aller Fälle zur Anwendung gekommen und hatte eindeutig vor dem ›Zerrüttungs‹-Paragraphen des Bürgerlichen Gesetzbuchs gelegen (46,8% aller Fälle).

Die Scheidungsrate (bezogen auf 10000 stehende Ehen) schwankte bis zum neuen Scheidungsrecht v. J. 1938; sie übertraf aber immer den Wert von 1933: 1934 – 37,0; 1935 – 33,0; 1936 – 32,6; 1937 – 29,8; 1938 – 31,1.[14] Die Gründe für den Scheidungsboom unmittelbar nach der Machtergreifung dürften in der anlaufenden Diskriminierungspolitik gegenüber der jüdischen Bevölkerung zu suchen sein. Diese Politik der Ausgrenzung hinterließ auch im Scheidungsgeschehen deutliche Spuren.[15] Der dem Bürgerlichen Gesetzbuch fremde Begriff der ›Rassenmischehe‹ spielte in der Eherechtsprechung der Jahre 1933–1935 eine unheilvolle Rolle. Im Vorgriff auf die Regelungen des Ehegesetzes v. J. 1938 legte die Justiz, oft ohne die geringsten Skrupel, das geltende Recht »judenfeindlich« aus: eine beschämende »Entrechtung durch Richterspruch«.

Das nationalsozialistische neue Eherecht v. J. 1938 ist ein Gesetzgebungsakt, der sowohl als Reflex der Scheidungswirklichkeit im Dritten Reich anzusehen ist, wie er auch ein Abbild seiner bevölkerungspolitischen und rassenideologischen Hypertrophien ist. Diese Mehrschichtigkeit bedingt eine Unsicherheit in der historischen Urteilsbildung.[16] Fällt das Ehegesetz aus dem Generalrahmen der rassistischen und eugenischen Familienrechtsgesetzgebung des Nationalsozialismus heraus? Ist es der Beispielfall eines pragmatisch-rationalen Gesetzgebungshandelns in einer Zeit, in der ansonsten allen vernunftorientierten Rechtsgrundsätzen eine radikale Absage erteilt wurde? Von der Antwort auf diese Fragen hängt die historische Plazierung der nationalsozialistischen Periode der Ehe- und Scheidungsgesetzgebung ab. Brachten die Jahre 1933–1945 nur Gradunterschiede der gleichen Entwicklungslinie, die aus dem 19. Jahrhundert herausführt und bis in unsere Gegenwart reicht? Die Eingrenzung des Blicks auf die Scheidungsgründe, die das NS-Ehegesetz neu faßte, birgt die Gefahr in sich, die eugenischen, rassischen und bevölkerungspolitischen Implikationen zu unterschätzen, die diese Gesetzgebung enthielt. Zweifellos stand auch sie unter dem Vorbehalt des »deutschen ordre public« (Carl Schmitt), aber dieser ›ordre‹ beinhaltete in den 30er Jahren etwas anderes als etwa zur Zeit des Kaiserreichs. Er setzte den »großen neuen Gedanken des nationalsozialistischen Rechtdenkens«, den *Rassegedanken*, in ein alle Rechtsmaterien durchdringendes »deutsches Rassenrecht« um.[17] So erscheint es problematisch, im Ehegesetz v. J. 1938 den Kulminationspunkt einer Entwicklung zu sehen, die mit dem preußischen Justizminister Savigny begann und in der die »Überordnung des Staates« gradlinig fortschritt.[18]

Der Streit um die Beurteilung des Ehegesetzes v. J. 1938 hängt auch mit der mangelnden Berücksichtigung seiner Entstehungsgeschichte zusammen. Erst von ihr her lassen sich die Fragen nach dem Anteil nationalsozialistischen Gedankenguts an diesem Gesetz, seiner Verankerung in der mächtigen Tradition der konservativen Ehe- und Familienauffassung, nach der weitgehenden Ideologieresistenz zentraler Gesetzesbestimmungen usw. um die eigentliche historische Kernfrage bündeln: Wie reagierte das Regime auf Vorgänge in der gesellschaftlichen Wirklichkeit, die die regimeamtliche Heiligsprechung der deutschen Familie als Trugbild erscheinen lassen mußten?

Der geschichtliche Weg, auf dem die endgültige Gesetzgebung zustande kam, verlief durch ein rechtspolitisch keineswegs glattes Gelände. Der nationalsozialistische ›ordre public‹ hatte in den ersten Jahren des Dritten Reichs für das Eheschließungsrecht und die sozialrechtlichen Konnexinstitute der Ehe eine weitaus größere Bedeutung als für das Eheauflösungsrecht. Während dieses zwar intensiv diskutiert, aber gesetzgeberisch zurückhaltend behandelt wurde, kam es beim Eingehen der Ehe zu einem Bündel legislatorischer Maßnahmen, die alle den massiven Ehegestaltungsanspruch des neuen Gesetzgebers unterstrichen. Auch Kleinstes wurde bedacht, wenn es um die Durchsetzung des Rassenmonopols im Eherechtsgefüge ging. So durfte ab Juni 1933 »nicht als Reichsbeamter berufen werden«, »wer nicht arischer Abstammung oder mit einer Person nicht arischer Abstammung verheiratet ist«. »Reichsbeamte arischer Abstammung, die mit einer Person nicht arischer Abstammung die Ehe eingehen, sind zu entlassen.«[19] Diese, die Lebensumstände vieler Familien tief verunsichernden Bestimmungen dürften ihre Rückwirkungen auf die Scheidungsrate in den Anfangsjahren des Dritten Reichs gehabt haben. Die ›Nürnberger Gesetze‹ vom 15. September 1935, das Reichsbürgergesetz und das Gesetz zum Schutze des deutschen Blutes und der deutschen Ehre, waren die restriktivsten Beispiele ›deutschen Rassenrechts‹. Das Gleichheitsprinzip wurde dem Grundsatz der »Reinheit des deutschen Blutes« geopfert, die Gesellschaft entlang der imaginären Rassengrenze auch als Rechtsgesellschaft aufgespalten. Fortan waren »Eheschließungen zwischen Juden und Staatsangehörigen deutschen oder artverwandten Blutes« nicht mehr nur mit beruflichen Nachteilen und sozialen Prestigeverlusten verbunden, sie waren »verboten«: »Trotzdem geschlossene Ehen sind nichtig...“[20] Das eigentliche Eheschließungsgesetz des Nationalsozialismus war das »Gesetz zum Schutze der Erbgesundheit des deutschen Volkes (Ehegesundheitsgesetz)« vom 18. Oktober 1935.[21] Es rundete in den Augen des Regimes die bisherige, vom Rassegedanken geleitete Gesetzgebung, zu der auch das Gesetz »zur Verhütung erbkranken Nachwuchses«, das sog. Sterilisierungsgesetz vom 14. Juli 1933 zu zählen ist, ab und verwirklichte, so ein Beamter des Reichsjustizministeriums in der ›Deutschen Justiz‹, »auf dem Gebiete des Rechts der Eheschließung die Grundsätze einer gesunden Erb- und Rassenpflege.«[22] Das Ehegesundheitsgesetz legte in einer ›eugenischen‹ Kasuistik fest, wann eine Ehe *nicht* geschlossen werden durfte. Der Gesichtspunkt war dabei die *Unerwünschtheit der Ehe für die Volksgemeinschaft* (§ 1). Im November 1935 wurde eine Durchführungsverordnung zu diesem Gesetz nachgeschoben. Sie suchte das dubiose Verfahren der von den Gesundheitsämtern auszustellenden ›Ehetauglichkeitszeugnisse‹ für die Betroffenen durchsichtig zu machen.[23] Zu einer allgemeinen Einführung des Ehetauglichkeitszeugnisses ist es nicht gekommen, wohl aber spielte diese Bescheinigung bei der Gewährung von Ehestandsdarlehen eine Rolle.

Das NS-Regime bemühte sich, seine Negativgesetzgebung im Bereich des Eheschließungsrechts in einem positiven Licht erscheinen zu lassen. Das Ehegesundheitsgesetz, hieß es in der ›Deutschen Justiz‹, »ist in erster Linie eine Maßnahme der positiven Bevölkerungspolitik... Auch die Eheverbote selbst sind nicht so sehr unter dem Gesichtspunkt einer negativen Maßnahme zu betrachten, sondern vielmehr als eine Mahnung an den erbgesunden deutschen Volksgenossen, in einer Ehe mit einem *gleichwertigen* Gefährten sein Glück zu suchen und zu finden.« Die Glückssuche hatte der Nationalsozialismus schon im Frühsommer 1933 zu erleichtern gesucht. Freilich standen handfeste arbeitsmarktpolitische Kalküle hinter einer Sozialmaßnahme, die der »Förderung der Eheschließungen« dienen sollte: der Gewährung von Darlehen an junge Ehepaare (Ehestandsdarlehen).[24] Bedarfsdeckungsscheine bis zum Wert von Eintausend Reichsmark – »zum Erwerb von Möbeln und Hausgerät« – konnten Heiratswillige beantragen, wenn die »künftige Ehefrau« in einem »Arbeitnehmerverhältnis« stand und sich verpflichtete, spätestens zum Zeitpunkt der Eheschließung ihre Tätigkeit aufzugeben. Die Rückzahlung des Darlehens in monatlichen Raten ›erleichterte‹ eine Durchführungsverordnung insofern, als bei der Geburt jedes in der Ehe lebend geborenen Kindes 25 Prozent des ursprünglichen Darlehensbetrags erlassen wurden. Diese sozialrechtliche Klammer hat zweifellos den Zusammenhalt junger Ehen gestärkt. Vom August 1933 bis März 1935 wurden insgesamt 400738 Ehestandsdarlehen ausgezahlt; die Zahl der für lebend geborene Kinder gewährten Darlehenserlasse belief sich bis März 1935 auf 182475.[25] Nicht alle jedoch kamen in den Genuß der frühen familienfreundlichen Maßnahmen des NS-Regimes. Die zitierte Durchführungsverordnung legte auch fest, wer von den Ehestandsdarlehen ausgeschlossen blieb: »Wenn nach der politischen Einstellung eines der beiden Ehegatten anzunehmen ist, daß er sich nicht jederzeit rückhaltlos für den nationalen Staat einsetzt«, – und »wenn einer der beiden Ehegatten an vererblichen geistigen oder körperlichen Gebrechen leidet, die seine Verheiratung nicht als im Interesse der Volksgemeinschaft liegend erscheinen lassen«. Auf der Verfahrensebene zeigte sich die Dominanz des Rassegedankens auch im Sozialrecht. Die ideologischen Prämissen verzahnten sich hier mit den harten politischen Disziplinierungsstrategien des Rgimes.

Das Ehestandsdarlehen wandelte sich während der 30er Jahre von einem Instrument der Arbeitsmarktpolitik zu einer ausschließlich bevölkerungspolitisch motivierten Maßnahme. Ab November 1937 hatten auch Ehepaare Anspruch auf dieses Darlehen, wenn nach der Heirat die Ehefrau ein bestehendes Arbeitsverhältnis fortsetzte oder in ein neues Arbeitsverhältnis eintrat.[26] Es erhöhte sich in diesem Fall nur der monatliche Tilgungsbetrag. Der Einfluß der materiellen Unterstützung junger Ehepaare auf die Stabilität ihrer Ehe ist schwer abzuschätzen. Er dürfte vorhanden, doch nur von geringer Auswirkung auf das Scheidungsgeschehen insgesamt gewesen sein.

Die Diskussion des Scheidungsproblems stand anfangs ganz im Schatten der rassenideologischen Formierung des Eheschließungsrechts. Diese Rechtsmaterie war in den Augen des Regimes von einer ungleich höheren

Bedeutung, wenn es darum ging, den eigenen ›revolutionären‹ Anspruch im Reichsgesetzblatt plakativ herauszustellen. Die Scheidungsfrage dagegen, ein alter rechtspolitischer Streitgegenstand, war kompliziert – und komplex dazu. Denn sie betraf nicht nur Minderheiten wie Juden oder Geistesschwache, sondern, potentiell zumindest, eine große Mehrheit der deutschen Volksgenossen. Unsicherheit im Umgang mit dem Scheidungsproblem – und auch den rechtlichen Aspekten dieses Problems – ist auch in der Schrift Roland Freislers »Vom alten zum neuen Ehescheidungsrecht« von 1937 zu spüren.[27] Freisler, damals Staatssekretär im Reichsjustizministerium, wollte seine Ausführungen als ›Hilfe‹ bei der Neufassung des Scheidungsrechts, »dieser zur Zeit vielleicht dringendsten gemeinrechtlichen Erneuerungsaufgabe«, verstanden wissen. Sprachstrategisch wird schon im Vorfeld der eigentlichen juristischen Erörterung das Ehescheidungsrecht heruntergestuft: Es befasse sich mit »Ehen, die tot sind, obgleich beide Gatten leben«; es müsse sich »weitgehend bescheiden, insofern es nur in beschränktem Umfange die vornehmste Aufgabe des Rechtes erfüllen kann: Unheil zu verhüten, denn es findet bereits Krankheit vor. Und nur ganz beschränkt kann es heilen; es übernimmt im wesentlichen die Aufgabe des Chirurgen im Eheleben.«[28] Freisler pathetisches Räsonieren über »todkranke Ehen, die ihre völkische Pflicht trotz Zeugungs- und Gebärfähigkeit der Ehegatten nicht mehr zu erfüllen vermögen«, vergißt freilich nicht, die eigentliche Meßlatte für die nationalsozialistische Eherechtserneuerung zu erwähnen: das Volk. Es sei »natürlich«, daß alle bisherigen Arbeiten an der Erneuerung des Ehescheidungsrechtes »im Volk die größte Beachtung und Aufmerksamkeit erregen.« Was ist nun an diesen Arbeiten, die 1938, an einer besonderen Schnittstelle der NS-Zeit, zum Abschluß gebracht wurden, der *historischen* Beachtung und Aufmerksamkeit wert?

2. Die Entstehungsgeschichte des Ehegesetzes v. J. 1938

Die Entstehungsgeschichte des »Gesetzes zur Vereinheitlichung des Rechts der Eheschließung und der Ehescheidung im Lande Österreich und im übrigen Reichsgebiet« vom 6. Juli 1938[29] weist auf die Anfangsjahre des Dritten Reichs zurück. Die tiefgreifenden Maßnahmen des Regimes auf den Sektoren Kultur und Wissenschaft schufen auch für die Rechtswissenschaft wie die Justiz überhaupt einen neuen politischen und wissenschaftsorganisatorischen Rahmen. Die Standesorganisationen der Justiz wurden am 1. Juni 1933 in die »Deutsche Rechtsfront« eingegliedert, die die Interessen aller in der Rechtspflege Tätigen weniger wahrnahm als formierte. Sie stand unter der Leitung von Hans Frank, seit dem 25. April 1933 (bis 19. Dezember 1934) Reichskommissar für die Gleichschaltung der Justiz in den Ländern und die Erneuerung der Rechtsordnung. Ab Dezember 1934 gehörte Frank, der an der Spitze des Reichsrechtsamts der NSDAP und des ihm angeschlossenen N. S. Rechtswahrerbundes stand, der Reichsregierung als Minister ohne Geschäftsbereich an. Frank war es, der am 26. Juni 1933 die Akademie für Deutsches Recht ins Leben rief, als deren Präsident er fungierte. Diese Institution hatte den Zweck, die vom Nationalsozialismus gewünschte neue Rechtsordnung vorzubereiten. Sie war mehr als ein hochkarätig besetztes wissenschaftliches Diskussionsgremium, das über eine zukünftige Rechtswelt nachdachte. Die Akademie für Deutsches Recht hat aktiv in das Gesetzgebungsgebaren der Machthaber des Dritten Reichs eingegriffen und ist an vielen rechtspolitisch fatalen Weichenstellungen beteiligt gewesen.

Eine besonders deutliche Spur hat die Akademiearbeit in der nationalsozialistischen Familienrechtsgesetzgebung hinterlassen. Der Familienrechtsausschuß der Akademie für Deutsches Recht wurde von dem Münchener Rechtsanwalt Ferdinand Mößmer geleitet. Dieser, im Strom der Zeit sehr professionell agierende Jurist verstand es, in relativ kurzer Zeit mit dem von ihm geleiteten Ausschuß, in dem Universitätsprofessoren, hohe Ministerial- und Justizbeamte, in der Praxis tätige Juristen wie auch Parteivertreter saßen, zu Arbeitsergebnissen in einer Frage zu kommen, die man als besonders erneuerungsbedürftig »erkannte«: der Frage einer »Neugestaltung des deutschen Ehescheidungsrechts«.[30] Der Familienrechtsausschuß einigte sich im Verlauf des Jahres 1934 auf Reformgesichtspunkte, die Mößmer zu einem Gesetzesvorschlag, der später auch publiziert wurde, zusammenfaßte. Als »Baustein zu dem gewaltigen Bau der künftigen Deutschen Rechtsordnung« wollte Mößmer das »Ergebnis« der Verhandlungen des Familienrechtsausschusses gewertet wissen.

In der Tat hat die Arbeit des Akademieausschusses innerhalb der Geschichte des nationalsozialistischen Ehescheidungsrechts ihre eigene Geschichte. Der »Vorschlag« Mößmers steht am Beginn eines ›Reform‹-Weges, der äußerst verschlungen ist und der vom Einbruch »nationalsozialistischen Gedankenguts« in die überlieferte Rechtsordnung bis zu dessen hart umkämpfter Einbindung in diese Rechtsordnung reicht. Was ›nationalsozialistisches Gedankengut‹ sei, definierte der Ausschuß in folgender »Begriffs- und Zweckbestimmung« der Ehe: »Ehe ist die von der Volksgemeinschaft anerkannte, auf gegenseitiger Treue, Liebe und Achtung beruhende dauernde Lebensgemeinschaft zweier rassegleicher, erbgesunder Personen verschiedenen Geschlechts zum Zweck der Wahrung und Förderung des Gemeinwohls durch einträchtige Zusammenarbeit und zum Zweck der Erzeugung rassegleicher, erbgesunder Kinder und ihrer Erziehung zu tüchtigen Volksgenossen.«[31] Die Zweckbestimmung der Ehe bestimmte den Umgang des Ausschusses mit dem Problem zerrütteter Ehen. Maßstab für ihre rechtliche Behandlung sollte der jeweilige Wert für die Volksgemeinschaft sein. Die auf dem ›ordre public‹ des Nationalsozialismus eingeschworenen Mitglieder des Familienrechtsausschusses favorisierten ein Scheidungsrecht, das seine bisherige Mitte, den Verschuldungsgrundsatz, gänzlich aufgeben und das Zerrüttungsprinzip als neues Fundament anstreben sollte. »Die Zerrüttung des ehelichen Verhältnisses soll nach Meinung des Ausschusses grundsätzlich die Voraussetzung des Scheidungsanspruches sein. Nur wenn der Richter zu einer Feststellung dieser Zerrüttung gelangt, ist die Grundlage für die Scheidung einer Ehe gegeben, Das bedeutet, daß die Scheidung künftig nicht mehr erfolgen soll wegen ›objektiver Zerrüttung‹ *neben* Scheidung ›aus Verschulden‹, sondern es gibt lediglich die Scheidung wegen Zerrüttung des ehelichen Verhältnisses.«[32]

Man kann in diesen Ausführungen den Versuch des Nationalsozialismus sehen, die Scheidungsdiskussion der Linken, wie sie insbesondere in der Weimarer Zeit geführt wurde, zu beerben. Es hatte ja eine gesellschaftlich breit abgestützte Strömung in Politik und Rechtswissenschaft gegeben, die veralteten Rechtsnormen des bürgerlichen Gesetzbuchs in einen Einklang mit neuen Erscheinungen des Ehe- und Familienlebens zu bringen. Nie jedoch beinhalteten die Reformvorstellungen von Sozialdemokraten und Linksliberalen, die Ausnahme bildeteten hier die spezifisch gelagerten KPD-Initiativen, jenen radikalen Bruch mit der Rechtsvergangenheit, den in den 30er Jahren die Wortführer der nationalsozialistischen Rechtserneuerung zu vollziehen gedachten. Die Radikalität ihres Ansatzes hing auch mit der Abnabelung des Zerrüttungsprinzips von seiner individualistisch-liberalen Tradition zusammen. In dieser Tradition verkörperte es eine Rechtsfigur, die auf die Bedürfnisse des einzelnen ausgerichtet war; die dem nationalsozialistischen Gesetzgeber anempfohlene Übernahme des Zerrüttungsprinzips war anders motiviert: Es sollte die Einlösung einer Staatszielbestimmung rechtlich gewährleisten, in der der einzelne hinter die Volksgemeinschaft zurückzutreten hatte, in der über den Wert seiner Ehe, und damit über deren Erhalt resp. Trennung, nach bevölkerungs- und rassenpolitischen Kriterien entschieden wurde. Das Zerrüttungsprinzip, das zeigt seine bis in die Zeit des Allgemeinen Landrechts und des Code civil zurückgehende Geschichte, ist mit dem Gedanken der Mündigkeit im ehelichen Verhältnis eng verschweißt; in der Zeit des Nationalsozialismus wurde es zum Instrument der Entmündigung der Eheleute, der Aufopferung ihrer Interessen, Bedürfnisse und Lebenspläne gegenüber dem familienpolitischen Generalplan eines totalitären Staates.

Die Eherechtsnormen des Ehegesetzes v. J. 1938 sind ohne Frage in vielem Ausdruck des nationalsozialistischen Rechtserneuerungsanspruchs, wie er sich in der Arbeit des Familienrechtsausschusses der Akademie für Deutsches Recht formuliert findet; aber sie sind es nicht ausschließlich. Eine genaue Rekonstruktion der Entstehungsgeschichte wie der Wirkungsgeschichte des Ehegesetzes v. J. 1938 zeigt, wie im Medium des Rechts widerstreitende Systeminteressen aufeinanderprallten, wie ein ebenso pragmatisch wie traditionsgeleiteter Zugriff auf die Scheidungsmaterie durchaus imstande war, sich gegenüber rechtspolitischen ›Tabula rasa‹-Vorstellungen zu behaupten. Wenn die so wichtige Frage nach dem gesellschaftlichen

Anklang ansteht, den das Dritte Reich gefunden hat, wird man auf die Implementierung der Weltanschauungsformeln durch eine Politik zu achten haben, die ihre Wirkung genau kalkulierte. Das nationalsozialistische Scheidungsrecht ist ein Beispiel für den spezifischen Politikrhythmus im Dritten Reich. Er bedingte in den Politikergebnissen eine Kompromißstruktur, die der Gefahr einer Überforderung der Gesellschaft entging.

Die Akademie für Deutsches Recht hatte bei der Neugestaltung des Eherechts einen eindeutigen Akzent gesetzt. Sie war, von ihrem Auftrag her, mehr als ein den Gesetzgeber nur beratendes Gremium. Mit der politischen Deckung des Führers konnte sich die Akademie vielmehr in die Gesetzgebungsarbeit selbst einschalten. Ein Erlaß Lammers', des Chefs der Reichskanzlei, an die »Herren Reichsminister« vom Oktober 1936 bekräftigte eine Praxis, die sich weitgehend schon eingespielt hatte.[33] Dieser Erlaß hielt den »Wunsch« des Führers fest, daß die Akademie für Deutsches Recht an der Gesetzgebung »beteiligt« werde. Es wurde angeordnet, »daß bei der Vorbereitung von Gesetzen, die für die künftige Entwicklung des Rechts in nationalsozialistischem Sinne von grundsätzlicher Bedeutung sind, der federführende Herr Reichsminister in den ihm geeignet erscheinenden Fällen die Akademie für Deutsches Recht so rechtzeitig verständigt, daß sie Gelegenheit hat, zu den Problemen Stellung zu nehmen.« Das Reichsjustizministerium wurde in den 30er Jahren von Franz Gürtner geleitet (Anfang Februar 1933–Ende Januar 1941), der als Deutschnationaler in das Koalitionskabinett Hitlers eingetreten war und bis zu seinem Tod versucht hat, den Bereich der Rechtspflege nicht gänzlich der Parteiwillkür anheimfallen zu lassen.[34] Dieser Konservative hat auch bei der ›Reform‹ des Scheidungsrechts eine sehr eigenständige Rolle gespielt. Er verstand es, die Sachkompetenz seines Ministeriums dem Überschwang der nationalsozialistischen Rechtserneuerer entgegenzustellen und so die Richtung, die die rechtliche Neufassung des Ehescheidungsproblems mit dem Akademie-Vorschlag zu nehmen schien, doch erheblich zu korrigieren. Die Retardationshaltung des Reichsjustizministeriums zeigte sich schon in der Frage der Veröffentlichung von Mößmers Denkschrift. Der Vorsitzende des Familienrechtsausschusses suchte die Hilfe des Ministeriums in Anspruch zu nehmen und den Minister selbst für ein Vorwort zu gewinnen. Doch Gürtners Antwort, die er Mößmer einige Zeit nach der Fertigstellung des Akademie-›Vorschlags‹ mitteilen ließ, war eindeutig. Anfang Dezember 1935 bekam Mößmer aus dem Reichsjustizministerium zu hören: »Es handelt sich bei der Denkschrift um Fragen, die keineswegs – insbesondere auch nicht innerhalb der NSDAP – schon so abschließend geklärt sind, daß man heute sagen könnte, wann die gesetzliche Regelung kommen und ob sie sich in den von der Denkschrift vorgezeichneten Bahnen bewegen wird. Unter diesen Umständen scheint es dem Minister bedenklich, schon jetzt durch eine allgemeine öffentliche Bekanntgabe der Denkschrift in die weiten Kreise des deutschen Volkes, die an diesen Fragen leidenschaftlich innerlich beteiligt sind, Unruhe hineinzutragen und teils Hoffnungen, teils Befürchtungen zu erwecken, die wie sich früher bei ähnlichen Veranlassungen gezeigt hat, leicht bei vielen Volksgenossen zu Störungen ihres Ehelebens führen. Die hierin liegende Gefahr würde noch erheblich vergrößert, wenn die Veröffentlichung mit einem Vorwort eines Reichsministers begleitet würde und damit bei vielen den Eindruck einer amtlichen Kundgebung erwecken könnte. Der Minister würde es daher begrüßen, wenn die Veröffentlichung verschoben werden könnte, zum mindesten aber so geschehe, daß der Eindruck einer amtlichen Kundgebung vermieden würde.«[35]

Die Denkschrift wurde veröffentlicht, doch ohne den Segen ministerieller Amtsautorität. Wenn die Aktivitäten des Familienrechtsausschusses auch wenig Resonanz im Reichsjustizministerium fanden, so hatten sie doch eines bewirkt: Das Ministerium geriet in der Scheidungsfrage unter Handlungszwang, wollte es nicht den Anschluß an die vornehmlich von Parteikräften entfachte Neugestaltungsdebatte des Ehescheidungsrechts verlieren und Möglichkeiten der Steuerung dieser Debatte aus der Hand geben. Wenige Monate nach der Veröffentlichung von Mößmers Denkschrift signalisierte ein Rundschreiben Gürtners an sämtliche Ministerien sowie den ›Stellvertreter des Führers‹, der seit Dezember 1933 als Minister ohne Geschäftsbereich innerhalb der Reichsregierung die Parteiinteressen vertrat, die Richtung, die das Reichsjustizministerium in der Scheidungsfrage einzuschlagen gedachte. Sie unterschied sich in Kernpunkten grundsätzlich vom Ansatz des Familienrechtsausschusses. Gürtner betonte, daß gerade »vom nationalsozialistischen Standpunkt aus« Volk und Staat ein überragendes Interesse daran haben müßten, »von dem Institut der Ehe alles fernzuhalten, was ihr Wesen und ihre Bedeutung in den Augen der Menschen verringern und die Vorstellung von der grundsätzlichen Unauflöslichkeit des Ehebandes im Bewußtsein der Volksgenossen abschwächen oder verwischen könnte.«[36] Der Reichsjustizminister argumentierte im Grunde streng auf der traditionellen Linie der Eheerhaltungspflicht des Staates. Er befürchtete von einer uneingeschränkten Einführung des Zerrüttungsprinzips negative Auswirkungen auf die Eheverhältnisse. »M. E. kann es keinem Zweifel unterliegen, daß überall da, wo die Ehegatten ohne nennenswerte Schwierigkeit die vorzeitige Lösung des Ehebandes erreichen können, das Verantwortungsbewußtsein der Menschen und das Gefühl dafür schwindet, daß Eheleute in guten und bösen Tagen zueinander halten und versuchen müssen, auch über innere Krisen ihres Ehelebens nach Möglichkeit hinwegzukommen.«

Die »Bedenken« Gürtners lassen sich als eine Art Verteidigungsschrift der Scheidungsrechtsnormen des Bürgerlichen Gesetzbuchs charakterisieren. Ähnlich hatte das Zentrum in der Weimarer Zeit gegen die Reformvorstellungen der Linken argumentiert. Doch das Hochhalten der Normen des Bürgerlichen Gesetzbuchs in der NS-Zeit muß vor dem Hintergrund einer Normsituation interpretiert werden, die sich mit dem Machtantritt des Nationalsozialismus radikal gewandelt hatte. Über das Zerrüttungsprinzip wollte der nationalsozialistische Staat seine Weltanschauungspostulate in der Lebensgemeinschaft Ehe rechtlich verankern, das Zusammenleben von Menschen unter den Vorbehalt staatlicher Bedürfnisse stellen. Die Kehrseite dieses Verfügungsanspruchs war die Ausbeutung staatlichen Rechts durch menschliche Egoismen. Denn wie ließ sich verhindern, daß ›sittlich‹ nicht gerechtfertigte Trennungswünsche durch Umcodierung auf nationalsozialistische Scheidungsgründe den Schein innerer Berechtigung erhielten?

Der Reichsjustizminister riet nicht zuletzt von diesen Befürchtungen aus von einer Weiterverfolgung »einer solchen Regelung – mindestens in diesem Ausmaß« ab. Sein Konservativismus in der Scheidungsfrage war zwar eine Sache ganz persönlicher Überzeugungen, jedoch auch eine gezielte politische Interventionsstrategie. Er wies in seinem Rundbrief eindringlich darauf hin, daß sich in der Bevölkerung nicht die Meinung festsetzen dürfe, »eine Ehe werde im dritten Reich, weil wesentlich leichter auflösbar, als eine weniger feste Lebensverbindung angesehen als in früheren Zeiten.« Auch Mößmer bekam die Ausführungen des Ministers zu sehen. Obwohl dieser auch Positives an der Denkschrift des Familienrechtsausschusses hervorgehoben hatte, z. B. die offensichtlichen Unzulänglichkeiten des Bürgerlichen Gesetzbuchs im Bereich des Unterhaltsrechts und des Sorgerechts für die gemeinschaftlichen Kinder, blieb der zentrale Dissens in der Frage der Scheidungsvoraussetzungen bestehen. Mößmer wollte, so in einem Schreiben an das Reichsjustizministerium vom September 1936, keine bloße Änderung oder Ergänzung des geltenden Scheidungsrechts; er beharrte auf dem »Aufbau eines der Grundhaltung des Nationalsozialismus entsprechenden Familienrechts.«[37]

Mit dem Rundschreiben Gürtners vom Juni 1936 war die erste Phase eines sich noch über einen längeren Zeitraum hinziehenden Gesetzgebungsverfahrens eingeleitet worden. Um die Meinungsvielfalt und auch die Stärke der verschiedenen Meinungsrichtungen zu testen, berief der Reichsjustizminister im November 1936 eine Konferenz ein, in der hochrangige Vertreter der einzelnen Ministerien zusammen mit Mößmer und einzelnen Mitgliedern des Familienrechtsausschusses die anstehenden »familienrechtlichen Fragen« erörtern sollten.[38] Diese Zusammenkunft ist als eine wichtige Wegmarke in dem Gesetzgebungsvorgang anzusehen, der zum Ehegesetz v. J. 1938 führte. Zu Beginn der Sitzung berichtete Gürtner von einem Gespräch, das er mit Hitler nach dem Erscheinen der Mößmerschen Denkschrift geführt hatte. Er habe dem Führer die Frage gestellt, »ob es aus allgemeinen politischen Gründen erwünscht oder unerwünscht sei, daß eine Neuregelung des Ehescheidungsrechts jetzt in Angriff genommen werde.« Weiter heißt es dazu im Sitzungsprotokoll: »Der Führer habe dabei erklärt, daß die extremen Lösungen des Problems der Ehescheidung (die kanonische und die jüdische) für Deutschland unmöglich seien; die Lösung müsse sich auf der Mittellinie bewegen.« Aus dem gesamten Scheidungskomplex griff Hitler nur das Problem der Scheidung wegen Geisteskrankheit heraus. Er halte

»die jetzt geltende Regelung des Scheidungsgrundes der Geisteskrankheit... nicht für richtig; es werde dem gesunden Partner zu viel auferlegt; wenn einmal feststehe, daß die Geisteskrankheit die geistige Gemeinschaft ausschließe, dann müsse die Ehe geschieden werden können. Darüber hinaus halte er besondere Erleichterungen der Scheidung nicht für erforderlich; die Ehescheidungsziffer sei so hoch, daß er meine, Ehen würden leichter geschieden als geschlossen. Er würde für Zurückhaltung sein.«

Hitlers besonderes Interesse am Scheidungsgrund ›Geisteskrankheit‹, das auf das Gewicht des biographischen Faktors bei der Regimepolitik gegenüber Geisteskranken verweist, war für Gürtner kein Problem. In dem entscheidenden Punkt der Scheidungserleichterung glaubte er seine Politik zu diesem Zeitpunkt durch das Zurückhaltungsgebot des Führers abgesichert. Entsprechend selbstbewußt trat er in der Konferenz auf. Vehement verteidigte er den ›absoluten‹ Scheidungsgrund des Ehebruchs, den der Ministerialdirektor und Leiter der Abteilung für Volksgesundheit im Reichsministerium des Innern, Arthur Gütt, aus bevölkerungspolitischen Motiven abgeschafft wissen wollte. Gütt störte, daß beim Ehebruch ein Klagerecht des Ehegatten, der ihn begangen hatte, ausgeschlossen war. Außerdem enthielt das Bürgerliche Gesetzbuch ja noch große Hürden hinsichtlich einer Wiederverheiratung der wegen Ehebruchs geschiedenen Eheleute. Im Reichsinnenministerium setzte man auf den Richter, der auch in diesen Fällen schon die »richtige Entscheidung« treffen werde. Dem hielt Gürtner entgegen, daß sich der Gesetzgeber unmöglich dazu bekennen könne, auch den Ehebruch erst noch auf seine Zerrüttungsdimension hin richterlich untersuchen zu lassen. »Die Grundauffassung, daß der Treuebruch die sittliche Beendigung der Ehe ist, darf nicht angetastet werden.«

Eine Kontroverse zwischen Justiz- und Innenministerium ergab sich auch, als die Standpunkte über den generellen Einstieg in die Scheidungsrechtsreform ausgetauscht wurden. Für den Vertreter des Innenministeriums versprach das Prinzip der ›objektiven Ehezerrüttung‹ die größeren Ehegestaltungsmöglichkeiten für den nationalsozialistischen Staat; für den Reichsjustizminister war es ein Schritt »ins völlig Freie«, eine Herabstufung der Ehe auf eine »völlig untere Ebene«. »Wir müssen uns darüber klar sein, daß zahllose menschliche Tragödien innerhalb der Ehe von keinem Gesetzgeber gelöst werden können. Aber der Gesetzgeber muß doch wenigstens die Richtung angeben, nach der er hinaus will. Es werden häufig das Individualinteresse und das Volksinteresse gegenübergestellt, wobei man gar zu sehr an die Aufzuchtfrage denkt. Das ist aber nicht das einzige Interesse; das Gemeinschaftsinteresse besteht in erster Linie an der richtigen Einstellung des Volkes zur Ehe; man darf nicht nur an das Bevölkerungsproblem denken.« Auf dieses hin aber waren die Argumente Gütts gerichtet. Er drang auf die Schaffung von Möglichkeiten, »um einen Anschluß an das ganze Gebiet der Ehegesundheit zu finden. Wenn wir Eheverbote einführen, dann muß auch die Möglichkeit geschaffen werden, dieselben Gründe, die zum Eheverbot führen, auch als Scheidungsgründe zu werten, wenn es zur Zerrüttung gekommen ist.« In diesem Einwurf ist sehr klar die Instrumentalisierung des Zerrütungsprinzips für die Zwecke nationalsozialistischer Ordnungspolitik ausgesprochen. Die Front derer, die das überkommene Scheidungsrecht in seinem Grundzug verändern wollten, wurde breiter, doch das Reichsjustizministerium reagierte auf diese Herausforderung mit dem Entwurf eines Ehescheidungsgesetzes, der hinsichtlich der Preisgabe des Verschuldungsgrundsatzes nur wenige Konzessionen machte.

Im Frühsommer des Jahres 1937 durchlief dieser noch mehrfach abgeänderte Entwurf (Februar-Entwurf) die Bürokratien der einzelnen Ministerien sowie die mit dem Scheidungsproblem befaßten Parteistellen.[39] Die Reaktion auf den nur intern zur Diskussion gestellten, aber nicht veröffentlichten Gesetzesvorschlag des Reichsjustizministeriums war wenig einheitlich. Eine klare Marschroute für den weiteren Gang der Gesetzgebung schälte sich nicht heraus. Ganz auf der Mößmer-Linie, die ja auch vom Reichsministerium des Innern bekräftigt worden war, lag die Stellungnahme des N. S. Rechtswahrerbundes. Er kritisierte, daß der Minister-Entwurf von dem vom Familienrechtsausschuß der Akademie für Deutsches Recht eingeschlagenen Rechtserneuerungsweg abgewichen sei, den er noch einmal nachdrücklich in Erinnerung rief: »Nur die gesunde Ehe ist Baustein im Volk. Die kranke Ehe hat keine Ordnungskraft und keine Ordnungsaufgabe. Die zerfallene Ehe ist nicht mehr Quelle der Kraft, sondern sie bindet die Kräfte in gegenseitigem erbittertem Kleinkampf. Sie als krankes – jedenfalls nutzloses, meist schädliches – Glied aus dem Volkskörper zu entfernen, ist Recht und Pflicht einer staatlichen Rechtspflege.«[40] Der N. S. Rechtswahrerbund trat, noch über den Mößmer-Vorschlag hinausgehend, für eine »Zerrüttungs-Generalklausel« ein, die gleichsam alle anderen Scheidungsgründe überflüssig machen sollte. »Vom nationalsozialistischen Zielbild der Ehe« aus sollte der »nationalsozialistische Richter« frei in der Handhabung dieser Klausel sein.[41]

Wesentlich nüchterner als die Stellungnahme der NS-Juristen fiel der Kommentar des ›Hauptamtes für Volksgesundheit in der NSDAP‹ aus. Er begrüßte die angestrebten Verbesserungen im Scheidungsfolgenrecht, so besonders das Votum des Entwurfs für eine Abkoppelung des Sorgerechts vom Schuldausspruch des Scheidungsurteils, und er bemühte sich auch, die »Kompromißnatur der ganzen Vorlage« relativ unvoreingenommen zu würdigen.[42] Kern des Entwurfs v. J. 1937 im Bereich der Scheidungsvoraussetzungen war die Einführung einer *fünfjährigen Heimtrennungsfrist* geworden.[43] Erst nach Ablauf dieser Frist sollte der Scheidungstatbestand ›Zerrüttung‹ als Rechtsgrund für eine nicht auf Verschulden beruhende Ehetrennung von den Gerichten anerkannt werden. Ein so eng gefaßtes, d. h. über ein längeres Getrenntleben der Eheleute abgesichertes Zerrüttungsprinzip war weit von den rassen- und bevölkerungspolitisch aufgeladenen Rechtsvisionen der dogmatischen Nationalsozialisten entfernt. Mit dem Fristengedanken konnte sich das Hauptamt für Volksgesundheit anfreunden, nur plädierte es für zwei bis drei statt für fünf Jahre. Auch die kürzere Zeitspanne reiche aus, »den zur Trennung entschlossenen Ehegatten eine geraume Zeit zur Überlegung und inneren Rechenschaft zu geben in der stillen Hoffnung, daß sie in dieser Zeit wieder zueinander finden und eine Ehe dem Deutschen Volk und Staat erhalten bleibt.«

Der Reichsjustizminister bekam auf seinen ›Probe‹-Entwurf hin Gegensätzliches zu hören. Er hatte zweifellos viele Erwartungen enttäuscht, die auf einen gänzlichen Umsturz der überkommenen Systematik und Dogmatik des Familienrechts gerichtet waren. Die Verschuldenskasuistik war beibehalten und nur einen Spalt zum Zerrüttungsprinzip hin geöffnet worden. Man hat den Eindruck, daß Gürtner vieles offenließ, um erst einmal die Kräfteverhältnisse einzuschätzen. Er machte Zugeständnisse auf Nebenfeldern der Scheidungsrechtsmaterie, um ihren Kernbereich, in dem die Scheidungsfrage auch in ihrem ganzen gesellschaftlichen Ausmaß zutage trat, vom Totalzugriff der NS-Ideologie abzuschirmen. Immerhin war auch das Hauptamt für Volksgesundheit nicht für die »Schaffung einer grundsätzlich allgemeinen Scheidungserleichterung«, obwohl es sich andererseits auch gegen die zwangsweise Aufrechterhaltung von Ehen aussprach, »die sich nach einer Reihe von Jahren bei vernünftiger Beurteilung durch einen unbefangenen Beobachter als unhaltbar erwiesen haben«. Das Durcheinander in der Neugestaltung des Ehescheidungsrechts, das, wie Gürtner im Juni 1937 an Hanns Kerrl, den Minister für kirchliche Angelegenheiten, schrieb, viele Volksgenossen verunsichere, besonders bei den Frauen übertriebene Befürchtungen und bei Ehemännern, die von ihrer alten Ehe loskommen möchten, die weitestgehenden Erwartungen ausgelöst habe, scheint der Justizminister genutzt zu haben, um bei Hitler einen »klaren gesetzgeberischen« Auftrag durchzusetzen. »In Würdigung aller dieser Umstände [d. i. das genannte Gemisch aus Befürchtungen und Erwartungen; D. B.] hat der Führer und Reichskanzler mich ausdrücklich ermächtigt, die Erneuerung des Ehescheidungsrechts vorweg in Angriff zu nehmen und beschleunigt durchzuführen.«[44] Mit dieser Führer-›Ermächtigung‹ vom Sommer 1937 legte Gürtner die rechtliche Linienführung für das Ehegesetz v. J. 1938 fest. Auch dieses Gesetz stand fest auf dem Sockel »nationalsozialistischen Gedankenguts«; es enthielt aber auch Bestimmungen, die die Möglichkeit justizieller Entschärfung dieses Gedankenguts auf dem Weg der Rechtsanwendung offenhielten.

Im Herbst des Jahres 1937 hat das Reichsjustizministerium einen überarbeiteten Entwurf eines Ehescheidungsgesetzes erstellt. Dieser »Entwurf vom 3. 9. 1937« lag dem ›Stellvertreter des Führers‹ zur Stellungnahme vor.[45] Sie wurde Anfang Januar 1938 sehr detailliert abgegeben, unter kräftiger Herausstellung nationalsozialistischer Grundsätze. Das Wichtigste aber war, daß auch das höchste Parteiamt sich einem Gesetzgebungsweg der ›mittleren Linie‹ nicht in den Weg stellte. Das Reichsjustizministerium schob im März 1938 einen »Vorspruch« zu seinem Gesetzentwurf nach, um seinen Kurs, der vor allem vom Reichsminister des Innern nach wie vor konterkariert wurde, abzuschirmen.[46] Dieser Vorspruch war ein taktisches Zugeständnis; beim späteren Gesetz fehlte er. Dieses wies nicht die Eindeutigkeit auf, auf die die Partei in der Endphase der Gesetzgebung drang. »Die Ehe als Keimzelle des völkischen Lebens«, das sollte der Einfallwinkel für die Gesetzesbetrachtung sein, »sichert die Ewigkeit des Volkes durch die Kette der Geschlechter. Sie ist deshalb dem deutschen Volke heilig. Die Ehe zu schützen, ist Aufgabe des völkischen Staates. Die eigene Ehe dieses Schutzes würdig zu führen und ihre Grundlagen unversehrt zu erhalten, ist die Pflicht der Ehegatten. Die Ehe des anderen zu achten, ist jedermanns Verpflichtung. Nur die Ehe soll zu scheiden sein, deren Grundlagen zerstört sind und die deshalb für die Volksgemeinschaft nicht mehr von Wert ist.«[47]

Nachdem der ›Stellvertreter des Führers‹ der baldigen Verabschiedung eines Ehescheidungsgesetzes durch die Reichsregierung zugestimmt hatte, stellte im März 1938 auch das Reichsinnenministerium seine »Bedenken« zurück.[48] Es hielt aber daran fest, daß die Neuregelung der Scheidungsmaterie »die für die Zukunft notwendige Gesamtreform des Familienrechts nicht gefährden« dürfe. Noch einmal bot sich dann kurze Zeit später für den Reichsminister des Innern eine Gelegenheit, die kurz vor dem Abschluß stehende Gesetzgebung scheitern zu lassen. Das Jahr 1938 als ›Erfolgs‹-Jahr des Regimes auf dem Gebiet der Außenpolitik brachte am 13. März den durch Gesetz besiegelten Anschluß Österreichs an das Deutsche Reich. Als Instanz der organisatorischen Eingliederung wurde am 23. April das Amt des »Reichskommissars für die Wiedervereinigung Österreichs mit dem Deutschen Reich« geschaffen. Die Mitglieder der »Österreichischen Landesregierung« waren als »Beauftragte« der jeweiligen Reichsminister tätig. Die Anschlußfrage war eine politische Machtfrage gewesen; die Wiedervereinigungsfrage stellte sich vor allem auch als eine Frage der Einführung des Reichsrechts in Österreich. Hier warf das sehr unterschiedliche Eherecht zwischen dem Reich und Österreich besondere Probleme auf. Das österreichische Eherecht ruhte auch in den 30er Jahren noch auf der Regelung, die zu Beginn des 19. Jahrhunderts durch das Allgemeine Bürgerliche Gesetzbuch getroffen worden war:[49] Jede Religionsgemeinschaft hatte ihr besonderes Eheschließungs- und Ehetrennungsrecht. So prägten die Konfessionsunterschiede das Bild einer Rechtslandschaft, die äußerst zersplittert war, und in der der einzelne Mühe hatte, sich zurechtzufinden. Da die Form der Eheschließung vom Glaubensbekenntnis abhing, hatten auch alle vor einem katholischen Priester nach kanonischem Recht geschlossenen Ehen eine »staatliche Wirksamkeit«; die Zivilehe, also die Eheschließung vor einem weltlichen Organ, war nicht für alle Staatsbürger verbindlich.[50] Die größten Probleme warf das konfessionsgebundene österreichische Eherecht im Bereich der Ehetrennung auf. Nach dem Allgemeinen Bürgerlichen Gesetzbuch konnten Ehen, wenn auch nur ein Ehepartner katholisch war, nicht geschieden, d. h. dem Bande nach getrennt werden. Auf diese Weise war in Österreich die Scheidung von Tisch und Bett, die eine Wiederverheiratung ausschloß, zum vorherrschenden Scheidungstyp geworden. Das Unbehagen, das mit dieser Semi-Scheidung verbunden war, führte dazu, daß viele Menschen den Nationalsozialismus als den neuen Gesetzgeber mit großen Erwartungen begrüßten. Nicht nur Unbehagen hatte sich angesammelt, es hatten sich im Verlauf von Jahrzehnten auch unhaltbare rechtliche Zustände eingeschliffen. Seit 1918 war das Dogma von der Untrennbarkeit katholischer Ehen oft durch die Schließung sog. Dispensehen umgangen worden. Kirchenbehörden hatten den eine Wiederverheiratung anstrebenden Eheleuten »Nachsicht« vom Ehehindernis des Ehebandes erteilt. Die rechtliche Qualität dieses Verwaltungsakts war umstritten; so kam es häufig zu Rechtsstreitigkeiten, in denen die Gerichte Ehen, die von ›dispensierten‹ Ehegatten eingegangen worden waren, als Doppelehen ansahen und von daher als nichtig betrachteten. Die Unsicherheit der Dispensehe beruhte auf der Festigkeit, mit der am konfessionellen Ehetrennungsrecht (Scheidung von Tisch und Bett) festgehalten wurde.

Im ersten Halbjahr 1938 verschränkten sich die weit gediehenen Bemühungen um eine Neufassung des Ehescheidungsrechts im Altreich mit den spezifischen Problemen des Eherechtszustandes in Österreich. Das ›Österreich‹-Problem stand zur Lösung an, aber ungeklärt war, ob dies auf dem schon beschrittenen Reformweg oder als Sonderreform geschehen sollte. Am 8. April 1938 hatte Hitler den Reichsjustizminister bei einem Gespräch in Linz beauftragt, die Fragen des österreichischen Eherechts »sofort« in Angriff zu nehmen.[51] Gürtner verfolgte die Linie, die »Neuregelung des Eherechts in Österreich« mit der von ihm vorbereiteten »kleinen Eherechtsreform im Gesamtreich« zu verbinden.[52] Dem widersprach das Reichsinnenministerium, das auf eine »Vorweg-Neuregelung« des österreichischen Eheschließungs und -scheidungsrechts drang und auf diese Weise die kurz vor dem Abschluß stehende Reformarbeit des Reichsjustizministeriums noch einmal auf die lange Bank schieben wollte. Anfang Juni war Frick, der Reichsinnenminister, in Wien gewesen und hatte bei den österreichischen Justizbehörden zugunsten einer »Zwischenlösung« in Form eines »österreichischen Sondergesetzes« interveniert.[53] Doch diese vertraten mit dem Reichsjustizminister den Standpunkt, daß »halbe Lösungen«, deren Revision ohnehin bei der späteren Gesamtreform abzusehen sei, nur weitere Unruhe stiften würden. Den Konflikt entschied Gürtner, wohl aufgrund der besseren Argumente, für sich. Am 15. Juni führte er ein Gespräch mit Hitler, in dem dieser »mit der vorgeschlagenen Methode der Gesetzgebung einverstanden« war, »insbesondere« auch mit den »Vorschlägen in bezug auf die Dispensehe«.[54] Hitler merkte zum Inhalt des verabschiedungsreifen Gesetzes einige Punkte an, die ebenso seine bevölkerungspolitische Sichtweise der Scheidungsmaterie unterstreichen wie seine Scheu vor »extremen Lösungen«. Er billigte den Ehescheidungsgrund »Unfruchtbarkeit«, wünschte für die Befreiung vom Ehehindernis des Ehebruchs »einen richtungsweisenden Zusatz dahin, daß diese Befreiung gegeben werden soll, wenn nicht schwerwiegende Gründe der Eingehung der zweiten Ehe entgegenstehen«, er lehnte aber »jede Erleichterung der Ehescheidung im Falle Kinderlosigkeit der Ehe ab wegen der bevölkerungspolitischen Nachteile, die aus einer solchen Regelung erwachsen könnten.«

Am 29. Juni 1938 wurde das NS-Ehegesetz, nachdem Hitler ihm zugestimmt hatte, vom Kabinett verabschiedet.[55] Am 6. Juli wurde es ausgefertigt und am 8. Juli im Reichsgesetzblatt veröffentlicht; in Kraft trat es am 1. August 1938.[56]

Das Problem der Rechtseinheit, das der Anschluß Österreichs aufgeworfen hatte, hat den Abschluß eines lange umkämpften Gesetzgebungswerks beschleunigt, das zwar auf der Weltanschauungslinie des NS-Gesetzgebers lag, diese Linie aber nicht in jeder Wendung mitvollzog. Durchaus pragmatisch und auf den bestehenden gesellschaftlichen Regelungsbedarf abgestimmt, behandelte das *Ehegesetz v. J. 1938* in seinem vierten Abschnitt – Sondervorschriften für das Land Österreich – die Typenvielfalt der hier bestehenden Eheverhältnisse. Die Scheidungen von Tisch und Bett wurden in Scheidungen dem Bande nach überführt, die den bisherigen Ehepartnern die Wiederverheiratung gestatteten. Jeder der Ehegatten konnte bei dem zuständigen Bezirksgericht eine Überleitung beantragen, die im außerstreitigen Verfahren, d. h. ohne Nachprüfung des Verschuldens behandelt wurde (§ 115). Geprüft wurde lediglich, ob eine Scheidung von Tisch und Bett vorliege und ob die Ehegatten sich nicht wieder versöhnt hatten. Waren diese Voraussetzungen gegeben, wandelte das Gericht durch »Beschluß« die von Tisch und Bett getrennte Ehe in eine Trennung dem Bande nach um. Bei der Regelung der Scheidungsfolgen wurde die bisher getroffene Vereinbarung übernommen. An anderer Stelle wird zu zeigen sein, in welchem Umfang die Österreich-spezifischen Bestimmungen des Ehegesetzes v. J. 1938 genutzt wurden.

Auch bei den Dispensehen zog man einen klaren Strich unter die so verwirrende ›konfessionelle‹ Rechtsvergangenheit. »Eine mit Nachsicht vom Ehehindernis des Ehebandes geschlossene und nicht bereits rechtskräftig für ungültig erklärte Ehe gilt als eine von Anfang an gültige Ehe..." (§ 121), – das war praktisch die Legalisierung der bestehenden Dispensehen. Mit dem Eingehen der späteren Ehe galt, wenn kein Nichtigkeitsantrag bis zum 1. Januar 1939 gestellt wurde, die frühere Ehe als rechtswirksam geschieden. Abgerundet wurde der Österreich-Komplex durch die generelle Einführung der Eheschließung vor »staatlichen Trauungsorganen« (§ 100).

So pragmatisch die ›Sondervorschriften für das Land Österreich‹ gehalten waren, so ideologisch fiel der erste Abschnitt des Ehegesetzes aus, der das ›Recht der Eheschließung‹ enthielt. Bei den ›Eheverboten‹ stand die »Blutsverschiedenheit« an erster Stelle, die Geltungskraft der ›Nürnberger Gesetze‹ wurde ausdrücklich bestätigt (§ 4), und beim zweiten Verbotstatbestand

– »Mangel der Ehetauglichkeit« – wurde auf die die »Volksgesundheit« sichernden Bestimmungen des Ehegesundheitsgesetzes verwiesen (§ 5). Der Ehebruch hatte zwar weiterhin, wie im bisherigen bürgerlichen Recht, das Eheverbot mit demjenigen zur Folge, mit dem er begangen worden war, doch erweiterte der Gesetzgeber die Befreiungsmöglichkeiten von dieser Verbotsvorschrift. Das war ja der ausdrückliche Wunsch Hitlers gewesen. Befreiung sollten die zuständigen Gerichtsbehörden nur versagen, »wenn schwerwiegende Gründe der Eingehung der neuen Ehe entgegenstehen« (§ 9 Abs. 2). Was unter diesen »Gründen« zu verstehen sei, deutete die ›Begründung‹ zum Ehegesetz an: z. B. mangelnde Erbgesundheit oder ein zu großer Altersunterschied der an der neuen Ehe Beteiligten.[57]

Das Ehegesetz v. J. 1938 hob die Titel 2 (Eingehung der Ehe; §§ 1303–1322), 3 (Nichtigkeit und Anfechtbarkeit der Ehe; §§ 1323–1347), 4 (Wiederverheiratung im Falle der Todeserklärung; §§ 1348–1352) und 7 (Scheidung der Ehe; §§ 1564–1587) des Bürgerlichen Gesetzbuchs auf. Während das Eheschließungsrecht des Ehegesetzes weitgehend die Geltungsstruktur der rassistischen Einzelgesetzgebung in den 30er Jahren bekräftigte, enthielt der zweite Abschnitt des Ehegesetzes, überschrieben als »Recht der Ehescheidung«, Bestimmungen, die nicht nur neu waren, sondern von denen auch eine neue Wirksamkeit auf das Scheidungsgeschehen ausging. Ehebruch (§ 47), Verweigerung der Fortpflanzung (§ 48) und Andere Eheverfehlungen (§ 49) zogen eine »Scheidung wegen Verschuldens« nach sich. Damit hielt das Ehegesetz am Grundsatz der Nennung absoluter Scheidungsgründe fest, die das Klagerecht des nichtschuldigen Ehegatten sicherstellten. Neu war der Paragraph 48, mit dem der NS-Gesetzgeber die »Bedeutung, die die Ehe für die Sicherung des Bevölkerungsnachwuchses hat«, unterstreichen wollte.[58] Diesem Einbruch in die traditionelle Kasuistik standen die Traditionsbestände der Scheidung wegen Ehebruchs und schuldhafter Zerrüttung der Ehe gegenüber. Der Paragraph 49 des Ehegesetzes entsprach in der Substanz dem Zerrüttungsparagraphen des Bürgerlichen Gesetzbuchs (§ 1568). Dennoch wies seine Fassung Modifikationen auf, die den rechtspolitischen Willen des Nationalsozialismus anzeigten. Gab das Bürgerliche Gesetzbuch die Scheidung aufgrund des Gesichtspunktes frei, daß dem nichtschuldigen Ehegatten wegen der tiefen Zerrüttung des ehelichen Verhältnisses die Fortsetzung der Ehe nicht zugemutet werden könne, so strich das Ehegesetz die ›subjektive‹ Zumutungsklausel. Eine Ehe sollte dann als zerrüttet gelten, wenn »die Wiederherstellung einer ihrem Wesen entsprechenden Lebensgemeinschaft nicht erwartet werden kann.« Von der »richtigen Würdigung des Wesens der Ehe« sollte es auch abhängig sein, ob das Scheidungsbegehren des schuldigen Teils in jedem Fall auszuschließen war. Über die Generalklausel vom ›Wesen der Ehe‹ sicherte sich der Staat besondere Eingriffsrechte.[59] Die von ihm festgelegten Wesensmerkmale einer Ehe waren von einer höheren Rechtsverbindlichkeit als die nur ›individuelle‹ Eheauffassung der Ehegatten. Im nationalsozialistischen Staat bestimmte sich das ›Wesen der Ehe‹ nach den Inhalten der nationalsozialistischen Weltanschauung.

Trotz der ideologischen Einzäunung der Schuldparagraphen des Ehegesetzes, allein die Tatsache, daß überhaupt das Verschuldungsprinzip im nationalsozialistischen Eherecht auftaucht, ist von besonderer Bedeutung. Es war von konservativen Juristen als Palladium einer Rechtsvergangenheit verteidigt worden, die man im NS-Weltanschauungsstaat nicht gänzlich an die Wand gedrückt sehen wollte und auf die man auch aus pragmatischen Erwägungen, aus Gründen der inneren Balance der bestehenden Staatsgesellschaft nicht verzichten zu können glaubte. In einer geschichtlichen Situation, in der die Verfassungsverhältnisse aufs tiefste zerrüttet waren, hätte ein ›pervertiertes‹ Zerrüttungsprinzip die in ihren gesellschaftlichen Folgen kaum abschätzbare Tyrannei der nationalsozialistischen Machthaber über das Eheleben heraufbeschworen. Diese Befürchtungen haben sich sehr deutlich in der ›Begründung‹ zum Ehegesetz niedergeschlagen.[60] Hier werden klar die »erheblichen Bedenken« gegenüber einer »von beachtlichen Stellen empfohlenen Regelung« angesprochen, »generell« jede Ehe für lösbar zu erklären, »die ohne Rücksicht auf die Frage eines etwaigen Verschuldens der Ehegatten so zerrüttet ist, daß sie für die Volksgemeinschaft keinen Wert mehr besitzt.« Eine solche Regelung würde dann annehmbar sein, »wenn die große Mehrzahl der Volksgenossen von der nationalsozialistischen Weltanschauung schon so tief durchdrungen wäre, wie dies nach einer erst fünfjährigen nationalsozialistischen Erziehungsarbeit noch nicht erwartet werden kann.« Es sei vielmehr »eine täglich zu beobachtende Tatsache«, daß die völkische Pflicht kaum die »Pflichtverletzungen« der Ehepartner gegeneinander hindere und weitaus die meisten Ehen an eigensüchtigem, schuldhaftem Verhalten zerbrächen. »Deshalb geht das Gesetz davon aus, daß die Durchsetzung der nationalsozialistischen Auffassung im Ehescheidungsrecht zur Zeit nicht durch eine radikale Einführung des Zerrüttungsgedankens als einzigen Scheidungsgrundes, die zur Zeit einen Sprung ins Dunkle bedeuten würde, sondern besser durch einen Um- und Ausbau der bisherigen Scheidungsgründe durchgeführt wird.«

Dem Festhalten an schuldhaften Eheverfehlungen kam eine zentrale gesellschaftliche Bedeutung zu, während bei den ›eugenischen‹ Scheidungsgründen die Auswirkungen auf das Scheidungsgeschehen weit geringer anzusetzen sind. Den Scheidungsgrund ›Geisteskrankheit‹ faßte das Ehegesetz neu. Nicht nur fiel bei einer Scheidungsklage aufgrund dieser Krankheit die Dreijahresfrist des Bürgerlichen Gesetzbuchs weg (BGB, § 1569 – Ehegesetz, § 51), ein neuer Paragraph (§ 50) ermöglichte es, die Scheidung auch bei leichteren »geistigen Störungen« zu begehren. Der Gesetzgeber dachte hier an »Fälle der Hysterie«, in denen bisher eine Scheidung unmöglich gewesen war.[61] Der dritte ›eugenische‹ Scheidungsgrund war eine »ansteckende und ekelerregende Krankheit« (§ 52). Er war ebenso neu wie »Unfruchtbarkeit« als Scheidungsgrund (§ 53). Hier, im Anschluß des Scheidungsrechts an den ›Ehegesundheits‹-Komplex, hatte sich voll die Linie des Reichsministeriums des Innern durchgesetzt.

Der Paragraph, der als der eigentliche Schlüsselparagraph des Ehegesetzes bezeichnet werden kann, stand am Ende des Abschnitts, der die »Scheidung aus anderen Gründen« behandelte: § 55, überschrieben »Auflösung der häuslichen Gemeinschaft«. An dieser Stelle öffnete sich das Ehegesetz zum Zerrüttungsprinzip hin, ohne dabei seinen Grundsatz, die »Scheidung wegen Verschuldens« eindeutig »in den Vordergrund« zu stellen, aufzugeben – so die Formulierung in der ›Begründung‹. »Auflösung der häuslichen Gemeinschaft« hieß, daß jeder Ehegatte die Scheidung begehren konnte, wenn die häusliche Gemeinschaft seit *drei* Jahren – hier war man hinter die vom ›Entwurf‹ v. J. 1937 geforderten fünf Jahre zurückgegangen – aufgehoben war und infolge einer tiefgreifenden unheilbaren Zerrüttung des ehelichen Verhältnisses die Wiederherstellung einer dem Wesen der Ehe entsprechenden Lebensgemeinschaft nicht erwartet werden konnte. Der so formulierte Scheidungsgrund der objektiven Zerrüttung wurde im zweiten Absatz dieses Paragraphen dadurch relativiert, daß dem nichtschuldigen Ehegatten ein Widerspruchsrecht gegen die Scheidung eingeräumt wurde, dessen Berechtigung freilich, so der umfangreiche Gesetzeskommentar Erich Volkmars – einer der leitenden Beamten im Reichsjustizministerium –, wiederum »nach überindividualistischen, völkischen Gesichtspunkten« zu prüfen sei.[62] Im Wortlaut des Gesetzes heißt dieser wichtige Passus: »Der Widerspruch ist nicht zu beachten, wenn die Aufrechterhaltung der Ehe bei richtiger Würdigung des Wesens der Ehe und des gesamten Verhaltens beider Ehegatten sittlich nicht gerechtfertigt ist.«

Die komplizierte Verbindung von Verschuldungs- und Zerrüttungsprinzip, die durch den Einbau der Generalklausel vom »Wesen der Ehe« noch verwirrender wurde, stellte für die Rechtspraxis eine besondere Herausforderung dar. Es wird zu prüfen sein, ob die Gerichte in ihrer Gesetzesauslegung in jedem Fall dem folgten, was der NS-Gesetzgeber ihnen mit dem schwammigen Rechtsbegriff vom »Wesen der Ehe« zu signalisieren suchte. Das Ehegesetz v. J. 1938 war nicht jenes »einheitliche und in sich geschlossene Ganze«, als das es von offizieller Seite ausgegeben wurde.[63] In seiner fehlenden rechtspolitischen Stringenz aber – das ist die hier vertretene These – sind die Eigentümlichkeiten seiner geschichtlichen Wirkung aufzusuchen. Dieses nationalsozialistische Gesetz lebte gesellschaftlich nicht zuletzt von dem, was nichtnationalsozialistisch an ihm war.

Obwohl das Ehegesetz mit seiner Voranstellung der Verschuldungsscheidung in der Spur des Bürgerlichen Gesetzbuchs stand, wich es in der Regelung der Scheidungsfolgen erheblich von der Rigorosität der bisherigen Rechtspraxis ab. Nach dem Bürgerlichen Gesetzbuch war nur der *allein* schuldige Ehegatte dem anderen unterhaltspflichtig; das bedeutete zumeist, daß die ›mitschuldige‹ Frau – über das Ausmaß beiderseitigen Schuldanteils wurde berichtet – ihren Unterhaltsanspruch verlor bzw. daß dieser beliebig, an den »sonstigen Verpflichtungen« des Mannes orientiert, gesenkt werden konnte. Diese »Schärfe« milderte das Ehegesetz ab, indem es auch bei der Schuld beider Ehegatten an der Scheidung »dem Ehegatten, der sich nicht selbst unterhalten kann, einen Beitrag zu seinem Unterhalt« zubilligte, »wenn und soweit dies mit Rücksicht auf die Bedürfnisse und Vermögens- und Erwerbsverhältnisse des anderen Ehegatten... der Billigkeit entspricht.« (§ 68) Diese Unterhaltsregelung war auch für Scheidungen vorgesehen, die nach dem ›Zerrüttungsparagraphen‹ des Ehegesetzes (§ 55), also ohne Schuldausspruch erfolgten. Man mag vom heutigen Standpunkt aus diese Bestimmungen als unzureichend abtun, auch aus ihnen das Weiterleben der alten Frauenfeindlichkeit des Bürgerlichen Gesetzbuchs herauslesen – so konnte der Unterhaltsberechtigte, also zumeist die Frau, ihren Anspruch bei einem »ehrlosen und unsittlichen Lebenswandel« ›verwirken‹ (§ 74) –, entscheidend war die auch für die Frau mehr soziale Sicherheit bringende *Korrektur* der Ungerechtigkeit im Rechtsverhältnis der Geschlechter. Auf der gleichen Linie lag die Neufassung des Sorgerechts für die Kinder aus einer gescheiterten Ehe. Auch hier war das Bürgerliche Gesetzbuch von einer problematischen Starrheit. Es koppelte das Sorgerecht mit der Schuldfrage und verlieh so dem Entzug des Sorgerechts den Charakter einer Sanktion für begangene Eheverfehlungen. Es tat dies freilich nicht geschlechtsneutral. Waren »beide Ehegatten für schuldig erklärt, so steht die Sorge für einen Sohn unter sechs Jahren oder für eine Tochter der Mutter, für einen Sohn, der über sechs Jahre alt ist, dem Vater zu.« (BGB, § 1635) Die Kann-Bestimmung des Bürgerlichen Gesetzbuchs hinsichtlich einer »abweichenden Anordnung« durch das Vormundschaftsgericht wandelte das Ehegesetz zu einer definitiven Regelung um: »Ist die Ehe geschieden, so bestimmt das Vormundschaftsgericht, welchem Ehegatten die Sorge für die Person eines gemeinschaftlichen Kindes zustehen soll. Maßgebend ist, was nach Lage der Verhältnisse dem Wohl des Kindes am besten entspricht.« (§ 81) Vom bestehenden Rechtszustand ausgehend, ließ sich das Unterhalts- und Sorgerecht des Ehegesetzes nur begrüßen. Freilich stand es nicht im Zentrum der nationalsozialistischen Ehescheidungsreform, mit der sich ganz andere Erwartungen verknüpften. Hans Frank, Präsident der Akademie für Deutsches Recht, brachte sie aus Anlaß der Verkündung des Ehegesetzes noch einmal in Erinnerung.[64] Er sprach davon, »daß aus dem politischen Wollen einer revolutionären Grundhaltung das elementare Gut einer Gemeinschaftsordnung in Gesetzesform« geworden sei. Wie die Entstehung des Ehegesetzes v. J. 1938 nicht von der Rhetorik der sie begleitenden offiziellen Verlautbarungen aufgeschlüsselt werden kann, so wich auch der weitere Weg dieses Gesetzes von der vom Nationalsozialismus gewünschten Wegrichtung ab.

Das nationalsozialistische Eherecht ist bisher in erster Linie als Beispielfall einer gesetzgeberischen wie auch »interpretativen« Anpassung eines privatrechtlichen Normenkomplexes an radikal gewandelte politische Wertvorstellungen betrachtet worden.[65] Die »interpretativen Anpassungstechniken« der Gerichte wurden als Beleg für den vor allem »durch Auslegung« bewirkten »Inhaltswandel des deutschen Privatrechts im Nationalsozialismus« angeführt.[66] In der Tat lag gerade die Rechtsprechung des Reichsgerichts ganz auf der Linie der nationalsozialistischen Rassen- und Bevölkerungspolitik. In den Fällen, in denen der Paragraph 55 des Ehegesetzes zur Anwendung kam, stellte es die Formel »bei richtiger Würdigung des Wesens der Ehe« ganz in den Dienst der »Wahrung öffentlicher Belange«. Nicht die persönlichen Belange der Ehegatten sollten für den Rechtsentscheid den Ausschlag geben, sondern dieser war von dem Wert auszumitteln, den die zu scheidende Ehe für die Volksgemeinschaft besaß. So hieß es in einer grundlegenden Entscheidung des 4. Senats des Reichsgerichts vom Januar 1939: »Die Ehe eines Mannes dieses Alters [der Kläger war 60 Jahre alt; D. B.] mit einer viel jüngeren Frau ist aber vom bevölkerungspolitischen Standpunkt aus nicht so erwünscht, daß diese Möglichkeit entscheidend zugunsten der Scheidung ins Gewicht fallen könnte.«[67] Diesen Restriktionen stand eine Scheidungsfreudigkeit gegenüber, die das Reichsgericht immer dann an den Tag legte, wenn die zerrüttete Ehe als Hindernis für den Abschluß einer neuen, für die Volksgemeinschaft wertvollen Verbindung gewertet werden konnte. Hier kannte die Auslegung der »tiefgreifenden unheilbaren Zerrüttung des ehelichen Verhältnisses« (§ 55) fast keine Grenzen. Selbst ehebrecherische Beziehungen wurden Klägern nachgesehen, wenn sie beabsichtigten, neue, »völkisch wertvolle« Ehen einzugehen. So bezeichnete es ein Urteil vom September 1939 als einen »sehr wesentlichen Zweck« des Paragraphen 55, »die für die Allgemeinheit nützliche Überführung ehebrecherischer Verhältnisse in ordnungsgemäße und nicht selten für das Volk wertvolle Ehen« zu ermöglichen.[68]

Für die Wirkungsgeschichte des Ehegesetzes v. J. 1938 ist zwar die Rechtsprechung des Reichsgerichts von Bedeutung, doch es ergeben sich von den Quellenbefunden her Zweifel, ob die Scheidungsgerichtsbarkeit insgesamt der Rechtsauslegung des Reichsgerichts gefolgt ist, die Eindeutigkeit seiner Spruchpraxis geteilt hat. Diese Zweifel stützen sich auf die bisher kaum berücksichtigte quantitative Seite des Scheidungsgeschehens, aber auch auf Spannungen und Friktionen im NS-Regierungsapparat.

Der Anschluß Österreichs war der politische Anlaß gewesen, das lange Zeit umstrittene Ehegesetz zu verabschieden. In den »Alpen- und Donaureichsgauen« zeigte das neue Ehe- und Scheidungsrecht anfänglich auch die größten Wirkungen. In den ersten fünf Monaten, nachdem das Ehegesetz in

Kraft getreten war, also vom 1. August bis 31. Dezember 1938, wurden gemäß Paragraph 115 auf Antrag 36716 Scheidungen von Tisch und Bett in Scheidungen dem Bande nach umgewandelt.[69] Bis Ende des Jahres 1940 hatte sich diese Zahl auf 48970 erhöht; 11870 Dispensehen waren für gültig und nur 59 Dispensehen für nichtig erklärt worden.[70] Der Stau an Scheidungsbegehren, zu dem die lange Geltungsdauer des konfessionellen Scheidungsrechts in Österreich geführt hatte, spiegelt sich auch in der verstärkten Nutzung der durch das Reichsrecht neu eröffneten Scheidungsmöglichkeiten wider. Während im alten Reichsgebiet die relative Scheidungsziffer (berechnet auf 10000 stehende Ehen) 1939 bei 38,3 lag, betrug sie in Österreich 55,5. Hier wurden von 10000 bestehenden Ehen 23,9 allein auf Grund des Paragraphen 55 (Auflösung der häuslichen Gemeinschaft) geschieden. Auch im Altreich bewirkte dieser Paragraph einen Anstieg der Scheidungszahlen, der beträchtlich war, aber doch nicht die Größenordnung erreichte, die die Leiturteile des Reichsgerichts erwarten ließen. Im Jahre 1938 wurden 49497 Ehen geschieden (altes Reichsgebiet), davon 39946 (70%) noch auf Grund der alten Vorschriften des Bürgerlichen Gesetzbuchs und 14551 (30%) nach den Bestimmungen des Ehegesetzes. Zur Anwendung des Zerrüttungsparagraphen (§ 55) kam es in 2005 Scheidungsverfahren. Das Jahr 1938 fällt nicht aus dem Trend der Scheidungsentwicklung in den 30er Jahren heraus: Scheidungen im Jahre 1937: 46786; 1936 und 1935: jeweils rd. 50300; 1934: 54402. 1939 hatte sich das Bild freilich geändert. Die absolute Zahl der Scheidungen im alten Reichsgebiet war auf 61789 angestiegen, das waren 38,3 Scheidungen auf 10000 bestehende Ehen. Allein auf Grund des Paragraphen 55 wurden in diesem Jahr 8,3 Ehen je 10000 bestehende Ehen geschieden. Das war viel, doch auch nicht so außergewöhnlich, um in dem Zerrüttungsparagraphen den schrankenlos wütenden Nazi-Paragraphen zu sehen. 1940 gingen, sicherlich auch kriegsbedingt, die Scheidungszahlen wieder zurück. Auf dem Gebiet des Altreichs wurden 49278 Ehen geschieden, das waren 30 je 10000 bestehende Ehen. Auf Grund des Paragraphen 55 wurden in diesem Jahr nur noch 4,6 Ehen gelöst (je 10000 bestehende). Unter geschlechtsspezifischem Blickwinkel ist es bedeutsam festzuhalten, daß auch nach dem Inkrafttreten des Ehegesetzes in der weit überwiegenden Zahl der Fälle das Scheidungsurteil einen Schuldausspruch enthielt. Der Unterhaltsanspruch der Frau war zwar in jedem Fall gesichert, aber bei alleiniger oder überwiegender Schuld des Mannes hatte dieser »der geschiedenen Frau den nach den *Lebensverhältnissen* der Ehegatten *angemessenen* [Unterstreichung: D. B.] Unterhalt zu gewähren« (§ 66). 1940 war in 88 Prozent aller Scheidungsurteile ein Schuldausspruch enthalten. In 45 Prozent aller Fälle war auf Alleinschuld des Mannes erkannt worden, in 18 Prozent der Fälle war die Frau der alleinschuldige Teil. Beiderseitiges Verschulden lag bei 37 Prozent aller Ehescheidungen mit Schuldausspruch vor.

Wie ist das in den genannten Zahlen sich abbildende Scheidungsgeschehen gesellschaftlich verarbeitet und politisch gewertet worden? Das neue Scheidungsrecht beschäftigte die Öffentlichkeit in starkem Maße. Zwei Grundströmungen machte der Jahreslagebericht 1938 des SS-Sicherheitshauptamtes im Meinungsspektrum aus:[71] Da war einmal die Kritik konservativer ›Rechtswahrer‹-Kreise, die befürchteten, »das Gesetz gewähre infolge der leichteren Scheidungsmöglichkeiten dem Manne gegenüber der Frau einen ungerechtfertigten Vorteil.« Massiver, und in Aktion und Tonlage auch aggressiver, aber war die Kritik »nationalsozialistischer Rechtswahrer«. Sie äußerten, wie sich zeigen sollte, nicht ohne Grund, »Bedenken«, daß das Gesetz »in Anbetracht des heutigen Standes der weltanschaulichen Ausrichtung der Richter noch zu früh ergangen [sei], denn es gebe dem Richter einen sehr großen Spielraum, in dem er sich frei bewegen und seine Entscheidung treffen könne. Mangels einer zu geringen nationalsozialistischen Ausrichtung vieler Richter sei aber nicht die Gewähr dafür gegeben, daß ihre Entscheidung mit dem heutigen Rechtsempfinden in Einklang stehe.« Man befürchtete eine Ausdünnung nationalsozialistischen Rechts auf dem Wege der Rechtsanwendung. Was die Inlandsspäher der SS in ihren Berichten festhielten, ist in der Tat ein Stück Rechtsrealität im Dritten Reich. Sie soll hier von folgenden Fragen aus aufgeschlüsselt werden: Erfüllte die Anwendung des Ehegesetzes die Erwartungen, die die dogmatischen Parteikräfte in die Ehescheidungsreform gesetzt hatten? Oder ging von diesem Gesetz umgekehrt eine Dämpfungswirkung auf die rechtspolitische Rigorosität des Nationalsozialismus aus? Die unterschiedlichen Standpunkte, die während der Entstehungsjahre des Ehegesetzes immer wieder aufeinander getroffen waren, hatten nur mühsam zu einem Gesetzeskompromiß zusammengefügt werden können. Nachdem nun die Gerichte mit den neuen Rechtsnormen zu arbeiten begonnen hatten, wurden die alten Differenzen verschärft ausgetragen.

In den Akten des Reichsjustizministeriums ist ein Fall überliefert, der weite Kreise zog.[72] »Das Schwarze Korps«, einflußreiches Wochenblatt der SS-Schwarzhemden, hatte an der Jahreswende 1938/1939 ein Scheidungsurteil der 90. Zivilkammer des Berliner Landgerichts in diffamierender Weise angegriffen. Dieses Urteil hatte nach Paragraph 55 des Ehegesetzes den Widerspruch einer Frau gegen das Scheidungsbegehren ihres Mannes anerkannt und die Scheidung nicht zugelassen. Mit Nennung ihrer Namen wurde den am Verfahren beteiligten Richtern von dem SS-Blatt vorgeworfen, sie sabotierten bewußt die nationalsozialistische Gesetzgebung, um Verärgerung und Unmut ins Volk zu tragen. Die öffentlich bloßgestellten Richter baten den Präsidenten des Berliner Landgerichts, beim Reichsminister der Justiz für sie den gebotenen »Ehrenschutz« zu erwirken.[73] Sie verteidigten das von ihnen gefällte Urteil, da bei der Beachtung des Widerspruchs das »gesamte Verhalten beider Ehegatten« zu würdigen gewesen sei. Es ging in diesem Fall um eine Ehe, die schon lange bestand. Eine Trennung hätte für die »unschuldige« Frau eine große menschliche und soziale Härte bedeutet. Ausführlich kommentierte der Landgerichtspräsident die Eingabe seiner Richter in einem Schreiben an den Präsidenten des Berliner Kammergerichts.[74] Hier zeigt sich, daß die Praxis der unteren Gerichte doch differenzierter gesehen werden muß, als dies die ›nationalsozialistischen‹ Grundsatzurteile des Reichsgerichts nahelegen. Der Landgerichtspräsident faßte nach einer Besprechung in seinem Hause die Interpretation des Paragraphen 55 durch die zuständigen Kammern wie folgt zusammen: Der erste Satz des Abs. 2 mache »die Beachtung des Widerspruchs des unschuldigen Teils zur *Regel*«, während der zweite Satz dieses Absatzes, der dieses Widerspruchsrecht mit dem Hinweis auf die ›richtige Würdigung des Wesens der Ehe‹ relativiere, »nach natürlicher wie juristischer Sprechweise die *Ausnahme*« bezeichne. So sei es korrekt gewesen, wenn sich die Gerichte in den ersten Monaten nach der Verabschiedung des Ehegesetzes »ziemlich streng« an die Fassung des Abs. 2 gehalten und den Widerspruch des unschuldigen Teils in der Mehrzahl der Fälle beachtet hätten.

Die Gerichtsbehörden spürten freilich sehr genau den politischen Druck, dem sie ausgesetzt waren. So wollte auch der Berliner Landgerichtspräsident eine Lockerung des Widerspruchrechts im Sinne der nationalsozialistischen Gesetzesvorgaben, die in den Urteilen des Reichsgerichts als Gesetzesmaßstäbe gefaßt wurden, für die Zukunft nicht ausschließen, doch dürfe dabei »für das Verstoßen der Ehefrau nicht die Tür geöffnet werden«. Das Scheidungsverlangen des allein oder überwiegend am Zerbrechen einer Ehe schuldigen Teils könne »sittenwidrig« sein, so daß der Richter in der Lage sein müsse, »trotz der tatsächlichen Zerbrochenheit der Ehe deren Aufrechterhaltung als unabweisbares sittliches Erfordernis« rechtlich zur Geltung zu bringen.

Über den Kammergerichtspräsidenten, der ebenfalls die »völlig unbegründeten und überaus kränkenden öffentlichen Angriffe« auf die Berliner Richter mißbilligte, gelangte der Vorgang in das Reichsjustizministerium.[75] Er wurde freilich mit Bemerkungen versehen, die ein bezeichnendes Licht auf den ›Durchführungsstab‹ nationalsozialistischen Rechts werfen. Auch dies zählt zur Gemengelage von Recht und Realität im Dritten Reich: Von den Berliner Scheidungsrichtern gehörten einige »längere Zeit« dem Republikanischen Richterbund an, doch ihr Verhalten nach der Machtübernahme, so bemerkte der Kammergerichtspräsident, gebe keine Veranlassung, »ungünstige Schlüsse auf ihre Einstellung zur nationalsozialistischen Bewegung zu ziehen.« Im Scheidungsalltag der 30er Jahre scheinen, wenn auch nur schwach und permanent dem Zugriff der braunen Machthaber ausgesetzt, Justiztraditionen sich haben halten können, die auch auf der politischen Ebene verhaltene Fürsprecher fanden. Den ihm vom Kammergericht übermittelten Zwist zwischen »Schwarzem Korps« und Richterschaft nahm der Reichsjustizminister zum Anlaß, Ende Januar 1939 eine Konferenz der Oberlandesgerichtspräsidenten einzuberufen, auf der die anstehende »Angelegenheit« im Grundsatz und auch in ihrer politischen Dimension erörtert werden sollte.[76] Einig waren sich die obersten »Chefs« der Justizbehörden darin, daß es für die Gerichte außerordentlich schwierig sei, mit dem Paragraphen 55 des Ehegesetzes zu arbeiten. Dieser Paragraph habe, so betonte der Hamburger Oberlandesgerichtspräsident, eine »Kompromißnatur«, in ihm prallten »verschiedene Weltanschauungen« aufeinander. Einerseits, so fügte der Darmstädter Gerichtspräsident hinzu, gebe der Zerrüttungsgedanke die Scheidung frei, andererseits aber werde diese durch das Widerspruchsrecht des Beklagten verhindert. Der Vertreter der rheinischen Justizbehörden konstatierte eine »außerordentlich zwiespältige Rechtsprechung der Landgerichte«. Dieser Erfahrungsaustausch ein halbes Jahr nach Inkrafttreten des Ehegesetzes belegt, daß hinsichtlich seiner Auslegung von einer »einheitlichen Linie« nicht gesprochen werden kann. Der Gerichtspräsident aus Zweibrücken machte in diesem Zusammenhang auf die »Verschiedenheit der Auslegung« durch junge und alte Richter aufmerksam. Erstere seien grundsätzlich »scheidungsfreundlich«, während sich letztere »ablehnend« verhielten. Die Bestimmungen des Ehegesetzes scheinen auch regional sehr unterschiedlich angewandt worden zu sein. Der Vertreter aus Hamburg verwies auf die »Scheidungsfreundlichkeit« der dortigen Rechtsprechung. Für sie waren folgende Gesichtspunkte »maßgebend«: Nichtbeachtung des Klägerverhaltens in der Ehe; Nichtbeachtung der Bereitschaft des Beklagten, die eheliche Gemeinschaft wiederherzustellen; Nichterfordernis von Reue des Klägers im Scheidungsverfahren. Diese Gesichtspunkte fanden bei den anderen Präsidenten keine ungeteilte Zustimmung. Sie machten aus ihrer Erfahrung mit dem Paragraphen 55 des Ehegesetzes darauf aufmerksam, daß dieser Paragraph von den Frauen nicht ohne Grund als Bedrohung empfunden werde. Aus Düsseldorf war zu hören: »Bisher gebe es keinen Fall, in dem die Frau die Klägerin sei. Kein Fall gehe ohne Widerspruch der Frau ab«; aus Celle: »Frauenstandpunkt: Scheidung allein zugunsten des Mannes«; aus Karlsruhe: »Die Frauenwelt sei geschlossen gegen das Gesetz.« Während der Hamburger Justizchef sich wenig darum kümmern wollte, »daß sich § 55 zuungunsten der Frau auswirke« – da der Gesetzgeber dies offenbar in Kauf genommen habe, und auch der Vertreter des Reichsgerichts den Frauenstandpunkt für die Scheidungsrechtsprechung als marginal ansah, kamen andere Sitzungsteilnehmer zu anderen Schlüssen. So begrüßte es der Vertreter des Darmstädter Oberlandesgerichts, daß »die Gerichte im Bezirk Darmstadt... grundsätzlich davon [ausgingen], daß Abs. 1 [§ 55 Ehegesetz] eine *Zerrüttung ohne Verschulden* voraussetze und daß demgemäß Abs. 2 *bei alleiniger Schuld eines Ehegatten* grundsätzlich *keine Scheidung* zulasse.« Er hielt auch die »gefühlsmäßige Einstellung der Richter für die Frau« fest.

Wenn das nationalsozialistisch gefaßte Zerrüttungsprinzip im Dritten Reich nicht gänzlich zur ›Frauenfalle‹ degenerierte, so hing das mit traditionsverhafteten Verhaltensweisen der Scheidungsjustiz zusammen. Es gab, wie der Reichsjustizminister, die unterschiedlichen Äußerungen zusammenfassend, feststellte, keine »einheitliche Grundauffassung des Wesens der

Ehe«. Auch seine mündlich vorgetragenen Richtlinien für die Scheidungspraxis waren in sich sehr widersprüchlich. Einmal sollte es »unmöglich« sein, die Klage abzuweisen, nur weil der Mann die Zerrüttung allein verschuldet habe; zum anderen aber sei dem Widerspruch der Frau immer dann der »größere Wert« beizumessen, wenn der Mann nichts weiter begehre als seine Freiheit. »Ernste Gefährdung der Existenz der Frau ist ein Grund zur Beachtung des Widerspruchs«; doch beabsichtige der Mann, eine neue Ehe einzugehen – und verspreche nach den Umständen des Falles diese neue Ehe Bestand, so sei das für die Frage der Scheidung der alten Ehe »sehr wesentlich«. Der Minister selbst tendierte wohl zur Zurückhaltung gegenüber einer »biologisch« motivierten Scheidungsfreigabe, für die sich der Hamburger Gerichtspräsident stark machte. Politisch abgesichert war seine Position freilich nicht. Er berichtete der Präsidentenrunde von einer »mündlichen Äußerung des Führers«: »Die Erhebung der Scheidungsklage darf *keine Gemeinheit* darstellen.« Er kam aber auch nicht umhin, einen »Brief des Führers in der Ehesache Esser« bekannt zu geben. Der Scheidungsfall Esser dokumentiert, wie selbstsüchtig und opportunistisch die Spitzen des Regimes mit dem Recht umgehen konnten. Rechtsgrundsätze wurden bedenkenlos zur Disposition gestellt, wenn persönliche Interessen dies erforderten. Die Frivolität privater Ausbeutung des Rechts im Nationalsozialismus wäre kaum von Erinnerungswert, hätte sie nicht Einfluß auch auf das allgemeine Rechtsgeschehen gehabt.

Hermann Esser war ein alter Mitkämpfer Hitlers aus der frühen Münchener Zeit. Obwohl er zur Prominenz der Nationalsozialisten gehörte, zählte er nach der Machtergreifung nicht zu deren engerem Führungskreis. In den 30er Jahren war Esser Präsident des Reichsfremdenverkehrsverbandes und bekleidete das Repräsentationsamt eines Reichstagsvizepräsidenten. Ein guter Draht zu Hitler bestand jedoch nach wie vor. Jedenfalls nahm der Führer »Anteil« an den nicht gerade beispielhaften privaten Lebensumständen Essers. Dieser war seit 1923 verheiratet. Aus der Ehe waren zwei Söhne hervorgegangen, die 1924 und 1926 geboren wurden. Schon in den 20er Jahren hielt Esser nicht viel von ehelicher Treue, hatte Verhältnisse mit anderen Frauen und lebte in den 30er Jahren in ›wilder Ehe‹ mit einer Frau zusammen, mit der er drei Kinder hatte.[77] 1933 und 1935 versuchte Esser zweimal, vor dem Landgericht München die Scheidung seiner Ehe zu erwirken. In beiden Prozessen war die Scheidungsklage abgewiesen worden. Nach der Neufassung des Scheidungsrechts im Juli 1938 beantragte er erneut, jetzt vor dem Landgericht Berlin, die Scheidung seiner Ehe. Da die häusliche Gemeinschaft seit 1934 nicht mehr bestand, suchte Esser den Paragraphen 55 des Ehegesetzes für sein Scheidungsbegehren in Anspruch zu nehmen. Seine Frau widersprach jedoch, ebenfalls im Rekurs auf diesen Paragraphen, der gewünschten Ehetrennung, da »den Kläger... die alleinige Schuld an der Zerrüttung der Ehe« treffe. Sie selbst habe sich keine Verfehlungen zuschulden kommen lassen und sei bereit, mit dem »Kläger« das Zusammenleben wieder aufzunehmen; ihre Ehe sei nicht unheilbar zerrüttet, außerdem sei diese Ehe »staatspolitisch« wertvoll, weil aus ihr Kinder hervorgegangen seien und noch hervorgehen könnten.

Es stand, auch nach den neuen gesetzlichen Bestimmungen, nicht gut um die Scheidungssache des Hermann Esser. In dieser Situation spielte er seine Kontakte zu Hitler aus und versuchte über den Chef der Reichskanzlei, Lammers, Einfluß auf die Gerichtsbehörden zu nehmen. Lammers forderte im Oktober 1938 vom Justizminister einen Bericht über »den Stand der Angelegenheit« Esser an. Gürtner ließ der Reichskanzlei nicht nur 7 Bände Prozeßakten zukommen, sondern kommentierte den Fall auch auf seine Weise.[78] »Ob die Ehe geschieden werden kann«, so hielt er nüchtern gegenüber den an ihn von höchster politischer Stelle herangetragenen Erwartungen fest, »hängt davon ab, ob das Gericht den Widerspruch unbeachtet lassen darf, den die Beklagte gegen die Scheidung erhoben hat. Die maßgebende Bestimmung... in § 55 des Ehegesetzes... geht davon aus, daß der Scheidungsgrund der Zerrüttung demjenigen Ehegatten nicht uneingeschränkt zur Seite stehen kann, der die Zerrüttung ganz oder überwiegend selbst verschuldet hat. Denn das Gesetz konnte nicht zulassen, daß ein Ehegatte die Scheidung seiner Ehe dadurch erzwingt, daß er die Ehe zerstört.« Was diese Rechtsauffassung für den »Fall Esser« bedeuten konnte, ließ Gürtner bewußt offen; er berichtete nur, daß die Beklagte nicht zu bewegen sei, ihren Widerspruch aufzugeben, da sie das Recht auf ihrer Seite glaube.

Lammers trug die Einschätzung des Reichsjustizministers Hitler vor. Dieser reagierte mit einer Schärfe, die zeigt, wie massiv die Führergewalt der ›Dritten Gewalt‹ bei Unbotmäßigkeit begegnen konnte. Der Reichskanzleichef teilte Gürtner im November 1938 mit: »Der Führer bemerkte zu meinen Ausführungen über die Bestimmung des § 55, daß er den Eindruck habe, als ob die Gerichte sich über ihre Tragweite nicht hinreichend klar seien, wenn sie, wie zu seiner Kenntnis gekommen sei, auch in Fällen, in denen eine tatsächliche Wiederherstellung der Ehe ausgeschlossen erscheine, und in denen auch vom sittlichen Standpunkt aus eine Aufrechterhaltung des Ehebandes nicht gerechtfertigt sei, eine Scheidung ablehnten. Das liege vielleicht an einer Überschätzung des Wertes eines formalen Fortbestandes der Ehe. Gerade wenn man den sittlichen Wert der Ehe und ihre völkische Bedeutung so hoch schätze, wie es der Nationalsozialismus tue, müsse man in der Berücksichtigung des Widerspruchs eines Ehegatten gegen die Scheidung vorsichtig sein. Es könne seines Erachtens im Falle der unheilbaren Zerrüttung einer Ehe, die soweit gehe, daß in Berücksichtigung des Verhaltens beider Eheleute weder die innere noch auch nur die äußere Verbundenheit der Ehegatten wieder herstellbar erscheine, die bloße formale Erhaltung des Rechtsbandes der Ehe nur dann sittlich gerechtfertigt sein, wenn besondere Gründe, wie etwa eine sonst eintretende schwere Gefährdung der Existenz der Frau, es erforderten. Falls die Gerichte bei der Anwendung des

§ 55 sich diese Auslegung, von der er bei seiner Zustimmung zu dem Gesetz seinerzeit ausgegangen sei, nicht zu eigen machen würden, so bliebe nur übrig, eine Änderung der Fassung der Bestimmung in Erwägung zu ziehen.«[79]

Im Zusammenhang mit dem Fall Esser scheint Hitler seine anfängliche Zurückhaltung in der Frage der Scheidungserleichterung aufgegeben zu haben. Obwohl seine Direktiven in diesem konkreten Fall Verbindlichkeit erlangten, bleibt zweifelhaft, ob sie die Scheidungsgerichtsbarkeit insgesamt wesentlich haben steuern können. Lammers hielt gegenüber dem Reichsjustizminister die »Bedeutung« der »Auslegung« fest, »die der Führer und Reichskanzler als letztlich alleiniger Gesetzgeber des Dritten Reichs einem von ihm erlassenen Gesetz gibt.« Diese Drohgebärde verfehlte ihre Wirkung auf das Scheidungsverfahren des alten Parteifreundes nicht. Ende Dezember 1938 wurde die Ehe Hermann Essers vom Berliner Landgericht geschieden. Devot bedankte sich Esser bei dem »lieben Parteigenossen« Lammers.[80] »Ich möchte aber nicht versäumen, Ihnen, lieber Pg. Dr. Lammers, ... nochmals herzlichst zu danken für die viele Mühe, die Sie sich um die Bereinigung der Angelegenheit und um die Förderung der Sache gemacht haben. Ich habe nur die eine Bitte, daß Sie mir auch den immerhin nicht ganz leichten Gang zum Kammergericht erleichtern helfen.« Die Frau Essers hatte Revision gegen das Urteil des Landgerichts eingelegt, so daß in der zweiten Instanz der Fall im März 1939 vor dem Berliner Kammergericht anhängig war. Eine direkte Einflußnahme des Reichsjustizministeriums auf die Berliner Gerichtsbehörden ist von den Quellen her nicht nachweisbar. Doch Gürtner hatte den Fall und die spezifische Sichtweise Hitlers ja im Januar auf der Besprechung mit den Oberlandesgerichtspräsidenten vorgetragen. So wußten auch die Richter am Kammergericht, was höchste politische Stellen von ihnen erwarteten. Im März 1939 verwarfen sie die Berufung und bestätigten die Entscheidung des Berliner Landgerichts mit dem Zusatz, daß den Kläger (Esser) ein Verschulden treffe. Da keine weitere Revision zugelassen wurde, war der Fall abgeschlossen und die Ehe rechtskräftig geschieden. Gürtner versäumte es nicht, dies im April 1939 der Reichskanzlei mitzuteilen.[81]

So massiv der Eingriff des Regimes in die Rechtsprechung in einzelnen Fällen auch war, von einer generellen Domestizierung wird man nicht sprechen könen. Die Scheidungsgerichtsbarkeit ist auch nach der Verabschiedung des Ehegesetzes weitgehend eigene Wege gegangen. Nur so erklären sich die Anfeindungen, denen sie immer wieder ausgesetzt war. Diese fanden vor allem in der nationalsozialistischen Parteipresse ihren schrillen Widerhall. Im Frühjahr 1939 entschloß sich das Reichsjustizministerium zu einer publizistischen Gegenaktion. Zwischen Gürtner und Otto Dietrich, seit Januar 1938 Reichspressechef der NSDAP, wurde vereinbart, daß das Reichsjustizministerium einen klarstellenden Artikel hinsichtlich der Auslegung der neuen Scheidungsbestimmungen verfassen sollte.[82] Das

Reichsjustizministerium leitete Mitte März 1939 seine »Äußerung« besonders zum Paragraphen 55 des Ehegesetzes an Dietrich weiter; der Artikel erschien Ende März im »Völkischen Beobachter« und wurde von der Nationalsozialistischen Partei-Korrespondenz der gesamten deutschen Presse zugeleitet. Freilich war dies keine Veröffentlichung im Sinne des Reichsjustizministeriums. Nicht nur wurde die von ihm vorgeschlagene Überschrift »Ein abschließendes Wort« gestrichen; auch der Text selbst wurde durch Auslassungen, Umformulierungen und Ergänzungen so abgeändert, daß seine Aussagemitte kaum noch erkennbar war. »Der Wille des Gesetzgebers« mit der Unterüberschrift (u. a.) »Volksschädigenden Auffassungen ein Ende gesetzt«, stand jetzt plakativ über Erörterungen, die mehr dem Partei- als dem Justizwillen in der Scheidungsfrage Ausdruck verliehen.[83] Die sinnverkehrenden Texteingriffe durch Mitarbeiter des Reichspressechefs seien an einem Beispiel belegt. Man übernahm eine Passage aus dem »Äußerungs«-Vorschlag des Reichsjustizministeriums, strich aber die unmittelbar folgende Textstelle, die erst den rechtspolitischen Kern der Aussage erkennen ließ. Übernommen wurden folgende Formulierungen: »Dadurch, daß die Scheidung der unheilbar zerrütteten Ehe ohne den Widerspruch des anderen Teils immer, und auch gegen dessen Widerspruch dann auszusprechen ist, wenn sich der Fortbestand der Ehe nicht rechtfertigen läßt, bekennt sich das Gesetz zu dem Gedanken, daß eine solche Ehe nicht wert ist, aufrechterhalten zu werden. Die Erwägungen, die dieser Auffassung zugrunde liegen, ergeben sich aus der nationalsozialistischen Auffassung von Ehe und Familie. Ehe und Familie sind die Grundlagen des völkischen Gemeinschaftslebens, von deren Kraft und Gesundheit Wert und Bestand der Volksgemeinschaft abhängen. Sie sollen den Ehegatten das Erleben der Gemeinschaft in ihrer kleinsten und wichtigsten Zelle vermitteln. Diese Aufgabe kann die zerrüttete Ehe nicht erfüllen. Sie ist nutzlos und beraubt darüber hinaus die Ehegatten der Möglichkeit, ihre Kräfte zum Segen der Gemeinschaft voll zu entfalten.« Im Text des Reichsjustizministeriums schloß sich hier folgender, diesen Einstieg in das nationalsozialistische Ehescheidungsrecht zurechtrückender Gedankengang an, dem die NS-Propagandisten wenig abgewinnen konnten: »Diese für die Gestaltung des neuen Scheidungsrechts grundlegenden Erwägungen konnten es nahelegen, die Scheidung wegen Zerrüttung uneingeschränkt und ohne Rücksicht auf die Schuld der Ehegatten zuzulassen. Diesen Schritt hat das Gesetz, wie ein Blick auf § 55 verrät, nicht getan. Es hat durch das Widerspruchsrecht des schuldlosen Ehegatten eine Schranke aufgerichtet, die im Einzelfall den Richter zwingen kann, die Scheidung einer auch zerrütteten Ehe abzulehnen. Es ist deshalb nicht in Einklang mit dem Gesetz, wenn hier und da die Zulässigkeit der Scheidung jeder zerrütteten Ehe... unterschiedslos bejaht wird.«[84]

Dieser, gesellschaftliche Erwartungen wie Befürchtungen gleichermaßen dämpfende Hinweis des Reichsjustizministeriums fehlte im veröffentlichten

Text. Der »Völkische Beobachter« präsentierte das Ehegesetz in einer den Initiativen der Justiz zuwiderlaufenden Eindeutigkeit. Im Widerspruchsrecht dürfe nicht »das Wesentliche« der neuen Gesetzesbestimmungen gesehen werden; und, so hieß es mit einem Seitenhieb auf die Praxis der Gerichte weiter, es sei »nicht Aufgabe der Rechtsprechung, im neuen Gesetz nach Möglichkeiten zu fahnden, die alten Scheidungsmißstände mit ihren jahrelangen nervenzerrüttenden Prozessen wieder aufleben zu lassen.«

Diese offensichtliche Verfälschung des »Willens des Gesetzgebers« brachte den Reichsjustizminister auf. Er beschwerte sich in scharfem Ton bei Dietrich und verwahrte sich gegen die in dem Artikel enthaltenen »Unterstellungen«.[85] Der Reichspressechef wiegelte ab und verwies auf den »Vorteil«, daß nun endlich Schluß mit der Polemik sei.[86] Mit diesem auf höchster Ebene ausgetragenen Disput sollte der Streit um die Auslegung des Ehegesetzes allerdings keineswegs beendet sein. Immer wieder griffen Parteistellen zum Mittel der Urteilsschelte, um die Justizbehörden öffentlich unter Druck zu setzen. Aus der Tatsache nicht nachlassender Justizkritik läßt sich auf ein Gefälle zwischen den Erwartungen, die der Nationalsozialismus mit dem Ehegesetz verband, und dem konkreten Gesetzesvollzug schließen. Wie groß dieses Gefälle war, ist nicht mit Sicherheit auszumachen. Aber es gibt sichere Belege für eine justizielle Scheidungspraxis – und auch die quantitativen Befunde passen in dieses Bild –, die sich ihre Maßstäbe nicht von nationalsozialistischen Eiferern vorschreiben ließ. Gerade weil für die Auslegung des Ehegesetzes im Dritten Reich »Grenzen« bestanden, der Begriff der »grenzenlosen Auslegung« in diesem Fall nicht die ganze Wirklichkeit abdeckt, dürfte diesem Gesetz, das die Lebenswelt vieler Menschen so unmittelbar betraf, die gesellschaftliche Zustimmung nicht gänzlich versagt geblieben sein. Der Justizapparat federte in seiner Anwendung geltenden Rechts die Gefahren ab, die die Widersprüchlichkeit der einzelnen Gesetzesbestimmungen heraufbeschwor. Im Mai 1939 verfaßte der Düsseldorfer Oberlandesgerichtspräsident für das Reichsjustizministerium einen bezeichnenden »Lagebericht«.[87] Wiedereinmal war ein Urteil der Gerichtsbehörden von Amtsstellen der NSDAP moniert worden. »Es handelte sich«, so der Oberlandesgerichtspräsident, »um einen der fast typischen Fälle, in denen der sittlich hemmungslose Ehemann die kühl veranlagte junge Frau im 5. Jahr der Ehe verstößt, um mit einer anderen, seiner Kontoristin, zusammen zu leben, die ihm besser gefällt.« Das die Ehescheidung ablehnende Urteil der Düsseldorfer Richter hatte der Leiter des Rassepolitischen Amts der NSDAP beim Reichsjustizminister mit der »Begründung beanstandet, daß nach seiner Auffassung die bevölkerungspolitischen Gesichtspunkte die Scheidung forderten; da eine Aussöhnung der Ehegatten nach seiner Kenntnis der Sachlage ausgeschlossen sei, werde die Folge sein, daß mit einer weiteren ehelichen Nachkommenschaft des Klägers... nicht gerechnet werden könne.« Der Minister deckte das Vorgehen der unteren Gerichtsbehörden, und er nahm auch zur Kenntnis, was ihm der Oberlandesgerichtspräsident hinsichtlich der »Auslegung« des Ehegesetzes mitzuteilen hatte: »Die bisherigen Rechtssprüche des Reichsgerichts haben noch keine volle Klärung gebracht, werden auch nach meinen Beobachtungen von den Richtern teilweise abgelehnt, die auf Wahrung der sittlichen Würde der Ehe besonders ausgesprochenes Gewicht legen.«

Die Geschichte des Ehegesetzes v.J. 1938 ist nicht ausschließlich vom Fundamentalismus des NS-Systems geprägt. Auch Bestandteile überlieferter Rechtsanschauung und Rechtspraxis lebten in dieser Geschichte weiter. An ihnen fand ein mehr pragmatisch ausgerichtetes Justizhandeln seinen Rückhalt. Trotz des massiven Einflusses der NS-Ideologen auf die Neugestaltung des Ehescheidungsrechts, dieses Recht war in seiner Linienführung nicht einheitlich und blieb in seiner gesellschaftlichen Gestaltungsaufgabe umstritten. Unter den besonderen Bedingungen der Kriegsjahre verschoben sich in der Ehescheidungsdebatte die Akzente, doch die alten Frontstellungen bestanden nach wie vor.

In den Jahren des Zweiten Weltkriegs verlor die Scheidungsfrage ihre soziale Brisanz. Die hohen Menschenverluste an der Front dezimierten den männlichen Bevölkerungsanteil. Dennoch blieb auch in dieser Zeitspanne das Scheidungsproblem in das Rassenstaatsprojekt des Nationalsozialismus verwoben. Je länger der Krieg dauerte, umso prekärer bot sich die »bevölkerungspolitische Gesamtlage« dar. Das Fundament, auf dem die Ordnungsutopien des Dritten Reichs ruhten, geriet ins Wanken. Es ist nicht zufällig, daß nach dem ›Schock‹ von Stalingrad (Januar/Februar 1943) das NS-Regime neue familienrechtspolitische Überlegungen anstellte, obwohl diese Rechtsmaterie mit dem Ehegesetz v.J. 1938 gesetzgeberisch zu einem gewissen Abschluß gebracht worden war. Der Anstoß ging vom Reichsinnenministerium aus. Dessen Gesundheitsabteilung regte im Februar 1943 eine Änderung des ›Ehegesundheitsgesetzes‹ an, die den Gesamtkomplex des Eheschließungs- wie des Ehetrennungsrechts tangierte. Dr. Linden, der berüchtigte Leiter des Referats für Heil- und Pflegeanstalten, suchte Parteiämter und Staatsstellen für eine Ausweitung des ›eugenischen‹ Eheverbotskatalogs zu gewinnen. Er lud für März 1943 zu einer Besprechung ein, auf der das Eherecht im Hinblick auf die »Kriegszeit« diskutiert werden sollte.[88] Das Reichsinnenministerium suchte den »Ernst« der Kriegslage für eine Bekräftigung seiner alten Linie in der Ehepolitik zu nutzen. »In dieser Kriegszeit« gelte es, »den Wert und Sinn der Ehe als Fortpflanzungsgemeinschaft noch stärker zu unterstreichen als bisher.« Konkret ging es Linden darum, die »Eheschließung gesunder Männer mit nichtfortpflanzungsfähigen Frauen« zu verhindern. Es müsse rechtlich gewährleistet sein, daß »zeugungsfähige Männer« nur »fortpflanzungsfähige gesunde Frauen« heirateten; nur dann sei dem »vorhandenen Männermangel« beizukommen. »Wenn wir schon den Verlust besten Blutes auf den Schlachtfeldern hinnehmen müssen, so wollen wir doch wenigstens dafür sorgen, daß nicht durch... unsinnige Heiraten noch weiteres verloren geht.«

Der »biologische« Zugriff auf die Ehe ging mit kaltem Zynismus über die Lage und die Würde vor allem *älterer Frauen* hinweg. Das machen die auf der Zusammenkunft Anfang März 1943 abgegebenen Stellungnahmen sehr deutlich.[89] Man plädierte für einen »besonders scharfen Maßstab« »in allen den Fällen..., wenn Frauen im nicht mehr gebärfähigen Alter noch zeugungsfähige Männer heiraten wollen.« Waren sie, so sah es ein Erlaßentwurf vor, »nicht fortpflanzungsfähig«, sollte ihnen die Ehe untersagt werden. Linden als Verhandlungsleiter konnte die von ihm vorgeschlagene Verschärfung des ›Ehegesundheitsgesetzes‹ als »kriegswichtig« reklamieren, doch es gab in der Runde der harten NS-Ideologen auch *eine* »Ausnahme«. Der Vertreter des Reichsjustizministeriums meldete »erhebliche Bedenken« an. Er brachte diese in der Gesprächssituation sehr verklausuliert und nicht ohne ein Eingehen auf das Problem des Altersunterschiedes vor. Doch er regte eine neue Variante der Betrachtung an: »... die Angelegenheit einmal von der Scheidungsseite... anzugehen. Von [dieser] Seite seien alle kinderlosen Ehen anzupacken, indem die Kinderlosigkeit während einer bestimmten Frist als absoluter Scheidungsgrund anerkannt würde. Es sei zu erwarten, daß die drohende Ehescheidung insbesondere bei der Frau den Willen zum Kinde fördern werde. Umgekehrt seien kinderreiche Ehen vor der Scheidung zu schützen, und zwar dergestalt, daß bei Ehen mit vier und mehr Kindern die Zerrüttung (§ 55 des Ehegesetzes) nicht mehr als Scheidungsgrund anzusehen sei.«

Fraglos war diese Argumentation nicht frei von Widersprüchen. Doch sie stand auch in der Kontinuität der Argumente, die vom Reichsjustizministerium während der Entstehungszeit des Ehegesetzes v.J. 1938 vorgebracht worden waren. Unschwer ließ sich prognostizieren, daß Kinderlosigkeit als Scheidungsgrund in der Scheidungswirklichkeit keine große Rolle spielen würde. Erfahrungen aber hatte man mit der Wirkungsweise des Zerrüttungsparagraphen (§ 55) gesammelt. Es scheint, daß die Scheidungsjustiz mit der Deckung des für sie zuständigen Ministeriums im Zweiten Weltkrieg das Zerrüttungsprinzip auf die Linie zurücknahm, die in den 30er Jahren nur sehr schwer hatte gehalten werden können. Die biologistische Rhetorik, mit der die NS-Gesundheitspolitiker die Ehe bedachten, täuscht über die Bestände an Rechtskultur hinweg, die mit dazu beigetragen haben, in der sich zuspitzenden Kriegssituation die Ehe als verbindliches Rechts- und maßgebliches Sozialinstitut zu erhalten. Beleg für diese Einschätzung ist das, was auf zwei Arbeitstagungen für Ehescheidungsrichter auf der Reichsburg Kochem im Juli 1944 erörtert wurde.[90] Auch hier ging es um eine »bevölkerungspolitische Aktivierung des Ehescheidungsrechts«.[91] Doch die ›bevölkerungspolitische Gesamtlage‹ wurde zum Anlaß genommen, das geltende Ehescheidungsrecht auf dem Wege der »Gesetzesanwendung« wieder stärker in die Bahnen der überlieferten Rechtstradition zu lenken. Plädiert wurde für eine strengere Beachtung des »Widerspruchs der Ehefrau in den Fällen des § 55 des Ehegesetzes«. »Bei kinderreichen Ehen muß in diesen

Fällen der Schutz der kinderreichen Mutter in aller Regel den Ausschlag zu Gunsten der Aufrechterhaltung der Ehe geben. Darüber hinaus muß zur Förderung des Kinderreichtums in der Ehe durch eine entspechende Ausrichtung der Praxis in Ehesachen das Vertrauen an die Festigkeit der Ehe allgemein gestärkt werden.« Hinter diesen Positionen standen die »Erfahrungen« der Scheidungsrichter; in ihnen bildet sich ein Stück Scheidungsrechtsprechung im Zweiten Weltkrieg ab. Es ist bezeichnend, daß zum Abschluß dieser Tagung von Seiten des Ministeriums betont wurde, daß auch der Scheidungsrichter »unter das Gesetz gestellt« sei. »Von ihm kann er sich nicht ohne weiteres freimachen. ..., er kann nicht neue Scheidungsgründe schaffen, die das Gesetz nicht kennt. Das alles würde Willkür bedeuten.«[92]

Die visionären Traumwelten der NS-Ideologen (Legalisierung von Nebenehen)[93] lagen jenseits der konkreten Rechtswirklichkeit der Ehe. Mit pathetischen Worten, die freilich ihren dokumentarischen Kern haben, wurde diese auf der Richtertagung beschrieben und gemeinsam gefeiert: »Die große und bedeutungsvolle, ja schlechthin entscheidende Aufgabe, die der deutschen Ehe gestellt ist, begründet den Wert dieses Rechtsinstituts, auch ohne daß bereits eine größere Zahl von Kindern aus ihr hervorgegangen ist. Wenn daher der *besondere* Schutz des Richters der kinderreichen deutschen Familie zugewandt werden muß, so muß doch darüber hinaus alle Tätigkeit des Eherichters getragen sein von dem Gefühl der Achtung vor diesem Lebensbunde deutscher Menschen, gerade auch mit Rücksicht auf die immer wieder herauszustellende Bedeutung der Ehe für das Leben des Volkes. Der Richter muß daher mit jeder Ehe, die nicht ohne weiteres als wertlos für die Volksgemeinschaft anzusehen ist, pfleglich und sorglich verfahren; er muß bestrebt sein, ihren Bestand zu erhalten. Der Richter sollte seine Arbeit nicht dahin eingeschränkt sehen, nur Ehen zu scheiden; er sollte insbesondere auch darum bemüht sein, durch die Beilegung von ehelichen Mißhelligkeiten und Auseinandersetzungen einen Ehestreit zu schlichten und damit den Bestand einer Ehe zu schützen, die ohne den Eingriff eines unbeteiligten, aber wohlwollenden Beraters völlig zerstört würde. Der Frage, wie diese Eheschlichtung im einzelnen vorzunehmen und auszugestalten sei, damit sie ersprießlich sei, hat unsere besondere Aufmerksamkeit gegolten. In dem Maß der Bemühung, die der Eherichter der Aufrechterhaltung einer nicht völlig aussichtslosen Ehe zuteil werden läßt, kommt die Achtung zum Ausdruck, die er der *einzelnen* Ehe, aber damit auch der Ehe als einer der bedeutsamsten sozialen Bildungen überhaupt zuteil werden läßt.«[94]

Hier deuten sich Kontinuitäten an, die über das Jahr 1945 hinausgreifen.[95] Der ›ordre public‹ des Nationalsozialismus hat das Rechtsleben zwar entscheidend verändern, dieses jedoch nicht völlig umstülpen können. Da sensible Bereiche des Volkslebens mit Rechtsregeln gesteuert wurden, in denen die Vergangenheit des Rechts weiterlebte, konnte sich bis in die Kriegsjahre hinein das totalitäre NS-Regime nicht nur auf eine fingierte

Totalität des Volkslebens berufen. Erst die inneren Bruchlinien, die die politisch-ideologischen Normsetzungsakte des Dritten Reichs durchziehen, erklären das Maß an Akzeptanz, das es bei einer großen Mehrheit der Bevölkerung fand.

Schlußbemerkung

Die hier vorgelegte historische Langzeitanalyse war darum bemüht, die Scheidungsproblematik in den Gesamtzusammenhang der neueren deutschen Geschichte einzuordnen. Die Aufmerksamkeit galt dabei sowohl dem sich wandelnden Rechtsinstitut ›Scheidung‹ wie der sozial- und frauengeschichtlichen Dimension der Scheidungsfrage in der Abfolge sehr unterschiedlich gelagerter historischer Situationen. Methodisch wurde in der Darstellung eine Variante moderner Sozialgeschichte erprobt, über die in der Geschichtswissenschaft produktiv nachgedacht wird. Peter N. Stearns, der Herausgeber des ›Journal of Social History‹, hat kürzlich in einem programmatischen Essay die Aufgabe einer Reintegration der Sozialgeschichte in die allgemeine Geschichte umrissen.[1] Die Sozialgeschichte dürfe sich nicht abkapseln, sondern müsse gerade von ihren besonderen Blickpunkten aus auch politische Themen aufgreifen. Wie nun das Recht die Entwicklung der modernen Familie mitgetragen und begleitet hat, und wie mit seiner Hilfe eine Antwort auf deren innere Konflikte gesucht wurde, – diese Fragen sind im Kern politische Fragen, die freilich nicht losgelöst von den jeweiligen gesellschaftlichen Wirkungszusammenhängen erörtert werden können. Rechtliche Regelungen wirken auf den Alltag des Lebens gestaltend ein, doch zum Bedingungsnetz ihrer Wirkung gehören Macht- und Herrschaftskonstellationen. Die sozialhistorische Perspektive, eingebunden in die Interpretationshorizonte von Allgemeingeschichte, verbindet Sozialstatistik, Politik und Selbstverständnis der Menschen. »Social history... is history, in beeing concerned with describing, categorizing and explaining the process of change over time«,[2] – an dieser schlichten Leitmaxime historischen Arbeitens hat sich die vorliegende Untersuchung orientiert. Die angestrebte Synthese zwischen »social and conventional topics and approaches« birgt überdies die Chance in sich, über Geschichte aktuelle Ordnungsprobleme gründlicher zu verstehen und zukünftige Regelungsaufgaben gelassener anzugehen.

Die Geschichte von Scheidung und Scheidungsrecht zeigt, wie sehr unsere Gegenwart sich als ein Ort von Traditionsfortsetzung darbietet. Auf die Ehe fällt heute der Schatten einer profanen Kultur, und doch lebt in ihr etwas von der Geschichtsmächtigkeit des einst so beherrschenden religiösen Weltbildes weiter. Die Symbol-Systeme des Christentums hatten trotz allen Zwangsgehalts auch eine lebensordnende Funktion. Freilich ging beim jahrhundertelangen Kampf der Kirchen um den Erhalt der Ehe oft das Augenmaß verloren. Jacob Burckhardt hat in diesem Zusammenhang von der »Komplizität« zwischen Thron und Altar gesprochen, die ihre beiderseitigen Konservatismen dem Geist der modernen Völker entgegengestellt hätten.[3] Nur über das Bereitstellen verläßlicher Informationen und ausgewiesener Urteilskriterien kann historisches Denken in Streitfragen der Gegenwart Beachtung finden. Die Scheidungsfrage heute bedarf des Maßstabes der historischen Rückerinnerung. An ihr hat die Orientierung für die Zukunft einzusetzen.[4] Rechtsreformen werden eine gewachsene Rechtskultur nicht überspringen, sondern nur behutsam, aber dennoch mit unverstelltem Blick auf eine sich wandelnde Lebensrealität weiterentwickeln können. In einer Phase beschleunigten Abbaus der christlich begründeten Eheordnung hielt Jacob Burckhardt, sicherlich kein Freund ›religiöser Geltungsgrade‹, fest: »Eine Religion knickt im entscheidenden geistigen Entwicklungsaugenblick eine Falte in den Geist eines Volkes, die nie mehr auszuglätten ist.«[5]

Anmerkungen

I. Die Scheidungsfrage als Problem und Gegenstand historischer Forschung

1 *J. Kocka*, Zurück zur Erzählung? Plädoyer für historische Argumentation, in: GG, Jg. 10, 1984, S. 394–408.

2 Vgl. *L. Roussel*, Ehen und Ehescheidungen. Beitrag zu einer systemischen Analyse von Ehemodellen, in: Familiendynamik. Interdisziplinäre Zs. für Praxis u. Forschung, Bd. 5, 1980, S. 186–203; *B. Caesar-Wolf u. a.*, Die gerichtliche Ehelösung nach dem neuen Scheidungsrecht: Normstruktur und Verfahrenspraxis, in: Zs. für Rechtssoziologie, 1983, S. 202–246.

3 Vgl. *J. L. Framo*, Scheidung der Eltern – Zerreißprobe für die Kinder. Plädoyer für eine familienbezogene Sicht der Scheidung, in: Familiendynamik. Interdisziplinäre Zs. für Praxis u. Forschung, Bd. 5, 1980, S. 204–228.

4 *H. Kramer*, Ehe war und wird anders, Düsseldorf 1982.

5 *H. Hattenhauer*, Die Privatisierung der Ehe. Thesen zum künftigen Eherecht, in: ZRP, Jg. 18, 1985, S. 200–203.

6 *Caesar-Wolf*, S. 203; vgl. *M. Rheinstein*, Marriage Stability, Divorce and the Law, Chicago 1972; *M. A. Glendon*, State, Law and Family: Family Law in Transition in the United States and Western Europe, Amsterdam 1977.

7 *D. Memmi*, Le divorce et l'italienne: partis, opinion féminine et référendum du 12 mai 1974, in: Revue d'histoire moderne et contemporaine, Bd. 30, 1983, S. 476–509.

8 Vgl. *H.-J. Vogel*, Das Erste Gesetz zur Reform des Ehe- und Familienrechts vom 14. Juni 1976 (1. EheRG), in: FamRZ, Jg. 23, 1976, S. 481–491.

9 *W. Zeidler*, Ehe und Familie, in: *E. Benda u. a.* (Hg.), Handbuch des Verfassungsrechts der Bundesrepublik Deutschland, Berlin 1983, S. 555–607, hier S. 579.

10 *Vgl. Caesar-Wolf*, S. 244. – Die wechselvolle *französische* Rechtsentwicklung, die besonders im 19. Jahrhundert durchaus nicht im Zeichen des revolutionären Scheidungsrechts der Französischen Revolution stand (1816 Abschaffung der 1792 eingeführten ›großzügigen‹ Scheidungsmöglichkeiten, die dann in sehr viel bescheidenerer Form erst im Jahre 1884 auf der Grundlage des Code civil v. J. 1804 wieder eröffnet wurden), bewegt sich heute ebenso auf den Zerrüttungsgedanken zu wie das Scheidungsrecht in *England*. Bis zur Mitte des 19. Jahrhunderts gab es hier nicht die Möglichkeit einer gerichtlichen Scheidung. Die Scheidung bedurfte eines Parlamentsbeschlusses, der aber mit hohen Kosten verbunden war. Nur in sehr zögerlichen Schritten wurde in England die Scheidung als Rechtsinstitut eingeführt. Der Matrimonial Causes Act v. J. 1857 erlaubte die Ehescheidung nur bei Ehebruch, begangen durch die Frau; wollte diese klagen, mußten weitere Eheverfehlungen des Mannes hinzukommen. Erst 1937 wurden die Scheidungsgründe auf »cruelty«, bösliche Verlassung und unheilbare Geisteskrankheit ausgedehnt. Das heutige englische Scheidungsrecht, die Weichen stellte der Divorce Reform Act v. J. 1969, enthält den Zerrüttungsgedanken als zentrales rechtliches Gestaltungsprinzip. Auch in *Amerika*, dessen bundesstaatliche Ordnung das Buntscheckige der Rechtslandschaft bedingt, steht heute der Zerrüttungsgedanke im Vordergrund (vgl. den California Family Law Act v. J. 1969), während im 19. Jahrhundert sich das Scheidungsrecht und damit die

Scheidungsmöglichkeit in den einzelnen Staaten streng am Grundtyp der Scheidungsgründe im protestantischen Ehescheidungsrecht, dem Ehebruch, orientierte. *Die skandinavischen Länder* haben die Frage, ob die Scheidung auch ohne Feststellung eines Verschuldens als rechtmäßige Möglichkeit gegeben sein solle, am frühesten im Sinne des Zerrüttungsprinzips entschieden. Kurz nach dem Ersten Weltkrieg setzte in Norwegen (EheG v. J. 1918), Schweden (EheG v. J. 1920), Island (EheG v. J. 1921), Dänemark (EheG v. J. 1922) und Finnland (EheG v. J. 1929) eine Reformgesetzgebungswelle ein, die das überkommene öffentliche Interesse an Scheidungserschwerung dem Freiheitsgedanken des Individuums unterordnete. In den skandinavischen Ländern wurde so die Scheidung wegen objektiver Zerrüttung der hervorstechendste und praktisch wichtigste Scheidungsgrund. Diese Vorreiterrolle des nordeuropäischen Scheidungsrechts hängt sicherlich mit der weitgehenden soziologischen und weltanschaulichen Homogenität der Bevölkerung dieser Länder zusammen. Die lange Geschichte des Protestantismus hat hier zu einem nüchternen, pragmatischen Vorgehen beigetragen. – Vgl. zur außerdeutschen Rechtsentwicklung *W. Müller-Freienfels*, Ehe und Recht, Tübingen 1962, bes. S. 125–134; *H. Dölle*, Familienrecht. Darstellung des deutschen Familienrechts mit rechtsvergleichenden Hinweisen, Bd. 1, Karlsruhe 1964, bes. S. 474–484; *R. Moser*, Das europäische Ehescheidungs- und Ehetrennungsrecht in seiner neuesten Entwicklung, Zürich 1948; *D. Giesen*, Grundlagen und Entwicklung des englischen Eherechts in der Neuzeit, Bielefeld 1973; *P. Mikat*, Rechtsgeschichtliche und rechtspolitische Erwägungen zum Zerrüttungsprinzip, in: FamRZ, Jg. 9, 1962, S. 81–89, S. 273–281, S. 497–504, – Jg. 10, 1963, S. 65–76, hier bes. S. 66f.; *E. Kühn*, Scheidungsrecht in rechtspolitischer und sozialwissenschaftlicher Perspektive, in: ZRP, Jg. 8, 1975, S. 163–169. – Für das *19. Jahrhundert* finden sich wichtige Hinweise auf Stand und Verlauf des Scheidungsrechts im internationalen Rahmen in den umfangreichen Vorarbeiten zum BGB. Vgl. *W. Schubert* (Hg.), Die Vorlagen der Redaktoren für die erste Kommission zur Ausarbeitung des Entwurfs eines Bürgerlichen Gesetzbuches. Familienrecht, Teil 1.2.3, Berlin u. New York 1983 (Verf.: Gottlieb Planck – Unveränderter photomechanischer Nachdruck der als Manuskript vervielfältigten Ausgabe aus den Jahren 1879–1888). – Künftig zitiert: *Familienrecht* (Planck). Zur Bedeutung des Redaktors für das Familienrecht, Gottlieb Planck, vgl. die Einleitung von *W. Schubert* in T. 1, S. XI–LI. Planck legte als Ergebnis seiner Redaktionsarbeiten der 1. BGB-Kommission den Entwurf eines Familienrechts mit einer umfangreichen Begründung und zwölf Anlagen vor. In einem »Nachtrag« zur Anlage VII, die das bestehende Ehescheidungsrecht behandelt, werden »Mittheilungen« gemacht »über die Verhandlungen, welche in den Jahren 1876–1881 in Frankreich bei der Kammer der Deputirten in Betreff der Zulässigkeit der Ehescheidung stattgefunden haben, sowie über den im Jahre 1881 in Italien von Seiten der Regierung bei der Deputirtenkammer eingebrachten, denselben Gegenstand betreffenden Gesetzentwurf.« An diese ›Mitteilungen‹ schließen sich Informationen über den Stand des Ehescheidungsrechts in England, den Vereinigten Staaten von Nordamerika, Rußland, Norwegen, Schweden und Dänemark an; siehe *Familienrecht* (Planck), T. 3, S. 199–216. In dieser Materialzusammenstellung – und das ist für die familienrechtliche Konzeption des BGB von Bedeutung – fanden ausführlich die Kräfte und Stimmen Berücksichtigung, die sich einer Reform des Scheidungsrechts *entgegen*stellten. Besonders in Frankreich gab es in den 70er Jahren Initiativen, das Gesetz vom 8. Mai 1816, das, ganz im Sog der royalistischen Restauration stehend, die nach dem Code civil zulässige Ehescheidung gänzlich beseitigt und nur noch die Trennung von Tisch und Bett zugelassen hatte, abzuschaffen und das Scheidungsrecht wieder dem Revolutionsgesetz vom 20. September 1792 anzunähern. Diese Initiativen scheiterten zunächst einmal 1881 im Parlament. Die Gründe, die die Gegner der Scheidung anführten, waren für den deutschen Gesetzgeber »nicht ohne Interesse«: »Der Eheschließungsvertrag sei kein Kontrakt, dem ein willkürlicher Inhalt gegeben werden könne. Die Ehe sei ihrem Begriffe nach unlöslich und dies entspreche auch dem Willen der Ehegatten zur Zeit der Eheschließung. Die Unauflöslichkeit entspreche auch den aus der Ehe entspringenden Pflichten, nämlich den gegenseitigen Pflichten zwischen Eltern und Kindern. Diese seien dauernd und deshalb sei es naturgemäß, daß auch die Ehe dauernd sei. Mit dem Wegfall der Unauflöslichkeit werde die Ehe zum Konkubinate, verliere ihren Ernst und ihre Würde und ihre Garantie für die menschliche Gesellschaft... Die Vertheidiger der Scheidung seien auch gar nicht sicher, daß die separirten Frauen in der That den Wunsch hätten, geschieden zu werden. Die Frauen betrachteten im Allgemeinen die Unauflöslichkeit der Ehe als ein Palladium, welches sie schütze und unter dessen Schutze sich die Würde der Frau entfalte. Gegenwärtig seien es hauptsächlich die Frauen, welche die Separation beantragten; nach Zulassung der Scheidung würden hauptsächlich die Männer davon Gebrauch machen. In einer demokratischen Gesellschaft sei es richtiger, die Schwachen zu schützen« (ebd., S. 210). Ein sehr ähnliches Diskussions- und Argumentationsspektrum findet sich auch in Deutschland. Seine rechts- und sozialgeschichtlichen Bezüge, seine Herkunft und Wirkung werden in dieser Arbeit erörtert.

11 Vgl. *Müller-Freienfels*, S. 89–94; *Moser*, S. 26ff.

12 *K. Westen u. J. Schleider*, Zivilrecht im Systemvergleich. Das Zivilrecht der Deutschen Demokratischen Republik und der Bundesrepublik Deutschland, Berlin 1984, bes. S. 687–696 u. S. 726–735.

13 Vgl. *B. Rüthers*, ›Institutionelles Rechtsdenken‹ im Wandel der Verfassungsepochen, Bad Homburg 1970, bes. S. 29f.

14 Abgedruckt in: *Bürgerliches Gesetzbuch* und zugehörige Gesetze, Textausgabe, München 1975⁹⁴, S. 886–908 (= Beck'sche Textausgaben).

15 *Rüthers*, Rechtsdenken, S. 29.

16 *Zeidler*, S. 561.

17 Ebd., S. 585; vgl. insgesamt die Ausführungen in dem Kapitel »Nichteheliche Lebensgemeinschaft, oder: Ist die Ehe als Lebensform und Rechtsinstitut obsolet geworden?«, S. 574–588.

18 Vgl. *P. Mikat*, Möglichkeiten und Grenzen einer Leitbildfunktion des bürgerlichen Ehescheidungsrechts, Paderborn 1969; vgl. jetzt auch *ders.*, Religionsrechtliche Schriften. Abhandlungen zum Staatskirchenrecht und Eherecht, 2 Bde., Berlin 1974; *ders.*, Geschichte, Recht, Religion, Politik, 2 Bde., Paderborn 1984.

19 Vgl. *ders.*, Scheidungsrechtsreform in einer pluralistischen Gesellschaft, Bielefeld 1970.

20 *H. Lange*, Kontinuität und Diskontinuität in der Entwicklung des Familienrechts, in: *J. Gernhuber* (Hg.), Tradition und Fortschritt im Recht. Fs. zum 500-jährigen Bestehen der Tübinger Juristenfakultät, Tübingen 1977, S. 355–376, hier S. 366.

21 Vgl. *Müller-Freienfels*, S. 121; *Th. Ramm*, Familienrecht, Bd. I: Recht der Ehe, München 1985, S. 275 (= Beck-Studienbücher).

22 Vgl. *W. Voegeli*, Funktionswandel des Scheidungsrechts, in: KJ, Jg. 15, 1982, S. 132–155, bes. S. 137ff.

23 Ebd., S. 142.

24 Vgl. das umfangreiche historische Kapitel in dem Buch von *Ramm*, Familienrecht, S. 45–90 (Die geschichtlichen Grundlagen); *D. Giesen*, Einzelfallgerechtigkeit als Problem. Zur Entwicklung des Scheidungs- und Scheidungsfolgenrechts in Deutschland, in: FamRZ, Jg. 31, 1984, S. 1188–1197; *D. Schwab*, Eheschließungsrecht und nichteheliche Lebensgemeinschaft. Eine rechtsgeschichtliche Skizze, in: FamRZ, Jg. 28, 1981, S. 1151–1156; *H.-J. Becker*, Die nichteheliche Lebensgemeinschaft (Konkubinat) in der Rechtsgeschichte, in: *G. Landwehr* (Hg.), Die nichteheliche Lebensgemeinschaft, Göttingen 1978, S. 13–38. – Die für das Scheidungsproblem im engeren Sinne einschlägigste und materialreichste Untersuchung ist: *E. Wolf, G. Lüke, H. Hax*, Scheidung und Scheidungsrecht. Grundfragen der Ehescheidung in Deutschland. Untersucht an Hand der Statistiken, Tübingen 1959. Historisch informiert, vgl. den Abschnitt über die »Darstellung des materiellen Ehescheidungsrechts in Deutschland« vom ALR bis zum EheG v.J. 1938 (S. 30–86), verfolgt diese Arbeit ihr »Hauptanliegen«, »den Einfluß des Bürgerlichen Gesetzbuches auf die Ehestabilität zu ermitteln«. Trotz der eingeschränkten Aussagemöglichkeit der überlieferten Justizstatistik – sie sagt nichts über die Vertei-

lung der Scheidungen auf die einzelnen Schichten der Bevölkerung aus (S. 196) – sehen die Verf. ihre These durch die »geschichtliche Entwicklung der Scheidungszahlen« abgesichert. Diese These besagt, daß die politische Absicht, die hinter dem Scheidungsrecht des BGB gestanden habe, gescheitert sei. »Es hat sich weder als möglich erwiesen, scheidungswillige Ehegatten durch die engere Fassung der gesetzlichen Scheidungsgründe von der Durchführung eines beabsichtigten Scheidungsverfahrens in breiterem Umfang abzuhalten, noch konnten sie durch das Scheidungsrecht des BGB in ihrem ehelichen Verhalten zueinander sittlich oder religiös beeinflußt werden.« (S. 176) Die Perspektive dieser ohne Frage grundlegenden Arbeit ist eine rechtspolitisch motivierte; dadurch werden die historischen Erkenntnismöglichkeiten eingeengt bzw. auf einen Punkt konzentriert: »Es ist danach (d. h. nach den mit dem BGB gemachten geschichtlichen Erfahrungen; D. B.) nicht möglich, die Entwicklung der ehelichen Verhältnisse und der Scheidungszahlen in unserer Rechts- und Gesellschaftsordnung durch gesetzliche Vorenthaltung bestimmter Scheidungsgründe zu steuern. Wollte man dies erneut versuchen, so wäre zu befürchten, daß die bestehenden Schäden verschlimmert und neue hervorgerufen würden.« (S. 377). – In der Analysespur dieser Arbeit steht auch die zweite größere Untersuchung zur Geschichte des Ehescheidungsrechts in Deutschland: *E. Kühn,* Die Entwicklung und Diskussion des Ehescheidungsrechts in Deutschland. Eine sozialhistorische und rechtssoziologische Untersuchung, Diss. phil., Hamburg 1974. Die Verfasserin behandelt die Gesetzgebungsgeschichte zum Scheidungsrecht von 1880 bis ca. 1973 mit den ›historischen‹ Schnittstellen BGB (S. 32–47), Weimarer Republik (S. 48–69) und Nationalsozialismus (S. 70–86). Dabei werden die »Wechselwirkungen« zwischen Gesetzgebung, der Situation der Familie, der Scheidungsstatistik und der Rechtsprechung in den Blick genommen, ohne daß der »sozialhistorische« Erkenntnisanspruch mit sozialhistorischen Methoden, und d. i. nun einmal eine ins einzelne gehende Quellenarbeit jenseits der großen Verlautbarungen, eingelöst würde. Dennoch hat die Arbeit einen hohen Wert, wenn es um eine »kritische Beurteilung des gegenwärtigen Reformvorhabens am Ehescheidungsrecht« aus historischer Erfahrung geht.

25 *Sp. Simitis,* Zur Situation des Familienrechts. Über einige Prämissen, in: *ders. u. G. Zenz* (Hg.), Seminar: Familie und Familienrecht, Bd. 1, Frankfurt 1975, S. 15–61, hier S. 16f.

26 Vgl. *Ch. Sachße u. F. Tennstedt,* Familienpolitik durch Gesetzgebung: Die juristische Regulierung der Familie, in: *F.-X. Kaufmann* (Hg.), Staatliche Sozialpolitik und Familie, München 1982, S. 87–130.

27 Vgl. die genannten Untersuchungen von *Müller-Freienfels, Dölle* und *Moser.*

28 Hier ist bes. das internationale Projekt zum Zusammenhang von Säkularisation u. modernem Recht zu nennen, vgl. *L. Lombardi Valluari u. G. Dilcher* (Hg.), Christentum, Säkularisation und modernes Recht, 2 Bde., Baden-Baden 1981. Die deutschsprachigen Beiträge dieses über 1500 Seiten umfassenden Werks jetzt in: *G. Dilcher u. I. Staff* (Hg.), Christentum und modernes Recht. Beiträge zum Problem der Säkularisation, Frankfurt 1984, darin bes. *G. Dilcher,* Zum Projekt, S. 9–13. Vgl. auch *H. Coing,* Das Recht als Element der europäischen Kultur, in: HZ, Bd. 238, 1984, S. 1–15.

29 *G. Dilcher,* Überlegungen zum Verhältnis von Rechtsgeschichte und Sozialwissenschaften, in: *ders. u. N. Horn* (Hg.), Sozialwissenschaften im Studium des Rechts, Bd. IV, Rechtsgeschichte, München 1978, S. 3–11.

30 Vgl. *G. Dilcher,* Ehescheidung und Säkularisation, in: *Lombardi Valluari u. Dilcher* (Hg.), Christentum, S. 1021–1080 (die Arbeit wird hier nach ihrem ursprünglichen Druckort zitiert); *D. Schwab,* Grundlagen und Gestalt der staatlichen Ehegesetzgebung in der Neuzeit bis zum Beginn des 19. Jahrhunderts, Bielefeld 1967.

31 Hier ist noch einmal *Mikat,* Erwägungen zu nennen, bes. aber *St. Buchholz,* Ehe- und Familienrecht, in: *H. Coing* (Hg.), Handbuch der Quellen und Literatur der neueren Europäischen Privatrechtsgeschichte, Bd. 3: Das 19. Jahrhundert, II. Teilband, Gesetzgebung zum allgemeinen Privatrecht und zum Verfahrensrecht, München 1982, S. 1626–1679; *ders.,* Savignys Stellungnahme zum Ehe- und Familienrecht. Eine Skizze seiner rechtssystematischen und

rechtspolitischen Überlegungen, in: Ius Commune, Veröffentlichungen des Max-Planck-Instituts für Europäische Rechtsgeschichte, Bd. VIII, 1979, S. 148–191; *ders.*, Beiträge zum Ehe- und Familienrecht des 19. Jahrhunderts. Gerlach, Bismarck und die Zivilehe. Stationen eines parlamentarischen Konflikts, in: Ius Commune, Bd. IX, 1980, S. 229–313; *ders.*, Eherecht zwischen Staat und Kirche. Preußische Reformversuche in den Jahren 1854 bis 1861, Frankfurt 1981; *ders.*, Preußische Eherechtsreform im Vormärz (1830–1844). Ein Überblick, in: Vorträge zur Geschichte des Privatrechts in Europa, Frankfurt 1981, S. 150–188; *ders.*, Populäre Eheliteratur und partikuläre Rechtsreform: Nürnberg anno 1803, in: Jus Commune, Bd. XII, 1984, S. 165–205.

32 Vgl. *N. Horn*, Rechtsgeschichte und sozialwissenschaftliche Ausbildung der Juristen, in: *Dilcher u. ders.*, (Hg.), Sozialwissenschaften im Studium des Rechts, S. 1–3.

33 *L. Stone*, Family History in the 1980s. Past Achievements and Future Trends, in: The Journal of Interdisciplinary History, Bd. XII, 1981, S. 51–87; vgl. in seinen zukunftsgerichteten Perspektiven auch *M. Anderson*, Approaches to the History of the Western Family 1500–1914, London 1980. Zum Spektrum, zu den Erträgen, aber auch Defiziten der »Historischen Familienforschung« vgl. *M. Mitterauer u. R. Sieder* (Hg.), Historische Familienforschung, Frankfurt 1982; ein frühes, kritisches Abschreiten etablierter Forschungswege in den Arbeiten von *K. Hausen*, vgl. *dies.*, Familie als Gegenstand Historischer Sozialwissenschaft, in: GG, Jg. 1, 1975, S. 171–209; *dies.*, Historische Familienforschung, in: *R. Rürup* (Hg.), Historische Sozialwissenschaft, Göttingen 1977, S. 59–95.

34 Vgl. *M. Mitterauer*, Der Mythos von der vorindustriellen Großfamilie, in: *ders. u. R. Sieder*, Vom Patriarchat zur Partnerschaft. Zum Strukturwandel der Familie, München 1977, S. 38–65; zur ideologiekritischen Aufarbeitung des Großfamilien-Paradigmas vgl. den Sammelband von *H. Rosenbaum* (Hg.), Seminar: Familie und Gesellschaftsstruktur. Materialien zu den sozioökonomischen Bedingungen von Familienformen, Frankfurt 1978, bes. ›Einleitung‹ und ›Auswahlbibliographie‹, S. 9–59.

35 Hier, im Anregungspotential für historisches Fragen, liegt das große Verdienst der Historischen Demographie. Dazu die eindrucksvollen Arbeiten von *A. E. Imhof*, Die gewonnenen Jahre. Ein historischer Essay, München 1981; *ders.* (Hg.), Der Mensch und sein Körper. Von der Antike bis heute, München 1983; *ders.* (Hg.), Leib und Leben in der Geschichte der Neuzeit, L'homme et son corps dans l'histoire moderne, Berlin 1983, darin bes. auch die »Bibliographie«, S. 231–251.

36 Vgl. den älteren Sammelband von *W. Conze* (Hg.), Sozialgeschichte der Familie in der Neuzeit Europas, Stuttgart 1976. Zur gelungenen sozialwissenschaftlichen Rekonstruktion historischer Familienstrukturen vgl. *J. Kocka u. a.*, Familie und soziale Plazierung. Studien zum Verhältnis von Familie, sozialer Mobilität und Heiratsverhalten an westfälischen Beispielen im späten 18. und 19. Jahrhundert, Opladen 1980. – Eine gute Zusammenstellung wichtiger demographischer und sozialökonomischer Materialien bei *W. H. Hubbard*, Familiengeschichte. Materialien zur deutschen Familie seit dem Ende des 18. Jahrhunderts, München 1983. Auch als Übersicht neuester Forschungsbefunde und neu einzuschlagender Forschungswege lesbar: *M. Mitterauer*, Ledige Mütter. Zur Geschichte illegitimer Geburten in Europa, München 1983.

37 Vgl. *R. Wall* (Hg.), Family Forms in Historic Europe, Cambridge 1983; *M. Gordon* (Hg.), The American Family in Social-Historical Perspective, New York 1983; vgl. auch die Überblikke der letzten Jahre: *W. Conze*, Sozialgeschichte der Familie. Neue Literatur-Probleme der Forschung, in: VSWG, Bd. 65, 1978, S. 357–369; *D. Klippel*, Entstehung und Strukturwandel der modernen Familie, in: FamRZ, Jg. 25, 1978, S. 558–566; *R. Lee*, The German Family. A Critical Survey of the Current State of Historical Research, in: *R. Evans u. W. R. Lee* (Hg.), The German Family, London 1981, S. 19–50; *W. Conze*, Neue Literatur zur Sozialgeschichte der Familie, in: VSWG, Bd. 71, 1984, S. 59–72; *D. Klippel*, Neue Literatur zur Sozialgeschichte der Familie, in: FamRZ, Jg. 31, 1984, S. 1179–1188, u. ebd., Jg. 32, 1985, S. 444–455.

38 Vgl. *H. Reif* (Hg.), Die Familie in der Geschichte, Göttingen 1982; *N. Bulst u. a.* (Hg.),

Familie zwischen Tradition und Moderne. Studien zur Geschichte der Familie in Deutschland und Frankreich vom 16. bis zum 20. Jahrhundert, Göttingen 1981.

39 Vgl. den auch in seinen Kommentaren glänzenden Quellenband von *J. Schlumbohm* (Hg.), Kinderstuben. Wie Kinder zu Bauern, Bürgern, Aristokraten wurden 1700–1850, München 1983; *K. Saul u. a.* (Hg.), Arbeiterfamilien im Kaiserreich. Materialien zur Sozialgeschichte in Deutschland 1871–1914, Königstein 1982.

40 Vgl. *E. Shorter*, The Making of the Modern Family, London 1976 (dt.: Die Geburt der modernen Familie, Reinbek bei Hamburg 1977); *ders.*, A History of Women's Bodies, New York 1982; *J.-L. Flandrin,* Familles: parenté, maison, sexualité dans l'ancienne société, Paris 1976 (dt.: Familien. Soziologie-Ökonomie-Sexualität, Frankfurt 1978).

41 *Conze*, in: VSWG, 1978, S. 368.

42 *J. Goody*, The Development of the Family and Marriage in Europe, Cambridge 1983 (= dt. Berlin 1986. Die Entwicklung von Ehe und Familie in Europa). Goody legt den Akzent auf die materiellen Interessen, d. h. zum Beispiel Erbinteressen der mittelalterlichen Kirche, deren spezifische Eheregeln durchaus weltlich motiviert gewesen seien. Um die Ehe als Kontrollinstrument in einem weiteren Sinne geht es *G. Duby*, der die Entwicklung der Ehe im heutigen Nordfrankreich in der Zeit zwischen dem Beginn des 11. und dem Ende des 12. Jahrhunderts behandelt; *ders.*, Ritter, Frau und Priester, Die Ehe im feudalen Frankreich, Frankfurt 1985. Mit soziologischer Unbekümmertheit und begriffsschwerem Schneisenschlag durch die Vergangenheit beschreibt *M. Schröter* die Eheschließungsvorgänge vom 12. bis 15. Jahrhundert; *ders.*, ›Wo zwei zusammenkommen in rechter Ehe...‹ – Sozio- und psychogenetische Studien über Eheschließungsvorgänge vom 12. bis zum 15. Jahrhundert, Frankfurt 1985. Der Verf. wertet die sich durchsetzende priesterliche Trauung, über die die auf Heiratsstrategien beruhende Macht der Familie gebrochen worden sei, als wichtiges Schubelement für den Prozeß der ›Staatenbildung‹. Letzterer ist nun für den Historiker bekanntlich ein sehr weites Feld, gerade auch was das Wechselverhältnis von Staat und Kirche in dem Spätmittelalter folgenden Zeitalter des Humanismus, der Reformation und der Glaubenskämpfe betrifft. Wie vielschichtig die ›deutsche Kultur‹ in der Frühen Neuzeit war und wie genau die gesellschaftliche Verbindlichkeit kirchlicher Rechtsregeln überprüft werden muß – und auch durch einen »Gang durch die Welt des Alltäglichen« überprüft werden kann, zeigt in bislang unübertroffener Quellennähe *E. W. Zeeden*, Deutsche Kultur in der Frühen Neuzeit, Frankfurt 1968, hier bes. das für ›Lebensbedingungen und Lebensformen‹ wichtige Kap. über »Ehe und Familie«, S. 183–209.

43 Vgl. *L. K. Berkner*, The Stem-Family and the Development Cycle of the Peasant Household: An Eighteenth-Century Austrian Example, in: American Historical Review, Bd. 77, 1972, S. 398–418; *ders.*, Inheritance, Land Tenure and Peasant Family Structure. A German Regional Comparison, in: *J. Goody u. a.* (Hg.), Family and Inheritance. Rural Society in Western Europe, 1200–1800, Cambridge 1976, S. 71–95. – Fragen der rechtlichen Normierung des Familienlebens werden angeschnitten von *R. Koselleck*, Die Auflösung des Hauses als ständischer Herrschaftseinheit. Anmerkungen zum Rechtswandel von Haus, Familie und Gesinde in Preußen zwischen der Französischen Revolution und 1848, in: *Bulst u. a.* (Hg.), S. 109–124; *J. Goy*, Heiratsstrategien und Erbfolge angesichts der revolutionären Gesetzgebung des Code civil in der bäuerlichen Gesellschaft Südfrankreichs (1789–1804); in: ebd., S. 125–138. – Annäherungen an Rechtsregeln, die für ›bäuerliche Familien‹ und für das Geschlechterverhältnis in diesen Familien (Rolle der Frau) konstitutiv waren, bei Segalen (Frankreich) u. Mooser (Westfalen); vgl. *M. Segalen*, Mari et femme dans la société paysanne, Paris 1980 (engl.: Love and Power in the Peasant Family: Rural France in the Nineteenth Century, Oxford 1983); *J. Mooser,* Ländliche Klassengesellschaft 1770–1848. Bauern und Unterschichten, Landwirtschaft und Gewerbe im östlichen Westfalen, Göttingen 1984, bes. Kap. VI, Struktur und Entwicklung der bäuerlichen Klassengesellschaft, S. 182 ff. – Vgl. auch *B. Mesmer*, Familien- und Haushaltskonstellationen: Fragen an die Rechtsgeschichte, in: ZNR, Jg. 6, 1984, S. 1–18.

44 Vgl. *H. Popitz*, Die normative Konstruktion von Gesellschaft, Tübingen 1980, S. 31 f. Es

heißt hier u. a.: »Die Begriffe Recht und Rechtsnorm zielen auf einen bestimmten Grad, einen Schwellenwert dieser Verfestigung ab.«

45 *Marianne Weber,* Ehefrau und Mutter in der Rechtsentwicklung. Eine Einführung, Tübingen 1907 (Neudruck 1971).

46 Vgl. *H. Rosenbaum,* Formen der Familie. Untersuchungen zum Zusammenhang von Familienverhältnissen, Sozialstruktur und sozialem Wandel in der deutschen Gesellschaft des 19. Jahrhunderts, Frankfurt 1982.

47 Aus der Perspektive der Frauengeschichte geht auf »familienrechtliche Bestimmungen« ein *U. Gerhard,* Verhältnisse und Verhinderungen. Frauenarbeit, Familie und Rechte der Frauen im 19. Jahrhundert, Frankfurt 1978, S. 154ff. (Kap. IV: Die Rechte der Frauen).

48 Vgl. *H. Medick u. D. Sabean,* Neue Themen in der historisch-ethnologischen Familienforschung, in: Sozialwissenschaftliche Informationen für Unterricht und Studium, Jg. 11, 1982, S. 91–100; *H. Medick u. D. Sabean* (Hg.), Emotionen und materielle Interessen. Sozialanthropologische und historische Beiträge zur Familienforschung, Göttingen 1984; *P. Borscheid u. H. J. Teuteberg* (Hg.), Ehe, Liebe, Tod. Zum Wandel der Familie, der Geschlechts- und Generationsbeziehungen in der Neuzeit, Münster 1983, darin besonders: *P. Borscheid,* Plädoyer für eine Geschichte des Alltäglichen, S. 1–14. Als wichtige Feldstudien zum familialen ›Alltag‹ vgl. *P. Borscheid,* Lebensstandard und Familie. Partnerwahl und Ehezyklus in einer württembergischen Industriestadt im 19. Jahrhundert, in: AfS, Bd. XXII, 1982, S. 227–262; *ders.,* Geld und Liebe: Zu den Auswirkungen des Romantischen auf die Partnerwahl im 19. Jahrhundert, in: *Borscheid/Teuteberg* (Hg.), S. 112–134.

49 *J. Huizinga,* Vier Kapitel über die Entwicklung der Geschichte zur modernen Wissenschaft, in: *ders.,* Geschichte und Kultur, Stuttgart 1954, S. 19–118, hier S. 79f.

50 Als Ausnahmen sind zu nennen: *R. Phillips,* Family Breakdown in Late 18th-Century France. Divorces in Rouen, 1792–1803, Oxford 1980 (zum Einfluß des Ehegesetzes von 1792 auf Familienkonflikte und Ehescheidungen): *L. C. Halem,* Divorce Reform: Changing Legal and Social Perspectives, New York 1980 (zum langen, über 200 Jahre alten ›moralischen‹ Diskurs über Scheidung in der amerikanischen Geschichte); wie sehr das Scheidungsproblem, obwohl zahlenmäßig ohne Gewicht und auf den ersten Blick sicherlich ein ›un-Victorian problem‹, die englische Gesellschaft des 19. Jahrhunderts beschäftigt hat und wie von diesem Problem aus ein bezeichnendes Licht auf die fragile ›Respektabilität‹ dieser Gesellschaft fällt, zeigt jetzt *A. Horstman,* Victorian Divorce, London 1985.

51 *R. L. Griswold,* Family and Divorce in California, 1850–1890: Victorian Illusions and Everyday Realities, New York 1982.

52 *M. Broszat,* Plädoyer für eine Historisierung des Nationalsozialismus, in: Merkur, Jg. 39, 1985, S. 373–385, hier S. 375.

II. Die geschichtlichen Voraussetzungen der modernen Scheidungsfrage

1 Aus der Literaturfülle zur Geschichte des neuzeitlichen Eherechts vgl. *Mikat,* Erwägungen, 1962, S. 81–89; *Dilcher,* Ehescheidung; *H. G. Hesse,* Evangelisches Ehescheidungsrecht in Deutschland, Bonn 1960. Eine präzise Zusammenfassung zur Herausbildung der »kanonischen Ehe des Mittelalters« bei *Müller-Freienfels,* S. 12f.: »Im Zeichen ihres Aufstiegs zur weltlichen Macht, im Verlauf der cluniazensischen Reformen, zog die Kirche von der Begründung ihrer eigenen ausschließlichen Gerichtsbarkeit in Ehesachen aus die rechtliche Regelung der persönlichen Ehebeziehungen als Gegenstand ihrer allgemeinen Regelung immer mehr an sich. Vom 11. Jahrhundert ab bestand ein geschlossenes, zentrales kirchliches Eherecht, das bei uns dem

sich den kirchlichen Forderungen entgegenstemmenden, von verschiedenen Schichten getragenen Gewohnheits- und Satzungsrecht (fränkisches Königsrecht, Partikularrecht des fränkischen Episkopats, Herrenrecht der weltlichen Aristokratie, Herkommensrecht der unteren volksrechtlichen Verbände) begegnete. Doch nicht vor dem 13. Jahrhundert neigte sich die Waagschale zugunsten der eherechtlichen Gesetzgebung und Rechtslehre der Kirche in Verfolg der wachsenden Entfaltung des Papsttums. Von da ab währte die Herrschaft des kanonischen Eherechts ungebrochen bis zur Reformation im 16. Jahrhundert und blieb in vielem noch bis zur Verweltlichung des Eherechts in der Französischen Revolution offen bestehen.«

2 Sämtliche Zitate nach *Mikat*, Erwägungen, S. 85.

3 Vgl. mit weiterführenden Literaturangaben *Buchholz*, Ehe- und Familienrecht, S. 1627–1629.

4 Vgl. zur Charakterisierung von ›Säkularisation‹ als Verlaufstyp einer in die Tiefe gehenden geschichtlichen Entwicklung *Dilcher*, Ehescheidung, bes. prägnant S. 1037: »Durch die hohe Systematisierung und Verrechtlichung der biblischen Textaussagen wurde im kanonischen Recht die Unscheidbarkeit der Ehe so unmittelbar mit der obersten Schicht des Sakralen (ius divinum und Naturrecht) verbunden, daß hier eine Veränderung und Öffnung und Anpassung an veränderte Anschauungen und gesellschaftliche Verhältnisse nur durch die Herauslösung des Eherechts aus kirchlicher Kompetenz und ein Abkoppeln der unmittelbaren Ableitung des geltenden Rechts aus dieser sakralrechtlichen Theorie vollziehbar war. Eine solche Entwicklung konnte sich also nur in einem Vorgang der Säkularisation des Eherechts vollziehen..«

5 Vgl. *H. Coing*, Die Auseinandersetzung um kirchliches und staatliches Eherecht im Deutschland des 19. Jahrhundert, in: *Dilcher u. Staff* (Hg.), Christentum und modernes Recht, S. 360–375, hier S. 366f.

6 *Schwab*, Grundlagen, S. 198; vgl. bes. Teil V dieser Arbeit »Anfänge und Entwicklung der staatlichen Gesetzgebung«, S. 193ff.

7 Ebd., S. 198ff. u. S. 235ff., hier S. 239. – Vgl. zur »Konzeption« staatlicher Ehegesetzgebung insgesamt, wie sie sich im 17. Jahrhundert ausbildete und im 18. Jahrhundert beherrschend wurde, ebd., S. 224: »Sie ist bestimmt durch den verstärkten Zugriff der staatlichen Gesetzgebung auf das Recht der Eheschließung und auf das Recht des Ehebandes unter dem Maßstab der öffentlichen Nützlichkeit und der Staatsraison, durch die Eingliederung des Eherechts in das Gesamtsystem der bürgerlichen Rechtsordnung und schließlich durch eine allmähliche Loslösung der Gesetzgebung von der Verbindlichkeit des göttlichen Rechts. Diese Epoche erst zeigt die Tendenz zur Schaffung eines inhaltlich verweltlichten Eherechts.«

8 Das Folgende nach Schwab, ebd., S. 212ff.

9 Vgl. ›Eines Hochlöblichen Raths der kaiserlichen freien Reichsstadt Nürnberg Verordnung, die Ehescheidungen betreffend‹, verabschiedet vom Rat der Stadt am 25. 11. 1803, in Kraft getreten zu Beginn des Jahres 1804. Der zitierte Satz fungiert als Einleitung des materiellen Scheidungsrechts und geht auf eine Schrift des Redaktors der Nürnberger Ehescheidungsordnung, *Friedrich Popp,* zurück; *ders.,* Über Ehescheidung. Für gebildete Leser aus allen Ständen, Amberg u. Sulzbach 1800. Popp verantwortete die Lockerung des strengen protestantischen Eherechts Nürnbergs und orientierte sich stark an der preußischen Entwicklung, die am Ende des 18. Jahrhunderts den Geist der Aufklärung zum Leitfaden der Gesetzgebung machte. Auch nach 1806, als Nürnberg an Bayern gefallen war, behielt die Ehescheidungsordnung v. J. 1803 ihre Gültigkeit. Zum Gesamten vgl. *Buchholz*, Eheliteratur. Mit guten Gründen spricht *Schwab*, S. 242, von einem im 18. Jahrhundert verstärkt spürbaren Trend, »die Ehescheidung durch Einführung immer weitgehenderer Scheidungsgründe so zu erleichtern, daß das grundsätzliche Scheidungsverbot Jesu, nach dem die Scheidung hätte die Ausnahme von der Regel bleiben müssen, in eine grundsätzliche Scheidbarkeit der Ehe umgekehrt wurde. Die Ehescheidungsordnung von Nürnberg aus dem Jahre 1803, ein bezeichnendes Dokument für die ganze Entwicklung, spricht das offen aus...“

10 Ebd. S. 244. Zur Gesamtentwicklung vgl. auch *Hesse*, Evangelisches Ehescheidungsrecht in Deutschland.

11 Diese KO erging am 26. Mai 1783 an den Regierungspräsidenten v. Tevenar zu Magdeburg. Sie bildete einen wichtigen Bezugspunkt für die endgültige Festlegung der Scheidungsregelungen des ALR, wurde mit Gewicht in einem bestimmten Stadium der vormärzlichen Revisionsarbeiten am ALR zitiert (1830/1831) und erlangt nicht zuletzt für die Gerichtspraxis in den 30er Jahren des vorigen Jahrhunderts erhebliche Bedeutung. Der Fundort, nach dem diese Quelle hier zitiert wird, unterstreicht das Gewicht der Aufklärungstradition in der preußischen Rechtsentwicklung: *Gesetzrevision* (1825–1848), II. Abt., Öffentliches Recht, Zivilrecht und Zivilprozeßrecht, Bd. 5, Familienrecht I (Halbbde. 1.2), hg. u. mit einer Einleitung versehen v. W. Schubert, Vaduz/Lichtenstein 1985 (= Quellen zur preußischen Gesetzgebung des 19. Jahrhunderts), hier T. 1, S. [437] (künftig zitiert: *Gesetzrevision*/Familienrecht). Die »Materialien« zu den sich über Jahrzehnte hinziehenden Revisionsarbeiten am ALR wurden seinerzeit nur für den Dienstgebrauch gedruckt. So enthält die obige Edition die Entwürfe sowie die diesbezüglichen »Motive«, die innerhalb der preußischen Justizadministration zum Familienrecht unter Einschluß des Ehescheidungsrechts erarbeitet wurden. Bei der Revision des ALR wurden verstärkt jene »Materialien« herangezogen, die die Entstehung dieses Gesetzgebungswerks begleitet hatten. Somit liegt, worauf noch einzugehen ist, in der ›Gesetzrevision‹ auch eine wichtige Quellensammlung zur wechselvollen Kodifikationsgeschichte des ALR vor. – Die KO vom Mai 1783 findet sich ferner zitiert in einer Grundsatzentscheidung des Königlichen Geheimen Ober-Tribunals v. 16. Dezember 1839 über ›tief eingewurzelten Widerwillen‹ als »selbständigen Ehescheidungsgrund«; vgl.: *Entscheidungen* des Königlichen Geheimen Ober-Tribunals, Bd. 5, Berlin 1841, S. 175–189, die KO v. J. 1783 auf S. 180f. (künftig zitiert: *Entscheidungen*/Ober-Tribunal). – Als knappster, aber verläßlichster Überblick bes. für das 18. Jahrhundert vgl. *E. Hubrich*, Das Recht der Ehescheidung in Deutschland, Berlin 1891, S. 176–186: »Die Entwicklung der preußischen Ehescheidungsgesetzgebung«. – *P. Mikat* hat im Anschluß an die ältere Darstellung von *Hubrich* die Wandlungen der »Scheidungsmaterie unter der aufgeklärten Regierung Friedrich d. G.« genauer beschrieben; die einzelnen Stadien bis zur zitierten KO v. Mai 1783, deren wirkungsgeschichtliche Bedeutung freilich nicht angemessen eingeschätzt wird, waren: *1.* die neue Prozeßordnung v. J. 1748 (Projekt des Codicis Fridericiani Marchici v. 3. 4. 1748) – sie überwies Ehesachen, für die bisher die kirchliche Gerichtsbarkeit zuständig gewesen war, dem »Cammer-Gericht«; *2.* das »Project des Corporis Juris Fridericiani« v. J. 1749, dessen Eherecht die Scheidungsmöglichkeiten beträchtlich erweiterte, *3.* das »Edict gegen die Mißbräuche der überhand genommenen Ehescheidungen« v. J. 1782 (17. November, in: Novum Corpus Constitutionum Prussico-Brandenburgensium... VII, Berlin 1786, S. 1613–1640), dessen Wirkung auf die Scheidungspraxis freilich durch die KO des Königs vom Mai 1783 wieder aufgefangen wurde. Vgl. *P. Mikat*, Zur Bedeutung Friedrich Carl von Savignys für die Entwicklung des deutschen Scheidungsrechts im 19. Jahrhundert, in: *W. J. Habscheid u. a.* (Hg.), Festschrift für Friedrich Wilhelm Bosch zum 65. Geburtstag, Bielefeld 1976, S. 671–697, hier S. 674–678.

12 Vgl. *E. Hellmuth*, Naturrechtsphilosophie und bürokratischer Werthorizont. Studien zur preußischen Geistes- und Sozialgeschichte des 18. Jahrhundert, Göttingen 1985, hier S. 262,

13 Vgl. zum Gesamten *A. v. Ladenberg*, Preußens gerichtliches Verfahren in Civil- und Kriminalsachen, Köln 1825. – Das ALR wird nach der Ausgabe zitiert: *Allgemeines Landrecht* für die Preußischen Staaten von 1794. Mit einer Einführung v. H. Hattenhauer, Frankfurt 1970. Das Eherecht ist kodifiziert im Ersten Titel des Zweyten Theils (Von der Ehe), gegliedert in Elf Abschnitte (§§ 1–1131), künftig zitiert: ALR II, 1. T., Abschn...., § ... – Die AGO wird nach der Ausgabe zitiert: *Allgemeine Gerichtsordnung* für die Preußischen Staaten, Erster Theil, Prozeßordnung, Neue Ausgabe, Berlin 1816. Der Vierzigste Titel (Von Sponsalien- und Ehesachen – §§ 1–64) enthält das eheliche Prozeßrecht, künftig zitiert: AGO, T. 40, § ...

14 Vgl. *St. Buchholz*, Standesungleichheit als Ehehindernis im 19. Jahrhundert, in: *C. Berg-*

feld u.a. (Hg.), Aspekte europäischer Rechtsgeschichte. Fs. für Helmut Coing zum 70. Geburtstag, Frankfurt 1982, S. 29–64.

15 Vgl. zur Rolle von Svarez im Kontext der Gesamtproblematik des ALR: G. Birtsch, Zum konstitutionellen Charakter des preußischen Allgemeinen Landrechts von 1794, in: *K. Kluxen u. W.J. Mommsen (Hg.)*, Politische Ideologien und nationalstaatliche Ordnung. Studien zur Geschichte des 19. und 20. Jahrhunderts. Festschrift für Theodor Schieder zu seinem 60. Geburtstag, München 1968, S. 97–115.

16 *Gesetzrevision*/Familienrecht, S. [438].

17 Ebd., S. [439].

18 Ebd., S. [41f.].

19 Das Folgende nach: *Entscheidungen*/Ober-Tribunal (1841), hier S. 175ff.

20 Ebd., S. 178.

21 Vgl. *Schwab*, Grundlagen, S. 219: »Das berühmte Gesetz vom 20. September 1792 ist daher nicht nur dadurch gekennzeichnet, daß es die Ehescheidung dem Bande nach einführte, was an sich schon eine Absage an die Sozialverbindlichkeit des Sakramentalrechts oder des ›christlichen Naturrechts‹ und damit einen revolutionären Schritt bedeutete; darüber hinaus eröffnete es vielmehr derart weitgehende Möglichkeiten der Ehescheidung, wie sie etwa die Ehegesetzgebung protestantischer Staaten niemals geboten hatte. Nach § 1 des Gesetzes kann die Scheidung nicht nur bei bestimmten Verhaltensweisen oder Eigenschaften des anderen Ehegatten, welche die Führung einer Ehe erschweren (bestimmte Krankheiten, Verurteilung zu körperlichen oder entehrenden Strafen, längere Abwesenheit und ähnliche Fälle) verlangt werden, vielmehr findet sie auch statt bei der Willensübereinstimmung der Ehegatten über die Scheidung und bei der ›Unvereinbarkeit der Gemüter und Charaktere‹. Der zuletzt genannte Scheidungsgrund ist besonders bemerkenswert. Er erlaubte es dem einen Ehegatten, sich auch gegen den Willen des anderen von der Ehe loszusagen. Die ›Unvereinbarkeit der Gemüter‹ wurde dabei nicht etwa durch eine Gerichtsinstanz überprüft; ein solches Eindringen in die seelische Verfassung des Individuums gestattete die revolutionäre Gesetzgebung der staatlichen Gewalt nicht. Vielmehr fand in dem Falle, daß ein Ehegatte den Scheidungsgrund der Unvereinbarkeit der Gemüter oder Charaktere geltend machte, eine Versammlung der Verwandten und Freunde beider Ehegatten in Anwesenheit eines Beamten zur Herbeiführung einer Versöhnung statt; war ein solcher Versöhnungsversuch dreimal fehlgeschlagen, so konnte der ›klagende‹ Teil die Ehescheidung vor einem Beamten bekanntmachen. Eine solche Scheidungsregelung bedeutet beinahe einen Angriff auf die Institution der Ehe selbst, so wie sie bisher verstanden wurde, nämlich als eine auf die Dauer angelegte Zeugungs- und Hilfsgemeinschaft.«

22 Vgl. *E. Fehrenbach*, Traditionale Gesellschaft und revolutionäres Recht. Die Einführung des Code Napoléon in den Rheinbundstaaten, Göttingen 1974. Zum besonderen Problemzusammenhang hier nochmals *Hubrich*, S. 209–219: »Das Scheidungsrecht des Code Napoléon in Deutschland.«

23 Vgl. *Mikat*, Erwägungen, 1962, S. 499. Hier besonders auch die Ausführungen in Kap. I (Die Scheidungsfrage als Problem...), Anm. 10.

24 Vgl. *E. Wolf u.a.*, Scheidung, S. 38ff.

25 Vgl. *Gesetzbuch Napoleon's* oder das in den Königl. Preußischen Rhein-Provinzen geltende bürgerliche Recht, Crefeld 1835², hier: VI. Titel, Von der Ehescheidung (Art. 229–311), III. Capitel, Von der Ehescheidung durch beiderseitige Einwilligung (Art. 275–294).

26 Die folgenden Zahlen zusammengestellt nach: GStA Berlin-Dahlem, Rep. 84a, Preußisches Justizministerium, Nr. 10110; 10111; 10112; 10113; 10114; 10116; 10122; 10123; 10124; 10125 (Geschäftsübersichten der preußischen Justizbehörden). – Die hier und im folgenden mitgeteilten Scheidungszahlen dürften von ihrer Verläßlichkeit her die frühesten sein, die bekannt sind. Wie schwer für die erste Hälfte des 19. Jahrhunderts Ehescheidungsstatistiken zu recherchieren sind, geht aus dem Buch von *Wolf u.a.*, Scheidung, S. 113ff. hervor. Am

weitesten reicht noch die bayerische Statistik zurück, obwohl sie den ungenauen Begriff der »gerichtlich getrennten Ehen« enthält, unter den sowohl Ehetrennungen wie wahrscheinlich auch Nichtigerklärungen von Ehen fielen. In der Zeitspanne von 1835 bis 1855 schwankte die Zahl der »gerichtlich getrennten Ehen« im Königreich Bayern zwischen 195 (1835) und 161 (1855), insgesamt betrug sie 3585; durchschnittlich wurden in diesen beiden Jahrzehnten 179 Ehen pro Jahr getrennt (Zählgrundlage war das jeweilige Verwaltungsjahr v. 1. Oktober bis 30. September). Die Einwohnerzahl Bayerns veränderte sich von 4,26 Mio. (1835) auf 4,55 Mio. (1855), vgl. *Wolf u. a.*, Scheidung, S. 382 u. 384. – In Preußen wurden zum ersten Mal Scheidungszahlen im Rahmen der parlamentarischen Auseinandersetzung über die Reform des Ehescheidungsrechts in den 50er Jahren öffentlich genannt. In den Motiven zu dem Entwurf eines Gesetzes über Ehescheidungen, den die Regierung im Dezember 1854 dem Abgeordnetenhaus vorlegte, wird auf die große Zahl der Ehescheidungen in dem landrechtlichen Gebiet der Monarchie im Vergleich zu den übrigen Landesteilen hingewiesen. Nach einer Durchschnittsberechnung von fünf Jahren aus den zwanziger Jahren seien jährlich ca. 300 Ehescheidungen in Preußen vorgekommen, also nach der damaligen Bevölkerung ca. 27 Ehescheidungen auf 100 000 Einwohner und nach einer Durchschnittsberechnung der Jahre 1838 bis 1840 21 auf je 100 000 Einwohner. Von diesen seien in der Rheinprovinz auf je 100 000 Einwohner eine Ehescheidung, dagegen auf dieselbe Einwohnerzahl im Regierungsbezirk Frankfurt a. d. O. 52, in dem von Potsdam, einschließlich Berlin, sogar 78 gekommen. Vgl. die Anlage VII der Redaktor-Vorlage zum BGB, *Familienrecht* (Planck), T. 3, S. 143–147, Die Versuche der Reform des Ehescheidungsrechts in Preußen, hier S. 144f. – Mit Recht weist *Buchholz*, Eherecht zwischen Staat und Kirche, S. 108–112, auf den ungenauen und sehr pauschalen Charakter dieser Zahlenangaben hin. Nicht an ihrer Validität war man interessiert, sondern an ihrer Brauchbarkeit für die jeweilige rechtspolitische Argumentation. »Die tatsächliche Entwicklung der Ehescheidungen spielte für die Reforminitiativen nur eine untergeordnete Rolle.« (S. 111).

27 Vgl. ebenfalls die in Anm. 26 genannten Fundstellen in den Akten des PrJM.

28 Man hat im Zusammenhang mit der Rechtsentwicklung des Deutschen Reichs zu Recht von einer »Prädominanz Preußens« gesprochen, vgl. *W. Schubert*, Preußens Pläne zur Vereinheitlichung des Zivilrechts nach der Reichsgründung, in: SavZ Germ. Abt., Bd. 96, 1979, S. 243–256, hier S. 247.

29 Vgl. *Buchholz*, Ehe- und Familienrecht, S. 1639: »Das sächsische Bürgerliche Gesetzbuch... führte das Prinzip eines konfessionell gesonderten Eherechts aus. Die Katholiken wurden grundsätzlich nur auf die Möglichkeit einer Trennung von Tisch und Bett auf Zeit oder Lebenszeit entsprechend den Regelungen des kanonischen Rechts verwiesen (§ 1766 BGB). Bei Protestanten ließ das BGB eine Lösung der Ehe dem Bande nach zu; das Scheidungsrecht blieb in erster Linie auf gravierende Verschuldensfälle (hauptsächlich Ehebruch, Desertion und Quasidesertion, widernatürliche Unzucht etc.; Ausnahmefall: Scheidungsgrund des Religionswechsels) beschränkt, der endgültige Scheidungsausspruch war von weiteren erschwerenden Voraussetzungen abhängig; nach richterlichem Ermessen konnte auch für Protestanten lediglich eine befristete Trennung von Tisch und Bett angeordnet werden.

III. Die Scheidungsfrage in den Eherechtsreformen des 19. Jahrhunderts

1 Vgl. die große Arbeit von *Buchholz*, Gerlach, Bismarck und die Zivilehe, hier S. 284; ebenso ist hier zu nennen die die Gesetzgebungsgeschichte geradezu komplett dokumentierende Untersuchung von *W. Schubert*, Zur Vorgeschichte und Entstehung der Personenstandsge-

setze Preußens und des Deutschen Reichs (1869–1875), in: SavZ Germ. Abt., Bd. 97, 1980, S. 43–93.

2 Das folgende nach: GStA Berlin-Dahlem, Rep. 84 a, Nr. 11807, Bl. 46ff.

3 Ebd., Bl. 419.

4 Vgl. knapp zusammenfassend zum preußischen Mischehenstreit und den »Kölner Wirren« *R. Koch*, Deutsche Geschichte 1815–1848. Restauration oder Vormärz?, Stuttgart 1985, S. 122–126.

5 Schreiben v. Altensteins an den PrMdJ vom 9. Juni 1819, in: GStA Berlin-Dahlem, Rep. 84 a, Nr. 11808, Bl. 26ff.

6 Vgl. Schreiben v. Altensteins an den PrMdJ vom 29. November 1819, in: ebd., Bl. 39ff.

7 Bericht des OLG Halberstadt an das PrJM vom 16. Februar 1819, in: ebd., Bl. 13ff.

8 Vgl. neben den in Anm. 1 genannten Arbeiten vor allem noch *Buchholz*, Eherecht zwischen Staat und Kirche; *ders.*, Ehe- und Familienrecht.

9 So eine Formulierung von *Buchholz*, in: *ders.*, Standesungleichheit, S. 52.

10 *Buchholz*, Gerlach, Bismarck und die Zivilehe, S. 230.

11 Die Frankfurter Reichsverfassung zitiert nach: *E. R. Huber* (Hg.), Dokumente zur deutschen Verfassungsgeschichte. Bd. 1, Deutsche Verfassungsdokumente 1803–1850, Stuttgart 1961, S. 304–324.

12 Verfassungsurkunde für den preußischen Staat vom 5. Dezember 1848, in: ebd., S. 385–394.

13 Zitiert nach *Buchholz*, Gerlach, Bismarck und die Zivilehe, S. 248.

14 Die politischen Reden des Fürsten Bismarck, hg. v. *H. Kohl*, Bd. 1, Stuttgart 1892 (Neudruck Aalen 1969), S. 155–162.

15 Verfassungsurkunde für den Preußischen Staat vom 31. Januar 1850, in: *Huber*, Dokumente, Bd. 1, S. 401–414.

16 Sehr informativ ist trotz neuerer Darstellungen immer noch die Bilanz der preußischen Entwicklung in Anlage VII der Redaktor-Vorlage zum BGB, vgl. *Familienrecht* (Planck), T. 3, S. 143–147 (Die Versuche der Reform des Ehescheidungsrechts in Preußen). Hier wird auch auf den eigentlichen Grund hingewiesen, der den preußischen Staat veranlaßte, Ehescheidungs- und Eheschließungsrecht miteinander zu verbinden: »die Trauungsverweigerungen geschiedener Personen von Seiten der evangelischen Geistlichen«, die zu Beginn der 50er Jahre erhebliche gesellschaftliche Unruhe hervorriefen. Diese Trauungsverweigerungen waren im Unterschied zu dem dogmengebundenen Verhalten katholischer Geistlicher ein zeitgebundenes politisches Druckmittel. Man wollte den Gesetzgeber drängen, zur alten Strenge des protestantischen Ehescheidungsrechts zurückzukehren. Die Konservativen unterstützten die Beschränkung der Scheidungsgründe auf die beiden »Grundtypen« Ehebruch und bösliche Verlassung. Die katholische Fraktion im preußischen Abgeordnetenhaus begrüßte die Revision der landrechtlichen Scheidungsbestimmungen; sie wollte aber weiter gehen und für katholische Ehen das katholische Recht und die geistliche Gerichtsbarkeit eingeführt wissen. Den Liberalen schließlich ging die ›Wende‹ in den vielen Entwürfen zum Ehescheidungsrecht zu weit; sie wollten den Totaleinzug der evangelischen Kirche in die »Staatsgesetzgebung« nicht mitmachen. So wurden *in den 50er Jahren* sowohl von der preußischen Regierungsbürokratie wie von den preußischen Kammern *Berge toter Überlieferung* produziert; Ehescheidungs- und Eheschließungsrecht verblieben in ihrer überkommenen Gestalt. Auch die Trauungsverweigerungsfrage verlor an Schärfe. Der Evangelische Oberkirchenrat, das 1850 geschaffene oberste Verwaltungsorgan der Evangelischen Kirche, wurde 1859 durch eine Ordre des Prinzregenten verpflichtet, in allen Fällen, in denen die Konsistorien die Trauung Geschiedener ablehnten, eine Entscheidung zu treffen, von der Augenmaß erwartet wurde. – Vgl. zum Gesamten *R. Mestwerdt*, Das Sozialbild der Ehe im Spiegel von Gesetzgebung und Rechtsprechung der letzten 150 Jahre, Diss. jur., Göttingen 1961, zur »Säkularisierung der Ehe« im 19. Jahrhundert: S. 19–48; als Überblick *Buchholz*, Ehe- und Familienrecht, *ders.*, Eherecht zwischen Staat und Kirche, hier »Trauungsverweigerungen«

als »Beispiel« dafür, »in welchem Umfang christlich-ethische Maximen die profane Rechtsgestalt der Ehe überlagern und das geistliche Amt den Primat gegenüber zivilen Standesamtsfunktionen gewinnen sollte.« (S. 48–79; hier S. 48f.). Ob sich die frucht- und ergebnislosen »Reformarbeiten« in der Reaktionsära, die *Buchholz* mit zähem Fleiß durchgekämmt hat, in ihrer politischen Lagerung wirklich so »deutlich« von den »Revisionsbemühungen im Vormärz« und von der »Zivilehegesetzgebung im Kulturkampf der siebziger Jahre abheben«, erscheint zumindest für den Vormärz fraglich. Vgl. dazu besonders die Ausführungen in Kap. IV (Die Rolle der christlichen Kirchen im Scheidungsgeschehen des 19. Jahrhunderts).

17 Zum Kulturkampf zusammenfassend *R. Morsey*, Der Kulturkampf, in: *A. Rauscher* (Hg.), Der soziale und politische Katholizismus. Entwicklungslinien in Deutschland 1803–1963, Bd. 1, München 1981, S. 72–109.

18 Vgl. *L. Gall*, Europa auf dem Weg in die Moderne 1850–1890, München 1984, S. 65.

19 Der »Syllabus errorum« zitiert nach: *E. R. Huber u. W. Huber*, Staat und Kirche im 19. und 20. Jahrhundert. Dokumente zur Geschichte des deutschen Staatskirchenrechts, Bd. II, Staat und Kirche im Zeitalter des Hochkonstitutionalismus und des Kulturkampfs 1848–1890, Berlin 1976, S. 400–407 (Dok. Nr. 183), hier S. 406f.

20 Die »Begründung« zu dem dann Gesetz gewordenen Entwurf in: RTV, II. Legislaturperiode, 2. Session, Anlagen, Nr. 153, Bd. 35/35a, S. 1047–1055 (S. 1041–1047 der Gesetzentwurf selbst). Vgl. zur Aktenüberlieferung des PrJM: GStA Berlin-Dahlem, Rep. 84a, Nr. 10655 (1872–1875); Nr. 10656 (1875–1877); Nr. 10657 (1877–1908) – Bestand: Reichsgesetz über die Beurkundung des Personenstandes und die Eheschließung. Die »Begründung« auch in: Nr. 10656. Eine Art Mikrogeschichte des Gesetzgebungsverfahrens von hohem Informationswert bietet *W. Schubert*, Vorgeschichte u. Entstehung der Personenstandsgesetze.

21 Ebd. – Zwar stand hinter dem Personenstandsgesetz auch der politische Wille, zu einer Rechtsvereinheitlichung zu kommen. Die »Mannigfaltigkeit des bestehenden Rechtszustandes« erheische dessen »Vereinfachung«; doch der eigentliche Motivkern lag in der Beseitigung der kirchlichen Rechtsreservate. »Noch gebieterischer«, heißt es in der »Begründung«, »treibt zu einer solchen Reform die Thatsache, daß dieser Zustand [d. i. der bestehende Rechtszustand; D. B.] theilweise noch unter Herrschaft kirchlicher Satzungen steht. Beseitigt sind die letzteren beispielsweise in dem Geltungsbereiche der kodifizirten Partikular-Gesetzbücher, namentlich des Preußischen Allgemeinen Landrechts, des code civil und des Badischen Landrechts. Außerhalb dieser Gebiete bildet für Katholiken das kanonische Recht, für Protestanten das protestantische Kirchenrecht, für Juden vielfach das mosaische Recht die Hauptgrundlage des geltenden Eheschließungsrechts oder doch die maßgebende Norm für einzelne bestimmte Ehehindernisse. Im Zusammenhange hiermit befindet sich das Recht zur Dispensation von Ehehindernissen vielfach in den Händen kirchlicher Behörden. Die Überzeugung, daß dieses letztere Verhältniß mit der Einführung der bürgerlichen Form der Eheschließung unhaltbar wird, liegt bereits dem § 44. Abs. 1 des Reichstags-Entwurfes zu Grunde. Eine gleiche Unvereinbarkeit besteht aber in Betreff der kirchlichen Ehesatzungen überhaupt. Sie sind einerseits wegen ihres konfessionellen Charakters zur Anwendung durch den Standesbeamten nicht geeignet, indem sie insbesondere keine Entscheidungsnorm für gemischte und Dissidenten-Ehen darbieten, insoweit nicht die Landesgesetze diese Lücke ausgefüllt haben. Andererseits stehen die von ihnen aufgestellten Ehehindernisse theilweise in so untrennbarem Zusammenhange mit dogmatischen Lehrsätzen, daß einem bürgerlichen Beamten nicht zugemuthet werden darf, ihr Vorhandensein zu erforschen und festzustellen.«

22 RTV, II. Legislaturperiode, 2. Session, 42. Sitzung v. 12. Januar 1875, Bd. 33, S. 960–963. – Jörg argumentierte freilich der politischen Entwicklung hinterher, denn Bayern hatte auf Bundesratsebene in die Revision des ursprünglichen Reichstagsgesetzentwurfs eingebunden werden können. So führte der bayerische Justizminister v. Faeustle in derselben Sitzung aus, ebd., S. 974f.: »In die heutige Gesetzgebung über Staatsbürgerrecht, über Freizügigkeit, in unsere heutigen Verkehrsverhältnisse, zu den Grundsätzen des modernen Staats hinsichtlich der

Glaubens- und Gewissensfreiheit seiner Angehörigen passen die gegenwärtigen Ehegesetze nicht mehr. Bei den Zuständen, wie sie gegenwärtig bestehen, sind Staat und Kirche fortwährenden Irrungen preisgegeben. Die bayerische Staatsregierung – ich kann das wohl aussprechen – hat in dieser Frage Nebenrücksichten ganz bei Seite gelassen; die entscheidende Rücksicht war und ist für sie, daß die Kirche und der Staat bei der bisherigen Vermischung ihrer Befugnisse sich übel befunden haben, und daß nur dann Frieden werden wird, wenn die Befugnisse der beiden Gewalten durch möglichst gerecht gezogene und bestimmte Grenzen auseinander gehalten werden. In dem Momente, wo diese Grenzbestimmung gelungen ist, werden wir dem Frieden näher gerückt sein, den jeder Patriot wünschen muß.« v. Faeustle bekannte sich auch zur Trennung von staatlicher und kirchlicher Gerichtsbarkeit und sah in diesem Umstand keinen Eingriff in das ›religiöse Volksgewissen‹: »Jetzt aber, wenn die bürgerliche Eheschließung eingeführt wird, ist die Trennung der Gerichtsbarkeit unvermeidlich, in die weltliche Gerichtsbarkeit auf der einen Seite in Bezug auf die bürgerlichen Wirkungen, in die geistliche Gerichtsbarkeit andererseits hinsichtlich des sakramentalen Charakters des Ehebandes gemäß der katholischen Lehre und in Bezug auf die Fragen des Gewissens. Meine Herren, es ist gar nicht an dem, daß die kirchliche Gerichtsbarkeit in den rein geistlichen Sachen durch den vorliegenden Gesetzentwurf irgendwie ausgeschlossen werden soll. Die kirchliche Gerichtsbarkeit bleibt nach wie vor in denjenigen Gebieten bestehen; welche auf den sakramentalen Charakter des Ehebandes sich beziehen. Es verbleibt der Kirche das Entscheidungsrecht mit der für das Gewissen ihrer Angehörigen maßgebenden Wirkung. Nichts liegt dem gegenwärtigen Gesetze ferner, als diese Richtung der Gerichtsbarkeit zu beseitigen.« – Als symbolische Entschärfung des Personenstandsgesetzes war nach vielen Winkelzügen ein Schlußparagraph (§ 82) aufgenommen worden: »Die kirchlichen Verpflichtungen in Beziehung auf Taufe und Trauung werden durch dieses Gesetz nicht berührt.« Vgl. RGBl 1875, S. 23–39: Gesetz über die Beurkundung des Personenstandes und die Eheschließung, vom 6. Feburar 1875. – Dieser »seltsame Paragraph« wurde von der liberalen Öffentlichkeit im Zusammenhang mit den anderen gesetzlichen Bestimmungen »wie eine Eule unter den Vögeln« eingeschätzt, so die Deutsche Volks-Zeitung v. 13. 1. 1875, vgl. GStA Berlin-Dahlem, Rep. 84 a, Nr. 10656.

23 Die liberalen Rechtspositionen fanden einen starken Rückhalt in der Öffentlichkeit, die z. T. heftig den »Ultramontanismus« attackierte. So schrieb z. B. die Hessische Morgenzeitung (12. 1. 1875): »Aber die Civilehe hat ja noch eine weit höhere Bedeutung; sie ist eine der schärfsten Waffen gegen den Ultramontanismus, und indem sie auf dem Wege der Reichsgesetzgebung jetzt für ganz Deutschland eingeführt wird, wendet sie diese Waffe von nun an auch gegen die bairischen Ultramontanen, die durch ihr Übergewicht im heimischen Landtage deren Einführung auf dem Wege der bairischen Gesetzgebung hätten verhindern können.« – Die Vossische Zeitung beurteilte den ›Civileheentwurf‹ wie folgt (12. 1. 1875): »Derselbe streicht alle kanonischen Eherechte der römisch-katholischen, protestantischen und mosaischen Glaubensgenossen, er ordnet die Ehemündigkeit, die Eheabhängigkeit von Verwandten und Vormündern für eheliche, angenommene und uneheliche Kinder, das Eheverbot, die Dispensation von Ehehindernissen usw. für das ganze Reich und erkennt nur eine Art der Ehescheidung an, die volle Auflösung des Bandes der Ehe, keine bloße Trennung von Tisch und Bett. Dieser Theil des Gesetzentwurfes ist nicht nach den Paragraphen, aber nach dem reformatorischen Geiste zu weit, um ihn für erschöpfend darzustellen, aber das wird ausreichend in den Reichstagsdebatten geschehen, denn daß das Zentrum die ganze Krafte seiner Opposition gerade bei ihm einsetzen wird, leidet keinen Zweifel. Aber hoffentlich vergebens, denn jeder Abgeordnete einer anderen Partei würde den Vorwurf der Nachwelt auf sich laden, wenn er nicht wenigstens durch seine Anwesenheit und Stimme mitwirkte, Deutschland in diesem günstigsten Moment zu einer so segensreichen Gesetzgebung zu verhelfen. Es handelt sich hier auch nicht blos um das Eherecht, sondern um einen großen Fortschritt in moderner Reformirung, um eine nationale Arbeit zum Besten des Reiches, die vor kurzer Zeit noch nicht einmal in die Verfassung aufgenommen war, und um eine Befreiung der Reichsbürger von Gewissens-

zwang, eine Auseinandersetzung von Kirche und Staat mit Verweisung jeder dieser Potenzen auf ihr eigenstes Gebiet.« – Hier zitiert nach: Rep. 84 a, Nr. 10656.

24 RTV, wie Anm. 22, S. 963–968.

25 Ebd., S. 973.

26 Ebd., S. 976.

27 Am Beispiel des Gerichtsverfassungsgesetzes von 1877 macht *W. Schubert* auf die Problematik einer zu progressiven Deutung der ›Reichsjustizgesetze‹ aufmerksam. Nicht deren liberaler ›rechtlicher‹ Gehalt stehe in Frage, wohl aber deren liberales ›politisches‹ Gewicht; vgl. *ders.*, Die deutsche Gerichtsverfassung (1869–1877). Entstehung und Quellen, Frankfurt 1981 (= Jus cummune, Sonderhefte: 16), bes. der Abschnitt »Entstehung des Gerichtsverfassungsgesetzes von 1877«, S. 22–116. Die Vereinheitlichung des Rechts auf liberaler Basis sei von den politischen Kräfteverhältnissen her mit »notwendigen Kompromissen« verknüpft gewesen. »Die Justizgesetze konservierten die justizpolitischen Errungenschaften der Revolution von 1848 und dienten damit primär der Systemstabilisierung; ihre behutsame Reform, wie sie von den Juristen des preußischen Justizministeriums in der Aufbruchstimmung der Reichsgründung geplant war, hatte man angesichts des Widerstandes der altpreußischen Konservativen und der anderen Bundesstaaten, vor allem Bayerns, schnell wieder aufgegeben.« (S. 115).

IV. Die Rolle der christlichen Kirchen im Scheidungsgeschehen des 19. Jahrhunderts

1 Vgl. zur Ausgabe, nach der im folgenden zitiert wird, die Anm. 13 in Kap. II.

2 Vgl. die Ausführungen in Kap. II, Abschn. 3 (Scheidungsrecht und Scheidungsbewegung im frühen 19. Jahrhundert) mit den entsprechenden Nachweisen.

3 GStA Berlin-Dahlem, Rep. 84 a, Nr. 11807, Bl. 201–210.

4 Vgl. ebd., Bl. 211 f., Schreiben des PrMdJ v. 25. Februar 1812.

5 Ebd., Bl. 405–411: Gutachten des Berliner Kammergerichts v. 25. Mai 1817 »über den Antrag mehrerer hiesiger Geistlicher, daß der Versuch der Aussöhnung in Ehescheidungs-Sachen von ihnen nur in ihrer Wohnung angestellt werden dürfe«.

6 Ebd., Bl. 409.

7 Vgl. Schreiben des PrMdJ an das Berliner Kammergericht v. 31. Mai 1817, in: ebd., Bl. 415–417.

8 Vgl. GStA Berlin-Dahlem, Rep. 84 a, Nr. 11907, Bl. 473: Allgemeine Verfügung vom 26. Juni 1841 – betreffend die Unzulässigkeit von Vernehmungen der Geistlichen als Zeugen über die ihnen von den Parteien beim Sühneversuche in Ehescheidungsprozessen eröffneten Mittheilungen wider den Willen desjenigen, der ihnen dieselben anvertraut hat. »Es ist von einigen Gerichten in Zweifel gezogen worden, ob Geistliche über die ihnen beim Sühneversuche in Ehescheidungs-Prozessen von den Parteien gemachten Mittheilungen wider den Willen desjenigen, der ihm dieselben anvertraut hat, als Zeugen vernommen werden dürfen, oder davon gesetzlich entbunden sind. Die Unzulässigkeit einer solchen Zeugen-Vernehmung ist in den Gesetzen so klar ausgesprochen, daß es nach dem auf den Bericht des Königlichen Staats-Ministeriums ergangenen, im Auszuge beifolgenden Allerhöchsten Kabinets-Befehle vom 30. Mai d. J. einer gesetzlichen Deklaration nicht bedarf. Hiervon werden die Gerichte für alle diejenigen Landestheile, in welchen das Allgemeine Landrecht und die Allgemeine Gerichts-Ordnung zur Anwendung kommen, zur Nachachtung hierdurch in Kenntniß gesetzt. Berlin, den 26. Juni 1841.«

9 *Gesetzrevision*/Familienrecht, S. 73 f.; vgl. zur Entwicklung in den 40er Jahren *Buchholz*, Eherechtsreform im Vormärz; hier wird gezeigt, wie stark die preußische Eherechtsreform im

Vormärz von Ernst Ludwig v. Gerlach geprägt wurde, eine ›Reform‹, bei der es »um eine auf die ›Institution Ehe‹ paradigmatisch verengte Auseinandersetzung mit der Aufklärungsgesetzgebung des späten 18. Jahrhunderts« ging (S. 151); vgl. *ders.*, Savignys Stellungnahme, bes. S. 165ff.; *ders.*, Ehe- und Familienrecht, S. 1633f.; *Mikat,* Savigny u. die Entwicklung des deutschen Scheidungsrechts im 19. Jahrhundert, bes. S. 680ff.; *Hubrich,* S. 221–231 (Die scheidungsrechtliche Reformbewegung in Preußen); *Mestwerdt,* S. 40ff.

10 Das Folgende nach *Mikat,* Savigny, S. 682ff. – Das Schicksal dieses ›Entwurfs einer Verordnung über Ehescheidung‹, der mit unwesentlichen Veränderungen Ende Oktober 1842 in den ›Entwurf eines Gesetzes über Ehescheidung‹ einging, wird im allgemeinen unter dem Gesichtspunkt des ›Scheiterns‹ von Savignys ›Reform‹-Bemühungen gesehen, so bes. *Buchholz,* Savignys Stellungnahme, S. 166; *ders.,* Ehe- und Familienrecht, S. 1634. Eine sozialgeschichtliche Perspektive, die nach der Wirkungsweise dessen fragt, was von dem »Reformzweck« übrigblieb, vermittelt jedoch, wie die obigen Ausführungen zeigen werden, ein sehr anderes Bild. Die gängige Interpretation ist auch durch Savigny selber nahegelegt worden. Das Herumfeilen am Entwurf des Jahres 1842 durch Gesetzkommission und Staatsrat zog sich bis 1844 hin, als eine Abänderung des materiellen Eherechts nach Protesten aus der Öffentlichkeit, aber auch auf Grund behördeninterner Differenzen schließlich fallengelassen wurde. Im Juli 1844 publizierte Savigny, zu diesem Zeitpunkt noch ohne Verfassernamen – aber jeder wußte, daß er der Verfasser war –, eine Art Rechenschaftsbericht über seine Revisionstätigkeit auf dem Feld des Eherechts; vgl. *Friedrich Carl v. Savigny,* Darstellung der in den Preußischen Gesetzen über die Eheschließung unternommenen Reform. Diese Abhandlung nahm Savigny 1850 in den 5. Band seiner »Vermischten Schriften« auf; vgl. *Friedrich Carl v. Savigny,* Vermischte Schriften, Bd. V, Berlin 1850, S. 222–414 (Neudruck Aalen, 1968); dort S. 353ff. abgedruckt der »Entwurf eines Gesetzes über Ehescheidung, hervorgegangen aus den Berathungen der Gesetzcommission, October 1842«. Zur archivalischen Überlieferung des Gesamtvorgangs vgl. Zentrales Staatsarchiv, Dienststelle Merseburg, Justizministerium zur Revision der Gesetzgebung, Rep. 84 II. 4. XV., Nr. 6 (betr. den Entwurf eines Ehescheidungsgesetzes ab 1833; bes. Bd. 5 (vom 31. Januar 1842), Bd. 6 (vom November 1842), Bd. 7 (Protokoll der Gesetz-Kommission – Fasz. 1 (1842), Fasz. 2 (1843), Bd. 8 (vom Juli 1844), Bd. 9 (1846). Zu Savigny insgesamt vgl. jetzt *J. Rückert,* Idealismus, Jurisprudenz und Politik bei Friedrich Carl von Savigny, Ebelsbach/Main 1984 (= Münchener Universitätsschriften, Juristische Fakultät, Abhandlungen zur rechtswissenschaftlichen Grundlagenforschung, Bd. 58).

11 *Savigny,* Vermischte Schriften, Bd. V, S. 353.

12 *Savigny,* Vermischte Schriften, Bd. V, S. 246ff.; vgl. auch *Buchholz,* Savignys Stellungnahme, S. 171f.

13 *Buchholz,* ebd., S. 172.

14 So *Mikat,* Savigny, S. 688, Anm. 152.

15 Über die Reform der preußischen Ehegesetze, in: *H. Püttmann* (Hg.), Deutsches Bürgerbuch für 1845, Darmstadt 1845, S. 313–325, hier S. 316 u. S. 318 (= Neu hg. v. R. Schloesser u. a., Köln 1975).

16 Vgl. *K. Marx, Fr. Engels,* Gesamtausgabe (MEGA), Erste Abt., Bd. 1, Berlin 1975, S. 1051–1053 u. S. 1069–1070 (Apparat).

17 MEGA I, 1, S. 260–263, Der Ehescheidungsgesetzentwurf, Kritik der Kritik, Fußnote der Redaktion der »Rheinischen Zeitung« (15. November 1842); MEGA I, 1, S. 287–290, Der Ehescheidungsgesetzentwurf.

18 Marx' Fußnote nimmt Bezug auf den von der »Rheinischen Zeitung« gedruckten Beitrag »Der Entwurf zum neuen Ehegesetz. Von einem rheinischen Juristen« (13. u. 15. November 1842); zum »preußischen Landrecht als Fundamentalgesetz« vgl. *Marx,* Ehescheidungsgesetzentwurf, S. 287.

19 *Marx,* Fußnote, S. 263.

20 *Marx,* Ehescheidungsgesetzentwurf, S. 287f.

21 Ebd., S. 289.

22 Ebd., S. 287.

23 *Marx,* Fußnote, S. 260ff.

24 *Marx,*Ehescheidungsgesetzentwurf, S. 288: »Hegel sagt: *An sich,* dem Begriffe nach, sei die Ehe untrennbar, aber *nur* an sich, d.h. nur ihrem Begriffe nach. Es ist damit nichts *Eigenthümliches* über die Ehe gesagt.«

25 *G. W. F. Hegel,* Grundlinien der Philosophie des Rechts oder Naturrecht und Staatswissenschaft im Grundrisse (1821), Frankfurt 1968, S. 177 (§ 161, Zusatz).

26 Ebd., S. 179 (§ 163, Zusatz).

27 Vgl. *Marx*, Fußnote, S. 263.

28 GS 1844, S. 184–194. Zur Wirkungsgeschichte dieser Verordnung vgl. Zentrales Staatsarchiv, Dienststelle Merseburg, Justizministerium, 2.5.1., Nr. 9263 (Berichte der Landesjustizkollegien über die Ausführung der VO vom 28. Juni 1844, das Verfahren in Ehesachen betreffend – 1845/46).

29 Zu den Quellennachweisen in den Geschäftsübersichten der preußischen Justizbehörden vgl. die Angaben in Kap. II, Abschn. 3 (Scheidungsrecht und Scheidungsbewegung im frühen 19. Jahrhundert).

30 Vgl. GS 1849, VO über die Aufhebung der Privatgerichtsbarkeit und des eximirten Gerichtsstandes, sowie über die anderweitige Organisation der Gerichte, v. 2. Januar 1849, § 12: »Die nach der Verordnung vom 28. Juni 1844 zu behandelnden Prozesse, welche die Scheidung, Ungültigkeit oder Nichtigkeit einer Ehe zum Gegenstand haben, gehen wieder auf die ordentlichen persönlichen Gerichte über...“

31 Vgl. GS 1849, VO über die Einführung des mündlichen und öffentlichen Verfahrens mit Geschworenen in Untersuchungssachen, v. 3. Januar 1849: »Die Gerichte sollen bei Einleitung und Führung der Untersuchungen wegen einer Gesetzesübertretung nicht ferner von Amtswegen, sondern nur auf erhobene Anklage einschreiten (Anklage-Prozeß).« (§ 1); »Bei jedem Appellationsgericht soll ein Ober-Staatsanwalt und für jedes Kreis- oder Stadtgericht ein Staatsanwalt aus der Zahl der zum höheren Richteramte befähigtem Beamten bestellt werden, dessen amtlicher Beruf es ist, bei Verbrechen die Ermittlung der Thäter herbeizuführen, und dieselben vor Gericht zu verfolgen.« (§ 2). – Zur Weiterentwicklung des Instituts der Staatsanwaltschaft vgl. das ›Gesetz betreffend die Zusätze zu der VO v. 3. Januar 1849‹, v. 3. Mai 1852 (GS 1852), Art. 1: »Die Staatsanwaltschaft ist befugt, alle ihr erforderlich scheinenden Anträge zu stellen, welche auf die Vorbereitung, die Einleitung und Führung der Untersuchung, auf die gerichtlichen Verfügungen und Beschlüsse in derselben, sowie auf die Strafvollstreckung Bezug haben.«

32 Vgl. den Bericht des PrMdJ Mühler an Friedrich Wilhelm IV. betr. die *Ausführung* der VO v. 28. Juni 1844 über das Verfahren in Ehesachen, in: GStA Berlin-Dahlem, Rep. 84 a, Nr. 11 908, Bl. 275ff.

33 Zu den Quellennachweisen vgl. die Angaben in Kap. II, Abschn. 3 (Scheidungsrecht und Scheidungsbewegung im frühen 19. Jahrhundert).

34 Dieser Kommentar zur rechtlichen Implementierung der VO v. J. 1844 zitiert nach: GStA Berlin-Dahlem, Rep. 84 a, Nr. 11 911, Bl. 326ff.

35 Allerhöchste Kabinettsorder vom 28. Juni 1844 in Bezug auf die unter demselben Dato erlassene Verordnung über das Verfahren in Ehesachen, in: GS 1844, S. 183.

36 Vgl. den Erlaß Eichhorns v. 20. September 1844 an das Kgl. Konsistorium zu Koblenz, zitiert nach: Archiv der Evangelischen Kirche des Rheinlands, Bestand: Konsistorium Koblenz, B IX a, Nr. 15 (künftig zitiert: Konsistorium Koblenz).

37 Ebd.

38 Zur Organisation, zu den Wandlungen und Erneuerungsversuchen der preußisch-protestantischen Kirchenverfassung im Vormärz (Zusammenschluß von Lutheranern und Reformierten; Synodalverfassung) vgl. *Koch*, S. 126–131.

39 Konsistorium Koblenz, Schreiben des kgl. Konsistoriums an die Superintendenten v. 10. Oktober 1844.

40 Konsistorium Koblenz, Verfügung des Ministeriums der geistlichen Angelegenheiten, Abteilung für die inneren evangelischen Kirchensachen, v. 20. Februar 1849.

41 Vgl. das Schreiben des PrMdGUM an das Kgl. Konsistorium zu Koblenz v. 4. April 1846 mit der diesbezüglichen Anlage (Extract), in: Konsistorium Koblenz.

42 Diese Tätigkeitsberichte sind ebenfalls überliefert in: Konsistorium Koblenz.

43 Das Folgende bezieht sich auf die Zusammenstellung des Ministeriums für ›geistliche Angelegenheiten‹ v. J. 1846.

44 Konsistorium Koblenz, Bericht des Superintendenten zu Wesel betr. die Erfahrungen über das neue Verfahren bei Sühneversuchen, v. 26. August 1845.

45 Konsistorium Koblenz, Bericht des Superintendenten zu Wesel über die Erfahrungen bei dem neuen Verfahren in Ehescheidungssachen, v. 1. Dezember 1846.

46 Das Folgende nach: GStA Berlin-Dahlem, Rep. 84 a, Nr. 11909, Bl. 281 ff. – Der Bischof von Paderborn hatte in einer Immediatvorstellung v. 17. Oktober 1845 den Antrag gestellt, »daß in den Ehescheidungserkenntnissen der weltlichen Gerichte die Klausel, durch welche den Geschiedenen die Wiederverheiratung gestattet wird, insofern es sich um Eheleute katholischer Confession handle, weggelassen werden möge«. Zu diesem Antrag nahmen die beiden preußischen Justizminister Savigny u. Uhden sowie der PrMdGkM Eichhorn Stellung.

47 Diese Meinung teilte er mit dem Minister für ›geistliche Angelegenheiten‹, Eichhorn; vgl. dessen Votum auf das Ansinnen des Paderborner Bischofs v. 2. Dezember 1845, ebd., Bl. 285 f.

48 Votum des Justiz-Ministers von Savigny v. 9. Dezember 1845, in: ebd., Bl. 281–284.

49 Das Grundsätzliche dieser Position zeigt sich darin, daß Savigny nicht nur die Probleme der katholischen Kirche mit dem Rechtsvorgang der Scheidung im Auge hatte; in seinem Votum schrieb er: »Wenn hier auch bei evangelischen Ehegatten diese Rücksichten nicht obwalten, so kann doch auch bei ihnen der fragliche Zusatz ganz unbedenklich wegbleiben, und die Anweisung, ihn wegzulassen, würde schon deshalb allgemein zu ertheilen sein, weil zu einer Unterscheidung kein Bedürfnis vorliegt. Ich bin daher vorläufig geneigt, bei des Königs Majestät eine solche allgemeine Anweisung an die Gerichte – die übrigens, da sie ein bloßes formale betrifft, keiner öffentlichen Publikation bedürfen wird – zu befürworten.«, ebd.

50 Das Problem der »Abhaltung des geistlichen Sühneversuchs vor Einleitung von Ehescheidungsklagen, wenn der betreffende Geistliche diese Abhaltung und die Ausstellung des Attestes darüber verweigert« wurde im nichtamtlichen Teil des PrJMBl erörtert (25. Mai 1849). Hier finden sich die Hinweise zum Umgang der Justizbehörden mit diesem Problem. Das Folgende nach: GStA Berlin-Dahlem, Rep. 84 a, Nr. 11911, Bl. 207 f.

51 Ebd., Bl. 207.

52 Diese VO v. 30. März 1847 (GS 1847, S. 125) wurde im PrJMBl ausdrücklich und ausführlich zitiert. Weiter heißt es hier: »Wir halten aber in diesem Falle [d. i. der Fall einer Attestverweigerung durch den zuständigen katholischen Geistlichen; D. B.] die Anwendung des § 18 der Verordnung vom 30. März 1847 auch um deshalb für gerechtfertigt, weil die in dieser Bestimmung angedeuteten Individuen, z. B. bei Christkatholiken, sich selber eben so wenig als ein die Scheidung nachsuchender Ehegatte für ausgeschieden aus der katholischen Kirche angesehen wissen wollen, sondern nur vom Klerus als ausgeschieden bezeichnet werden. Wir würden daher in Fällen der vorliegenden Art einen Termin zur Sühne vor dem Richter nach Maaßgabe des § 18 der Verordnung vom 30. März 1847 und § 37 Tit. 40 Th. I der Allgemeinen Gerichts-Ordnung anberaumen, den kompetenten Geistlichen davon in Kenntniß setzen, und ihm anheimstellen, diesen Termin auch wahrzunehmen, falls er es nicht vorzieht, die Sühne ohne Beisein des Richters zu versuchen, in letzterem Falle es aber dem Geistlichen zur Pflicht zu machen, den Ausfall des Sühneversuchs anzuzeigen, und bei Eingang dieser Anzeige den gerichtlichen Sühnetermin aufheben. Dieses Verfahren, welches in den allegirten gesetzlichen Bestimmungen seine Rechtfertigkeit findet, giebt zugleich dem Geistlichen Gelegenheit,

seinen Einfluß den seiner Seelsorge anvertrauten Ehepaaren gegenüber zu wahren, und verhindert die Versagung des gesetzlich begründeten Rechtsweges.« – AGO, T 40, § 37 betr. die Abhaltung des ›vorläufigen‹ gerichtlichen Sühneversuchs: »Dieser Auftrag muß der Vorgesetzte des Gerichts, so viel als möglich, auf eine solche Person, in oder außer dem Kollegio, in der Nachbarschaft, oder unter den gemeinschaftlichen Freunden beider Eheleute richten, von deren Vermittlung sich, wegen ihrer bekannten Gabe, Versöhnungen zu stiften, oder wegen des von den Parteien in sie gesetzten Vertrauens, oder wegen anderer besonderer Verhältnisse, ein guter Erfolg am wahrscheinlichsten hoffen läßt.«

53 Das Urteil des OLG Frankfurt a. d. O. in der »Ehescheidungssache des Häuslers und Tagearbeiters Gotthelf P. ..., Verklagten und Appellenten wider seine Ehefrau... Klägerin und Appellentin...“ v. 15. Juli 1860, in: GStA Berlin-Dahlem, Rep. 84 a, Nr. 11912, Bl. 129–135; der Zivilsenat des OLG nahm Bezug auf das Ehescheidungsurteil des Kreisgerichts Züllichau v. 23. März 1859.

54 Quellennachweise in den Geschäftsübersichten der preußischen Justizbehörden, vgl. die Angaben in Kap. II, Abschn. 3 (Scheidungsrecht und Scheidungsbewegung im frühen 19. Jahrhundert).

55 Überliefert in: GStA Berlin-Dahlem, Rep. 84 a, Nr. 11912, Bl. 231–233 (1864); Bl. 235–237 (1865); Bl. 263–265 (1866), Bl. 277–279 (1867); Bl. 339–341 (1868).

56 Bericht des Stadtgerichts Berlin an das Kgl. Kammergericht Berlin v. 25. September 1869, die Mittheilung der in Ehescheidungssachen ergehenden Erkenntnisse an die Seelsorger betreffend, in: GStA Berlin-Dahlem, Rep. 84 a, Nr. 11912, Bl. 373–378.

57 Schreiben des Evangelischen Oberkirchenrats v. 29. Juni 1869; dazu die Stellungnahme des Berliner Oberstaatsanwalts an das Kgl. Kammergericht v. 25. September 1869, in: GStA Berlin-Dahlem, Rep. 84 a, Nr. 11912, Bl. 365–371.

58 Ebd., Bl. 368.

59 Hier zitiert nach: Civilprozeßordnung mit Gerichtsverfassungsgesetz, Einführungsgesetzen, Nebengesetzen und Ergänzungen, Berlin u. Leipzig 1881². Vgl. *Schubert*, Gerichtsverfassung (1869–1877).

60 *Wolf u. a.*, Scheidung, S. 390: anhängig gewordene Sühneverfahren in Ehesachen, Deutsches Reich, 1881–1915; S. 454 f.: Sühneverfahren in Preußen, 1880–1931. Zur gebotenen Vorsicht bei der Auswertung dieser Zahlen vgl. ebd., S. 123 u. 133 ff.

61 Vgl. ebd., S. 108.

V. Die sozialgeschichtliche Dimension der Scheidungsfrage

1 *L. v. Stein*, Die Verwaltungslehre, Zweiter Theil, Die Lehre von der Innern Verwaltung, Stuttgart 1866, S. 127 (Neudruck Aalen 1962).

2 ALR II, 1. T., 1, §§ 30 u. 31.

3 *Stein*, S. 141.

4 Vgl. *K.-J. Matz*, Pauperismus und Bevölkerung. Die gesetzlichen Ehebeschränkungen in den süddeutschen Staaten während des 19. Jahrhunderts, Stuttgart 1980, S. 37 ff. (= Industrielle Welt, Bd. 31).

5 1. Gesetz über die Aufnahme neu anziehender Personen; 2. Gesetz über die Verpflichtung zur Armenpflege. In: GS, 1843, S. 5–7 u. S. 8–14. Vgl. *Ch. Sachße u. F. Tennstedt*, Geschichte der Armenfürsorge in Deutschland. Vom Spätmittelalter bis zum Ersten Weltkrieg, Stuttgart 1980, S. 267 ff.

6 Vgl. *A. Kraus*, »Antizipierter Ehesegen« im 19. Jahrhundert. Zur Beurteilung der Illegitimität unter sozialgeschichtlichen Aspekten, in: VSWG, Bd. 66, 1979, S. 174–215.

7 Ebd., S. 194.

8 Das Ganze nach *Kraus*, ebd., S. 192.

9 Vgl. *Matz*, S. 139f.

10 Zum Zusammenhang zwischen Heiratsziffern und Industrialisierung in England vgl. die Längstschnittstudie von *D. Levine*, Family Formation in an Age of Nascent Capitalism, New York 1977; wie fehlende ökonomische Existenzmöglichkeiten sich in der hohen Rate für Konkubinate abbilden, zeigt für Frankreich *M. Frey*, Du mariage et du concubinage dans les classes populaires à Paris 1846–1847, in: Annales, Jg. 33, 1978, S. 803–825.

11 Vgl. zur Reichweite dieser administrativ geprägten Ehepolitik *M. Segalen*, Sociologie de la famille, Paris 1981, bes. das Kap. ›Famille et contrôle social‹, S. 266–271.

12 HStA Düsseldorf (Düsseldorf-Kalkum), Reg. Düsseldorf, Nr. 3678 (Schreiben vom 30. Juni 1825).

13 Ebd., Denkschrift vom 5. September 1830.

14 Ebd., Schreiben an die Königliche Regierung zu Düsseldorf vom 22. Januar 1826.

15 Ebd., Erlaß vom 11. September 1830.

16 HStA Düsseldorf (Düsseldorf-Kalkum) Reg. Düsseldorf, Nr. 3675 (Schreiben des Elberfelder Kaplans an den Oberbürgermeister vom 3. April 1838).

17 StA Koblenz, Abt. 403 (Oberpräsidium der Rheinprovinz), Nr. 6694, hier vgl. S. 31.

18 Ebd., S. 11ff., Schreiben der Regierung zu Köln an den Oberpräsidenten der Rheinprovinz vom 11. Juli 1837.

19 Ebd., S. 12f.

20 Ebd., S. 39f., Schreiben des PrMdI vom 16. August 1838 an die Regierungen der Rheinprovinz; dazu Schreiben des PrMI an das PrMGUM vom 10. April 1838, in: ebd., S. 35–37.

21 Ebd., S. 43f., Schreiben des Bistums Verwesers Trier an den Oberpräsidenten der Rheinprovinz vom 6. November 1838.

22 Vgl. *F. Meinecke*, 1848. Eine Säkularbetrachtung, Berlin 1948.

23 HStA Düsseldorf (Düsseldorf-Kalkum), Regierung Düsseldorf, Nr. 3678, Verfügung des PrMdI vom 5. Juli 1841.

24 Ebd., Regierung Düsseldorf, Nr. 29177, Schreiben des Rheinischen Konsistoriums an die Regierung zu Düsseldorf vom 2. Februar 1848.

25 Verhandlung des Gemeinderats Odenkirchen vom 17. März 1848, in: ebd.

26 Vgl. 1. Erlaß des PrMdI an die Regierung Düsseldorf vom 5. November 1852, in: HStA Düsseldorf (Düsseldorf-Kalkum), Regierung Düsseldorf, Nr. 3678; 2. Erlaß des PrMdI an sämtliche Regierungen vom 11. April 1854, in: StA Koblenz, Abt. 403 (Oberpräsidium der Rheinprovinz), Nr. 6694, S. 79–80.

27 Erlaß vom 11. April 1854, in: Ebd., S. 80.

28 Schreiben des Bischöflichen General-Vicariats Münster an sämtliche Pfarrer der Diözese Münster vom 17. Juni 1854, in: StA Koblenz, Abt. 403, Nr. 6694, S. 88.

29 Schreiben des Rheinischen Konsistoriums an die Superintendenten der Rheinprovinz vom 8. Mai 1854, in: ebd., S. 83.

30 Der Fall zitiert nach HStA Düsseldorf (Düsseldorf-Kalkum), Regierung Düsseldorf, Nr. 29177.

31 Vgl. die Bestände in StA Koblenz, Abt. 403, Nr. 6694.

32 Ebd., S. 93ff.

33 Ebd., S. 137ff.

34 Vgl. *Buchholz*, Ehe- und Familienrecht, S. 1676–1679.

35 Die folgenden Zahlen entnommen: GStA Berlin-Dahlem, Rep. 84a, Nr. 10110; 10111; 10112; 10113; 10114; 10116 (Geschäftsübersichten der preußischen Justizbehörden).

36 *W. Köllmann* (Hg.), Quellen zur Bevölkerungs-, Sozial- und Wirtschaftsstatistik Deutschlands 1815–1875, Bd. I, Quellen zur Bevölkerungsstatistik Deutschlands 1815–1875, bearbeitet von *A. Kraus*, Boppard a. Rh. 1980, S. 226; ebd., S. 190: Unehelich Geborene in

Berlin 1835–1841, S. 202: in der Provinz Brandenburg (mit Berlin) für 1841, S. 172: in der Provinz Schlesien für 1841.

37 Vgl. als informativen »Überblick über die Gesetzrevision« *W. Schubert u. J. Regge*, in: *J. Regge* (Hg.), Strafrecht (Ministerium Danckelmann; 1827–1830), Bd. 1 der Abt. 1, Straf- und Strafprozeßrecht, Lichtenstein 1981, S. XI–XXIV (= Gesetzrevision (1825–1848) – Quellen zur preußischen Gesetzgebung des 19. Jahrhunderts; Bd. 1).

38 Zur Einschätzung der Justiz in den Jahrzehnten des Vormärz vgl. auch meine Arbeiten zur Sozialgeschichte des preußischen Strafrechts, *D. Blasius*, Bürgerliche Gesellschaft und Kriminalität. Zur Sozialgeschichte Preußens im Vormärz, Göttingen 1976 (= Kritische Studien zur Geschichtswissenschaft, Bd. 22); *ders.*, Recht und Gerechtigkeit im Umbruch von Verfassungs- und Gesellschaftsordnung. Zur Situation der Strafrechtspflege in Preußen im 19. Jahrhundert, in: Der Staat, Bd. 21, 1982, S. 365–390.

39 *Gesetzrevision*/Familienrecht, S. [567]–[570].

40 Petition der zum siebenten schlesischen Provinzial-Landtage versammelten Stände, vom 2. Mai 1843, in: GStA Berlin-Dahlem, Rep. 84a, Nr. 4775, Bl. 9–11.

41 Bericht des Oberpräsidenten der Provinz Schlesien über die Petition der Stände, vom 25. Juni 1843, in: ebd., Bl. 12–15.

42 Denkschrift betreffend eine Reform der Bestimmungen des Allgemeinen Landrechts über das stuprum,- Savigny, Berlin, den 24. November 1843, in: ebd., Bl. 16–20. – Diese Denkschrift war noch bei der Ausarbeitung des BGB gegenwärtig. Der Redaktor für das Familienrecht, Gottlieb Planck, zitierte sie ausführlich in den Anlagen zu seinen Ausarbeitungen für die 1. BGB-Kommission (1880) und sah in dieser Denkschrift »im Wesentlichen die Grundlage« für das Abänderungsgesetz des preußischen Nichtehelichenrechts vom 24. April 1854; vgl. *Familienrecht* (Planck) T. 3, Anlage IX, S. 173–178 (Das preußische Gesetz vom 24. April 1854...), Auszüge aus der Savigny-Denkschrift auf S. 172–174.

43 *Gesetzbuch Napoleons* oder das in den Königlichen Preußischen Rhein-Provinzen geltende bürgerliche Recht, hier: Erstes Buch (Von den Personen), VII. Titel (Von der Vaterschaft und Kindschaft), III. Kapitel (von unehelichen Kindern – Art. 331–342).

44 Landtags-Abschied für die zum 7. Provinzialtage versammelt gewesenen Stände, vom 30. Dezember 1843, in: GStA Berlin-Dahlem, Rep. 84a, Nr. 4775, Bl. 31.

45 Äußerung Eichhorns an Savigny vom 10. Februar 1844 in: ebd., Bl. 72.

46 Äußerung v. Arnims an Savigny vom 25. November 1844, in: ebd., Bl. 73.

47 Zu dieser Absicht Savignys vgl. sein Schreiben an den PrMdJ Uhden vom 30. November 1844, in: ebd., Bl. 70f.

48 Vgl. zum Verfahrensablauf das Votum Savignys für das Staatsministerium vom 2. Juli 1845, in: ebd., Bl. 83–84.

49 Verhandlungsprotokoll der Gesetzkommission vom 29. Mai 1845, in: ebd., S. 89.

50 Zum Denk- und Sprachstil dieser »Motive«, die die Abänderung der landrechtlichen Bestimmungen zu begründen suchen, sei ein längeres Zitat gebracht; siehe »Motive« zum »Entwurf eines Gesetzes, betreffend die Folgen des unehelichen Beischlafs«, in: ebd., Bl. 88 – »Dieser Gedanke – Verhütung des Kindermordes – wurde nun der fast ausschließlich leitende der Gesetzgebung auf diesem Gebiet – die Rücksicht auf die guten Sitten, auf die weibliche Geschlechtsehre, auf die Ehe, mußte dagegen zurücktreten. Svarez trug kein Bedenken zu fordern, daß, ›da eingewurzelte Begriffe von Ehre und Schande sich durch positive Gesetze nicht ändern lassen‹, die Geschwächte ganz aus ihrer bisherigen Lage herausgezogen und ihr ein minder zweideutiger Standpunkt angewiesen werden müsse, aus welchem sie selbst und das Publikum sie betrachten könne.

Alle Strafe, alle Schande, alle Nachtheile und Verlegenheiten sollten der Unzucht erspart werden. Dies Prinzip lag den fast ein halbes Jahrhundert umfassenden zahlreichen Verordnungen über diesen Gegenstand zum Grunde, welchen durch alle erdenklichen Arten von Publikation der höchst mögliche Grad von Öffentlichkeit gegeben wurde. Es wurde in den Kirchen

von den Kanzeln verkündigt, und der weiblichen Jugend, sobald sie mannbar wurde, speziell bekannt gemacht. Zugleich wurde die Makel der unehelichen Geburt fast ganz beseitigt – man privilegirte Bordelle – man gestattete Konkubinate und wilde Ehen in früher unbekanntem Maaße – der Ehebruch wurde so gut als straflos, und die Ehescheidung so erleichtert, daß willkührliche und schnelle Auflösbarkeit der Ehe fast zur Regel wurde.
Aus diesem ganzen neueren System von Gesetzgebung und Praxis, nicht aber aus jenen, dem gemeinen Rechte und dem Allg. Landrechte gemeinschaftlichen Grundprinzipien für sich betrachtet, ist der jetzige Rechtszustand hervorgegangen, der die weibliche Geschlechtsehre und damit die guten Sitten überhaupt in den niederen Ständen untergräbt, Unzucht und Ehebruch privilegirt und zu einträglichen Gewerben für das weibliche Geschlecht erhebt und überall Prozesse der schamlosesten Art veranlaßt, in welchen falsche Zeugnisse und Meineide wuchern und durch welche selbst die Justiz in ihrem innersten sittlichen Kerne leidet, indem sie der Unzucht durch Handhabung dieses Systems zu ihrem Lohn verhilft, ohne auch nur eine Rüge, geschweige denn eine Strafe, auszusprechen.
Hiernach erscheint es zur Reform dieses Zustandes nicht nöthig, jene gemeinrechtlichen Sätze aufzugeben und in das entgegengesetzte Extrem des Code Napoléon überzuspringen. Es ist sehr bedenklich, den Boden der historischen Rechts-Entwickelung zu verlassen. Jede tief gehende Reform führt Härten im Einzelnen herbei; es ist mißlich, wenn den Klagen darüber keine Berufung auf anerkannte Autorität entgegengesetzt werden kann. Die obige Darstellung des Abweges deutet vielmehr schon an, wie der rechte Weg wieder zu finden wäre. Anerkennung der Heiligkeit der Ehe und Strafbarkeit des Ehebruchs müßten wieder Grundprinzipien der Gesetzgebung und Praxis werden und im Allgemeinen liegen solche ernstere Prinzipien auch den Entwürfen des neuen Strafgesetzbuchs und des neuen Ehescheidungsgesetzes in ihrer jetzigen Gestalt zum Grunde.«

51 Vgl. das Beratungsprotokoll des Staatsrats vom 8. Dezember 1847, in: ebd., Bl. 101 ff.

52 Vgl. zum Ablauf nach 1848 auch *Familienrecht* (Planck), T. 3, Anlage IX, S. 175.

53 Vgl. das Schreiben des PrMdGUM an den PrMdI und den PrMdJ vom 9. September 1853, in: GStA Berlin-Dahlem, Rep. 84a, Nr. 4775, Bl. 151.

54 Schreiben des PrMGUM an das PrJM vom 19. November 1853, in: ebd., Bl. 161.

55 GS 1854, S. 193–198.

56 *Buchholz*, Eherecht zwischen Staat und Kirche, S. 19f.

57 Jahresbericht des ersten Präsidenten des Appellationsgerichts Paderborn vom 18. Februar 1863 über den Zustand der Justizverwaltung in den Jahren 1861 und 1862, zitiert nach: *Familienrecht* (Planck), T. 2, S. 671.

58 Bericht eines Appellationsgerichtsrats in Naumburg aus dem Jahre 1867, zitiert nach: ebd., S. 671f.

59 *Familienrecht* (Planck), T. 2, S. 645–683 (›Begründung‹ zu »Zulässigkeit« und den »Voraussetzungen« der »Alimentenklage«), hier S. 673. – Der Zweite Abschnitt (Recht der Abkömmlinge) des Planck'schen Familienrechtsentwurfs – Erster Abschnitt: Die Ehe – behandelte im Vierten Titel »Ansprüche aus dem unehelichen Beischlafe«.

60 Ebd., S. 669f.

61 BGB, Viertes Buch, Zweiter Abschnitt, 6. Titel: Rechtliche Stellung der unehelichen Kinder, §§ 1705–1718. – Das BGB zitiert nach: *Bürgerliches Gesetzbuch* für das Deutsche Reich, Original-Textausgabe, hg. von A. Gebhard u. J. P. Lutz, Berlin o. J., 47. Aufl.

62 Vgl. zur Einschätzung der Romantik als Phänomen des modernen Bewußtseins noch immer unübertroffenen *W. Emrich*, Der Universalismus der deutschen Romantik, Wiesbaden 1964 (= Abhandlungen der Akademie der Wissenschaften und der Literatur, Mainz, Jg. 1964).

63 *H. A. Korff*, Geist der Goethezeit. III. Teil, Frühromantik, Leipzig 1959³, S. 82–106, hier S. 82f.

64 Schleiermacher an seine Schwester Charlotte, Berlin, 20. Dezember 1800, in: *Henriette*

Herz in Erinnerungen, Briefen und Zeugnissen, hg. von Rainer Schmitz, Frankfurt 1984, S. 327f.

65 *J. Körner* (Hg.), Krisenjahre der Frühromantik. Briefe aus dem Schlegelkreis, 3 Bde., Bern 1969², hier Bd. 3 (1958), Kommentar, S. 20f.

66 *Herz*, Erinnerungen, S. 59f.

67 Sophie Bernhardi-Tieck an August Wilhelm Schlegel, München, 26. Mai 1810, in: *Körner*, Bd. 2, S. 129–135.

68 August Wilhelm Schlegel an Johann Gottlieb Fichte, Genf, 13. Dezember 1808, in: *Körner*, Bd. 1, S. 654–657.

69 Vgl. Schreiben des Stadtgerichts Berlin an das Kammergericht vom 24. Januar 1821, in: GStA Berlin-Dahlem, Rep. 84a, Nr. 11808, S. 133–138.

70 Vgl. Schreiben des Kammergerichts an das Stadtgericht Berlin vom 5. Juni 1820, in: ebd., S. 139f.

71 Schreiben des PrJM an das Stadtgericht Berlin vom 9. Februar 1821, in: ebd., S. 141f.

72 Bericht des Land- und Stadtgerichts Schneidemühl an das OLG Bromberg vom 1. März 1838, in: GStA Berlin-Dahlem, Rep. 84a, Nr. 11907, S. 45–55.

73 Schreiben des OLG Bromberg an das Land- und Stadtgericht Schneidemühl vom 12. Dezember 1837, in: ebd., S. 59f.

74 Ebd., S. 54f.

75 Ebd., S. 54.

76 Überliefert in: HStA Düsseldorf (Düsseldorf-Kalkum), Rep. 7 (Gerichte), Nr. 239.

77 Vgl. die Eingabe dieser Frau an den PrMdJ vom 14. September 1824, in: GStA Berlin-Dahlem, Rep. 84a, Nr. 11808, S. 187–190.

78 Vgl. Dekret des PrJM vom 24. September 1824, in: ebd., S. 191.

79 HStA Düsseldorf (Düsseldorf-Kalkum), Rep. 7 (Gerichte), Nr. 247.

VI. Scheidung und Scheidungsrecht auf dem Weg zum Bürgerlichen Gesetzbuch

1 Vgl. *H. Dörner*, Industrialisierung und Familienrecht. Die Auswirkungen des sozialen Wandels dargestellt an den Familienmodellen des ALR, BGB und des französischen Code civil, Berlin 1974 (= Schriftenreihe zur Rechtssoziologie und Rechtstatsachenforschung, Bd. 30), bes. das Kap. »Das Familienmodell des BGB«, S. 91ff., hier S. 111: »Die Tendenz des BGB zur Einschränkung der Scheidungsmöglichkeiten muß auf den ersten Blick überraschen angesichts der Tatsache, daß im Gefolge der Industrialisierung die verinnerlichten und damit zerbrechlicher gewordenen Ehen eher der Gefahr eines Scheiterns ausgesetzt sind, die Scheidungsquote infolgedessen vor allem in den Ballungsgebieten ständig steigt und daher ein soziales Bedürfnis zur Erleichterung der Trennung offenbar wird, das von den freizügigen Scheidungsbestimmungen des ALR – obwohl auf eine völlig andere gesellschaftliche Situation konzipiert – bis dahin erfüllt werden konnte. In der Frage der Scheidungsfreiheit reagiert die Rechtsentwicklung somit nicht... auf den wirtschaftlichen und sozialen Wandel in der Weise, daß sie die Veränderungen in Wertsystem und Realität, wenn auch mit einigen Retardierungen bzw. schichtenspezifischen Vorbehalten, nachvollzieht und sich dadurch den neu entstandenen Erfordernissen anpaßt, sondern sie bildet geradezu einen gegenläufigen Prozeß – dessen gesellschaftliche Ursache jedoch ebenfalls in den Auswirkungen der Industrialisierung gefunden werden kann.«

2 Vgl. vor allem *W. Schubert*, Materialien zur Entstehungsgeschichte des BGB. Einführung, Biographien, Materialien, Berlin u. New York 1978 (= Die Beratung des Bürgerlichen Gesetzbuchs in systematischer Zusammenstellung der unveröffentlichten Quellen), bes. S. 27–68 (Entstehungsgeschichte des Bürgerlichen Gesetzbuchs); vgl. *ders.*, Franz von Kübel und Würt-

tembergs Stellung zur Erweiterung der Reichskompetenz für das gesamte bürgerliche Recht, in: Zs. f. Württembergische Landesgeschichte, Jg. 36 (1977), 1979, S. 167–198; *A. Laufs*, Beständigkeit und Wandel – Achtzig Jahre deutsches Bürgerliches Gesetzbuch, in: JuS, Jg. 20, 1980, S. 853–860; *D. Brandt*, Die politischen Parteien und die Vorlage des Bürgerlichen Gesetzbuches im Reichstag, Diss. jur., Heidelberg 1975.

3 Vgl. hier als neueste und kompetenteste Arbeit *J.P. Schäfer*, Die Entstehung der Vorschriften des BGB über das persönliche Eherecht, Frankfurt 1983 (= Europäische Hochschulschriften: Reihe 2, Rechtswissenschaft, Bd. 330), bes. S. 34ff. (Die Entstehung des vierten Buchs des BGB bis zum Abschluß der Beratungen der 2. Kommission), S. 145ff. (Beratungen über die einzelnen Teilbereiche des persönlichen Eherechts – Die Ehescheidung), S. 179ff. (Die politische Diskussion und die parlamentarischen Beratungen über das Eherecht des Bürgerlichen Gesetzbuchs). Vgl. auch *C.H. Schleifer*, Die Ehescheidung im deutschen Rechtskreis während des 19. Jahrhunderts, Diss. jur., Kiel 1972, S. 199ff. (Die scheidungsrechtlichen Reformbestrebungen in Preußen und das Bürgerliche Gesetzbuch für das Deutsche Reich).

4 Vgl. Gesetz betreffend die Verfassung des Deutschen Reiches (16. April 1871), zitiert nach: *E.R. Huber* (Hg.), Dokumente zur Deutschen Verfassungsgeschichte, Bd. 2, Deutsche Verfassungsdokumente 1851–1918, Stuttgart 1964, S. 289ff., hier Art. 4, Ziff. 13.

5 Vgl. hierzu das »Quellenverzeichnis« in *Schubert*, Materialien, S. 17–26.

6 Vgl. ebd., S. 49f.

7 Ebd., S. 50.

8 *Familienrecht* (Planck), T. 2, S. 45.

9 Ebd., S. 41.

10 Vgl. *Motive* zu dem Entwurfe eines Bürgerlichen Gesetzbuches für das Deutsche Reich, Bd. IV, Familienrecht. Amtliche Ausgabe, Berlin u. Leipzig 1888, S. 562, Zeile 1–7 (künftig zitiert: *Motive* (1888)).

11 *Familienrecht* (Planck), ebd., S. 41.

12 Vgl. *Familienrecht* (Planck), ebd., S. 41f.: »Jedenfalls aber wird anzuerkennen sein, daß Fälle denkbar sind, in welchen der Staat mit Rücksicht auf die Bedürfnisse des Lebens, die realen Verhältnisse und den Charakter der Ehe als eines Rechtsverhältnisses kein Interesse und keine Veranlassung haben, die Pflicht der Gatten, sich nicht zu scheiden, als eine Rechtspflicht anzuerkennen, in welchen er vielmehr die Auflösung der Ehe gestatten muß, weil die sittlichen Grundlagen derselben zerstört, die Voraussetzungen dieser innigsten Lebensgemeinschaft gänzlich geschwunden sind und deshalb die Ehe als segenbringend und veredelnd nicht mehr gedacht, auch vom Standpunkte der Gerechtigkeit aus dem die Auflösung der Ehe verlangenden Gatten die Fortsetzung derselben nicht ferner zugemuthet werden kann. Hat doch selbst die katholische Kirche die äußerste Konsequenz jener Auffassung nicht gezogen, indem sie im Falle des Ehebruchs oder eines demselben gleichstehenden Fleischesverbrechens dem unschuldigen Theile ein unbedingtes Recht der Trennung von Tisch und Bett auf Lebenszeit gewährt; denn mit einer solchen Trennung wird die eheliche Gemeinschaft materiell vollständig aufgehoben, und die Annahme, daß die Ehe dem Bande nach fortbestehe, wahrt die Unauflöslichkeit der Ehe nur der Form nach. Von der Auflösung dem Bande nach unterscheidet sich diese beständige Trennung von Tisch und Bett praktisch nur dadurch, daß, so lange die getrennten Gatten leben, keiner derselben eine andere Ehe eingehen kann, mithin eine Wiedervereinigung derselben bis zum Tode des einen oder anderen noch möglich ist. Die Vortheile dieser Möglichkeit werden jedoch, wenn man die realen Verhältnisse ins Auge faßt, weit überwogen durch die Nachtheile und Gefahren, welche das Verbot der Wiederverheirathung, namentlich in den Mittelständen und den unteren Klassen der Bevölkerung, für den Hausstand, die Nahrungsverhältnisse, die Erziehung der Kinder, sowie für die Sittlichkeit mit sich bringt. Insbesondere ist es für den unschuldigen Theil eine große Härte, wenn er durch die Schuld des andern Theils, der seinerseits die ehelichen

Pflichten mit Füßen getreten und ihm die Fortsetzung der Ehe unerträglich gemacht hatte, jenen Nachtheilen ausgesetzt und für die Lebenszeit des andern Theils des Segens der Ehe gänzlich beraubt sein soll. Vom Standpunkte eines bürgerlichen Gesetzbuchs aus kann daher das Institut der beständigen Trennung von Tisch und Bett nicht gebilligt und jedenfalls nicht als allgemeine staatliche Einrichtung statt der Auflösung der Ehe dem Bande nach empfohlen werden.« – Diese Textstelle in den ›Motiven‹, *Motive* (1888), S. 562 (ab Zeile 7) – S. 563 (bis Zeile 5).

13 *Familienrecht* (Planck), ebd., S. 43.

14 Ebd., S. 43f. – Diese Textstelle in den ›Motiven‹, *Motive* (1888), S. 563 (Zeile 14–31).

15 Familienrecht (Planck), ebd., S. 44; die entsprechende, stark verkürzte Textstelle in den ›Motiven‹ lautet, *Motive* (1888), S. 563: »Auf der anderen Seite darf indessen die staatliche Gesetzgebung auch die Bedürfnisse des Lebens und die realen Verhältnisse, sowie den Karakter der Ehe als eines Rechtsverhältnisses nicht außer Acht lassen. Der Karakter der Ehe als eines Rechtsverhältnisses legt dem Staate die Pflicht auf, den einen Ehegatten gegen den anderen zu schützen, wenn dieser die ihm obliegenden ehelichen Pflichten durch sein schuldvolles Verhalten verletzt.«

16 *Motive* (1888), S. 568.

17 Diese Frage ist von der Forschung bisher noch nicht systematisch in Angriff genommen worden; vgl. als wichtige Quellensammlung aber hier *Schubert*, Materialien, bes. S. 329ff. (Schreiben des Reichskanzlers vom 27. 6. 1888 an alle Bundesregierungen – Fragen zur Beurteilung des 1. Entwurfs); dazu die als Manuskript gedruckte *Zusammenstellung* der Äußerungen der Bundesregierungen zu dem Entwurf eines Bürgerlichen Gesetzbuchs, gefertigt im Reichs-Justizamt, 2 Bde., Berlin 1891 (Neudruck Osnabrück 1967). Zum Bürgerlichen Gesetzbuch als bundesstaatlichem Problem vgl. auch *Schäfer*, Entstehung, bes. S. 163ff., S. 187ff. u. S. 238ff.

18 Vgl. auch die Antwort des PrJM auf dieses Rundschreiben des Reichskanzlers vom 27. 6. 1888: »Bezüglich der Scheidung auf Grund gegenseitiger Einwilligung wird der ablehnende Standpunkt des Entw. gebilligt; ...", in: *Zusammenstellung*, Bd. 1, S. 153.

19 Vgl. *Motive* (1888), S. 567f.

20 Ebd., S. 568f.

21 Vgl. *Dörner*, Industrialisierung und Familienrecht, S. 108–113.

22 Vgl. *F. Wieacker*, Privatrechtsgeschichte der Neuzeit, Göttingen 1967², S. 470 (bes. auch insgesamt das Kap. »Das Bürgerliche Gesetzbuch«, S. 468–488).

23 *O. Bähr*, Entwurf eines Bürgerlichen Gesetzbuchs für das Deutsche Reich, in: Kritische Vierteljahresschrift für Gesetzgebung und Rechtswissenschaft, NF Bd. 11, 1888, S. 541, zitiert nach: *P. Mikat*, Zur Diskussion um die Scheidungsrechtsreform nach der Veröffentlichung des Entwurfs eines bürgerlichen Gesetzbuches für das Deutsche Reich, in: *L. Carlen u. F. Ebel* (Hg.), Festschrift für Ferdinand Elsener zum 65. Geburtstag, Sigmaringen 1977, S. 182–198, hier S. 185. – Zum gesamten Diskussionsspektrum des 1. Entwurfs vgl. die im Reichsjustizamt gefertigte *Zusammenstellung der gutachtlichen Äußerungen* zu dem Entwurf eines Bürgerlichen Gesetzbuchs, 6 Bde., Berlin 1890–1891 – Bd. IV, Äußerungen zum Familienrecht, Berlin 1890 (Neudruck Osnabrück 1967).

24 Vgl. *Zusammenstellung der gutachtlichen Äußerungen*, Bd. IV, S. 269: »Für eine Erleichterung der Scheidung im Anschlusse an die Prinzipien des preuß. A. L. R. bezw. an die Ausführungen Jacobi's hat sich mehr oder minder auch eine größere Zahl von Stimmen in der Tagespresse ausgesprochen, indem sie die mit einer Erschwerung der Scheidung verbundenen wirtschaftlichen und sittlichen Gefahren betonen, andererseits die gegen die Prinzipien des preuß. A. L. R. erhobenen Vorwürfe als unbegründet zurückweisen und ausführen, daß die von dem Entw. in Aussicht genommene Erschwerung der Scheidung der Rechtsüberzeugung der überwiegenden Mehrheit des Volkes nicht entspreche (*Frankfurter Ztg.* v. 6. Sept. 1889; *Berliner Ztg.* v. 17. Sept. 1889; *Berliner Volksbl.* v. 17. Sept. 1889; *Rhein. Kourier* v. 18. Sept. 1889; *Münchener Neueste Nachr.* v. 19. Sept. 1889; *Berliner Tagebl.* v. 26. Sept. 1889 und 17. Okt. 1889; *Magdeb. Ztg.* v. 30. Sept. 1889; *Breslauer Ztg.* v. 24. Aug. 1889; *Volksztg.* v. 8. Febr. 1890).«

25 *O. v. Gierke*, Der Entwurf eines bürgerlichen Gesetzbuches und das deutsche Recht, Leipzig 1889, S. 449, zitiert nach: *Mikat*, Diskussion, S. 189.

26 *A. Menger*, Das bürgerliche Recht und die besitzlosen Volksklassen, Tübingen 1890².

27 Dieser Gesichtspunkt ist in der Interpretation Mikats (vgl. *Mikat*, Diskussion, S. 188) nicht berücksichtigt.

28 *Menger*, S. 44f., zitiert nach *Mikat*, Diskussion, S. 188.

29 Vgl. *Verhandlungen des Zwanzigsten Deutschen Juristentages*, hg. von dem Schriftführer-Amt der ständigen Deputation, Bd. II (Gutachten), Berlin 1889, hier S. 92–109 (Gutachten des Herrn Professor Dr. Otto Mayer in Straßburg) u. S. 110–234 (Gutachten des Herrn Rechtsanwalt Leonard Jacobi, Docenten der Rechte zu Berlin). – Zur Diskussion dieser Gutachten vgl. die 2. Sitzung der Dritten Abteilung des Juristentages (12. September 1889), in: *Verhandlungen des Zwanzigsten Deutschen Juristentages*, Bd. IV, S. 339ff.

30 *Verhandlungen*, Bd. IV, S. 360.

31 Ebd., S. 381.

32 Ebd., S. 388f.

33 *Verhandlungen*, Bd. II, S. 108f.

34 *Verhandlungen*, Bd. IV, S. 376.

35 Vgl. *Schubert*, Materialien, S. 57ff.

36 Vgl. ebd., S. 1–16, die Einleitung Schuberts, der das Mammutprogramm einer Edition der veröffentlichten und unveröffentlichten Materialien zur Entstehungsgeschichte des Bürgerlichen Gesetzbuchs skizziert, der aber auch deutlich macht, wie schmal die Quellenbasis ist, die die klassische zeitgenössische Zusammenstellung von Benno Mugdan zur Verfügung stellt, vgl. *Die gesammelten Materialien zum Bürgerlichen Gesetzbuch* für das Deutsche Reich, hg. u. bearbeitet von *B. Mugdan*, Bd. IV, Familienrecht, Berlin 1899.

37 Schreiben Spahns an Kreutzwald vom 21. Juni 1892, in: *Akten der Fuldaer Bischofskonferenz* II, 1888–1899, bearb. von E. Gatz, Mainz 1979, S. 222–223 (= Veröffentlichungen der Kommission für Zeitgeschichte: Reihe A, Quellen; Bd. 27).

38 Denkschrift von Spahn über das Verhältnis des Eherechtes im Entwurf des Bürgerlichen Gesetzbuches zum kanonischen Eherecht, in: ebd., S. 223–225.

39 Protokoll der Bischofskonferenz vom 21.–22. August 1894, in: ebd., S. 317–321, hier S. 319.

40 Entwurf von Schmitz für die Eingabe der Bischofskonferenz zum Ehe- und Familienrecht im neuen Bürgerlichen Gesetzbuch, Köln, 12. Dezember 1894, in: ebd., S. 327–331.

41 Schreiben von Kopp an Krementz, Breslau, 17. Dezember 1894, in: ebd., S. 331–333.

42 Schreiben von Krementz an Kopp, Köln, 27. Dezember 1894, in: ebd., S. 335–336.

43 Schreiben von Krementz an das Staatsministerium, Köln, 9. Februar 1895, in: ebd., S. 338–348.

44 Ebd., S. 347.

45 Vgl. *Schubert*, Materialien, S. 64ff. u. *Schäfer*, Entstehung, S. 195ff.

46 Vgl. auch die »Zusammenfassung und Würdigung« bei *Schäfer*, Entstehung, S. 235ff.

47 Schon der den 1. Entwurf, der Geisteskrankheit als Scheidungsgrund *nicht* enthielt, debattierende Juristentag hatte sich mit drei unterschiedlichen ärztlichen Gutachten auseinanderzusetzen, vgl. *Verhandlungen des Zwanzigsten Deutschen Juristentages*, Bd. IV. S. 351–353. Zwei Gutachten sprachen sich für die Lösung des Entwurfs aus, da es »zu den schwierigsten Aufgaben des Gerichtsarztes gehöre, bei Seelenstörungen eine Prognose in Bezug auf deren Heilbarkeit zu stellen«. Die Dauer der Krankheit gewähre kaum einen sicheren Anhalt über die Merkmale der Unheilbarkeit. Weiter heißt es in dem Pro-Gutachten: »Eine scharfe Grenze zwischen den verschiedenen Formen der Geisteskrankheit lasse sich nicht ziehen, und praktisch wäre es nicht ausführbar, die Fälle auszusondern, in denen durch die Geisteskrankheit die ganze Persönlichkeit des Erkrankten so umgewandelt sei, daß die geistige Gemeinschaft der Ehegatten nicht mehr bestehe. Die Geisteskrankheiten seien ihrem Wesen nach körperliche Leiden; der

Arzt werde also dazu neigen, sie in Betreff der Ehescheidung nach demselben Princip, wie die körperlichen Uebel zu behandeln.« Gegen die Motive des 1. Entwurfs nahm Professor Mendel Stellung (vgl. *Mendel*, Die Geisteskranken in dem Entwurf, in: Vierteljahresschrift für gerichtliche Medizin, N. F. Bd. 49, H. 2, 1889, S. 252–268). Er vertrat die Ansicht, »daß die Ziehung einer scharfen Grenzlinie zwischen den verschiedenen Formen der Geisteskrankheit zwar schwierig sei, daß sich aber doch die Bedingungen, unter welchen Scheidung wegen Geisteskrankheit zuzulassen sei, werden feststellen lassen. Es komme dabei in Betracht eine gewisse Dauer der Krankheit, die Unheilbarkeit derselben, deren Constatirung nicht so unsicher sei, wie behauptet werde, und der geistige Zustand des Kranken; dieser müsse gesetzlich präcisirt werden, um die periodischen und circulären, im psychiatrischen Sinn auch unheilbaren Geisteskrankheiten, die epileptischen Psychosen u. s. w. auszuscheiden.« Mendel schlug folgende Fassung vor: »Eine unheilbare Geisteskrankheit, welche drei Jahre bestanden und zu einer gleichmäßig andauernden Vernichtung der Persönlichkeit geführt hat, ist ein Ehescheidungsgrund.« (*Verhandlungen*, Bd. IV, S. 353).

48 Vgl. *Schäfer*, Entstehung, S. 234.

49 RTV, IX. Legislaturperiode, 4. Session, 113. Sitzung v. 24. 6. 1896, Bd. 147, S. 2877–2880.

50 Ebd., 114. Sitzung v. 25. 6. 1896, S. 2937–2942.

51 Ebd.

52 Im Rahmen dieser Untersuchung wurde vor allem die Scheidungsrechtsprechung unterer und mittlerer Instanzen durchgesehen. Hier sind umfangreiche Urteilssammlungen der zuständigen Zivilkammern überliefert, deren erschöpfende Auswertung, so scheint es mir, die Möglichkeiten historischer Interpretation übersteigt. Eine strenge Beachtung der Linie wissenschaftlich sinnvollen Tuns ist auch aus moralischen Gründen, aus Gründen verantwortungsvoller Diskretion gegenüber unglücklichen Menschen in verfahrenen Lebenssituationen geboten. Zur Überlieferung vgl. HStA Düsseldorf (Düsseldorf-Kalkum), Zwischenarchiv, Urteile der Zivilkammern (R-Sachsen) der jeweiligen Landgerichte (z. B. Köln; Mönchengladbach; Bonn; Elberfeld) – nach Jahrgängen abgelegt.

53 Überliefert: HStA Düsseldorf (Düsseldorf-Kalkum), LG Köln, 1. Zivilkammer, Jg 1890.

54 Vgl. *Dilcher*, Ehescheidung, S. 1072 ff.

55 Ebd., S. 1073.

56 Vgl. *S. Brie*, Gutachten über die Frage: Ist es gerechtfertigt, an Stelle der Ehescheidungsstrafen in der Weise, wie der Entwurf des bürgerlichen Gesetzbuchs dies beabsichtigt, nur eine Verpflichtung des für den schuldigen Theil erklärten Ehegatten zur Gewährung des Unterhalts an den anderen, der Unterstützung bedürftigen Ehegatten, einzuführen? In: *Verhandlungen des Zwanzigsten Deutschen Juristentages*, Bd. II, S. 235–262; der Rückgriff auf dieses Gutachten in: *Zusammenstellung der gutachtlichen Äußerungen*, Bd. IV, S. 326 ff., hier S. 329 f.

57 Zum juristischen Begriff der Billigkeit vgl. *E. Kaufmann*, Billigkeit, in: HRG, Bd. I, Berlin 1971, Sp. 431–437.

58 Vgl. auch BGB, § 1585: »Hat der Mann einem gemeinschaftlichen Kinde Unterhalt zu gewähren, so ist die Frau verpflichtet, ihm aus den Einkünften ihres Vermögens und dem Ertrag ihrer Arbeit oder eines von ihr selbständig betriebenen Erwerbsgeschäfts einen angemessenen Beitrag zu den Kosten des Unterhalts zu leisten, soweit nicht diese durch die dem Manne an dem Vermögen des Kindes zustehende Nutznießung gedeckt werden. Der Anspruch des Mannes ist nicht übertragbar. Steht der Frau die Sorge für die Person des Kindes zu, und ist eine erhebliche Gefährdung des Unterhalts des Kindes zu besorgen, so kann die Frau den Beitrag zur eigenen Verwendung für den Unterhalt des Kindes zurückbehalten.«

59 Vgl. *Dilcher*, Ehescheidung, S. 1074.

60 Vgl. die Ausführungen in Anm. 52.

61 Hier ist auf den Dokumententeil (Teil 9: Die Zahlen) der Untersuchung von *Wolf u. a.* Scheidung, S. 381 ff. zu verweisen. Für die Zeit vor dem Ersten Weltkrieg stützen sich die Verf.

auf die im RJM bearbeitete »Deutsche Justizstatistik«. Als eine Art Arbeitsanfallstatistik für die Gerichtsbehörden bildete sie ihre besonderen Schwerpunkte, die nicht unbedingt sozialhistorische Interessen zufriedenstellen. So ist z. B. die Relation Scheidungsurteile – Einwohnerzahl für den Verlauf der Scheidungsbewegung nicht aussagekräftig genug (vgl. dazu die Ausführungen im Text). M. E. wichtig und brauchbar sind die Zahlen über die in erster Instanz anhängig gewordenen Ehescheidungsprozesse im Deutschen Reich für die Jahre 1881–1915 (S. 390, Spalte d). In diesen Zahlen sind für die Jahre vor 1900 die Klagen auf zeitweilige Trennung von Tisch und Bett enthalten, für die Jahre nach 1900 enthalten sie dann die Klagen auf Aufhebung der ehelichen Gemeinschaft (vgl. dazu BGB, § 1575: »Der Ehegatte, der auf Scheidung zu klagen berechtigt ist, kann statt auf Scheidung auf Aufhebung der ehelichen Gemeinschaft klagen. Beantragt der andere Ehegatte, daß die Ehe, falls die Klage begründet ist, geschieden wird, so ist auf Scheidung zu erkennen.«). Weiter ist erwähnenswert die Zahl der »rechtskräftigen Ehescheidungsurteile« für das Deutsche Reich in den Jahren 1881–1915 (S. 390, Spalte f). Für Preußen werden nur die anhängig gewordenen Ehescheidungsprozesse mitgeteilt, für die Jahre 1880–1932 (S. 454 f., Spalte d). – In den Akten des PrJM findet sich eine zeitgenössische Untersuchung über Ehescheidungen, auf die sich die folgenden Ausführungen stützen: GStA Berlin-Dahlem, Rep. 84 a, Nr. 11914, S. 48 (Gedrucktes).

VII. Die gescheiterte Reform: Das Scheidungsrecht in der Weimarer Republik

1 *G. Hohorst, J. Kocka u. G. A. Ritter*, Sozialgeschichtliches Arbeitsbuch. Materialien zur Statistik des Kaiserreichs 1870–1914, München 1975, S. 26 (Bevölkerung nach Familienstand).

2 Vgl. die in den Akten des PrJM überlieferten Untersuchungen von Simon über die Ehescheidungen in Preußen, die seinerzeit in der Zeitschrift des Preußischen Statistischen Landesamts erschienen, hier nach der Aktenüberlieferung zitiert: *Simon*, Die Ehescheidungen in Preußen von 1905 bis 1922, in: Zeitschrift des Preußischen Statistischen Landesamts, Jg. 64, 1924, S. 71–97, zitiert nach: GStA Berlin-Dahlem, Rep. 84 a, Nr. 11915 (künftig zitiert: *Simon*, Ehescheidungen 1905–1922); *Simon*, Die Ehescheidungen in Preußen von 1923 bis 1929, in: ebd., Nr. 11915, S. 283–295 (künftig zitiert: *Simon*, Ehescheidungen 1923–1929). – Der Differenzierungsgrad der Untersuchungen von Simon ist höher – und somit sind auch die Interpretationsspielräume weiter – als das bei Wolf u. a. abgedruckte Zahlenmaterial, vgl. *Wolf u. a.*, S. 461: Rechtskräftige Scheidungsurteile in Preußen – 1905: 6856; 1913: 11162; 1915: 6942; 1918: 8519; 1919: 13352; 1920: 22534; 1921: 25459; 1933: 27349; 1934: 37438; 1938: 31968; 1939: 40059 (Preußen seit 1919 ohne die östlichen Gebietsabtretungen). Zur quantitativen Entwicklung der »anhängig gewordenen Ehescheidungsprozesse« in Preußen von 1880–1932 vgl. ebd., S. 454 f. – Rechtskräftige Scheidungsurteile für das Deutsche Reich, in: ebd., S. 465 – 1905: 11147; 1913: 17835; 1915: 10791; 1918: 13344; 1919: 22022; 1920: 36542; 1921: 39216; 1933: 42485; 1934: 54402; 1938: 49497; 1939: 61789.

3 Vgl. *Simon*, Ehescheidungen 1905–1922.

4 Allgemeine Verfügung vom 22. Januar 1910, – betr. Aussetzung des Verfahrens in Ehescheidungsprozessen, in: GStA Berlin-Dahlem, Rp. 84 a, Nr. 11915, S. 47.

5 Zitiert nach: Ebd., S. 49.

6 Ebd., S. 60.

7 Ebd., S. 83.

8 *Simon*, Ehescheidungen 1905–1922.

9 Vgl. *Simon*, Ehescheidungen 1923–1929.

10 *D. Petzina, W. Abelshauser, A. Faust*, Sozialgeschichtliches Arbeitsbuch, Bd. 3, Materia-

lien zur Statistik des Deutschen Reiches 1914–1945, München 1978, S. 30 (Bevölkerung nach Familienstand).

11 Vgl. *Simon*, Ehescheidungen 1905–1922.

12 Vgl. ebd.

13 Ebd.

14 Ebd.

15 Vgl. *Simon*, Ehescheidungen 1923–1929.

16 Vgl. zu diesem Überlieferungstyp die Ausführungen in Anm. 52, Kap. VI.

17 HStA Düsseldorf (Düsseldorf-Kalkum) LG Wuppertal (Elberfeld), 2. Zivilkammer, Jg. 1918.

18 *Simon*, Ehescheidungen 1905–1922.

19 Zitiert nach *Hohorst u. a.*, Sozialgeschichtliches Arbeitsbuch, S. 68f. Zur Zunahme der Frauenerwerbstätigkeit unter nachfragebezogener Perspektive vgl. *R. Stockmann*, Gewerbliche Frauenarbeit in Deutschland 1875–1980, in: GG, Jg. 11, 1985, S. 447–475. Nach den hier mitgeteilten quantitativen Befunden »Zur Entwicklung der Beschäftigungsstruktur« gab es keine kontinuierliche Entwicklung. Für das Scheidungsgeschehen ist besonders die mit der »Technisierung und Bürokratisierung der Betriebe« verwobene »Expansion des Frauenanteils bis 1925« (S. 475) interessant.

20 Vgl. *Petzina u. a.*, Sozialgeschichtliches Arbeitsbuch, Bd. 3, hier S. 54 (Erwerbsquote) u. S. 58 (Status und Funktion der abhängig Beschäftigten in gewerblichen Unternehmen 1933). – Vgl. allgemein *H. Pohl* (Hg.), Die Frau in der deutschen Wirtschaft, Stuttgart 1985 (= Zs. für Unternehmensgeschichte, Beiheft 35). Zum Problem der weiblichen Angestellten vgl. den gründlichen historischen Längsschnitt von *G. Schulz*, Die weiblichen Angestellten vom 19. Jahrhundert bis 1945, in: *Pohl* (Hg.), S. 179–215. Mit Recht weist der Verf. auf die Veränderung individueller Erfahrung hin, die weibliche Angestelltenarbeit begründen konnte; sie schuf eigene, unmittelbare Subsistenzmöglichkeiten, gerade auch da, »wo abgeleitete soziale Sicherungen fehlten oder nicht ausreichten«. (S. 213ff.) – Zum Industriearbeiterinnenbereich vgl. *G. Wellner*, Industriearbeiterinnen in der Weimarer Republik: Arbeitsmarkt, Arbeit und Privatleben 1919–1933, in: GG, Jg. 7, 1981, S. 534–554.

21 Die Verfassung des Deutschen Reichs vom 11. August 1919, zitiert nach *E. R. Huber* (Hg.), Dokumente zur deutschen Verfassungsgeschichte, Bd. 3, Stuttgart 1966, S. 129ff.

22 Vgl. *D. Schwab*, Zur Geschichte des verfassungsrechtlichen Schutzes von Ehe und Familie, in: *Habscheid* (Hg.), Festschrift Bosch, S. 893–907, hier bes. S. 904ff.

23 Als eine mit einer fundierten Einleitung versehene umfangreiche Quellensammlung zum Familienrecht der Weimarer Republik vgl. jetzt *W. Schubert*, Die Projekte der Weimarer Republik zur Reform des Nichtehelichen-, des Adoptions- und des Ehescheidungsrechts, Paderborn 1986 (= Rechts- und Staatswissenschaftliche Veröffentlichungen der Görres-Gesellschaft, N. F., Heft 43), hier bes. die Zusammenstellung der zeitgenössischen ›Literatur zur Reform des Ehescheidungsrechts (1918–1932)‹, S. 21–24, u. die Ausführungen ›Zur Reform des Ehescheidungsrechts‹, S. 82–92.

24 Vgl. ebd., S. 27ff. (Die Entwicklung des Familienrechts in der Weimarer Republik).

25 Vgl. *E. Kolb*, Die Weimarer Republik, München u. Wien 1984 (= Oldenbourg Grundriß der Geschichte, Bd. 16), hier bes. S. 71ff. (Strukturprobleme und innere Politik).

26 Eingabe an das RJM vom 20. 12. 1918, in: GStA Berlin-Dahlem, Rep. 84a, Nr. 525, S. 181f.

27 Entschließung einer Versammlung des »Deutschen Rechtsbundes« vom 4. April 1922, zitiert nach: BA, R43I/1219, S. 50. – Weitgehend inaktiv in der Scheidungsfrage blieb die bürgerliche Frauenbewegung und deren Dachorganisation, der »Bund Deutscher Frauenvereine«. Der bürgerlichen Frauenbewegung fehlte auf Grund ideologischer Gegensätze zwischen dem gemäßigt-liberalen und dem linken Flügel »eine einheitliche Konzeption konkreter Emanzipationsziele«; politische Richtungskämpfe blockierten gezielte Reforminitiativen in der Frage

des § 218. Auch die Scheidungsfrage dürfte ein Opfer des Zwiespalts zwischen liberalen und konservativen Zielvorstellungen geworden sein. Vgl. *B. Greven-Aschoff*, Die bürgerliche Frauenbewegung in Deutschland, 1894–1933, Göttingen 1981 (= Kritische Studien zur Geschichtswissenschaft, Bd. 46).

28 RTV, I. Wahlperiode 1920, Drs. Nr. 3067, Bd. 370, S. 2897.

29 Schreiben Radbruchs vom 12. Januar 1922 mit den »vorläufig unverbindlichen Richtlinien«, zitiert nach: GStA Berlin-Dahlem, Rep. 84a, Nr. 525, S. 347–350; vgl. *Schubert*, Projekte der Weimarer Republik, S. 455 f.

30 Ebd., Rep. 84a, Nr. 525, S. 393.

31 Ebd., S. 403.

32 Zitiert nach: Rep. 84a, Nr. 525, S. 411–414.

33 RTV, III. Wahlperiode 1924, Sitzung vom 11. März 1925, Bd. 384, S. 1006–1008.

34 Vgl. Rep. 84a, Nr. 525, S. 594.

35 RTV, I. Wahlperiode 1920, Drs. Nr. 4649, Bd. 374, S. 5130 f. Der Antrag zum »Entwurf eines Gesetzes zur Änderung der Vorschriften des Bürgerlichen Gesetzbuchs über die Ehescheidung« lautete: »Der Reichstag hat das folgende Gesetz beschlossen, das mit Zustimmung des Reichsrats hiermit verkündet wird:

Einziger Artikel.

1. Der § 1568 erhält folgende Fassung: Ein Ehegatte kann auf Scheidung klagen, wenn eine so tiefe Zerrüttung des ehelichen Verhältnisses besteht, daß keine begründete Aussicht auf Herstellung einer dem Wesen der Ehe entsprechenden Gemeinschaft vorhanden ist...

3. Als § 1574a wird folgende Vorschrift eingestellt: Wird die Ehe aus dem im § 1568 bestimmten Grunde geschieden, so ist, wenn der eine Ehegatte die Zerrüttung des ehelichen Verhältnisses durch schwere Verletzung der durch die Ehe begründeten Pflichten oder durch ehrloses oder unsittliches Verhalten verschuldet hat, auf Antrag des anderen Ehegatten in dem Urteil auszusprechen, daß er die Schuld an der Scheidung trägt... Sind derartige Anträge von beiden Ehegatten gestellt, und werden sie für begründet erkannt, so sind beide Ehegatten für schuldig zu erklären...

6. Als § 1579a wird folgende Vorschrift eingestellt: Ist keiner der Ehegatten für schuldig erklärt, so ist, wenn einer von ihnen außerstande ist, sich selbst zu unterhalten, der andere Ehegatte insweit zum Unterhalt verpflichtet, als es der Billigkeit nach den Umständen, insbesondere unter Rücksicht auf die Bedürfnisse sowie die Vermögensverhältnisse der Ehegatten fordert..."

36 RTV, I. Wahlperiode 1920, Sitzung vom 24. Februar 1922, Bd. 353, S. 6057 f.

37 Ebd., S. 6070.

38 Ebd., Sitzung vom 5. Dezember 1922, Bd. 357, S. 9220.

39 Ebd., Sitzung vom 13. Februar 1923, Bd. 358, S. 9661.

40 RTV, III. Wahlperiode 1924, Sitzung vom 11. März 1925, Bd. 384, S. 1017 f.

41 Ebd., Sitzung vom 18. März 1925, Bd. 385, S. 1138 f.

42 Ebd., Sitzung vom 11. März 1925, Bd. 384, S. 1014 f.

43 Ebd., Sitzung vom 18. März 1925, Bd. 385, S. 1139 f.

44 RTV, IV. Wahlperiode 1928, Sitzung vom 30. November 1928, Bd. 423, S. 571 ff., hier S. 574.

45 Vgl. dazu jetzt die Dokumentation bei *Schubert*, Projekte der Weimarer Republik, S. 463–578 (Das Ehescheidungsrecht im Reichstag – III. Wahlperiode 1924/28).

46 BA, R43/I 1219, S. 327 (Bericht über die Sitzung vom 13. 12. 1927).

47 Zitiert nach: ebd., S. 336.

48 159. Sitzung des 13. Ausschusses (Rechtspflege) vom 6. März 1928, hier zitiert nach: GStA Berlin-Dahlem, Rep. 84a, Nr. 526, S. 197 ff.

49 Sein Arbeitsergebnis faßte der 13. Ausschuß (Rechtspflege) in einem Gesetzesantrag an

den Reichstag vom 14. März 1928 zusammen. Vergleicht man diesen ›Gesetzentwurf über Ehescheidung‹ mit dem vom Juni 1922 (siehe Anmerkung 35), so zeigt sich sehr deutlich eine Veränderung eines politischen Klimas, das auch auf gemäßigt progressive Kräfte (Lüders; Kahl) abfärbte. Im Gesetzentwurf des Jahres 1928 hatte der § 1568a folgende Fassung:
»Ein Ehegatte kann auf Scheidung klagen, wenn aus einem anderen Grunde eine so tiefe Zerrüttung des ehelichen Verhältnisses eingetreten ist, daß eine dem Wesen der Ehe entsprechende Fortsetzung der Lebensgemeinschaft nicht mehr erwartet werden kann, und wenn infolge der Zerrüttung die Lebensgemeinschaft der Ehegatten seit mindestens einem Jahre vor Erhebung der Klage nicht mehr besteht.
Das Recht eines Ehegatten auf Scheidung nach Abs. 1 ist ausgeschlossen, wenn er selbst einen Scheidungsgrund gegeben hat oder anderweit die Zerrüttung der Ehe vorwiegend durch sein schuldhaftes Verhalten herbeigeführt worden ist.
Die Scheidung wird erst ausgesprochen, wenn die Ehegatten sich über ihre gegenseitige Unterhaltspflicht und über die Sorge für die Person der gemeinsamen Kinder geeinigt haben. Kommt die Vereinbarung nicht zustande, so wird die Regelung durch das Urteil ersetzt.« – Zitiert nach: RTV, III. Wahlperiode 1924, Drs. Nr. 4106, Bd. 422.

50 Vgl. dazu jetzt im einzelnen *E. R. Huber*, Deutsche Verfassungsgeschichte seit 1789. Bd. VII, Ausbau, Schutz und Untergang der Weimarer Republik, Stuttgart 1984, S. 628–632 (Die Rückkehr zur Großen Koalition) u. S. 654–658 (Die Umbildung des Zweiten Reichskabinetts Müller).

51 *Kolb*, Weimarer Republik, S. 86.

52 Vgl. ebd., S. 91.

53 Zur Frage der Ehescheidungsreform notierte Koch-Weser am 10. 9. 1928: »Ich kann von dieser Reform nicht lassen. Das Zentrum will sie unter keinen Umständen. Das ist sehr unklug, weil es sich nicht dauernd widersetzen kann und viel besser daran täte, die Sache schon vor dem offiziellen Eintritt des Zentrums in die Regierung und erst recht vor der Übernahme des Justizministeriums durch einen Zentrumsmann über die Bühne laufen zu lassen. Jedenfalls kann ich mit der Vorlage nicht warten und bringe sie demnächst ins Kabinett und will mein Verbleiben davon abhängig machen, daß man mir keinen Aufschub zumutet. Schließlich ist es unter Umständen auch besser, hinauszugehen als sich hinausnötigen zu lassen.« – BA, Nachlaß Koch-Weser 37, zitiert nach: *Das Kabinett Müller II*, 28. Juni 1928 bis 29. März 1930, 2 Bde., Boppard a. Rh. 1970, hier Bd. 1, S. 239, Anmerkung 11 (= Akten der Reichskanzlei, Weimarer Republik). – Den Widerstand des Zentrums schätzte Koch-Weser richtig ein. In einer Sitzung der Reichstagsfraktion vom 11. Juli 1928 hatte Bell »Mitteilung von der Absicht der Demokraten bzw. des demokratischen Reichsjustizministers Koch« gemacht, »die Ehescheidungsanträge auf die Tagesordnung des Plenums zu setzen bzw. einen Gesetzentwurf von der Regierung einzubringen.« Die Zentrumsfraktion war der Meinung, »daß eine solche Maßnahme unerträglich wäre«. Zitiert nach: *R. Morsey* (Hg.), Die Protokolle der Reichstagsfraktion und des Fraktionsvorstands der Deutschen Zentrumspartei 1926–1933, Mainz 1969, S. 239f. (= Veröffentlichungen der Kommission für Zeitgeschichte, Reihe A: Quellen, Bd. 9). – Auch beim formellen Eintritt in die Große Koalition meldete der Fraktionsvorstand (Sitzung vom 29. April 1929) »in der Frage der Ehescheidungsreform« Vorbehalte an, ebd., S. 289. Diese Vorbehalte waren dem Reichskanzler Müller schon Ende Januar 1929 zur Kenntnis gegeben worden. Der Chef der Reichskanzlei, Hermann Pünder, vermerkte am 24. Januar 1929 über die Koalitionsverhandlungen, daß das Zentrum u. a. das Reichsjustizministerium gefordert und diese Forderung an folgende Bedingung geknüpft habe: »Da es einem Zentrumspolitiker in der nächsten Zeit in Fragen der Justizpolitik vermutlich manchmal schwerfallen könne, die von der Koalitionsmehrheit gewünschte Initiative zu entwickeln, wünschte für diesen Fall das Zentrum gewisse technische Verabredungen hinsichtlich einer etwaigen Initiative im Wege von Initiativ-Anträgen aus dem Reichstage heraus.« Zitiert nach: *Das Kabinett Müller II*, Bd. 1, S. 382. – Die Demokraten, und an ihrer Spitze Koch-Weser, auch das hielt Pünder in einer Gesprächsnotiz

fest, sahen »sehr große Schwierigkeiten«, »wenn das Zentrum die Übernahme des Justizportefeuilles noch an sachliche justizpolitische Bedingungen knüpfen wollte; wenn auch die alte Verabredung, wonach das Justizressort gegebenenfalls von den Demokraten wieder freigemacht werden solle, selbstverständlich nach wie vor zu Recht bestünde, könne doch keine Rede davon sein, daß infolgedessen nun auch das in Aussicht genommene Justizprogramm wesentliche Abänderungen erfahre.« Zitiert nach: ebd., S. 383, Anmerkung 6.

54 Vgl. die folgenden Anträge in der IV. Wahlperiode des Reichstags:

– SPD-Anträge

1. Entwurf eines Gesetzes zur Änderung der Vorschriften des Bürgerlichen Gesetzbuches über Ehescheidung (RTV, IV. Wahlperiode 1928, Drs. Nr. 82, Bd. 430). – Der § 1568 sollte folgende Fassung erhalten: »Ein Ehegatte kann auf Ehescheidung klagen, wenn eine so tiefe Zerrüttung des ehelichen Verhältnisses oder eine solche Abneigung des einen Ehegatten gegen den anderen besteht, daß einem oder beiden Ehegatten die Fortsetzung der Ehe nicht zugemutet werden kann.«

2. Ersuch an die Reichsregierung, »dem Reichstag einen Gesetzentwurf vorzulegen, der die Rechtstellung der Frau gemäß Artikel 119 der Reichsverfassung sichert.« (ebd., Drs. Nr. 83).

3. Ersuch an die Reichsregierung, »mit größter Beschleunigung dem Reichstag einen Gesetzentwurf vorzulegen, der die Rechtstellung des außerehelichen Kindes im Bürgerlichen Gesetzbuch in Einklang mit Artikel 121 der Reichsverfassung regelt.« (ebd., Drs. Nr. 84)

– DDP-Anträge

1. Ersuch an die Reichsregierung »einen Gesetzentwurf zur Änderung des Ehescheidungsrechts vorzulegen in Anlehnung an die Vorlage des Rechtsausschusses«. (ebd., Drs. Nr. 113)

2. Ersuch an die Reichsregierung, »den seit Jahren zugesagten Entwurf eines Gesetzes, betreffend das Recht der unehelichen Mutter und ihres Kindes, vorzulegen.« (ebd., Drs. Nr. 114)

– KPD-Anträge

1. Entwurf eines Gesetzes zur Änderung der Vorschriften des Bürgerlichen Gesetzbuches, der Zivilprozeßordnung und des Gesetzes über die Anwendung der freiwilligen Gerichtsbarkeit über Ehescheidung (ebd., Drs. Nr. 94). – Der § 1568 sollte folgende Fassung erhalten: »Die Ehe kann durch Übereinkommen beider Ehegatten oder auf Antrag eines der Ehegatten vor Gericht gelöst werden. Das Übereinkommen der Ehegatten auf Lösung ihrer Ehe muß in schriftlicher Form vorgenommen werden und bedarf zu seiner Rechtswirksamkeit der staatlichen Bestätigung. Die staatliche Bestätigung bezweckt ausschließlich den Schutz der Kinder und des wirtschaftlich schwächeren Teils der sich trennenden Ehegatten.« – Es sollte eingefügt werden ein die Scheidungsfolgen regelnder § 1568a: »Der Eheauflösungsantrag muß die künftigen finanziellen Verpflichtungen der Ehegatten gegeneinander regeln; bei Ehen, aus denen Kinder hervorgegangen sind, muß der Vertrag Bestimmungen über die Verpflichtungen jedes der Ehegatten gegenüber den Kindern und über die Erziehungsbefugnisse der geschiedenen Eltern enthalten. Die Eltern sind zum Unterhalt ihrer Kinder bis zum 18. Lebensjahre verpflichtet. Bei der Festsetzung der Belastung sind nach Billigkeit die wirtschaftliche Lage, das Einkommen und die Vermögensverhältnisse jedes Ehegatten zu berücksichtigen. Die Festsetzung der Erziehungsbefugnisse und ihre Verteilung innerhalb des gesetzlichen Rahmens auf den einzelnen Elternteil erfolgt ausschließlich nach dem Interesse der Kinder.

Ein erwerbsunfähiger Gatte hat auch nach Auflösung der Ehe Anspruch auf das Existenzminimum entsprechend den örtlichen Gewerkschaftssätzen seines Berufes durch den anderen Gatten, soweit dessen Einkommen das Existenzminimum für sich und seine etwaige neue Familie übersteigt. Ein Verzicht auf dieses Recht ist unzulässig und nichtig.

Übersteigt das Einkommen eines der Ehegatten das fünffache des Existenzminimums entsprechend den örtlichen Sätzen, so hat der wirtschaftlich schwächere Gatte auch nach Auflösung der Ehe Anspruch auf Unterstützung durch den wirtschaftlich stärkeren Gatten nach Maßgabe der Billigkeit.

Bei erheblicher Veränderung der wirtschaftlichen Lage der Ehegatten kann jährlich, ferner bei

Wiederverheiratung jedes der Gatten eine Neufestsetzung der Unterstützungsverpflichtung zwischen den ehemaligen Ehegatten erfolgen.« – In das Gesetz über die Anwendung der freiwilligen Gerichtsbarkeit (v. J. 1898) sollte die Bestimmung aufgenommen werden: »Bei den Amtsgerichten werden zur Vornahme der Bestätigung einer Eheauflösung Kommissionen gebildet. Die Kommissionen bestehen aus dem Amtsrichter und zwei Laienbeisitzern, die aus dem werktätigen Volke und von den Werktätigen zu wählen sind. Ein Beisitzer in jeder Kommission muß eine Frau sein.«

2. Ersuch an die Reichsregierung, »unverzüglich einen Gesetzentwurf vorzulegen, durch den die Bestimmungen des Bürgerlichen Gesetzbuches über die rechtliche Benachteiligung der unehelichen gegenüber den ehelichen Kindern aufgehoben und durch Vorschriften ersetzt werden, durch die die rechtliche Gleichstellung aller Kinder ohne Unterschied durchgeführt wird.« (ebd., Drs. 513, Bd. 432).

55 *Das Kabinett Müller II*, Bd. 1, S. 236ff., hier S. 238f.

56 Vgl. Entwurf eines Gesetzes über die unehelichen Kinder und die Annahme an Kindes Statt vom 22. 5. 1925 (Reichsratsvorlage) und die Begründung zu diesem Gesetzentwurf, jetzt in der Quellensammlung von *Schubert*, Projekte der Weimarer Republik, S. 153–176 u. S. 177–188.

57 Diese »Denkschrift« faßte die »wesentlichen Gesichtspunkte« des Gesetzentwurfs knapper und präziser zusammen als die »umfangreiche Begründung«; vgl. das Schreiben des RMdJ an die Reichsregierung vom 28. Dezember 1924, in: BA, R43I/1219, S. 136; ebd. der Entwurf, S. 137ff., die Denkschrift, S. 155ff.

58 RTV, IV. Wahlperiode 1928, Sitzung vom 30. 11. 1928, Bd. 423, S. 574.

59 Ebd., S. 578.

60 Ebd., S. 570.

61 Ebd., S. 564–569.

62 Vgl. BGB, Viertes Buch, Erster Abschnitt, 6. Titel – §§ 1363–1563.

63 Vgl. BGB, Viertes Buch, Erster Abschnitt, 5. Titel – §§ 1353–1362.

64 In seiner Sitzung vom 8. April 1929 beschäftigte sich der 13. Ausschuß (Rechtspflege) damit, diesen Entwurf zur Grundlage der weiteren Beratungen zu machen. ›Entwurf‹ und ›Begründung‹ hier zitiert nach: GStA Berlin-Dahlem, Rep. 84a, Nr. 526, S. 282–285. Vgl. auch die Quellensammlung von *Schubert*, Projekte der Weimarer Republik, S. 579ff.

65 Der Entwurf veränderte nicht den § 1568 des Bürgerlichen Gesetzbuchs, sondern wollte »hinter« ihn einen neuen § 1568a mit folgender Fassung eingefügt sehen: »Ein Ehegatte kann ferner auf Scheidung klagen, wenn aus einem anderen Grunde eine so tiefe Zerrüttung des ehelichen Verhältnisses eingetreten ist, daß ihm die Fortsetzung der Ehe nicht zugemutet werden kann. Das Klagerecht besteht nicht, wenn er selbst einen Scheidungsgrund gegeben hat oder anderweit die Zerrüttung der Ehe vorwiegend durch sein schuldhaftes Verhalten herbeigeführt worden ist.« – Auch das Unterhaltsrecht sollte nur geringfügig ergänzt werden, hinter dem alten § 1579 ein neuer § 1579a stehen: »Ist keiner der Ehegatten für schuldig erklärt, so ist, wenn einer von ihnen außerstande ist, sich selbst zu unterhalten, der andere Ehegatte insoweit unterhaltspflichtig, als es den Umständen, insbesondere mit Rücksicht auf die Bedürfnisse und auf die Vermögens- und Erwerbsverhältnisse der Ehegatten, der Billigkeit entspricht.«

66 BA, R43/II 1521, S. 49f.

67 Vgl. *Kolb*, Weimarer Republik, S. 73.

68 Brief von Perlitius an den Reichskanzler Hermann Müller vom 24. April 1929, in: BA, R43/II 1521, S. 51–52; in *Morsey*, Protokolle, S. 289 wird nur der Beschluß des Fraktionsvorstandes mitgeteilt, dem Reichskanzler einen Brief zu überreichen, dieser Brief selbst aber konnte nicht ermittelt werden. Er ist in den Akten der Reichskanzlei überliefert (s. o.).

69 Vermerk des Staatssekretärs Pünder über die Gespräche, die der Reichskanzler über die Behandlung der Ehescheidungsreform mit den Fraktionen von SPD, DVP und DDP führte, vom 27. April 1929, in: BA, R43/II 1521, S. 53.

70 Ebd., S. 73–74; vgl. *Schubert*, Projekte der Weimarer Republik, S. 616ff.

71 Vermerk Pünders über ein Gespräch mit v. Guérard vom 29. Oktober 1929, in: BA, R43/II 1521, S. 70–71.

72 Vermerk Pünders vom 5. November 1929, in: ebd., S. 78.

73 Vgl. ebd., S. 81–82: Bericht Wienstein (Reichskanzlei) über die Sitzung des 13. Ausschusses (Rechtspflege) vom 5. November 1929.

74 *Morsey*, Protokolle, S. 336f.

75 Ebd., S. 340: Erklärung der Zentrumsfraktion vom 12. November 1929.

76 Ebd., S. 337.

77 Ebd., S. 338.

78 Hier zitiert nach einer vollständigeren Aktenüberlieferung, in: BA, R43/II 1521, S. 84 (diese Niederschrift auch in: *Das Kabinett Müller II*, Bd. 2, S. 1117f.) *und* einer weiteren Niederschrift in: ebd., S. 88–89.

79 Vgl. *Das Kabinett Müller II*, Bd. 2, S. 1123–1127; hier zitiert nach der Aktenüberlieferung mit der ›Presseverlautbarung‹ als Ergebnis dieser Besprechung: BA, R43/II 1521, S. 90–93.

80 Ebd., BA R43/II 1521, S. 207.

VIII. Scheidung und ›ordre public‹ in der Zeit des Nationalsozialismus

1 Vgl. hier vor allem die beiden Sammelbde. *Redaktion Kritische Justiz* (Hg.), Der Unrechts-Staat. Recht und Justiz im Nationalsozialismus, Frankfurt 1979; *dies.* (Hg.), Der Unrechts-Staat Band II, Baden-Baden 1984; *P. Salje* (Hg.), Recht und Unrecht im Nationalsozialismus, Münster 1985; *M. Broszat*, Zur Perversion der Strafjustiz im Dritten Reich, in: VfZ, Jg. 6, 1958, S. 390–443; unter dem Gesichtspunkt der Kriminalisierung des Alltags durch die Instanzen des Regimes vgl. *D. Blasius*, Geschichte der politischen Kriminalität in Deutschland (1800–1980). Eine Studie zu Justiz und Staatsverbrechen, Frankfurt 1983 (= Neue Historische Bibliothek), S. 115ff. (Die Zerstörung des Rechts als Akt der politischen Justiz: Die Zeit des Nationalsozialismus).

2 Vgl. *D. Grimm*, Die ›Neue Rechtswissenschaft‹. Über Funktion und Formation nationalsozialistischer Jurisprudenz, in: *P. Lundgreen* (Hg.), Wissenschaft im Dritten Reich, Frankfurt 1985, S. 31–54.

3 Vgl. *M. Stolleis u. D. Simon*, Vorurteile und Werturteile der rechtshistorischen Forschung zum Nationalsozialismus, in: *NS-Recht in historischer Perspektive*, München 1981, S. 13–51 (= Kolloquien des Instituts für Zeitgeschichte); *H. Rottleuthner* (Hg.), Recht, Rechtsphilosophie und Nationalsozialismus, Wiesbaden 1983.

4 Vgl. den glänzenden Aufsatz von *W. Naucke*, Die Aufhebung des strafrechtlichen Analogieverbots 1935, in: *NS-Recht in historischer Perspektive*, S. 71–108; als kleines Beispiel für die »Kontinuität der Reformentwicklung« vgl. *L. Gruchmann*, Die Entstehung des Testamentsgesetzes vom 31. Juli 1938: Nationalsozialistische ›Rechtserneuerung‹ und Reformkontinuität, in: ZNR, Jg. 7, 1985, S. 53–63.

5 Zum Scheidungs-, Ehe- und Familienrecht des Nationalsozialismus vgl. die knappen, juristisch informierten Durchstiege: *H. Holzhauer*, Die Scheidungsgründe in der nationalsozialistischen Familienrechtsgesetzgebung, in: *NS-Recht in historischer Perspektive*, S. 53–70; *St. Chr. Saar*, Familienrecht im NS-Staat – ein Überblick, in: *Salje* (Hg.), Recht und Unrecht, S. 80–108; *Wolf u. a.*, Scheidung, S. 77ff.; *Th. Ramm*, Familien- und Jugendrecht im Nationalsozialismus, in: *Rottleuthner* (Hg.), Recht, S. 75–83; *ders.*, Das nationalsozialistische Familien- und Jugendrecht, Heidelberg 1984, bes. S. 6ff.; *J. Stolz*, Zur Geschichte der Trennung von Ehegatten. Rechtsinstitut, Versöhnungsmittel, Scheidungsvoraussetzung, Diss. jur., Kiel 1983, S. 139ff. (Kap. IV: Entstehung und Inhalt des Ehescheidungsrechts von 1938). – Zu den

»völkischen Zügen« der NS-Familienrechtsgesetzgebung die berühmte zeitgenössische Studie von *O. Kirchheimer*, Die Rechtsordnung des Nationalsozialismus /1941/, in: *Redaktion Kritische Justiz* (Hg.), Der Unrechts-Staat, 1979, S. 9–23, bes. S. 14ff.

6 *H. Mommsen*, Nachwort zu: *D. Schoenbaum*, Die braune Revolution. Eine Sozialgeschichte des Dritten Reiches, München 1980², S. 352–368, hier S. 355.

7 Vgl. M. Broszat, in: *Alltagsgeschichte der NS-Zeit.* Neue Perspektiven oder Trivialisierung? München 1984, S. 11–20 (= Kolloquien des Instituts für Zeitgeschichte).

8 *M. Broszat*, Das weltanschauliche und gesellschaftliche Kräftefeld, in: *M. Broszat u. N. Frei* (Hg.), Ploetz. Das Dritte Reich. Ursprünge, Ereignisse, Wirkungen, Würzburg 1983, S. 158–168, hier S. 165.

9 Vgl. *M. Broszat*, Die Machtergreifung. Der Aufstieg der NSDAP und die Zerstörung der Weimarer Republik, München 1984, S. 8 (= Deutsche Geschichte der neuesten Zeit vom 19. Jahrhundert bis zur Gegenwart).

10 Vgl. *D. Klinksiek*, Die Frau im NS-Staat, Stuttgart 1982, bes. S. 68–99 (Ehe und Familie) (= Schriftenreihe der Vierteljahrshefte für Zeitgeschichte, Nr. 44); *R. Wiggershaus*, Frauen unterm Nationalsozialismus, Wuppertal 1984, S. 15ff. (Die Einstellung der Nationalsozialisten zu Frauen und zur Frauenbewegung); *M. H. Kater*, Frauen in der NS-Bewegung, in: VfZ, Jg. 31, 1983, S. 202–241. – Eine wichtige Variante dieses Themas bringt *G. Bock*, Zwangssterilisation im Nationalsozialismus. Studien zur Rassenpolitik und Frauenpolitik, Opladen 1986. Die Verfasserin behandelt die »Minderheit« der ca. 200000 zwangssterilisierten Frauen als »Indikator« für die Gesamtsituation von Frauen im Dritten Reich und damit zugleich für dessen gesellschaftliche Gesamtverfassung. Sie rückt vom Problem des »nationalsozialistischen Antinatalismus« Substanz und Wirksamkeit der NS-Frauenpolitik in ein neues, den bisherigen Wertungen entgegenstehendes Licht.

11 Vgl. *D. Winkler*, Frauenarbeit versus Frauenideologie. Probleme der weiblichen Erwerbstätigkeit in Deutschland 1930–1945, in: AfS, Bd. XVII, 1977, S. 99–126; *dies.*, Frauenarbeit im ›Dritten Reich‹, Hamburg 1977 (= Historische Perspektiven, Bd. 9); *J. Stephenson*, Nationalsozialistischer Dienstgedanke, bürgerliche Frauen und Frauenorganisationen im Dritten Reich, in: GG, Jg. 7, 1981, S. 555–571.

12 Vgl. *T. Mason*, Women in Germany, 1925–1940: Family, Welfare and Work, Teil I, in: History Workshop, Spring 1976, S. 74–113; Teil II, in: ebd., Autumn 1976, S. 5–32, hier bes. S. 22ff.

13 Das Folgende nach den Zusammenstellungen des RJM aus der vom Statistischen Reichsamt herausgegebenen Zs. »Wirtschaft und Statistik«, in: BA, R22, Nr. 476.

14 Vgl. *Klinksiek*, Anhang III, S. 158.

15 Vgl. *H. Wrobel*, Die Anfechtung der Rassenmischehe. Diskriminierung und Entrechtung der Juden in den Jahren 1933 bis 1935, in: *Redaktion Kritische Justiz* (Hg.), Der Unrechts-Staat II, S. 99–124.

16 Vgl. dazu bes. *Holzhauer*, S. 53 u. *Ramm*, Das nationalsozialistische Familien- und Jugendrecht, S. 30.

17 *C. Schmitt*, Die nationalsozialistische Gesetzgebung und der Vorbehalt des ›ordre public‹ im Internationalen Privatrecht, in: ZAkDR, Jg. 3, 1936, S. 204–211.

18 So die Aussage von *Ramm*, a. a. O.

19 Gesetz zur Änderung von Vorschriften auf dem Gebiete des allgemeinen Beamten-, des Besoldungs- und des Versorgungsrechts, vom 30. Juni 1933, in: RGBl 1933, § 3, hier Änderung des Reichsbeamtengesetzes vom 31. März 1873.

20 Die ›Nürnberger Gesetze‹ in: RGBl 1935.

21 Dieses Gesetz in: ebd.

22 *Maßfeller*, Das Ehegesundheitsgesetz und die erste Durchführungsverordnung hierzu, in: DJ, 1935, S. 1875–1882, zitiert nach: BA, R22, Nr. 461.

23 Vgl. ebd.

24 Vgl. Abschnitt V des Gesetzes zur Verminderung der Arbeitslosigkeit, vom 1. Juni 1933, in: RGBl 1933, und ebd., Durchführungsverordnung über die Gewährung von Ehestandsdarlehen, vom 20. Juni 1933.

25 Nach einer Zusammenstellung des RJM aus »Wirtschaft und Statistik« (vgl. Anmerkung 13); in der »Begründung zum Entwurf eines Gesetzes zur Änderung des Gesetzes über Förderung der Eheschließungen« (20. März 1934) wurden folgende Zahlen genannt: vom August 1933 bis Februar 1934 194485 *gewährte Ehestandsdarlehen*. Die Summe der bis Ende Februar 1934 gewährten Ehestandsdarlehen betrug 120,5 Millionen Reichsmark, zitiert nach: *Die Regierung Hitler, Teil I:* 1933/34, 2 Bde., bearbeitet von K.-H. Minuth, Boppard a. Rh. 1983, hier Bd. 2, S. 1187–1190 (= Akten der Reichskanzlei).

26 Vgl. Drittes Gesetz zur Änderung des Gesetzes über Förderung der Eheschließungen, vom 3. November 1937, in: RGBl 1937.

27 *R. Freisler*, Vom alten zum neuen Ehescheidungsrecht. Kritik, Vorschlag, Begründung, Berlin 1937. – Auch in dem von dem Reichsrechtsführer der NSDAP, Hans Frank, herausgegebenen NS-Handbuch für Recht und Gesetzgebung, einem »Bekenntnisbuch ernster Forscher und wertvoller Kämpfer auf dem Gebiete der nationalsozialistischen Rechtsentwicklung« (Vorwort), nahm der Breslauer Professor Heinrich Lange in äußerst schwammiger und widersprüchlicher Weise zur Scheidungsfrage Stellung, vgl. *H. Lange*, Nationalsozialismus und bürgerliches Recht, in: *H. Frank* (Hg.), Nationalsozialistisches Handbuch für Recht und Gesetzgebung, München 1934, S. 933–956, hier S. 953f.: »Die Ehe ist nicht nur die Summe der beiden einzelnen, sie bringt die Einseitigkeit und Ergänzungsbedürftigkeit beider zum Ausgleich und ist so Kraftquelle für die Ehe selbst wie für die Gemeinschaft, Quelle für Erhaltung und Förderung des Volkstums. Die Ehe kann diese Aufgabe nur als dauernde und grundsätzlich unlösbare Gemeinschaft erfüllen. Das neue Recht wird darum keine Scheidungserleichterung gewähren, die der individualistischen Eheauffassung Vorschub leisten könnte. Die Pflicht gegenüber dem Ehestand wie gegenüber der Gemeinschaft fordert die Unterordnung des Freiheitsgedankens selbst unter schweren Opfern, Verzicht auf freie Lebensgestaltung, stärker bei kindergesegneter, schwächer bei kinderloser Ehe. Der Gemeinschaftsgedanke tritt aber auch der Untrennbarkeit entgegen, weil die völlig zerfallene Ehe nicht mehr Quelle der Kraft ist, sondern die Kräfte im gegenseitigen erbitterten Kleinkrieg bindet, verzehrt und so der Gemeinschaftspflicht entzieht.«

28 *Freisler*, S. 7f.

29 Zitiert nach RGBl 1938.

30 Vgl. *F. Mößmer*, Vorschlag zur Neugestaltung des deutschen Ehescheidungsrechtes, München (August) 1935, zitiert nach: BA, R61, Nr. 173, S. 1ff., hier die »Vorbemerkung«, S. 3.

31 Ebd., S. 10.

32 Ebd., S. 13.

33 Der Staatssekretär und Chef der Reichskanzlei an die Herren Reichsminister, betr. Beteiligung der Akademie für Deutsches Recht an der Gesetzgebung, vom 13. Oktober 1936, in: BA, R61, Nr. 168, S. 77.

34 Vgl. *E. Reitter*, Franz Gürtner. Politische Biographie eines deutschen Juristen 1881–1941, Berlin 1976 (= Beiträge zu einer historischen Strukturanalyse Bayerns im Industriezeitalter; 13).

35 Schreiben vom Ministerialdirektor Volkmar (RJM) an den Vorsitzenden des Familienrechtsausschusses Mößmer vom 6. Dezember 1935, in: BA, R61, Nr. 172, S. 9.

36 Schreiben des RMdJ vom 19. Juni 1936, in: BA, R22, Nr. 472, S. 13ff., hier S. 14.

37 Stellungnahme Mößmers zu dem Rundschreiben des RMdJ vom Juni 1936, vom 29. September 1936, in: BA, R61, Nr. 174, S. 1ff., hier S. 8.

38 Diese »Besprechung« fand am 17. November 1936 im RJM statt. Auf Grund stenographischer Notizen wurde ein Protokoll gefertigt, in: BA, R22, Nr. 472, S. 27–32.

39 Der erste, »im Anschluß an die Beratungen vom 17. Nov. v. J.« erstellte »Entwurf eines Gesetzes über Ehescheidung« vom 18. Januar 1937, der nach interministeriellen Besprechungen im Februar 1937 (abgeschlossen am 23. Februar) eine erste veränderte Fassung erhielt, erfuhr bis zum Ehegesetz v. J. 1938 noch weitere, wichtige Abänderungen. Die Positionen des Februar-Entwurfs wurden bekräftigt in einem Schreiben des RMdJ an den RM für die kirchlichen Angelegenheiten vom 8. Juni 1937, in: BA, R22, Nr. 472, S. 149–152 (Antwortschreiben des RJM auf das Schreiben des Ministeriums für die kirchlichen Angelegenheiten vom 28. April 1937, in dem dieses zu dem ihm »mitgeteilten Entwurf« *grundsätzlich ablehnend* Stellung genommen hatte). Zum Februar-Entwurf des RMdJ, der im März 1937 zur Stellungnahme an Ministerien und Parteistellen verschickt wurde, sind folgende relevante Stellungnahmen überliefert: 1. des Hauptamtes für Volksgesundheit in der NSDAP, vom 29. Mai 1937, in: BA, R22, Nr. 472, S. 226–257; 2. des N. S. Rechtswahrerbundes vom Juni (14. 6. abgezeichnet) 1937, in: BA, R22, Nr. 472, S. 156–182. – Der N. S. Rechtswahrerbund, ab 1936 Nachfolger des Bundes Nationalsozialistischer Deutscher Juristen (BNSDJ), hatte seine Gesetzesvorschläge auch in der Zeitschrift ›Deutsches Recht‹ (DR, 1937, vgl. S. 177 u. 252 ff.) publiziert. – In der Literatur (vgl. *Holzhauer*, S. 62; *Ramm*, Das nationalsozialistische Familien- und Jugendrecht, S. 1 f. – Anm. 2) herrscht Unklarheit über den »im Reichsjustizministerium unter der Leitung Gürtners gefertigten Entwurf«; dagegen jedoch *Stolz*, S. 200 ff. Aus der Aktenlage ergibt sich folgendes und sei folgendes hinzugefügt: Überlieferung des Entwurfs vom 18. Januar 1937, in: BA, R22, Nr. 472, S. 60–68; Überlieferung des Entwurfs vom 23. Februar 1937, in: ebd., S. 122–141. – Beide Entwürfe unterscheiden sich vor allem durch eine Verringerung der die Scheidung ermöglichenden »Trennungsfrist« von zehn auf fünf Jahre (§ 14). Der Februar-Entwurf wurde auf Grund der vom RMdJ eingeholten Stellungnahmen revidiert; die Neufassung des »Entwurfs des Ehescheidungsgesetzes« war im September 1937 (3. September 1937) abgeschlossen. Überlieferung des September-Entwurfs, in: ebd., S. 216–224. Im September-Entwurf ist der Rahmen der späteren Gesetzesfassung vorgezeichnet; wichtigste Bestimmung: »Zerrüttung der Ehe« (§ 12) mit einer Trennungsfrist von drei Jahren und einem eingeschränkten Widerspruchsrecht des nichtschuldigen Ehegatten. Dies ist die »letzte Fassung des Entwurfs eines Gesetzes über die Ehescheidung«. Dazu die folg. Zusammenhänge, in: BA, R22, Nr. 463: Am 28. Mai 1938 fand unter dem Vorsitz Gürtners eine Ressortbesprechung über den *Entwurf eines Gesetzes über die Eheschließung* statt (vgl. den angefertigten Vermerk, S. 114–116). In dieser Besprechung betonte Gürtner, »daß es notwendig sei, daß Eheschließungs- und Ehescheidungsrecht im Lande Österreich und im übrigen Reichsgebiet durch ein in sich geschlossenes Gesetzeswerk zu vereinheitlichen«. Der beabsichtigten doppelten Neuordnung widersprach das RIM, das eine endgültige Festlegung im Bereich dieser Rechtsmaterien vor einer »Neuordnung des gesamten Ehe- und Familienrechts« vermeiden wollte. »Demgegenüber wies der Herr Minister noch einmal ausdrücklich darauf hin, daß beabsichtigt sei, den vorliegenden Entwurf des Eheschließungsrechtes mit dem bereits mit den Ressorts eingehend besprochenen und auch von Minister Heß in den Grundzügen gebilligten *Entwurf eines Ehescheidungsrechtes* (gesperrt; D. B.) zu verbinden, und daß auf der anderen Seite das Ehegüterrecht sehr wohl unabhängig von dem Eheschließungs- und Ehescheidungsrecht behandelt werden könne.« Diesem Vermerk liegt der ›Entwurf eines Gesetzes über die Eheschließung‹ bei (S. 118 ff.). Am 31. Mai 1938 unterstrich Gürtner in einem Rundschreiben seine Absicht, »den in der Ressortbesprechung vom 28. Mai beratenen Entwurf eines Gesetzes über die Eheschließung nicht als besonderen Entwurf dem Kabinett vorzulegen; er soll vielmehr... mit dem von Ihnen bereits gebilligten Entwurf eines Ehescheidungsgesetzes in einem Gesetz vereinigt werden.« (S. 143–146 – Rundschreiben). Gürtner spricht in diesem Schreiben von der »letzte[n] Fassung des Entwurfs eines Gesetzes über die Ehescheidung«. Am 18. Juni 1938 übersandte der RMdJ, nachdem die »beteiligten Reichsminister« seinem Vereinigungsplan von Eheschließungs- und Ehescheidungsrecht zugestimmt hatten, dem Chef der Reichskanzlei, Lammers, den »Entwurf eines Gesetzes über die Vereinheitlichung des Rechtes der Eheschließung und der Ehescheidung im Lande Österreich

und im übrigen Reichsgebiet« mit der Bitte um Verabschiedung. (S. 193). Aus der Aktenüberlieferung des RJM (Streichungen; handschriftliche Einfügungen) geht hervor, daß die letzte Entwurfsfassung eines ›Gesetzes über die Eheschließung‹ (S. 194ff.) und die *letzte Fassung* des ›Entwurfs eines Gesetzes zur Vereinheitlichung des Rechts der Ehescheidung im Lande Österreich und im übrigen Reichsgebiet‹ (S. 201–208) – diese mit der einen Ausnahme des Fortfalls der Scheidung wegen ›Lebensnachstellung‹ – den Ersten Abschnitt (Recht der Eheschließung) und den Zweiten Abschnitt (Recht der Ehescheidung) des Ehegesetzes v. J. 1938 bilden.

40 BA, R22, Nr. 472, S. 158 (Stellungnahme des N. S. Rechtswahrerbundes zum Entwurf v. J. 1937).

41 Ebd., S. 163 u. S. 166.

42 BA, R22, Nr. 472, S. 247 (Stellungnahme des Hauptamtes für Volksgesundheit in der NSDAP zum Entwurf v. J. 1937).

43 Vgl. ebd., S. 248f.

44 BA, R22, Nr. 472, S. 150 (Schreiben des RMdJ an den RM für die kirchlichen Angelegenheiten vom 8. Juni 1937).

45 Vgl. das Schreiben des Stellvertreters des Führers an den RMdJ vom 12. Januar 1938 mit der Anlage »Stellungnahme zu dem Entwurf eines Gesetzes über die Ehescheidung (Entwurf vom 3. 9. 1937)«, in: BA, R22, Nr. 473, S. 6ff. – Zur Position von Heß vgl. auch die Aktennotiz des Staatssekretärs im RMJ, Schlegelberger, über eine Besprechung am 8. Februar 1938 in München: »RMin. Heß ist kein Anhänger der einverständlichen Scheidung.«, in: BA, R22, Nr. 472, S. 309. Damit stand der ›Stellvertreter des Führers‹ im Gegensatz zum ›Reichsführer SS‹, Heinrich Himmler. Von ihm wurde dem RMJ signalisiert (Februar 1938), daß er »auf dem Standpunkt der objektiven Zerrüttung« stehe, in: ebd., S. 315.

46 Dieser »Vorspruch«, das Wort ›Präambel‹ ist im überlieferten »Entwurf eines Vorspruchs« gestrichen, in: BA, R22, Nr. 473, S. 20.

47 In der ursprünglichen Vorlage lautete der letzte Satz des ›Vorspruchs‹: »Keine Ehe soll geschieden werden, die dem Wohl der Volksgemeinschaft dient. Deshalb soll nur die Ehe zu scheiden sein, bei der die Grundlagen zerstört sind, auf denen eine Ehe aufgebaut sein muß, um für die Volksgemeinschaft von Wert zu sein.«, in: ebd.

48 Schreiben des RMdI an den RMdJ vom 31. März 1938, in: BA, R22, Nr. 473, S. 22.

49 Vgl. Allgemeines Bürgerliches Gesetzbuch für die gesamten deutschen Erbländer der österreichischen Monarchie, vom 1. Juni 1811.

50 Auf die eherechtliche Situation in Österreich ging besonders die »Begründung« zum Ehegesetz v. J. 1938 des Näheren ein, vgl. diese Gesetzesbegründung in: DJ, 1938 (15. 7.), S. 1102–1114, hier zitiert nach: BA, R22, Nr. 463, S. 294–306, bes. S. 304f.

51 Vgl. den Vermerk des RMdJ vom 9. April 1938, in: BA, R22, Nr. 473, S. 23: »Am 8. April 1938 habe ich dem Führer in Linz über das Problem der Reform des österreichischen Eherechts (Dispensehe!) Vortrag gehalten. Der Führer wünscht, daß die gesetzgeberische Regelung dieser Frage sofort in Angriff genommen werde. Das österreichische Konkordat steht dem nicht im Wege.«

52 Vgl. das Schreiben des Reichskommissars für die Wiedervereinigung Österreichs mit dem Deutschen Reich (Bürckel) an den RMdJ vom 2. Juni 1938 in Anschluß an eine Sitzung im RIM (28. Mai 1938), in: BA, R22, Nr. 463, S. 186.

53 Vgl. den Bericht des Beauftragten des Reichsministers der Justiz in Österreich, Hueber, an den RMdJ vom 2. Juni 1938, in: ebd., S. 187–189.

54 Vgl. die Aufzeichnung des RMdJ über seinen Vortrag beim ›Führer und Reichskanzler‹, in: ebd., S. 184.

55 Vgl. BA, R43 II/1523a, S. 137f. – Zur Endfassung des scheidungsrechtlichen Teils dieses Gesetzes vgl. die Ausführungen in Anmerkung 39.

56 Vgl. Gesetz zur Vereinheitlichung des Rechts der Eheschließung und der Ehescheidung im Lande Österreich und im übrigen Reichsgebiet, vom 6. Juli 1938, in: RGBl, 1938, S. 807–

822; dazu: Verordnung zur Durchführung und Ergänzung des Gesetzes zur Vereinheitlichung des Rechts der Eheschließung und der Ehescheidung im Lande Österreich und im übrigen Reichsgebiet (Ehegesetz), vom 27. Juli 1938, in: ebd., S. 923ff.

57 Vgl. »Begründung zu dem Gesetz... vom 6. Juli 1938«, in: DJ, 1938, S. 1104: »In die Bestimmung des § 9, die das Eheverbot wegen Ehebruchs behandelt, ist in Abs. 2 ein richtungsweisender Satz für die Befreiungsbehörden aufgenommen worden, wonach die auch bisher schon zulässige Befreiung von der Verbotsvorschrift nur versagt werden soll, wenn schwerwiegende Gründe der Eingehung der neuen Ehe entgegenstehen. Hierdurch wird klargestellt, daß die Tatsache des Ehebruchs allein noch nicht genügt, um eine Eheschließung der an dem Ehebruch Beteiligten dauernd zu verhindern. Das Verbot wird vielmehr nur dann aufrecht zu erhalten sein, wenn weitere schwerwiegende Umstände, z. B. mangelnde Erbgesundheit oder ein zu großer Altersunterschied der Beteiligten die neue Ehe unerwünscht erscheinen lassen.«

58 Vgl. den Artikel des Ministerialdirektors im RJM, *E. Volkmar*, Das neue Eheschließungs- und Ehescheidungsrecht, II. Teil (Ehescheidungsrecht), in: DJ, 1938 (22. 7.), S. 1145–1149.

59 Vgl. *B. Rüthers*, Die unbegrenzte Auslegung. Zum Wandel der Privatrechtsordnung im Nationalsozialismus, Tübingen 1968 (hier zitiert nach der Ausgabe: Fischer Athenäum Taschenbücher-Rechtswissenschaft), bes. S. 400–430; *ders.*, ›Institutionelles Rechtsdenken‹ im Wandel der Verfassungsepochen, S. 20ff.

60 Vgl. die ›Begründung‹, in: DJ, 1938, S. 1102–1114, hier zitiert nach: BA, R22, Nr. 463, bes. S. 299f.

61 Vgl. *Volkmar*, Ehescheidungsrecht, S. 1147.

62 Vgl. *E. Volkmar u.a.*, Großdeutsches Eherecht. Kommentar zum Ehegesetz vom 6. Juli 1938 mit sämtlichen Durchführungsvorschriften, München u. Berlin 1939, S. 163. – An diesem ›Kommentar‹ waren noch weitere Spitzenbeamte des RJM beteiligt, die am Zustandekommen des Ehegesetzes v. J. 1938 mitgewirkt hatten, so z. B. Hans G. Ficker (Ministerialrat im RJM) und Ernst Ludwig Rexroth (Oberlandesgerichtsrat im RJM).

63 Vgl. ebd.

64 Vgl. das »Geleitwort« Franks aus Anlaß der Gesetzesverkündung, in: BA, R43II/1523a, S. 143f.

65 Vgl. *Rüthers*, Die unbegrenzte Auslegung, u. *ders.*, ›Institutionelles Rechtsdenken‹, aber auch *Ramm*, Das nationalsozialistische Familien- und Jugendrecht.

66 Vgl. *Rüthers*, Die unbegrenzte Auslegung, S. 4.

67 Entscheidungen des Reichsgerichts in Zivilsachen, Urteil vom 12. Januar 1939, zitiert nach *Rüthers*, S . 408.

68 Ebd., Urteil vom 21. September 1939, zitiert nach: *Rüthers*, S. 409.

69 Vgl. *Roesner*, Die Statistik der Ehescheidungen im Großdeutschen Reich für 1938 unter besonderer Berücksichtigung des neuen Ehescheidungsrechts, in: DJ, 1940 (1. 3.), S. 278–279, zitiert nach: BA, R22, Nr. 477.

70 *Roesner*, Die Ehescheidungen im Deutschen Reich im Jahre 1940, in: DJ, 1942 (26. 6.), S. 428–429, zitiert nach: ebd.

71 Jahresbericht 1938 des Sicherheitshauptamtes , in: *H. Boberach* (Hg.), Meldungen aus dem Reich 1938–1945. Die geheimen Lageberichte des Sicherheitsdienstes der SS, Bd. 2, Herrsching 1984, S. 7ff., hier S. 124f.

72 BA, R22, Nr. 473, S. 67ff.

73 Schreiben der 90. Zivilkammer des Landgerichts Berlin an den Landgerichtspräsidenten vom 14. Januar 1939, in: ebd.

74 Schreiben des Landgerichtspräsidenten an den Kammergerichtspräsidenten in Berlin vom 17. Januar 1939, in: ebd.

75 Schreiben des Kammergerichtspräsidenten an den RMdJ vom 18. Januar 1939, in: ebd.

76 Vgl. Vermerk des RJM über die »Chefpräsidentenbesprechung zu § 55 EheG. vom 25. Januar 1939«, in: BA, R22, Nr. 473, S. 134–139.

77 Diese Informationen sind entnommen dem Scheidungsurteil des Landgerichts Berlin in der Ehesache Esser vom 23. Dezember 1938, in: BA, R43II/1150b, S. 57–59.

78 Schreiben des RMdJ an den Chef der Reichskanzlei, Lammers, vom 29. Oktober 1938, in: ebd., S. 43.

79 Schreiben des Reichsministers und Chefs der Reichskanzlei Lammers an den RMdJ vom 23. November 1938, in: BA, R43II/1523a, S. 255–257.

80 Brief Essers an Lammers vom 23. Dezember 1938, in: BA, R43II/1150b, S. 53f.

81 Schreiben Gürtners an Lammers vom 24. April 1939, in: ebd., S. 63.

82 Der ganze Vorgang nach: BA, R22, Nr. 473, S. 156–199; S. 208–211; S. 231–232.

83 Dieser Artikel der Nationalsozialistischen Partei-Korrespondenz vom 29. März 1939 zitiert nach: ebd., S. 208f.

84 Vgl. die ursprüngliche »Äußerung« des RJM zum Ehegesetz v.J. 1938, in: ebd., S. 157ff., hier S. 158f.

85 Schreiben des RMdJ an Dietrich vom 29. März 1939, in: ebd., S. 210f.

86 Schreiben des Reichspressechefs Dietrich an den RMdJ vom 31. März 1939, in: ebd., S. 231f.

87 Auszugsweise Abschrift aus dem Lagebericht des Oberlandesgerichtspräsidenten Düsseldorf vom 2. Mai 1939, in: BA, R22, Nr. 473, S. 271f.

88 Schreiben des RMdI vom 16. Februar 1943, betr. Ehegesundheitsgesetz, in: BA, R43II/722, S. 101.

89 Vermerk über die kommissarische Besprechung am 6. März 1943, betr. Änderung des Ehegesundheitsgesetzes, in: ebd., S. 103–105.

90 Vgl. Berichte und Niederschriften über diese Arbeitstagungen der Ehescheidungsrichter, die vom 3.–5. und 7.–9. Juli 1944 stattfanden, in: BA, R22, Nr. 479, S. 1ff.

91 Vgl. den von E. L. Rexroth, Ministerialrat im RJM, verfaßten »Erfahrungsbericht«, in ebd., S. 2–6. – Rexroth war der Vertreter des RJM, der in der Besprechung über das ›Ehegesundheitsgesetz‹ am 6. März 1943 als einziger Bedenken geäußert hatte.

92 Vgl. die Abschlußansprache, in: ebd., S. 147–150, hier S. 150.

93 Vgl. das Referat von Frau Dr. Vorwerck, Reichsfrauenführung-Hauptabteilung Volkswirtschaft, Hauswirtschaft, auf dieser Tagung, in: ebd., S. 131–134. Die Referentin sprach über »Familienpolitik im Kriege« und wies in einem »Zeitalter«, das »durchaus männlich betont« sei, auf die Gefahr des Verlustes des besonderen Rechtsschutzes für die Frau hin. Besonders warnte sie vor »bevölkerungspolitischen Abwegigkeiten«: »Bevölkerungspolitik muß immer Familienpolitik sein.« Mit den Abwegigkeiten war die nationalsozialistische »Werbung für das uneheliche Kind« gemeint, aber auch der »Vorschlag einer Nebenehe«, der auch mit dem Hinweis auf die »biologische und rassische Kraft unseres Volkes« nicht zu rechtfertigen sei. »Die Propaganda für das uneheliche Kind oder die legalisierte Nebenehe könnte wohl zahlenmäßig Erfolg haben, hat aber, von den immer schon vorgekommenen Einzelfällen abgesehen, im ganzen eine rein gegenauslesende Wirkung. Die Vorstellung, durch eine intensive Erziehung die Hemmungen gerade bei den wertvollen Frauen beseitigen zu können, unterschätzt die Kraft natürlicher Instinkte. Nicht die kämpferischen Persönlichkeiten mit der großen Vorurteilslosigkeit, sondern die rassisch Minderwertigen werden einer solchen Propaganda erliegen.«

94 Vgl. die Abschlußansprache, in: ebd., S. 148f.

95 Vgl. Kap. I dieser Arbeit »Die Scheidungsfrage als Problem und Gegenstand historischer Forschung«.

Schlußbemerkung

1 *P. N. Stearns*, Social History and History: A Progress Report, in: Journal of Social History, Winter 1985, S. 319–334.

2 Ebd., S. 322.

3 *J. Burckhardt*, Weltgeschichtliche Betrachtungen. Über geschichtliches Studium, München 1978 (dtv), S. 85.

4 Vgl. auch *Mikat*, Zur Bedeutung Friedrich Carl von Savignys, S. 671 (zum Zusammenhang von Rechtsgeschichte und Rechtspolitik).

5 *Burckhardt*, Weltgeschichtliche Betrachtungen, S. 74.

Abkürzungsverzeichnis

Abs.	Absatz
AfS	Archiv für Sozialgeschichte
AGO	Allgemeine Gerichtsordnung für die Preußischen Staaten.
AkDR	Akademie für Deutsches Recht
ALR	Allgemeines Landrecht für die Preußischen Staaten
Art.	Artikel
BA	Bundesarchiv
bes.	besonders
BGB	Bürgerliches Gesetzbuch
Bl.	Blatt
BVP	Bayerische Volkspartei
DDP	Deutsche Demokratische Partei
Diss.	Dissertation
DJ	Deutsche Justiz (Zs.)
DNVP	Deutschnationale Volkspartei
DR	Deutsches Recht (Zs.)
Drs.	Drucksache
DVP	Deutsche Volkspartei
FamRZ	Zeitschrift für das gesamte Familienrecht
Fs.	Festschrift, Festgabe
GG	Geschichte u. Gesellschaft, Zeitschrift für Historische Sozialwissenschaft
GS	Gesetzsammlung für die Königlich Preußischen Staaten
Gs.	Gesetz
GStA	Geheimes Staatsarchiv
HRG	Handwörterbuch zur deutschen Rechtsgeschichte
HStA	Hauptstaatsarchiv
HZ	Historische Zeitschrift
Jb.	Jahrbuch
Jg.	Jahrgang
JR	Juristische Rundschau
JuS	Juristische Schulung (Zs.)
kgl.	königlich
KJ	Kritische Justiz
KO	Kabinettsordre
KPD	Kommunistische Partei Deutschlands
LG	Landgericht
MEGA	Marx/Engels, Gesamtausgabe
NSDAP	Nationalsozialistische Deutsche Arbeiterpartei
OLG	Oberlandesgericht
OP	Oberpräsident, Oberpräsidium
PrJM	Preußisches Justizministerium
PrJMBl	Preußisches Justizministerialblatt
PrMdGUM	Preußischer Minister für die ›geistlichen Angelegenheiten‹
PrMdI	Preußischer Minister der Innern

PrMdJ	Preußischer Justizminister
PrMGUM	Preußisches Ministerium der Geistlichen, Unterrichts- und Medizinal-Angelegenheiten
PrMI	Preußisches Ministerium des Innern
PrStM	Preußisches Staatsministerium
Reg.	Regierung
RG	Reichsgericht
RGBl	Reichsgesetzblatt
RIM	Reichsministerium des Innern
RJM	Reichsministerium der Justiz
RMdI	Reichsminister des Innern
RMdJ	Reichsminister der Justiz
RTV	Stenographische Berichte über die Verhandlungen des Deutschen Reichstages
SavZ Germ. Abt.	Savigny-Zeitschrift, Germanistische Abteilung
SPD	Sozialdemokratische Partei Deutschlands
StA	Staatsarchiv
StGB	Strafgesetzbuch
USPD	Unabhängige Sozialdemokratische Partei Deutschlands
VfZ	Vierteljahrshefte für Zeitgeschichte
v.J.	vom Jahre
VO	Verordnung
VSWG	Vierteljahrschrift für Sozial- und Wirtschaftsgeschichte
ZAkDR	Zeitschrift der Akademie für Deutsches Recht
ZNR	Zeitschrift für Neuere Rechtsgeschichte
ZRP	Zeitschrift für Rechtspolitik
Zs.	Zeitschrift

Quellen und Literatur

I. Quellen

1. Geheimes Staatsarchiv Berlin-Dahlem
   Bestand: Rep. 84 a, Preußisches Justizministerium
2. Archiv der Evangelischen Kirche des Rheinlands (Düsseldorf)
   Bestand: Konsistorium Koblenz
3. Hauptstaatsarchiv Düsseldorf (Düsseldorf-Kalkum)
   Bestand: Regierung Düsseldorf;
   Rep. 7 (Gerichte);
   Zwischenarchiv, Urteile der Zivilkammern (R-Sachen) der rheinischen Landgerichte
4. Staatsarchiv (Landeshauptarchiv) Koblenz
   Bestand: Abt. 403, Oberpräsidium der Rheinprovinz
5. Bundesarchiv Koblenz
   Bestand: R 43, Reichskanzlei;
   R 22, Reichsjustizministerium;
   R 61, Akademie für Deutsches Recht

II. Literatur

Akten der Fuldaer Bischofskonferenz II, 1888–1899, bearb. von E. Gatz, Mainz 1979 (= Veröffentlichungen der Kommission für Zeitgeschichte: Reihe A, Quellen; Bd. 27).

Allgemeine Gerichtsordnung für die Preußischen Staaten, Erster Theil, Prozeßordnung, Neue Ausgabe, Berlin 1816.

Allgemeines Landrecht für die Preußischen Staaten von 1794. Mit einer Einführung v. H. Hattenhauer, Frankfurt 1970.

Alltagsgeschichte der NS-Zeit. Neue Perspektiven oder Trivialisierung? München 1984 (= Kolloquien des Instituts für Zeitgeschichte).

Anderson, M., Approaches to the History of the Western Family 1500–1914, London 1980.

Becker, H. J., Die nichteheliche Lebensgemeinschaft (Konkubinat) in der Rechtsgeschichte, in: G. Landwehr (Hg.), Die nichteheliche Lebensgemeinschaft, Göttingen 1978, S. 13–38.

Benda, E., Recht und Realität – Zur Funktion des Familienrechts, in: Sechster Deutscher Familiengerichtstag, Bielefeld 1986, S. 9–22.

Berding, H., Ernst Ludwig von Gerlach, in: M. Greschat (Hg.), Gestalten der Kirchengeschichte, Bd. 9, Die neueste Zeit I, Stuttgart 1985, S. 243–253.

Berenson, E., The Politics of Divorce in France of the Bell Epoque: The Case of Joseph and Henriette Caillaux, in: The American Historical Review, Bd. 93, 1988, S. 31–55.

Berkner, L. K., The Stem-Family and the Development Cycle of the Peasant Household: An Eighteenth-Century Austrian Example: in: American Historical Review, Bd. 77, 1972, S. 398–418;

–, Inheritance, Land Tenure and Peasant Family Structure. A German Regional Comparison, in: J. Goody u. a. (Hg.), Family and Inheritance. Rural Society in Western Europe, 1200–1800, Cambridge 1876, S. 71–95.

Birtsch, G., Zum konstitutionellen Charakter des preußischen Allgemeinen Landrechts von 1794, in: K. Kluxen u. W. J. Mommsen (Hg.), Politische Ideologien und nationalstaatliche Ordnung. Studien zur Geschichte des 19. und 20. Jahrhunderts. Festschrift für Theodor Schieder zu seinem 60. Geburtstag. München 1968, S. 97–115.

Blasius, D., Bürgerliche Gesellschaft und Kriminalität. Zur Sozialgeschichte Preußens im Vormärz, Göttingen 1976;

–, Recht und Gerechtigkeit im Umbruch von Verfassungs- und Gesellschaftsordnung. Zur Situation der Strafrechtspflege in Preußen im 19. Jahrhundert, in: Der Staat, Bd. 21, 1982, S. 365–390;

–, Geschichte der politischen Kriminalität in Deutschland (1800–1980). Eine Studie zu Justiz und Staatsverbrechen, Frankfurt 1983;

–, Scheidung und Scheidungsrecht im 19. Jahrhundert. Zur Sozialgeschichte der Familie, in: HZ, Bd. 241, 1985, S. 329–360;

–, Scheidung im 19. Jahrhundert: Zu vergessenen Traditionen des heutigen Scheidungsrechts, in: Familiendynamik, Jg. 9, 1984, S. 352–366;

–, Bürgerliche Rechtsgleichheit und die Ungleichheit der Geschlechter. Das Scheidungsrecht im historischen Vergleich, in: Frevert, U. (Hg.), Bürgerinnen und Bürger, S. 67–84.

Boberach, H. (Hg.), Meldungen aus dem Reich 1938–1945. Die geheimen Lageberichte des Sicherheitsdienstes der SS, Bd. 2, Herrsching 1984.

Bock, G., Zwangssterilisation im Nationalsozialismus. Studien zur Rassenpolitik und Frauenpolitk, Opladen 1986.

Borscheid, P., Lebensstandard und Familie. Partnerwahl und Ehezyklus in einer württembergischen Industriestadt im 19. Jahrhundert, in: AfS, Bd. XXII, 1982, S. 227–262;

– u. H. J. Teuteberg (Hg.), Ehe, Liebe, Tod. Zum Wandel der Familie, der Geschlechts- und Generationsbeziehungen in der Neuzeit, Münster 1983.

Bosch, F. W., Entwicklungslinien des Familienrechts in den Jahren 1947–1987, in: Neue Juristische Wochenschrift, H. 42, 1987, S. 2617–2630.

Brandt, D., Die politischen Parteien und die Vorlage des Bürgerlichen Gesetzbuches im Reichstag, Diss. jur., Heidelberg 1975.

Broszat, M., Zur Perversion der Strafjustiz im Dritten Reich, in: VfZ, Jg. 6, 1958, S. 390–443;

–, u. N. Frei (Hg.), Ploetz. Das Dritte Reich, Ursprünge, Ereignisse, Wirkungen, Würzburg 1983;

–, Die Machtergreifung. Der Aufstieg der NSDAP und die Zerstörung der Weimarer Republik, München 1984;

–, Plädoyer für eine Historisierung des Nationalsozialismus, in: Merkur, Jg. 39, 1985, S. 373–385.

Buchholz, St., Savignys Stellungnahme zum Ehe- und Familienrecht. Eine Skizze seiner rechtssystematischen und rechtspolitischen Überlegungen, in: Jus Commune, Veröffentlichungen des Max-Planck-Instituts für Europäische Rechtsgeschichte, Bd. VIII, 1979, S. 148–191;

–, Beiträge zum Ehe- und Familienrecht des 19. Jahrhunderts. Gerlach, Bismarck und die Zivilehe. Stationen eines parlamentarischen Konflikts, in: Jus Commune, Bd. IX, 1980, S. 229–313;

–, Eherecht zwischen Staat und Kirche. Preußische Reformversuche in den Jahren 1854–1861, Frankfurt 1981;

–, Preußische Eherechtsreform im Vormärz (1830–1844). Ein Überblick, in: Vorträge zur Geschichte des Privatrechts in Europa, Frankfurt 1981, S. 150–188;

–, Ehe- und Familienrecht, in: H. Coing (Hg.), Handbuch der Quellen und Literatur der neueren Europäischen Privatrechtsgeschichte, Bd. 3: Das 19. Jahrhundert, II. Teilband, Gesetzgebung zum allgemeinen Privatrecht und zum Verfahrensrecht, München 1982, S. 1626–1679;

–, Standesungleichheit als Ehehindernis im 19. Jahrhundert, in: C. Bergfeld u. a. (Hg.), Aspekte europäischer Rechtsgeschichte. Fs. für Helmut Coing zum 70. Geburtstag, Frankfurt 1982, S. 29–64;

–, Populäre Eheliteratur und partikuläre Rechtsreform: Nürnberg anno 1803, in: Jus Commune, Bd. XII, 1984, S. 165–205.
Bulst, N. u. a. (Hg.), Familie zwischen Tradition und Moderne. Studien zur Geschichte der Familie in Deutschland und Frankreich vom 16. bis zum 20. Jahrhundert, Göttingen 1981.
Burckhardt, J., Weltgeschichtliche Betrachtungen. Über geschichtliches Studium, München 1978 (dtv).
Bürgerliches Gesetzbuch für das Deutsche Reich, Original-Textausgabe, hg. von A. Gebhard u. J. P. Lutz, Berlin o. J., 47. Aufl.
Bürgerliches Gesetzbuch und zugehörige Gesetze, Textausgabe, München 1975[94]. (= Beck'sche Textausgaben).
Caesar-Wolf, B. u. a., Die gerichtliche Ehelösung nach dem neuen Scheidungsrecht: Normstruktur und Verfahrenspraxis, in: Zs. für Rechtssoziologie, 1983, S. 202–246.
Civilprozeßordnung mit Gerichtsverfassungsgesetz, Einführungsgesetzen, Nebengesetzen und Ergänzungen, Berlin u. Leipzig 1881[2].
Coing, H., Die Auseinandersetzung um kirchliches und staatliches Eherecht im Deutschland des 19. Jahrhundert, in: Dilcher u. Staff (Hg.), Christentum und modernes Recht, S. 360–375;
–, Das Recht als Element der europäischen Kultur, in: HZ, Bd. 238, 1984, S. 1–15.
Conze, W. (Hg.), Sozialgeschichte der Familie in der Neuzeit Europas, Stuttgart 1976;
–, Sozialgeschichte der Familie. Neue Literatur-Probleme der Forschung, in: VSWG, Bd. 65, 1978, S. 357–369;
–, Neue Literatur zur Sozialgeschichte der Familie, in: VSWG, Bd. 71, 1984, S. 59–72.
Das Kabinett Müller II, 28. Juni 1928 bis 29. März 1930, 2 Bde., Boppard a. Rh. 1970 (= Akten der Reichskanzlei, Weimarer Republik).
Die gesammelten Materialien zum Bürgerlichen Gesetzbuch für das Deutsche Reich, hg. u. bearbeitet von B. Mugdan, Bd. IV, Familienrecht, Berlin 1899.
Die politischen Reden des Fürsten Bismarck, hg. v. H. Kohl, Bd. 1, Stuttgart 1892 (Neudruck Aalen 1969).
Die Regierung Hitler, Teil I: 1933/34, 2 Bde., bearbeitet von K.-H. Minuth, Boppard a. Rh. 1983 (= Akten der Reichskanzlei).
Dilcher, G., Überlegungen zum Verhältnis von Rechtsgeschichte und Sozialwissenschaften, in: ders. u. N. Horn (Hg.), Sozialwissenschaften im Studium des Rechts, Bd. IV, Rechtsgeschichte, München 1978, S. 3–11;
–, Ehescheidung und Säkularisation, in: Lombardi Valluari u. Dilcher (Hg.), Christentum, S. 1021–1080;
–, u. I. Staff (Hg.), Christentum und modernes Recht. Beiträge zum Problem der Säkularisation, Frankfurt 1984.
Dölle, H., Familienrecht. Darstellung des deutschen Familienrechts mit rechtsvergleichenden Hinweisen, Bd. 1, Karlsruhe 1964.
Dörner, H., Industrialisierung und Familienrecht. Die Auswirkungen des sozialen Wandels dargestellt an den Familienmodellen des ALR, BGB und des französischen Code civil, Berlin 1974.
Duby, G., Ritter, Frau und Priester. Die Ehe im feudalen Frankreich, Frankfurt 1985.
Ehe, Eherecht, Ehescheidung, in: Theologische Realenzyklopädie, Bd. IX, Berlin u. New York 1982, S. 330–336 (Mittelalter), S. 336–346 (Reformationszeit).
Emrich, W., Der Universalismus der deutschen Romantik, Wiesbaden 1964.
Entscheidungen des Königlichen Geheimen Ober-Tribunals, Bd. 5, Berlin 1841.
Fehrenbach, E., Traditionale Gesellschaft und revolutionäres Recht. Die Einführung des Code Napoléon in den Rheinbundstaaten, Göttingen 1974.
Flandrin, J.-L., Familles: parenté, maison, sexualité dans l'ancienne société, Paris 1976 (dt.: Familien. Soziologie-Ökonomie-Sexualität, Frankfurt 1978).
Framo, J. L., Scheidung der Eltern – Zerreißprobe für die Kinder. Plädoyer für eine familienbezogene Sicht der Scheidung in: Familiendynamik. Interdisziplinäre Zs. für Praxis u. Forschung, Bd. 5, 1980, S. 204–228.

Freisler, R., Vom alten zum neuen Ehescheidungsrecht. Kritik, Vorschlag, Begründung, Berlin 1937.

Frevert, U. (Hg.), Bürgerinnen und Bürger. Geschlechterverhältnisse im 19. Jahrhundert, Göttingen 1988 (= Kritische Studien zur Geschichtswissenschaft, Bd. 77);

–, Bürgerliche Meisterdenker und das Geschlechterverhältnis. Konzepte, Erfahrungen, Visionen an der Wende vom 18. zum 19. Jahrhundert, in: ebd., S. 17–48.

Frey, M., Du mariage et du concubinage dans les classes populaires à Paris 1846–1847, in: Annales, Jg. 33, 1978, S. 803–825.

Gall, L., Europa auf dem Weg in die Moderne 1850–1890, München 1984.

Gerhard, U., Verhältnisse und Verhinderungen. Frauenarbeit, Familie und Rechte der Frauen im 19. Jahrhundert, Frankfurt 1978;

–, Frauenfragen an die Rechtswissenschaft. Zur Rechtsgeschichte der Frau im 19. Jahrhundert, in: Fabricius-Brauel, M. u. a. (Hg.), Juristinnen, Berlin 1982, S. 231–244;

–, Warum Rechtsmeinungen und Unrechtserfahrungen von Frauen nicht zur Sprache kommen, in: Zeitschrift für Rechtssoziologie, Jg. 5, 1984, S. 220–234.

Gesetzbuch Napoleon's oder das in den Königl. Preußischen Rheinprovinzen geltende bürgerliche Recht, Crefeld 1835².

Gesetzrevision (1825–1848). II. Abt., Öffentliches Recht, Zivilrecht und Zivilprozeßrecht, Bd. 5, Familienrecht I (Halbbde. 1.2), hg. u. mit einer Einleitung versehen v. W. Schubert, Vaduz/Liechtenstein 1985 (= Quellen zur preußischen Gesetzgebung des 19. Jahrhunderts).

–, Bd. 6, Familienrecht II (Halbbde. 1.2), ebd., 1987.

Gierke, O. v., Der Entwurf eines Bürgerlichen Gesetzbuches und das deutsche Recht, Leipzig 1889.

Giesen, D., Grundlagen und Entwicklung des englischen Eherechts in der Neuzeit, Bielefeld 1973;

–, Einzelfallgerechtigkeit als Problem. Zur Entwicklung des Scheidungs- und Scheidungsfolgenrechts in Deutschland, in: FamRZ, Jg. 31, 1984, S. 1188–1197.

Gillis, J. R., For Better, For Worse. British Marriages, 1600 to the Present, New York 1985.

Glendon, M. A., State, Law and Family: Family Law in Transition in the United States and Western Europe, Amsterdam 1977.

Goody, J., The Development of the Family and Marriage in Europe, Cambridge 1983 (= dt. Berlin 1986, Die Entwicklung von Ehe und Familie in Europa).

Gordon, M. (Hg.), The American Family in Social-Historical Perspective, New York 1983.

Goy, J., Heiratsstrategien und Erbfolge angesichts der revolutionären Gesetzgebung des Code civil in der bäuerlichen Gesellschaft Südfrankreichs (1789–1803), in: Bulst u. a. (Hg.), S. 125–138.

Greven-Aschoff, B., Die bürgerliche Frauenbewegung in Deutschland, 1894–1933, Göttingen 1981.

Grimm, D., Die ›Neue Rechtswissenschaft‹. Über Funktion und Formation nationalsozialistischer Jurisprudenz, in: P. Lundgreen (Hg.), Wissenschaft im Dritten Reich, Frankfurt 1985, S. 31–54.

Griswold, R. L., Family and Divorce in California, 1850–1890: Victorian Illusions and Everyday Realities, New York 1982.

Grossberg, M., Governing the Hearth: Law and the Family in Nineteenth-Century America, Chapel Hill 1985.

Gruchmann, L., Die Entstehung des Testamentsgesetzes vom 31. Juli 1938: Nationalsozialistische ›Rechtserneuerung‹ und Reformkontinuität, in: ZNR, Jg. 7, 1985, S. 53–63;

–, Das Ehegesetz vom 6. Juli 1938. Entstehung und Beurteilung, in: ZNR, 11. Jg., 1989, S. 63–83.

Habscheid, W. J. u. a. (Hg.), Festschrift für Friedrich Wilhelm Bosch zum 65. Geburtstag, Bielefeld 1976.

Halem, L. C., Divorce Reform: Changing Legal and Social Perspectives, New York 1980.

Hattenhauer, H., Die Privatisierung der Ehe. Thesen zum künftigen Eherecht, in: ZRP, Jg. 18, 1985, S. 200–203.

Hattenhauer, H. u. Langenbach, H. G., Heiraten – in Gottes Namen. Über christliche Ehe und weltliches Recht, Wuppertal u. Zürich 1988.

Hausen, K., Familie als Gegenstand Historischer Sozialwissenschaft, in: GG, Jg. 1, 1975, S. 171–209;

–, Historische Familienforschung, in: R. Rürup (Hg.), Historische Sozialwissenschaft, Göttingen 1977, S. 59–95.

Hegel, G. W. F., Grundlinien der Philosophie des Rechts oder Naturrecht und Staatwissenschaft im Grundrisse (1821), Frankfurt 1968.

Hellmuth, E., Naturrechtsphilosophie und bürokratischer Werthorizont. Studien zur preußischen Geistes- und Sozialgeschichte des 18. Jahrhunderts, Göttingen 1985.

Herz, Henriette, in: Erinnerungen, Briefen und Zeugnissen, hg. von Rainer Schmitz, Frankfurt 1984.

Hesse, H. G., Evangelisches Ehescheidungsrecht in Deutschland, Bonn 1960.

Hohorst, G., J. Kocka u. G. A. Ritter, Sozialgeschichtliches Arbeitsbuch. Materialien zur Statistik des Kaiserreichs 1870–1914, München 1975.

Holzhauer, H., Die Scheidungsgründe in der nationalsozialistischen Familienrechtsgesetzgebung, in: NS-Recht in historischer Perspektive, S. 53–70.

Horn, N., Rechtsgeschichte und sozialwissenschaftliche Ausbildung der Juristen, in: Dilcher u. ders. (Hg.), Sozialwissenschaften im Studium des Rechts, S. 1–3.

Horstman, A., Victorian Divorce, New York 1985.

Hubbard, W. H., Familiengeschichte. Materialien zur deutschen Familie seit dem Ende des 18. Jahrhunderts, München 1983.

Huber, E. R. (Hg.), Dokumente zur deutschen Verfassungeschichte. Bd. 1, Deutsche Verfassungsdokumente 1803–1850, Stuttgart 1961;

– (Hg.), Dokumente zur Deutschen Verfassungeschichte, Bd. 2, Deutsche Verfassungsdokumente 1851–1918, Stuttgart 1964;

– (Hg.), Dokumente zur Deutschen Verfassungsgeschichte, Bd. 3, Dokumente der Novemberrevolution und der Weimarer Republik 1918–1933, Stuttgart 1966;

–, u. W. Huber, Staat und Kirche im 19. und 20. Jahrhundert. Dokumente zur Geschichte des deutschen Staatskirchenrechts, Bd. II, Staat und Kirche im Zeitalter des Hochkonstitutionalismus und des Kulturkampfes 1848–1890, Berlin 1976;

–, Deutsche Verfassungsgeschichte seit 1789. Bd. VII, Ausbau, Schutz und Untergang der Weimarer Republik, Stuttgart 1984.

Hubrich, E., Das Recht der Ehescheidung in Deutschland, Berlin 1891.

Huizinga, J., Vier Kapitel über die Entwicklung der Geschichte zur modernen Wissenschaft, in: ders., Geschichte und Kultur, Stuttgart 1954, S. 19–118.

Imhof, A. E., Die gewonnenen Jahre. Ein historischer Essay, München 1981;

– (Hg.), Der Mensch und sein Körper. Von der Antike bis heute, München 1983;

– (Hg.), Leib und Leben in der Geschichte der Neuzeit; L'homme et son corps dans l'histoire moderne, Berlin 1983.

Kater, M. H., Frauen in der NS-Bewegung, in: VfZ, Jg. 31, 1983, S. 202–241.

Kaufmann, E., Billigkeit, in: HRG, Bd. I, Berlin 1971, Sp. 431–437.

Kirchheimer, O., Die Rechtsordnung des Nationalsozialismus (1941), in: Redaktion Kritische Justiz (Hg.), Der Unrechts-Staat, 1979, S. 9–23.

Klinksiek, D., Die Frau im NS-Staat, Stuttgart 1982.

Klippel, D., Entstehung und Strukturwandel der modernen Famlie, in: FamRZ, Jg. 25, 1978, S. 558–566;

–, Neue Literatur zur Sozialgeschichte der Familie, in: FamRZ, Jg. 31, 1984, S. 1179–1188, u. ebd., Jg. 32, 1985, S. 444–455;

–, Sozialgeschichte und Rechtsgeschichte. Recht und Rechtsgeschichte in der historischen Familienforschung, in: Mohnhaupt, H. (Hg.), Zur Geschichte des Familien- und Erbrechts. Politische Implikationen und Perspektiven, Frankfurt a. M. 1987, S. 267–280.

Koch, R., Deutsche Geschichte 1815–1848. Restauration oder Vormärz?, Stuttgart 1985.

Kocka, J. u. a., Familie und soziale Plazierung. Studien zum Verhältnis von Familie, sozialer

Mobilität und Heiratsverhalten an westfälischen Beispielen im späten 18. und 19. Jahrhundert, Opladen 1980;
–, Zurück zur Erzählung? Plädoyer für historische Argumentation, in: GG, Jg. 10, 1984, S. 394–408.
Kolb, E., Die Weimarer Republik, München u. Wien 1984.
Köllmann, W. (Hg.), Quellen zur Bevölkerungs-, Sozial- und Wirtschaftsstatistik Deutschlands 1815–1875, Bd. I, Quellen zur Bevölkerungsstatistik Deutschlands 1815–1875, bearbeitet von A. Kraus, Boppard a. Rh. 1980.
Korff, H. A., Geist der Goethezeit. III. Teil, Frühromantik, Leipzig 1959³.
Körner, J. (Hg.), Krisenjahre der Frühromantik. Briefe aus dem Schlegelkreis, 3 Bde.; Bern 1969².
Koselleck, R., DIe Auflösung des Hauses als ständischer Herrschaftseinheit. Anmerkungen zum Rechtswandel von Haus, Familie und Gesinde in Preußen zwischen der Französischen Revolution und 1848, in: Bulst u. a. (Hg.), S. 109–124.
Kramer, H., Ehe war und wird anders, Düsseldorf 1982.
Kraus, A., »Antizipierter Ehesegen« im 19. Jahrhundert. Zur Beurteilung der Illegitimität unter sozialgeschichtlichen Aspekten, in: VSWG; Bd. 66, 1979, S. 174–215.
Kühn, E., Die Entwicklung und Diskussion des Ehescheidungsrechts in Deutschland. Eine sozialhistorische und rechtssoziologische Untersuchung, Diss. phil., Hamburg 1974;
–, Scheidungsrecht in rechtspolitischer und sozialwissenschaftlicher Pespektive, in: ZRP, Jg. 8, 1975, S. 163–169.
Ladenberg, A. v., Preußens gerichtliches Verfahren in Civil- und Kriminalsachen, Köln 1825.
Lange, H., Nationalsozialismus und bürgerliches Recht, in: H. Frank (Hg.), Nationalsozialistisches Handbuch für Recht und Gesetzgebung, München 1934, S. 933–956.
–, Kontinuität und Diskontinuität in der Entwicklung des Familienrechts, in: J. Gernhuber (Hg.), Tradition und Fortschritt im Recht. Fs. zum 500jährigen Bestehen der Tübinger Juristenfakultät, Tübingen 1977, S. 355–376.
Laufs, A., Beständigkeit und Wandel – Achtzig Jahre deutsches Bürgerliches Gesetzbuch, in: JuS, Jg. 20, 1980, S. 853–860.
Lee, R., The German Family. A Critical Survey of the Current State of Historical Research, in: R. Evans u. W. R. Lee (Hg.), The German Family, London 1981, S. 19–50.
Levine, D., Family Formation in an Age of Nascent Capitalism, New York 1977.
Lewis, J. (Hg.), Labour and Love: Women's Experience of Home and Family, 1850–1940, New York 1986.
Lombardi Valluari, L. u. G. Dilcher (Hg.), Christentum, Säkularisation und modernes Recht, 2 Bde., Baden-Baden 1981.
Lottes, G., Le débat sur le divorce et la formation de l'idéologie contre-révolutionaire, in: La Révolution Française et l'ordre juridique privé. Rationalité ou Scandale? Actes du Colloque d'Orléans. 11.–13. Septembre 1986, Paris, P. U. F. 1988, S. 317–333.
Macfarlane, A., Marriage and Love in England. Modes of Reproduction, 1300–1840, Oxford 1986.
Marx, K., Fr. Engels, Gesamtausgabe (MEGA), Erste Abt., Bd. 1, Berlin 1975.
Mason, T., Women in Germany, 1925–1940: Family, Welfare and Work, Teil I, in: History Workshop, Spring 1976, S. 74–113; Teil II, in: ebd., Autumn 1976, S. 5–32.
Matz, K.-J., Pauperismus und Bevölkerung. Die gesetzlichen Ehebeschränkungen in den süddeutschen Staaten während des 19. Jahrhunderts, Stuttgart 1980.
Medick, H. u. D. Sabean, Neue Themen in der historisch-ethnologischen Familienforschung, in: Sozialwissenschaftliche Informationen für Unterricht und Studium, Jg. 11, 1982, S. 91–100;
– (Hg.), Emotionen und materielle Interessen. Sozialanthropologische und historische Beiträge zur Familienforschung, Göttingen 1984.
Meinecke, F., 1848. Eine Säkularbetrachtung, Berlin 1948.
Memmi, D., Le divorce et l'Italienne: partis, opinion féminine et référendum du 12 mai 1974, in: Revue d'histoire moderne et contemporaine, Bd. 30, 1983, S. 476–509.

Menger, A., Das bürgerliche Recht und die besitzlosen Volksklassen, Tübingen 1890[2].
Mesmer, B., Familien- und Haushaltskonstellationen: Fragen an die Rechtsgeschichte, in: ZNR, Jg. 6, 1984, S. 1–18
Mestwerdt, R., Das Sozialbild der Ehe im Spiegel von Gesetzgebung und Rechtsprechung der letzten 150 Jahre, Diss. jur., Göttingen 1961.
Mikat, P., Ehe, in: HRG, Bd. I, Sp. 809–833;
–, Rechtsgeschichtliche und rechtspolitische Erwägungen zum Zerrüttungsprinzip, in: FamRZ, Jg. 9, 1962, S. 81–89, S. 273–281, S. 497–504, – Jg. 10, 1963, S. 65–76;
–, Möglichkeiten und Grenzen einer Leitbildfunktion des bürgerlichen Ehescheidungsrechts, Paderborn 1969;
–, Scheidungsrechtsreform in einer pluralistischen Gesellschaft, Bielefeld 1970;
–, Religionsrechtliche Schriften, Abhandlungen zum Staatskirchenrecht und Eherecht, 2 Bde., Berlin 1974;
–, Zur Bedeutung Friedrich Carl von Savignys für die Entwicklung des deutschen Scheidungsrechts im 19. Jahrhundert, in: W. J. Habscheid u. a. (Hg.), Festschrift für Friedrich Wilhelm Bosch zum 65. Geburtstag, Bielefeld 1976, S. 671–697;
–, Zur Diskussion um die Scheidungsrechtsreform nach der Veröffentlichung des Entwurfs eines bürgerlichen Gesetzbuches für das Deutsche Reich, in: L. Carlen u. F. Ebel (Hg.), Festschrift für Ferdinand Elsener zum 65. Geburstag, Sigmaringen 1977, S. 182–198;
–, Geschichte, Recht, Religion, Politik, 2 Bde., Paderborn 1984.
Mitterauer, M., Der Mythos von der vorindustriellen Großfamilie, in: ders. u. R. Sieder, Vom Patriarchat zur Partnerschaft. Zum Strukturwandel der Familie, München 1977, S. 38 bis 65;
– u. R. Sieder (Hg.), Historische Familienforschung, Frankfurt 1982;
–, Ledige Mütter. Zur Geschichte illegitimer Geburten in Europa, München 1983.
Mooser, J., Ländliche Klassengesellschaft 1770–1848. Bauern und Unterschichten, Landwirtschaft und Gewerbe im östlichen Westfalen, Göttingen 1984.
Morsey, R. (Hg.), Die Protokolle der Reichstagsfraktion und des Fraktionsvorstands der Deutschen Zentrumspartei 1926–1933, Mainz 1969 (= Veröffentlichungen der Kommission für Zeitgeschichte, Reihe A: Quellen, Bd. 9);
–, Der Kulturkampf, in: A. Rauscher (Hg.), Der soziale und politische Katholizismus. Entwicklungslinien in Deutschland 1803–1963, Bd. 1, München 1981, S. 72–109.
Moser, R., Das europäische Ehescheidungs- und Ehetrennungsrecht in seiner neuesten Entwicklung, Zürich 1948.
Motive zu dem Entwurfe eines Bürgerlichen Gesetzbuches für das Deutsche Reich, Bd. IV, Familienrecht. Amtliche Ausgabe, Berlin u. Leipzig 1888.
Müller-Freienfels, W., Ehe und Recht, Tübingen 1962.
Naucke, W., Die Aufhebung des strafrechtlichen Analogieverbots 1935, in: NS-Recht in historischer Perspektive, S. 71–108.
NS-Recht in historischer Perspektive, München 1981 (= Kolloquien des Instituts für Zeitgeschichte).
Petzina, D., W. Abelshauser, A. Faust, Sozialgeschichtliches Arbeitsbuch, Bd. 3, Materialien zur Statistik des Deutschen Reiches 1914–1945, München 1978.
Phillips, R., Family Breakdown in Late 18th-Century France. Divorces in Rouen, 1792–1803, Oxford 1980.
Pohl, H. (Hg.), Die Frau in der deutschen Wirtschaft, Stuttgart 1985 (= Zs. für Unternehmensgeschichte, Beiheft 35).
Popitz, H., Die normative Konstruktion von Gesellschaft, Tübingen 1980.
Püttmann, H. (Hg.), Deutsches Bürgerbuch für 1845, Darmstadt 1845 (= Neu hg. v. R. Schloesser u. a., Köln 1975).
Ramm, Th., Familien- und Jugendrecht im Nationalsozialismus, in: Rottleuthner (Hg.), Recht, S. 75–83;
–, Das nationalsozialistische Familien- und Jugendrecht, Heidelberg 1984;
–, Familienrecht. Bd. I: Recht der Ehe, München 1985. (= Beck-Studienbücher).

Redaktion Kritische Justiz (Hg.), Der Unrechts-Staat. Recht und Justiz im Nationalsozialismus, Frankfurt 1979; dies. (Hg.), Der Unrechts-Staat Band II, Baden-Baden 1984.

Regge, J. (Hg.), Strafrecht (Ministerium Danckelmann; 1827–1830), Bd. 1 der Abt. 1, Straf- und Strafprozeßrecht, Lichtenstein 1981 (= Quellen zur preußischen Gesetzgebung des 19. Jahrhunderts; Bd. 1).

Reif, H. (Hg.), Die Familie in der Geschichte, Göttingen 1982.

Reitter, E., Franz Gürtner. Politische Biographie eines deutschen Juristen 1881–1941, Berlin 1976.

Rheinstein, M., Marriage Stability, Divorce and the Law, Chicago 1972.

Rosenbaum, H. (Hg.), Seminar: Familie und Gesellschaftsstruktur. Materialien zu den sozioökonomischen Bedingungen von Familienformen, Frankfurt 1978;

–, Formen der Familie. Untersuchungen zum Zusammenhang von Familienverhältnissen, Sozialstruktur und sozialem Wandel in der deutschen Gesellschaft des 19. Jahrhunderts, Frankfurt 1982.

Rottleuthner, H. (Hg.), Recht, Rechtsphilosophie und Nationalsozialismus, Wiesbaden 1983.

Roussel, L., Ehen und Ehescheidungen. Beitrag zu einer systemischen Analyse von Ehemodellen, in: Familiendynamik. Interdisziplinäre Zs. für Praxis u. Forschung, Bd. 5, 1980, S. 186–203.

Rückert, J., Idealismus, Jurisprudenz und Politik bei Friedrich Carl von Savigny, Ebelsbach/Main 1984.

Rüthers, B., Die unbegrenzte Auslegung, Zum Wandel der Privatrechtsordnung im Nationalsozialismus, Tübingen 1968;

–, ›Institutionelles Rechtsdenken‹ im Wandel der Verfassungsepochen, Bad Homburg 1970.

Saar, St Chr., Familienrecht im NS-Staat – ein Überblick, in: Salje (Hg.), Recht und Unrecht, S. 80–108.

Salje, P. (Hg.), Recht und Unrecht im Nationalsozialismus, Münster 1985.

Saul, K. u. a. (Hg.), Arbeiterfamilien im Kaiserreich. Materialien zur Sozialgeschichte in Deutschland 1871–1914, Königstein 1982.

Savage, G. L., Divorce and the Law in England and France Prior to the First World War, in: Journal of Social History, 1988, S. 499–513.

Savigny, Friedrich Carl v., Vermischte Schriften, Bd. V, Berlin 1850 (Neudruck Aalen, 1968).

Sachße, Ch. u. F. Tennstedt, Geschichte der Armenfürsorge in Deutschland. Vom Spätmittelalter bis zum Ersten Weltkrieg, Stuttgart 1980;

–, Familienpolitik durch Gesetzgebung: Die juristische Regulierung der Familie, in: F.-X. Kaufmann (Hg.), Staatliche Sozialpolitik und Familie, München 1982, S. 87–130.

Schäfer, J. P., Die Entstehung der Vorschriften des BGB über das persönliche Eherecht, Frankfurt 1983.

Schleifer, C. H., Die Ehescheidung im deutschen Rechtskreis während des 19. Jahrhunderts. Diss. jur., Kiel 1972.

Schlumbohm, J. (Hg.), Kinderstuben. Wie Kinder zu Bauern, Bürgern, Aristokraten wurden 1700–1850, München 1983.

Schmitt, C., Die nationalsozialistische Gesetzgebung und der Vorbehalt des ›ordre public‹ im Internationalen Privatrecht, in: ZAkDR, Jg. 3, 1936, S. 204–211.

Schoenbaum, D., Die braune Revolution. Eine Sozialgeschichte des Dritten Reiches, München 1980².

Schröter, M., ›Wo zwei zusammenkommen in rechter Ehe...‹ – Sozio- und psychogenetische Studien über Eheschließungsvorgänge vom 12. bis zum 15. Jahrhundert, Frankfurt 1985.

Schubert, W., Franz von Kübel und Württembergs Stellung zur Erweiterung der Reichskompetenz für das gesamte bürgerliche Recht, in: Zs. für Württembergische Landesgeschichte, Jg. 36 (1977), 1979, S. 167–198;

–, Materialien zur Entstehungsgeschichte des BGB, Einführung, Biographien, Materialien, Berlin u. New York 1978 (= Die Beratung des Bürgerlichen Gesetzbuchs in systematischer Zusammenstellung der unveröffentlichten Quellen);

–, Preußens Pläne zur Vereinheitlichung des Zivilrechts nach der Reichsgründung, in: SavZ Germ. Abt., Bd. 96, 1979, S. 243–256;
–, Zur Vorgeschichte und Entstehung der Personenstandsgesetze Preußens und des Deutschen Reichs (1869–1875), in: SavZ Germ. Abt., Bd. 97, 1980, S. 43–93;
–, Die deutsche Gerichtsverfassung (1869–1877). Entstehung und Quellen, Frankfurt 1981;
– (Hg.), Die Vorlagen der Redaktoren für die erste Kommission zur Ausarbeitung des Entwurfs eines Bürgerlichen Gesetzbuches. Familienrecht, Teil 1.2.3, Berlin u. New York 1983 (Verf.: Gottlieb Planck – Unveränderter photomechanischer Nachdruck der als Manuskript verfielfältigten Ausgabe aus den Jahren 1879–1888);
–, Die Projekte der Weimarer Republik zur Reform des Nichtehelichen-, des Adoptions- und des Ehescheidungsrechts, Paderborn 1986 (= Rechts- und Staatswissenschaftliche Veröffentlichungen der Görres-Gesellschaft, N. F., Heft 43).
Schulz, G., Die weiblichen Angstellten vom 19. Jahrhundert bis 1945, in: Pohl (Hg.), S. 179–215.
Schwab, D., Grundlagen und Gestalt der staatlichen Ehegesetzgebung in der Neuzeit bis zum Beginn des 19. Jahrhunderts, Bielefeld 1967;
–, Zur Geschichte des verfassungsrechtlichen Schutzes von Ehe und Familie, in: Habscheid (Hg.), Festschrift Bosch, S. 893–907;
–, Eheschließungsrecht und nichteheliche Lebensgemeinschaft. Eine rechtsgeschichtliche Skizze, in: FamRZ, Jg. 28, 1981, S. 1151–1156.
Schwarz, M., Biographisches Handbuch der Reichstage, Hannover 1965.
Segalen, M., Mari et femme dans la société paysanne, Paris 1980 (engl.: Love and Power in the Peasant Family: Rural France in the Nineteenth Century, Oxford 1983);
–, Sociologie de la famille, Paris 1981.
Shorter, The Making of the Modern Family, London 1976 (dt.: Die Geburt der modernen Familie, Reinbek bei Hamburg 1977);
–, A History of Women's Bodies, New York 1982.
Simits, Sp., Zur Situation des Familienrechts. Über einige Prämissen, in: ders. u. G. Zenz (Hg.), Seminar: Familie und Familienrecht, Bd. 1, Frankfurt 1975, S. 15–61.
Stearns, P. N., Social History and History: A Progress Report, in: Journal of Social History, Winter 1985, S. 319–334.
Stein, L. v., Die Verwaltungslehre, Zweiter Theil, Die Lehre von der Innern Verwaltung, Stuttgart 1866 (Neudruck Aalen 1962).
Stenographische Berichte über die Verhandlungen des Deutschen Reichstages (Legislaturperiode; Wahlperiode).
Stephenson, J. Nationalsozialistischer Dienstgedanke, bürgerliche Frauen und Frauenorganisationen im Dritten Reich, in: GG. Jg. 7, 1981, S. 555–571.
Stockmann, R., Gewerbliche Frauenarbeit in Deutschland 1875–1980, in: GG, Jg. 11, 1985, S. 447–475.
Stolleis, M. u. D. Simon, Vorurteile und Werturteile der rechtshistorischen Forschung zum Nationalsozialismus, in: NS-Recht in historischer Perspektive, S. 13–51.
Stolz, J., Zur Geschichte der Trennung von Ehegatten. Rechtsinstitut, Versöhnungsmittel, Scheidungsvoraussetzung, Diss. jur., Kiel 1983.
Stone, L., Family History in the 1980s. Past Achievements and Future Trends, in: The Journal of Interdisciplinary History, Bd. XII, 1981, S. 51–87;
–, Road to Divorce. England 1530–1987, Oxford University Press 1990.
Verhandlungen des Zwanzigsten Deutschen Juristentages, hg. von dem Schriftführer-Amt der ständigen Deputation, Bd. II (Gutachten), Bd. IV (Diskussion), Berlin 1889.
Voegeli, Funktionswandel des Scheidungsrechts, in: KJ, Jg. 15, 1982, S. 132–155.
Vogel, H.-J., Das Erste Gesetz zur Reform des Ehe- und Familienrechts vom 14. Juni 1976 (1. EheRG), in: FamRZ, Jg. 23, 1976, S. 481–491.
Wall, R. (Hg.), Family Forms in Historic Europe, Cambridge 1983.
Weber, Marianne, Ehefrau und Mutter in der Rechtsentwicklung. Eine Einführung, Tübingen 1907 (Neudruck 1971).

Wehler, H.-U., Gesellschaftsgeschichte und Rechtsgeschichte, in: Rechtshistorisches Journal, Bd. 8, 1989, S. 181–194.
Wellner, G., Industriearbeiterinnen in der Weimarer Republik: Arbeitsmarkt, Arbeit und Privatleben 1919–1933, in: GG, Jg. 7, 1981, S. 534–554.
Westen, K. u. J. Schleider, Zivilrecht im Systemvergleich. Das Zivilrecht der Deutschen Demokratischen Republik und der Bundesrepublik Deutschland, Berlin 1984.
Wieacker, F., Privatrechtsgeschichte der Neuzeit, Göttingen 1967[2].
Wiggershaus, R., Frauen unterm Nationalsozialismus, Wuppertal 1984.
Winkler, D., Frauenarbeit versus Frauenideologie. Probleme der weiblichen Erwerbstätigkeit in Deutschland 1930–1945, in: AfS, Bd. XVII, 1977, S. 99–126;
–, Frauenarbeit im ›Dritten Reich‹, Hamburg 1977.
Wolf, A., Das Zerrüttungsprinzip im Ehescheidungsrecht und die Nationalsozialisten. Zur Entstehung des Ehegesetzes 1938 vor 50 Jahren, in: FamRZ, 35. Jg., 1988, S. 1217–1229.
Wolf, E., G. Lüke, H. Hax, Scheidung und Scheidungsrecht, Grundfragen der Ehescheidung in Deutschland. Untersucht an Hand der Statistiken, Tübingen 1959.
Wrobel, H., Die Anfechtung der Rassenmischehe. Diskriminierung und Entrechtung der Juden in den Jahren 1933 bis 1935, in: Redaktion Kritische Justiz (Hg.), Der Unrechts-Staat II, S. 99–124.
Zeeden, E. W., Deutsche Kultur in der Frühen Neuzeit, Frankfurt 1968.
Zeidler, W., Ehe und Familie, in: E. Benda u. a. (Hg.), Handbuch des Verfassungrechts der Bundesrepublik Deutschland, Berlin 1983, S. 555–607.
Zusammenstellung der Äußerungen der Bundesregierungen zu dem Entwurf eines Bürgerlichen Gesetzbuchs, gefertigt im Reichs-Justizamt, 2 Bde., Berlin 1891 (Neudruck Osnabrück 1967).
Zusammenstellung der gutachtlichen Äußerungen zu dem Entwurf eines Bürgerlichen Gesetzbuchs, 6 Bde., Berlin 1890–1891 – Bd. IV, Äußerungen zum Familienrecht, Berlin 1890 (Neudruck Osnabrück 1967).

Register

Die kursiv gedruckten Seitenzahlen verweisen auf den Anmerkungsteil

1. Personenregister

Altenstein, Karl Frh. v. (1770–1840) 41, 107
Arendsee, Martha (KPD) 173, 180
Arnim, Adolf Heinrich Grf. v. (1803–1868) 107

Bachem, Carl (Zentrum) 141
Bähr, Otto (1817–1895) 135
Bebel, August (1840–1913) 143f.
Bell, Johannes (Zentrum) 170, 184
Bernhardi, August Ferdinand (1769–1820) 115
Bernhardi, Sophie (1775–1833) 115f.
Bismarck, Otto v. (1815–1898) 45, 128
Boelitz, Otto (DVP) 167
Braun, Otto (SPD) 167
Brodauf, Alfred (DDP) 170f.
Broszat, Martin 20f., 189
Brüning, Heinrich (Zentrum) 177
Burckhardt, Jacob (1818–1897) 225

Conze, Werner 18
Cuno, Wilhelm 171

Dietrich, Hermann (DDP) 184
Dietrich, Otto (1897–1952) 217, 219
Droste zu Vischering, Clemens August Frh. v. (1773–1845) 89f.
Duby, Georges 18

Eichhorn, Friedrich (1779–1856) 67, 107
Esser, Hermann (1900–1981) 215

Fichte, Johann Gottlieb (1762–1814) 116
Flandrin, Jean-Louis 18
Fontane, Theodor (1819–1898) 135
Frank, Hans (1900–1946) 194f., 209
Freisler, Roland (1893–1945) 194
Frenken, Joseph 172
Freytagh-Lorinhoven, Frh. v. (DNVP) 175
Frick, Wilhelm (1877–1946) 204

Friedrich II. (1712–1786) 27, 137
Friedrich Wilhelm III. (1770–1840) 58, 91
Friedrich Wilhelm IV. (1795–1861) 57, 58, 67, 89, 91f., 137

Gerlach, Ernst Ludwig v. (1795–1877) 44, 58f., *241*
Gierke, Otto v. (1841–1921) 136
Goody, Jack 18
Guérard, Karl Theodor v. (Zentrum) 178, 183f., 185, 186
Gürtner, Franz (1881–1941) 197, 200, 216, 219
Gütt, Arthur 200

Hegel, Georg Wilhelm Friedrich (1770–1831) 63
Heinze, Rudolf (DVP) 171
Hergt, Oskar (DNVP) 175
Herz, Henriette (1764–1847) 114
Heß, Rudolf (*1894) *263*
Himmler, Heinrich (1900–1945) *263*
Hinschius, Paul 47
Hitler, Adolf (1889–1945) 199f., 202, 204f., 215, 216f.
Hohenlohe-Schillingsfürst, Chlodwig Ft. zu (1819–1901) 140
Huizinga, Johan 20

Ibsen, Henrik (1828–1906) 135

Joel, Curt Walter 186
Jörg, Joseph Edmund 48, *238*
Joseph II. (1741–1790) 26

Kaas, Ludwig (Zentrum) 176
Kahl, Wilhelm (DVP) 172, 174
Kerrl, Hanns (1887–1941) 202
Kircheisen, Friedrich Leopold v. (1749–1825) 42

Koch-Weser, Erich (DDP) 177f., 180f., 182f., *256*
Kocka, Jürgen 11
Kopp, Georg Kardinal 140
Korff, H. A. 113
Krementz, Philipp Kardinal (1819–1899) 139, 141

Lammers, Hans Heinrich (1879–1962) 197, 216f.
Landsberg, Otto (SPD) 184
Lasker, Eduard (1829–1884) 129
Löwe, Wilhelm 48
Lüders, Marie-Elisabeth (DDP) 165f.
Luther, Hans 172, 174
Luther, Martin 22f.

Marx, Karl (1818–1883) 61ff.
Marx, Wilhelm (Zentrum) 174
Mason, Tim 190
Meinecke, Friedrich (1862–1954) 92
Menger, Anton (1841–1906) 136f.
Miquel, Johannes v. (1828–1901) 129
Mößmer, Ferdinand 195, 197, 199
Müller, Hermann (SPD) 176, 184f.

Napoleon I. (1769–1821) 33

Perlitius, Ludwig (Zentrum) 185
Pfülf, Antonie (SPD) 181f.
Planck, Gottlieb (1824–1910) 130ff., *227, 246, 249*
Pünder, Hermann 185, 186, *256*

Radbruch, Gustav (SPD) 166

Savigny, Friedrich Carl v. (1779–1861) 58ff., 67, 73f., 106ff., 137, 191, *241, 243*
Schelling, Caroline (1763–1809) 115
Schelling, Friedrich Wilhelm Joseph (1775–1854) 113
Schiffer, Eugen (DDP) 170
Schlegel, August Wilhelm (1767–1845) 113, 115f.
Schlegel, Friedrich (1772–1829) 113, 115
Schleiermacher, Friedrich Daniel Ernst (1768–1834) 114
Schmitt, Carl 191
Schulte, Karl Anton (Zentrum) 170
Severing, Carl (SPD) 167
Shorter, Edward 18
Spahn, Peter (Zentrum) 139f., 142
Stahl, Friedrich Julius (1802–1861) 44
Stegerwald, Adam (Zentrum) 185
Stein, Lorenz v. (1815–1890) 81
Stresemann, Gustav (DVP7 166
Svarez, Carl Gottlieb 31, 137, *246*

Tieck, Ludwig (1773–1853) 115

Veit, Dorothea (1763–1839) 113f.
Völk, Joseph 47f.
Volkmar, Erich 208

Weber, Marianne 19
Westphalen, Ferdinand Otto Wilhelm v. (1799–1876) 94f., 97
Wirth, Joseph (Zentrum) 185

Zehnhoff, Hugo am (Zentrum) 167

2. Sachregister

Akademie für Deutsches Recht 195, 197f.
Allgemeine Gerichtsordnung für die Preußischen Staaten/AGO (1793) 28, 53f., 76
Allgemeines Bürgerliches Gesetzbuch, Österreich/ABGB (1811) 203
Allgemeines Landrecht für die Preußischen Staaten/ALR (1794)
– Entstehung 27f.
– Ehebestimmungen 28, 53
– Scheidungsstrafen 28
– Ehen zur linken Hand 29
– Eheverbot wegen »Ungleichheit des Standes« 29f., 82
– Scheidungsgründe 30f., 59, 118, 132f., 144, 196
– Eheschließung 40
– Unehelicher Beischlaf 99ff.
Augsburger Religions- und Landfrieden (1555) 24

Bürgerliche Gesellschaft 127, 143ff., 173, 188f.
Bürgerliches Gesetzbuch 35, 38, 51, 52, 60, 78, 81, 98, 149, *228f., 248*
– Nichtehelichenrecht 111f.
– Entstehung 129ff.

- Scheidungsgründe 136, 141, 143, 149f., 198
- Verabschiedung 142ff.
- Scheidungsfolgen 150f., *252*

Code civil des Français (1804) 33, 35, 58, 132, 196
Code Napoléon (1807) 33, *247*
Codex Maximilianeus Bavaricus Cicilis (1756) 24f., 99
Corpus juris Fridericianum (1781) 27

Deutsche Demokratische Partei 196, *257*
Deutscher Juristentag (1889) 137f., 150

Edikt gegen Ehescheidungen/Preußen (1782) 31, *234*
Eheauffassung, nationalsozialistische 195f., 200f., 203, 206f., 214f., 216, 218, 220, *261*, *265*
Ehebruch 50f., 88, 200, 206, *264*
Ehegatten, katholische 40ff.
Ehegeschichte, 19. Jahrhundert 81, 85
Ehegesetzgebung
- Rußland 12
- Deutsche Demokratische Republik 12f.
- 17. u. 18. Jahrhundert *233*
- 19. Jahrhundert 60
- Nationalsozialismus 191, 205f., *262f.*
Ehelehre, katholische 22f., 42
Ehepatent, österreichisches (1783) 26
Eherecht, Geschichte 22, 24f., *231*
Eherechtslehre, reformatorische 26, 28, 50
Ehescheidungsordnung/Nürnberg (1803) 26, *233*
Eheschließungsrecht 39f., 44f., 47
- Nationalsozialismus 192f., 205f., 220f.
Ehestandsdarlehen 192f., *261*
Eheverbote
- 17. u. 18. Jahrhundert 25f.
- Nationalsozialismus 192f., 200f., 205f., 220
Eheverhältnisse, österreichische 203f., 205
Evangelischer Oberkirchenrat 77f., *237*

Familiengeschichte, neuere 17ff., 19f.
Familienrecht
- gegenwärtiges 15
- Nationalsozialismus 195
Familienscheidung 62
Französische Revolution 33
Frauenbewegung, bürgerliche *254f.*
Frauenerwerbstätigkeit 163, 190, *254*
Frauenrolle 71ff., 117ff., 145f., 214f.
Fuldaer Bischofskonferenz 139f., 168ff.

Geisteskrankheit, als Scheidungsgrund 199f., 207, *251f.*
Gemeindebürgerrecht 82ff.
Gerichtsverfassungsgesetz (1877) 79
Gleichberechtigung, Geschlechter- 163f., 181f.

Heimtrennungsfrist 201

Kölner Kirchenkonflikt 41f., 89
Kommunistische Partei Deutschlands 173f., 180, 196, *257f.*
Konkubinate, ›wilde Ehen‹ 43, 82, 84, 87, 89, 95, 175
Kontrollratsgesetz (1946) 13f.
Kulturkampf 46, 51, 139

Landrecht, badisches (1810) 34, 99
Lebensgemeinschaften, nichteheliche (Fälle) 86, 88f., 93, 95f., 97f.
Liberalismus, liberale Bewegung 39, 43, 46, 48, 79, 85, 128f.

Nationalsozialismus 188f., 196f., 207, 222f.
NS-Rechtswahrerbund 201
Nürnberger Gesetze 192, 205
Nichtehelichenrecht
- 19. Jahrhundert 98f., 102f., 107 1ff., 111f., *246f*
- Weimarer Republik 178ff.

Pauperismus 82f.
Preußen 27f., 36f., 52, 62, 87f., 91f., *236*
Provinzialstände, preußische 103f.

Rassenrecht, nationalsozialistisches 191ff., 220
Recht, kanonisches 22f., *232f.*
Rechtsanwendung, nationalsozialistische 210, 212ff., 217, 219f., 221f.
Rechtsgeschichte 16f.
Rechtspolitik 16
Rechtsstaat 48f., *238f.*
Reformation 22
Reichsjustizgesetze 79f., 128, *240*
Reichspersonenstandsgesetz (1875) 79
Revision, preußisches Landrecht 31f., 58f., 102f., *234*
Rheinisches Recht 34f., 96, 106, *235*
Rheinische Zeitung 61
Romantik 113

Sächsisches Bürgerliches Gesetzbuch (1863) 38, *236*
Säkularisation 17, 23, 24, 46, 52, 73, *233*
Sakramentscharakter, Ehe 22, 26, 46
Sanktionscharakter, Scheidung 29
Scheidungsakten, Quellencharakter 20, 152, 161, *252*
Scheidungsbewegung 36, 54, 64f., 66, 152ff., 155ff.
Scheidungsdiskussion, gegenwärtige 11ff.
Scheidungsfälle
- 19. Jahrhundert 70ff., 75, 115f., 118ff., 146ff.
- 20. Jahrhundert 161f., 212f., 215ff., 219
Scheidungsfolgen, Unterhalt 166f., 171, 201, 208f., *255f.*, *258*
Scheidungsgesetzgebung
- Bundesrepublik Deutschland 13ff.
- Französische Revolution 33
- preußische, 18. Jahrhundert *234*
Scheidungsgerichtsbarkeit
- Bundesrepublik Deutschland 14
- Preußen 31f., 119, 126
- NS-Zeit 210, 217
Scheidungsgründe 117f., 206ff., 221
Scheidungsprozeßrecht, Preußen 36, 53
Scheidungsrecht
- modernes 12
- Frankreich 33, *226ff.*, *235*
- England *226*, *232*
- Amerika *226f.*
- skandinavische Länder *227*
- Sowjetrußland 168
Scheidungsstatistik
- 19. Jahrhundert 35ff., 76, 117, 158f., *235f.*, *252f.*
- Weimarer Republik, NS-Zeit 190, 210f., *253*
- geschlechtsspezifisch 159f., 162
Scheidungsursachen 134, 181f.
Scheidungsverfahrensordnung (1844) 36, 64f., 69, 76
Scheidungszeremoniell, 19. Jahrhundert 56f., 124f.
Schwängerungsklagen 101f., 110f.
Sozialdemokratische Partei Deutschlands 167f., 174, 177, 196, *257*
Sozialdisziplinierung 26, 94
Sozialgeschichte 16f., 224
SS-Sicherheitshauptamt, Lageberichte 212
Staatsanwalt 65f., 80
Sühneversuch
- geistlicher 54ff., 66f., 74f., 77, 79
- gerichtlicher 79f., *244*
Syllabus errorum (1864) 46

Trauungsverweigerung *237f.*
Trennung von Staat und Kirche *238ff.*
Trennung von Tisch und Bett 22, 33, 40, 47, 50, 140, 141, 142, 204, *239*, *249f.*

Verschuldungsprinzip 166, 171, 183, 195f., 201, 202, 206f.

Weimarer Republik 164, 168, 176f., 178, 186f., 188f., 196

Zentrum 165, 168, 170, 174, 176, 180, 183f., 186, *256f.*
Zerrüttungsprinzip 30, 165f., 183, 196, 198f., 200f., 206f., 208, 218, 221, *255f.*, *258*
Zivilehe, Ziviltrauung 39, 41f., 43ff., 46ff., 139, 141, *239*
Zivilprozeßordnung (1877) 79f.

Mentalitäts- und Sozialgeschichte

Günter Barudio
Paris im Rausch
Die Revolution in Frankreich 1789–1795
Band 10503

Dirk Blasius
Der verwaltete Wahnsinn
Eine Sozialgeschichte des Irrenhauses
Band 6726

Ehescheidung in Deutschland im 19. und 20. Jahrhundert
Band 10406

Fernand Braudel, Georges Duby, Maurice Aymard
Die Welt des Mittelmeeres
Zur Geschichte und Geographie kultureller Lebensformen
Band 4443

Roger Chartier
Die unvollendete Vergangenheit
Geschichte und die Macht der Weltauslegung
Band 10968

Pierre Chaunu
Europäische Kultur im Zeitalter des Barock
Band 7421

Alain Corbin
Pesthauch und Blütenduft
Eine Geschichte des Geruchs
Band 4402

Robert Darnton
Literaten im Untergrund
Lesen, Schreiben und Publizieren im vorrevolutionären Frankreich
Band 7412

Natalie Zemon Davis
Frauen und Gesellschaft am Beginn der Neuzeit
Studien über Familie, Religion und die Wandlungsfähigkeit des sozialen Körpers
Band 4403

Humanismus, Narrenherrschaft und die Riten der Gewalt
Gesellschaft und Kultur im frühneuzeitlichen Frankreich
Band 4369

Der Kopf in der Schlinge
Gnadengesuche und ihre Erzähler
Band 10335

Die wahrhaftige Geschichte von der Wiederkehr des Martin Guerre
Band 4433

Fischer Taschenbuch Verlag

fi 1702 / 1 a

Mentalitäts- und Sozialgeschichte

Erna M. Johansen
Betrogene Kinder
Eine Sozialgeschichte der Kindheit
Band 6622

Jürgen Kocka
Klassengesellschaft im Krieg
Deutsche Sozialgeschichte 1914–1918
Band 4395

Eva Labouvie
Zauberei und Hexenwerk
Zur Hexenverfolgung in Deutschland
Band 10493

Peter Laslett
Verlorene Lebenswelten
Geschichte der vorindustriellen Gesellschaft
Band 10561

Maurice Lombard
Blütezeit des Islam
Eine Wirtschafts- und Kulturgeschichte 8.–11. Jahrhundert
Band 10773

Hans-Jürgen Lüsebrink, Rolf Reichardt
Die »Bastille«
Zur Symbolgeschichte von Herrschaft und Freiheit
Band 4419

Wolfgang J. Mommsen (Hg.)
Das Ende der Kolonialreiche
Dekolonisation und die Politik der Großmächte
Band 4439

Lutz Niethammer u.a.
Bürgerliche Gesellschaft in Deutschland
Historische Einblicke, Fragen, Perspektiven
Band 4387

Wilfried Nippel
Griechen, Barbaren und »Wilde«
Alte Geschichte und Sozialanthropologie
Band 4429

Wolfgang Reinhard (Hg.)
Imperialistische Kontinuität und nationale Ungeduld im 19. Jahrhundert
Band 10576

Fischer Taschenbuch Verlag

fi 1702 / 1 c